本书列入"十三五"国家重点图书出版规划

北大高等教育文库
·大学之道丛书·

Shakespeare,
Einstein, and the Bottom Line

高等教育
市场化的底线

［美］大卫·科伯（David Kirp）著

晓 征 译

北京大学出版社
PEKING UNIVERSITY PRESS

著作权合同登记号　图字:01-2005-4650
图书在版编目(CIP)数据

高等教育市场化的底线/(美)大卫·科伯(David Kirp)著;晓征译.—北京:北京大学出版社,2017.4
(北大高等教育文库·大学之道丛书)
ISBN 978-7-301-28419-3

Ⅰ.①高…　Ⅱ.①大…　②晓…　Ⅲ.①高等教育—教育管理学—市场营销学—研究　Ⅳ.①G640　②G40-054

中国版本图书馆 CIP 数据核字(2017)第 136966 号

SHAKESPEARE, EINSTEIN, AND THE BOTTOM LINE by David L. Kirp
Copyright ⓒ 2003 by David L. Kirp
Published by arrangement with Harvard University Press
Simplified Chinese translation copyright ⓒ 2017 by Peking University Press
ALL RIGHTS RESERVED

书　　　名	高等教育市场化的底线
	GAODENG JIAOYU SHICHANGHUA DE DIXIAN
著作责任者	[美]大卫·科伯(David Kirp)　著　晓　征　译
责 任 编 辑	于　娜　刘　军
标 准 书 号	ISBN 978-7-301-28419-3
出 版 发 行	北京大学出版社
地　　　址	北京市海淀区成府路 205 号　100871
网　　　址	http://www.pup.cn
电 子 信 箱	zyl@ pup.puk.edu.cn　新浪微博　@北京大学出版社
电　　　话	邮购部 62752015　发行部 62750672　编辑部 62767346
印 刷 者	三河市北燕印装有限公司
经 销 者	新华书店
	787 毫米×1092 毫米　16 开本　20 印张　295 千字
	2017 年 4 月第 1 版　2017 年 4 月第 1 次印刷
定　　　价	59.00 元

未经许可,不得以任何方式复制或抄袭本书之部分或全部内容。
版权所有,侵权必究
举报电话:010-62752024　电子信箱:fd@ pup.pku.edu.cn
图书如有印装质量问题,请与出版部联系,电话:010-62756370

目 录

前言：新的大学 / 1

第一编　高等教育的市场

一　这个幼小的学生去了市场 / 1
　　身份盗窃 / 3
　　马加尔的方式 / 5
　　吸引学生的诱饵 / 8
　　产品标价 / 12
　　不惜代价：改变学院经历 / 15
　　操纵市场 / 19
　　"我指导的不是申请，是生活" / 21
　　有可能进行"地区军备控制"吗？/ 26

二　尼采的地位：芝加哥大学 / 29
　　罗伯特·赫钦斯的幽灵 / 31
　　问题的核心 / 34
　　但丁还是德里达？/ 36
　　与雨果的矛盾 / 38
　　数字 / 41
　　雨果之后：更加平静、温和，并且几乎没有变化 / 46

三 本杰明·拉什的"孩子":迪金森学院 / 51
　　濒临灭绝的种类 / 52
　　"没有因英语而死" / 54
　　形成"思想共享" / 60
　　学院大门上的牌子 / 64

四 星球大战:纽约大学 / 67
　　被马卡罗尼公司拯救 / 71
　　很多的意见,很多的机会 / 76
　　分析哲学是最优秀的 / 79
　　分析哲学的知识领域 / 83
　　纽约大学的"第二哲学系" / 85
　　一个共产主义版本的全球性大学? / 89

第二编　管理原则

五 过去的阴影:纽约法学院 / 95
　　先例的阴影 / 98
　　现实的影响:芝加哥—肯特 / 100
　　"劲量兔子":佛罗里达大学 / 104
　　"如果你能在那里做到……":纽约法学院 / 109

六 卡夫卡是一位乐观主义者:南加州大学和密歇根大学 / 114
　　外包:从餐厅到学校的"商标" / 116
　　"人须自立" / 120
　　USC:特洛伊战争 / 122
　　密歇根大学:"地方支持"的限制 / 129

七 杰斐逊先生的"私人"学院:弗吉尼亚大学达顿商学院 / 137
　　自治的漫长道路 / 140
　　"特许费用"的谈判 / 145
　　达顿校区的"旅馆" / 147
　　托马斯·杰斐逊的巨型大学 / 150

市场与圣父 / 153

第三编　虚拟的世界

八　反叛联盟：南方联合大学的古典学系 / 155
　"为我们的产品创造需求" / 156
　古典学的复兴 / 159
　古典学家的先锋 / 161
　眼前的问题 / 164
　教授们的推动 / 165
　今天的校园，明天的哈佛 / 169

九　概念中的市场：哥伦比亚大学和麻省理工学院 / 172
　"天生权利"的市场化：哥伦比亚大学 / 179
　"知识共享"：麻省理工学院 / 187
　网上大学的教训 / 195

十　英国人来了——又走了：开放大学 / 199
　"无产阶级的学院" / 201
　推广到国外 / 209
　质量不是一切 / 213
　金钱和"有意义的革命" / 218

第四编　机智地赚钱

十一　广泛协作：伯克利加州大学 / 221
　大学出租？ / 222
　拼凑 / 225
　进入伯克利 / 227
　保持开放 / 231
　与魔鬼共舞 / 234
　吉规模Ⅱ，吉规模Ⅲ / 236

十二　技术信息淘金热：硅谷的 IT 证书课程 / 238
　　人人都可以参加 / 239
　　希尔德学院与优尼泰克：了解顾客 / 243
　　精明的消费者 / 247
　　加维兰社区学院：普及 IT 培训 / 249
　　圣荷西州立大学：竞争赢利 / 251
　　圣克鲁兹加州大学：优越感的矛盾心理 / 253
　　学术价值有市场吗？ / 257

十三　他们都在经商：迪弗莱大学 / 259
　　"迪弗莱大学：直上云霄" / 262
　　但这是高等教育吗？ / 271

结语：学习公司 / 275
　　回到未来 / 276
　　个人财产和公共利益 / 281

致谢 / 285

中英译名对照表 / 289

休·芬尼曼：哦，稍等一下，先生。

耐德·厄莱：你是谁？

休·芬尼曼：我是，呃……我是钱。

耐德·厄莱：那你尽量保持安静吧。

——《恋爱中的莎士比亚》(1998)

前言：新的大学

大学是一个共同体，学者和学生在这里寻求真理。
　　　　　　——卡尔·雅斯贝尔斯，《大学的理念》(1946)
知识是一种风险资本。
　　　　　　——米歇尔·克罗，《高等教育周刊》(2000)

　　这两个校园之间只有半小时的车程，但在心理上的距离却有一光年之遥。在它们之间，标志的是美国新高等教育的外在差别。

　　第一个校园是现代版本的常春藤学院，一个与平淡乏味的世界相隔离的学习场所。这是一个真正的公园，青葱翠绿，掩映在周遭的公园之中，里面有池塘和蜿蜒的小径，是一个吸引学生和教师们来此进行对话的地方。这里的建筑现代而不张扬，大部分教室的大小只适合上讨论课，而且配备了电子时代的设备。这是一所选拔严格的学校，它的学生和工作人员来自全球各地。对于在这里所受到的教育以及接触相关事业的机会，学生们感到非常满意。

　　另一个校园是城市丛林中的一座仿哥特式建筑——那是犹太人区的"牛剑"*。但迄今为止，那些暴露出的疏忽的痕迹仍然随处可见，从20世纪50年代最先进的物理实验室到用于奥运——1908年奥运会——选手训练的游泳池。从建校到现在，学校始终陷于经济困境之中。前些年，它有两次几乎难以为继，预计中的每年一千万美元的赤字吞没了杯水车薪的捐赠基金。就连那些非常忠实的毕业生中也

---

* 指牛津和剑桥。——译者注

有很多人认为那里过于残酷，不会再将自己的子女送去读书。吸引新的生源变得越来越困难。2000年，申请入学的学生中有60%被录取，但最终来注册的却不到其中的三分之一。

这第二所学校就是芝加哥大学。第一所却是汉堡包大学——麦当劳公司培训总部。①

将麦当劳与芝加哥大学相提并论可以说是一种亵渎，至少在海德公园里是如此。但汉堡包大学这类学校的声望日隆——当然，并非你父亲所接受的高等教育，而是一种经过认证的、正规的学校——以及芝加哥大学这类高级学术院校所面临的艰难选择说明了一个更加广泛的现象。无论是福是祸——抑或福祸双至——市场的力量和道德标准都改变了美国的高等教育。下面的章节中要叙述的正是这样的故事：为了控制复杂的市场而采取的策略，以及这些策略给大学生活的价值所带来的风险。

高等教育是一个"市场"，这一观念还需要加以解释和说明，因为这一体系看起来与任何一本经济学概论教材所描述的市场都没有相似之处。在商业领域中，当市场供不应求时，公司便应该扩大规模，否则便会抬高商品的价格，这是一种鼓励新参与者的现象。但高等教育的运行却完全不是如此。

自20世纪70年代以来，进行中学后教育的学校的注册率上升了一半以上，但增长的大部分来自社区学院——它们吸收超过30%的本科生——和地方性的公立大学。扩大这一概念本身是为精英分子所不齿的——想象一下在旧金山湾区开一家耶鲁分店。相反，这些学校把录取的标准定得前所未有的高。选拔最严格的学校会拒绝八个申请者中的七个，而其实几乎所有的申请者都是合格的。

大学并未提高价格来使申请就读的学生望而却步。尽管学费在不断上涨，尽管各个大学都在进行经济学家所称的"阵地战"以保护自己在排名中的地位，但学费上的收入仍然无法使其实现收支平衡。要确定一所不给学生资助的非营利性学校是很困难的，在强弱次序中的位次越高，给予的资助就越多。居于顶尖地位的学校用慷慨资助来吸

---

① 本章节参考了面对面、电话和电子邮件的访问。未加引号的引用部分选自这些内容。

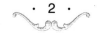

引优秀的研究生。①

新的学校意识到了在这个竞争越来越激烈的环境中挣钱的可能性,也开始进入这一领域。但这些以营利为目的的学校并不能体现传统市场中的严酷的利己主义。它们用联邦和州贷款计划的方式接受大量的资助,这项行动比一家新运输公司或者芯片生产商最疯狂的梦想还要疯狂。由于营利性学校的所有学生都依靠贷款来支付他们上学的费用,那么如果没有得到初创新兴产业的政策,这些学校便不得不进行紧缩。

让事情变得更加复杂的是,这一特殊市场的"销售者"——即大学——寻求的是最出色的"购买者",即学生。宝马公司并不在意是谁买走了它的车,但"在大学的生产过程中,消费者是最重要的投入,这与提供传统的私人货物和服务的生产商不同……(精英学校)需要拔尖的学生,就像拔尖的学生需要它们一样"。如果对高等教育市场最恰当的理解是将它视为一种比喻而不是一种精确的经济模式,那么这种比喻便具有强烈的效果。②

尽管都存在着明显的缺陷,但美国的大学一直期望能够成为学者和自由思想的园地。长达一个世纪的学术自由运动代表了一种不惜代价的努力,以确保与日常的压力保持一种心智上的距离,让学者们有一个相对自由的空间来批评当时传统的知识。③

重要的是不要将学术界传奇化,不要对一个事实上并不存在的时代怀有思念之情。美元一直是美国高等教育车轮的润滑剂——如果事实是相反的话,"遗产"二字对于大学便没有了明确的意义。现实不

---

① Gordon Winston and David J. Zimmerman, "Where Is Aggressive Price Competition Taking Higher Education?" *Change*, 32, no. 4 (July—August 2000), 10—18.

② Robert Frank, "Higher Education: The Ultimate Winner-Take-All Market?" in Maureen Devlin and Joel Meyerson, eds., *Forum Futures: Exploring the Future of Higher Education*, 2000 papers (San Francisco: Jossy-Bass, 2001), 4—5. 亦参见 Gordon Winston, "Subsidies, Hierarchy, and Peers: The Awkward Economics of Higher Education," *Journal of Economic Perspectives*, 13 (Winter 1999), 13—36; Patricia Gumport, "Academic Restructuring: Organizational and Institutional Imperatives," *Higher Education: The International Journal of Higher Education and Educational Planning*, 39 (2000), 67—91 (将高等教育的根本比喻为一种产业,这种产业的重点在于"市场力量的残酷现实和保持竞争力所急需做的事情", p.72)。

③ 参见 Richard Hofstadter, *Academic Freedom in the Age of the College* (New Brunswick, N. J.: Transaction Publishers, 1996)。

会回到19世纪红衣主教纽曼的《大学的理念》中去,该书认为"有用的知识"是"一堆垃圾",也不会回归到八十多年以前索尔斯坦·凡勃伦在《美国的高等教育》中所设想的那个世界,在那里,纯粹的研究是大学唯一的恰当行为,而推进有用的实用知识(和教育本科生)是较小、较普通的大学的任务。① 自从三个多世纪之前哈佛大学和威廉与玛丽大学敞开它们的校门以来,钱一直是一个紧迫的问题,而至少从发起大学赠地运动的1862年莫里尔法案以来,有用和可用的教育的必要性一直是美国公共政策的主题。

真正新的、给人们带来困扰的是钱的原始力量对于高等教育很多方面的作用。即使是当公众的注意力集中在诸如平权运动和转换这样的原则问题上时(比如说像荒唐可笑的原则战争),美国的大学也在忙于彻底改造以适应激烈竞争的压力。② 学术界曾认为企业家的野心必然是邪恶的,而它现在却成了一种美德。"我们是在经商,"康涅狄格大学的教务长坦率地说,"我们的股东是学生、职工和康涅狄格州。"甚至加利福尼亚大学的校长也声称"加利福尼亚大学意味着经商"。③

高等教育中的优先权更多地是由多种支持者——学生、捐助人、合作者、政客——来决定的,而不是学校本身,这些支持者中的每个人都在推动他们自己所理解的"有反应的"(事实上是服从的)学校。强有力的领导层曾被认为是创办一流大学的关键,而现在,那些校长们都在没完没了地忙于筹集资金。消费者、资金保管者、适当的市场、创

---

① John Henry Newman, *The Idea of a University: Defined and Illustrated in Nine Discourses* (London: Longmans, 1947); Thorstein Veblen, *The Higher Learning in America* (New York: B. W. Huebsh, 1918).

② 关于原则战争及相关内容,见 Martin Anderson, *Impostors in the Temple* (Englewood Cliffs, N. J.: Simon and Schuster, 1992; David Bromwich, *Politics by Other Means: Higher Education Group Thinking* (New Haven: Yale University Press, 1992); Dinesh d'Souza, *Illiberal Education: The Politics of Race and Sex on Campus* (New York: Free Press, 1991); Charles Sykes, *ProfScam: Professors and the Demise of Higher Education* (Washington, D. C.: Regnery, 1988); Allan Bloom, *The Closing of the American Mind: How Higher Education Has Failed Democracy and Impoverished the Souls of Today's Students* (New York: Simon and Schuster, 1987). 关于平权运动,见 William Bowen and Derek Bok, *The Shape of the River: Long-Term Consequences of Considering Race in College and University Admissions* (Princeton, N. J.: Princeton University Press, 1998).

③ University of Connecticut administrator quoted in William Hathaway, "Building Uconn Inc.," *Business Week*, October 19, 1998, p.54; Richard Atkinson, "It Takes Cash to Keep Ideas Flowing," September 1998, http://uc-industry.berkeley.edu/news/president/ittakes.htm

造品牌、胜者通吃这些新名词代表了高等教育"产业"中的这一变化。这不是语义和符号的问题，因为商业词汇会加强商业化的思维方式。每一个系科都是一个"收入中心"，每一位教授都是一个企业家，每一个单元都是一个"资金保管者"，每一所学校都在追求利润，无论是以金钱资本的方式抑或智力资本的方式。①

选择逃离市场来退出角逐是不切实际的。梭罗认为，从事教育便是处于一个捕鼠器之中，质量是最重要的，而任何一所采纳这种观点的学校都会导致自我毁灭。甚至——也许尤其是——精英学校也永远是保持警觉的，生怕被对手窃取了一点优势（或者是一位教授、一个主要捐赠人）。在一流的研究型大学和文理学院中，声望就是金线，而由于声望是稀有商品，因此失败者要远远多于获胜者。

声望不只是意味着吹嘘董事和毕业生的权利，它会带来切实的利益，名声上的细小差别会造成截然不同的结果。学校的声望越高，就越能吸引拔尖的学生和著名的教授，也更能获得最大限度的资助（因为资助人相信能带来金钱的是金钱，而不是需要），来自政府和基金会的最大型的研究资助，常常还能获得最能盈利的行业合同。这样的成功可以稳固一所学校在强弱顺序中的地位。正如《马太福音》中的教义一样，"已经拥有的人应该被给予得更多"——也就是说，越多就越多。"在一个也许只有流行夜总会竞争的市场中，"经济学家罗伯特·弗兰克在描述他所说的"胜者通吃"的市场时写道，"高等教育是一个'成功带来成功，失败带来失败'的产业。"②

不论是否涉及本科生、教员、捐助者或者商业行为，近年来这一竞争已经变得更加激烈。优秀的学生对自己的选择更加有见识，因为像《美国新闻与世界报道》这样的出版物每年对"美国明星大学"的调查发挥了很大的影响。他们也有更大的灵活性，另外，对于上榜的学校，他们也要求提供更加豪华的宿舍和更多的学费"折扣"。③ 最受欢迎的学科认

---

① 在 *The University in Ruins* (Cambridge, Mass.：Harvard University Press, 1995) 中，比尔·雷丁斯 (Bill Readings) 表达了对"卓越"作为标准在不断上升的问题。虽然这本书出版的时间不长，但后来的发展使他的关注变得有些奇怪。见 Derek Bok, *Universities in the Marketplace*：*The Commercialization of Higher Education* (Princeton：Princeton University Press, 2003)。

② Frank, "Higher Education," p.5. 亦参见 Gordon Winston, "Why Can't a College Be More Like A Firm?" *Change* (September—October 1997), 33—38。

③ Arthur Levine and Jeannette Curteon, *When Hope and Fear Collide* (San Francisco：Jossey-Bass, 1998)。

为自己首先附着的不是学校也不是本专业,而是他们自己。对于那些少数的幸运者而言,每年春天都是一个贪婪的季节,因为聘书的竞争力不仅仅取决于薪水,而且还有研究基金、教学工作量的减少等等。①

随着大科学的来临,研究被提到了一个前所未有的高度。学校聘请一位著名的社会科学家可能要花费25万美元,但如果请一位著名的生物化学家再配以助手和实验室,可能要花2000万美元。抓住这样一个人物不仅是一种投资,也是非常聪明的举措,因为在这些实验室产生的研究结果有着巨大的商业潜力——最成功的大学可以获得9位数的收入,这相当于获得了几十亿美元的捐赠。因此提高研究基金、争取专利权、在互联网上争取一席之地等行为变得越来越激烈也就不足为奇了。

虽然高等教育在顶层等级分明,但它还是越来越普及了。中学毕业生进入大学的比例在上升,还有越来越多已经工作的成年人回到校园。在学术阶梯的低处,重要的是金钱和注册数字,而不是声望。选拔条件相对较低和不进行选拔的学校——每五个美国大学生中有四人进入的是这样的学校——则努力让自己的教室坐满,它们依靠的是Priceline.com之类的打折和冷不防给人打电话的中介公司的帮助。②

从20世纪70年代开始,学生的兴趣明显地从文理学科(liberal arts)转向了所谓的"应用型文理学科"(practical arts),因此大多数学校也随之调整了它们的课程设置。③ 新一代的以营利为目的的学校把这一部分的目标对准了市场。这些学校中的最优秀者与旧式的"火柴纸板"式的中等专业学校毫无相似之处,它们一方面将2%的学生吸收到自己的学校,一方面挑选了最有利可图的领域。没有人争抢哲学

---

① Joyce Scott and Nancy A. Bereman, "Competition versus Collegiality: Academe's Dilemma for the 1990s," *Journal of Higher Education*, 63 (1992), 684—698.

② Hunter Breland et al., *Summary Report: Trends in College Admission 2000: A Report of a National Survey of Undergraduate Admissions Policies, Practices, and Procedures* (March 2002), http://www.airweb.org/page.asp? page=347. 1999年,四年制大学中,公立学校的平均录取率为68%,私立学校为60%。参见 Roger Geiger, "The American University in the Marketplace: Forces Shaping the University of the Twenty-first Century" (unpub. ms., 2003)。

③ 在(高等教育)体系增长了50%的那一时期(1970—1995),几乎没有本科生学院的旧式文理核心都处于衰落之中。Steven Brint, "The Rise of the 'Practical Arts,'" in Steven Brint, ed., *The Future of the City of Intellect: The Changing American University* (Stanford: Stanford University Press, 2002), p.235。

专业的学生。凤凰城大学和得克萨斯大学埃尔帕索分校在争夺商科学生,迪弗莱大学和北伊利诺伊大学在抢招软件工程师。而且,营利性学校已经学会了如何在不牺牲质量的情况下克隆自己,那是公立学校和非营利性学校不会做也不愿做的事情,而且他们还在潜在的互联网市场中取得了优势。①

似乎对传统高校的这种挑战还不够激烈,还有超过100万的学生(其中有很多人原本会进入四年制的大学)选择了为就业做准备的信息技术课程这一"类似中学毕业的体系",如思科或微软证书工程师。② 不仅仅是营利性大学和社区大学在追逐这些学生,择优录取的学校也将胳膊伸进了这个游戏。在这里,和远程教育一样,精英、大众和综合性学校之间常见的区别变得模糊了,声望和质量都不能确保在这一领域内的成功。

从某种意义上说,这是历史的重演。大约在一个世纪之前,芝加哥大学用高薪挖走了克拉克大学最好的教授;南加州大学开办了房地产学院;哥伦比亚大学开办了一个像工厂一样的通信学院;还有麻省理工学院,普通电子系在学校建立了合作赞助的实验室。

关键性的不同在于这些力量的大小。大卫·里斯曼和克里斯多佛·詹克斯在1968年的著作中,将从奇普斯先生的"二战"前平静的学术村庄到克拉克·克尔的综合性"巨型大学"的转变过程称为"革命",而"革命"至少是对当前克尔本人所说的高等教育的"最重要的时代"的一个极好的描述。③ 新的教育技术,有着不同期望的学生和有着不同要求的教员,在市场中活着或死去的不同竞争对手,不断要求新的基金和新的收入来源以代替越来越少的公共资助,头脑中真正的

---

① Richard Ruch, *Higher Ed, Inc.*: *The Rise of the For-Profit University* (Baltimore: Johns Hopkins University Press, 2001); Gordon Winston, "For-Profit Higher Education: Godzilla or Chicken Little?" *Change* (January—February 1999), 12—19.

② Clifford Adelman, *A Parallel Postsecondary Universe*: *The Certification System in Information Technology* (Washington, D.C.: U.S. Department of Education, 2000).

③ Christopher Jencks and David Riesman, *The Academic Revolution* (New York: Doubleday, 1968); Clark Kerr, *The Uses of the University* (Cambridge, Mass.: Harvard University Press, 1964). 两本书都曾修订再版过,克尔的书再版了四次。Clark Kerr, "A Critical Age in the University World: Accumulated Heritage versus Modern Imperatives," *European Journal of Education*, 22 (1987), 184.

全球性的市场：这些力量在将大学重塑成一个有着不同称谓的场所——"学术资本主义""企业家的大学"和"企业大学"。①

当时代思潮就是市场的时候，世界似乎自然就是这样运转的。如果健康保护、博物馆甚至教堂都感受到了巨大的竞争压力并因此而发生改变，高等教育为什么不可以呢？②在所有这些例子中，最好的答案都是同一个。"市场有其一席之地，"正如经济学家阿瑟·奥肯若干年前所说的那样，"但市场不能超出它自己的领域。"③因此，在高等教育中也是如此。就像接下来的叙述中所坦承的那样，市场力量使一些学校忘记了它们不仅仅是商业场所，同时把其他学校变成了更强大、更好的地方。而且，大学——不是故事书中的概念，而是最好最真实的大学——的理念中深埋的价值观是市场并非一种荣耀：相信学者团体而不是相信利己主义者的联盟；相信开放而不是相信所有权；认为教授是寻求真理的人而不是企业家；学生是追随者，而不是来满足他们的爱好的消费者，他们的爱好应该是被塑造的。④

在本书中，我探究了美国高等教育领域中竞争的作用。本书旨在使这个新的世界变得有意义，研究的是实例和超越它们本身的重要性的故事：对半导体公司投入的几十亿美元和公立大学商学院的私有化，文理学科教育（liberal arts education）和法学教育中"骚动"的策略，使"高端市场"陷入绝境的努力和在互联网上公开课程的倡议，自负的

---

① Clark Kerr, *The Uses of the University* (Cambridge, Mass.: Harvard University Press, 2001); Simon Marginson and Mark Considine, *The Enterprise University* (Cambridge: Cambridge University Press, 2000); Burton Clark, *Creating Entrepreneurial Universities: Organizational Pathways of Transformation* (London: Pergamon, 1998); Sheila Slaughter and Larry Leslie, *Academic Capitalism: Politics, Policies, and the Entrepreneurial University* (Baltimore: Johns Hopkins University Press, 1998).

② Neil Kotler and Philip Kotler, *Museum Strategy and Marketing: Designing Missions, Building Audience, Generating Revenue and Resources* (San Francisco, Jossey-Bass, 1998); Philip Kotler, Bryce Wrenn, and Philip Kotler, *Marketing for Congregations: Choosing to Serve People More Effectively* (Nashville: Abingdon Press, 1994).

③ Arthur Okun, *Equality and Efficiency: The Big Tradeoff* (Washington, D.C.: Brookings Institution Press, 1975), p.19.

④ Gumport, "Academic Restructuring" 将它们描述为对"制度上的"关注，并且认为作为正统的公共高等教育观念，它们正在失去市场。亦参见 Richard Posner, "The University as Business," *Atlantic Monthly* (June 2002), 25; Roger Benjamin, "The Environment of Higher Education: A Constellation of Changes," *Annals of the American Academy of Political and Social Science*, 585 (January 2003), 8—30; Henry Giroux, "Neoliberalism, Corporate Culture, and the Promise of Higher Education," *Harvard Educational Review*, 72 (2002), 425—463。

传统大学和营利性大学的精神斗争,优秀系科的协作和信息技术证书课程的竞争,挑选学生和网罗著名教授。

这些陈述有没有体现看不见的手的良性动作、西方的衰落或者——相似或者不相似的——即将到来的事物呢?有些陈述描述了已经知道如何将学术和市场这两者的优势结合起来的学校,它们已经成为高等教育市场中成功而有原则的竞争者。其他的陈述则是关于那些达成了只有浮士德才会喜欢的契约的学校。哪一种模式会主宰高等教育的前景?这是一个赌注。但有一点是清楚的:当答案出现的时候,它会描绘出高等教育未来的方向。

第一编　高等教育的市场

一　这个幼小的学生去了市场

"不管以什么名义、由谁实施或者发生在机构的哪个部分,总之大学正在进入市场。"1972年一位名叫理查德·克拉切伯格(Richard Krachenberg)的市场学教授首先在《高等教育杂志》的一篇文章中提出了这一观点,让很多大学的管理者都为之震惊。① 克拉切伯格指出,学校所说的招聘新成员实际上是一种委婉的广告,经济资助是明码标价,而伤筋动骨的课程修订只是在做产品开发。

现在,市场化的问题就摆在面前。雄心勃勃的大学聘请专业人士为自己装点学术门面,也就是商业意义上的新"品牌"。顶尖的学校为保持自己的精英地位而努力。2000年,为了和斯坦福的高技术企业竞争,哈佛成立了技术与企业家中心。2002年春,普林斯顿大学招生办公室的工作人员甚至进入耶鲁的招生网页,偷看11名已经被两所大学同时录取的学生的资料,其中包括乔治·W.布什总统的侄女劳伦·布什,她是一位时装模特。"为了得到最好的学生,招生工作人员和学校都有着巨大的压力,"高等教育顾问和《美国新闻与世界报道》

---

① A. R. Krachenberg, "Bringing the Concept of Marketing to Higher Education," *Journal of Higher Education*, 43 (May 1972), 370. 本章节参考了对管理人、行政人员、教授、学生以及其他对学校问题有见地的人的面对面、电话和电子邮件的访问。未加引号的引用部分选自这些内容。

大学年度指南的前任编辑阿尔文·P.桑诺夫(Alvin P. Sanoff)对《高等教育月刊》的记者这样说道,"精英学校就像在作战的软件公司,每一家都想超过其他人,因此,了解耶鲁的招生情况很有可能有助于普林斯顿得到自己想要的学生。"①

前来申请的优秀学生就好比出手大方的消费者,他们的要求是一定要得到满足的。青少年应该由大学教育来培养被当作不合时宜的观点而遭到摒弃。卡内基梅隆大学负责学务管理(告别招生主任,召唤公司用语)的副校长威廉·艾略特(William Elliott)说:"招生的目的就是提高我们的市场地位。"②

精英大学对申请者的拒绝率高达八分之七,同时学生也努力使自己在越来越多的申请者中脱颖而出。他们和他们的父母相信,由于一流学校的学历很难得,因此它会对将来的收入和地位产生很好的回报。③ 20世纪60年代的理想主义早就让位于实用主义。这些申请者都是正在接受培训的杰伊·盖茨比,在他们眼里,高贵的血统是成为新贵族的途径。学生们认为,挑选大学时最重要的不是看它的教育质量,而是看它的声望。④ 在一项2001年的全国调查中,被提及最多的上大学的原因有:获得职业训练,得到更好的工作,挣更多的钱。⑤ 父母们花了多达25000美元的教育费来让他们的子女包装自己——就

---

① Jeffrey Young, "Why Was Princeton Snooping in Yale's Admissions Website?" *Chronicle of Higher Education*, August 9, 2002, p. A37; Christine Haughney and Michael Fletcher, "Princeton Officials Punished for Breaching Yale's Web," *San Francisco Chronicle*, August 14, 2002, p. 5. 具有讽刺性的是,普林斯顿大学的招生部主任弗雷德·哈格敦(Fred Hargadon)长期以来都被认为是在这一行业中是最出色的,是"招生部主任中的主任"。没有受到丑闻牵连的哈格敦于2003年6月宣布退休。

② Ben Gose, "Tuition Discounting May Rankle but Its Use Has Become Widespread," *Chronicle of Higher Education*, February 18, 2000, p. A62. See also Brian Pusser and Dudley Doane, "Public Purpose and Private Enterprise: The Contemporary Organization of Higher Education," *Change* (September—October 2001), 20, "给予人们他们想要的东西一直被认为是一条优秀的商业策略,但并不能说明它也是最好的国家高等教育策略。"

③ Robert Frank, "Higher Education: The Ultimate Winner-Take-All Market?" in Maureen Devlin and Joel Meyerson, eds., *Forum Futures: Exploring the Future of Higher Education, 2000 Papers* (San Francisco: Jossey-Bass, 2001), 4—5.

④ Howard Greene, *The Select: Students Speak Out on the Realities of Life and Learning in American's Elite Colleges* (New York: Harper Collins, 1998).

⑤ American Council on Education and UCLA Higher Education Research Institute, "The American College Freshman: National Norms for Fall 2001" (2002).

像经济学家说的那样,来说明这些学生应该被挑中,将他们变得对于他们想进的学校来说特别有吸引力。①

在这一新的情势下,聪明的顾客和管理顾问是最尊贵的。大学采用各种不同的手段来改善自己的市场运气,包括改名字。如果没有那个从统计学上说很含糊的排名榜,《美国新闻与世界报道》就是一份默默无闻的杂志——这一排名已经成为高等教育的《米其林指南》了吗?

所有这些行为都与合理的经济行为模式的预言相一致。可以得到的信息越来越多,购买者和销售者都在不遗余力地推销自己,钱也在发言。② 但正如罗伯特·莱克(Robert Reich)所说的那样:"危险就是越来越激烈的竞争——被选择和有选择权——会加剧已经很严重的、正在引发风险的不平等现象。"③

身 份 盗 窃

直到不久之前,费城郊外的海狸学院在生源竞争方面一直非常失败。这所学校原来是一所女子文理学院,只比"七姐妹"*略逊一筹,但 20 世纪 70 年代丧失这一地位之后,它遭受了一位任职很久的教师所描述的"身份危机"。入学人数减少,得到的捐赠也只有 400,000 美元,于是学校不得不动用下一年的学生交的学费来还债。1972 年,它开始降低标准招收男生,在接下来的 15 年里,它增加了医师助理、物理治疗、遗传咨询员等职业课程和只要付得起钱就能入学的合作学位

---

① Nicholas Thompson, "Playing with Numbers," *Washington Monthly*, September 2000, pp. 16—24;National Opinion Research Center, "A Review of the Methodology for the *U. S. News & World Report's* Rankings of Undergraduate Colleges and Universities" (1997), *www.washingtonmonthly.com/features/2000/norc.html*. 还有更加合理的方法,但却常常被忽视了。Howard Greene and Matthew Greene, "Rankings That Work," *University Business* (February 2003), 13—15。

② 与传统的市场不同,购买者和出售者都在竞争。购买者有效地成为产品的一部分,因为其他学生的质量对于申请者来说也是一种吸引,学校的声望也会因此受到影响。

③ Robert Reich, "How Selective Colleges Heighten Inequality," *Chronicle of Higher Education*, September 15, 2000, p. B7.

* 指美国最有声望的七所女子学院,分别是:Barnard, Bryn Mawr, Mount Holyoke, Radcliff, Smith, Vassar 和 Wellesley。——译者注

课程。

按照毕马威(KPMG)咨询公司的建议,学校改革了它的行政机构。1992年,它聘请了丹尼斯·诺斯特兰德(Dennis Nostrand)担任学务管理副校长这一新的职位,他的职责是招收更多更好的学生。招生主任马克·拉普里齐奥萨(Mark Lapreziosa)(他的职位变成了"学务管理"主任)说,之所以选择诺斯特兰德是因为"他懂得技术和市场技巧"。

丹尼斯·诺斯特兰德的格言是"顾客导向"。他引入了一个数据库系统,不再使用那些以"亲爱的同学"为开头的普通信件,将发给学生的信件个人化。他颁发绩优奖,吸引更优秀的申请者。他还建立了"全面质量管理"队伍(一个从企业管理教科书里借鉴来的概念),它的任务之一就是将校园参观变成一次令人愉快的、印象深刻的经历。

不过学校的名称还是一个棘手的问题。海狸学院是以西费城县的名字命名的,1853年时学校在那里成立,但流行文化早已把一个天真的动物变成了一个双关语。["好漂亮的海狸皮。"《白头神探》(The Naked Gun)中莱斯利·尼尔森对正在爬梯子的普里西拉·普莱斯利说。"谢谢,"她说着拿出一个动物标本,"我刚请人把它塞满。"]诺斯特兰德一上任就开始为改名进行游说。他说,学校的名字把申请者都吓走了,而且很多中学电脑里的互联网过滤器甚至禁止他们的学生进入大学的网页。

公司总是在给自己取新的名字,学校为什么不可以呢?改名的事仍然悬而未决,但消息一经传出,像杰伊·雷诺(Jay Leno)和大卫·雷特曼(David Letterman)这样的电视脱口秀主持人便有了辩论的话题。不受欢迎的"建议"涌进了长期担任校长的贝特·兰德曼(Bette Landman)的办公室。"叫女性学院怎么样?"一个爱打趣的人说,或者叫"南方大学"? 兰德曼请一家市场顾问公司提出一个她认为可以"体现牌子"的名称。这意味着名称要短而有力,它的第一个字母列在字母表的开头,这样在大学指南上的列表中肯定可以排在前面;这个名字要好听,而且读起来朗朗上口——兰德曼说,可以"成为一个明确的商标"。

按照诺斯特兰德和市场咨询公司的要求,学校的分组座谈会选中了桃源大学(Arcadia University)这个名字。这个名字令人想起一种田园风光("在一种优美环境下的风雅",中心小组的一名成员这样描述道),并且"听起来像是一个有趣的地方"。同样,"学院"也变成了"大学",因为小组成员觉得"大学"这个词更好。有怀旧情绪的校友根据学校里的第一座历史建筑提出了"灰塔大学"这个名字,但中心小组觉得这个名字让学校听起来像是一座监狱。当然,传统也必须是品牌的一个部分,改名必须体现出新意但又不能抛弃过去的长处。市场商人的解决方法表现在学校的新T恤上:"桃源大学:始于1853。"

但这种身份的改变究竟意味着什么呢?为了突出自己,学校资助一年级新生在春假期间去伦敦进行为期一周的旅行,并对此进行大力宣传。这次"伦敦预览"其实只是顾问设计的一种花招而已——"桃源＝有趣"。但是在一所长期为资金所束缚的学校里,学术优先是什么意思呢?

改名之后,桃源大学可以对人们的批评和打趣付诸一笑,因为它的申请者增加了三分之一。2002年秋,学校的新生超过500人,这是学校历史上最多的。"没想到的是,我们的校名成为笑柄,这倒使国内外的人都知道了我们打算改名字,"兰德曼校长说,"这成了一个意想不到的广告。"

马加尔的方式

理查德·克拉切伯格1972年的文章不仅仅是在警示大学的管理者一个事实:无论喜欢或不喜欢,他们在使自己的物品市场化,也是在提醒他们要将这件事做得更好。即使是在高等教育开始从其他机构——"特别是商业和政府——聪明地借鉴一些管理和运作技巧"的时候,克拉切伯格写道,在市场化方面"也做得非常差,而且对这一行业的各种手段缺乏正确的评价"。[①]

[①] Krachenberg, "Bringing the Concept," p. 370. 亦参见 Eugene Fram, "We Must Market Education—and Here Are Some Guidelines for Doing so, Effectively," *Chronicle of Higher Education*, April 17, 1972, p. 80。

从主动性方面来说,海狸学院是迟缓的,因为丹尼斯·诺斯特兰德引进的改革在其他地方自20世纪80年代起就已经成为惯例了。长期以来被认为是咨询服务和指导的学生和学院竞争现在已经成了管理科学。

首先尝试这种新模式的是70年代中期的波士顿大学招生办公室,当时这所天主教学校正为招不满学生而苦恼。对学校忠心耿耿的物理学助理教授杰克·马加尔(Jack Maguire)被任命为招生部的主任。[①] 作为外行,他并不知道这项工作通常是怎样进行的。马加尔开始了他自己所说的"一系列有关招生的全新事务,对那些向校内、校外和在学校内部流动的学生开展招收、资助、追踪、保留和挽回等工作……把这些工作系统化并结合成一个整体以减少分裂"。[②] 他认为,与"客户基础"有关的一切都是每一个管理者的责任,现在他们的新头衔是"学务经理"。

1985年,马加尔创办了自己的咨询公司。他的方法很快就成为被普遍采用的惯例。现在有一本大学招生"专业"手册,把学务管理描述为"一个达到和维持学生的招收、保留和毕业最佳比率的全面的过程"。[③] "全面的"是一个关键词。学务经理们应该对校园里发生的一切负责,从制定经济资助政策到决定校园的建筑计划,从鼓励制定受学生欢迎的课程到改善餐厅的膳食,甚至,以海狸学院为例,还要决定学校的名字。"任何影响学生入学或继续申请的因素"都被认为是学务经理的职责。[④] 尽管招生官员在制度图腾柱上的地位总是很低,但是像桃源大学的诺斯特兰德这样的学务管理副校长现在都是直接向校长汇报工作。迈阿密大学在发现了市场环境后,便在这一新的领域设立了一门硕士课程。[⑤]

经济上的绝望激发了这种在关照和满足预期学生愿望方面的革

[①] John Maguire, "A Periodic Review of Ideas and Issues in Educational Marketing," *Lawlor Review*, 6 (Fall 1998), www.financialaidservices.org/whatsnew/lawlorrev.htm.

[②] John Maguire, "To the Organized Go the Students," *Bridge Magazine* (Boston College alumni magazine) (Fall 1976), www.financialaidservices.org/whatsnew/bridgmag.htm.

[③] Michael G. Dolence, "Strategic Enrollment Management," in Claire C. Swann and Stanley E. Henderson, eds., *Handbook for the College Admissions Profession* (Westport, Conn.: Greenwood Press, 1998), p. 72.

[④] Ibid.

[⑤] 该项目的网站是 *http://www.miami.edu/enrollment-management*。

命。20世纪50年代,退伍军人法案的实施使高等教育的入学人数有所增加,并且生育高峰也使大学的入学率居高不下,但是到70年代末,中学毕业的人数开始减少。同时,州立法机构开始削减为公立大学支付的预算开支,并且这一趋势一直在持续,加上由于政策上的调整,联邦经济资助由拨给学校转为直接拨给学生,由此导致的经济窘境迫使学校开始重新考虑如何吸引到学生的问题。

事实上,从1979年到1999年,大学的入学率增长了31%。这不是由于人口统计出了错误——1979年的中学毕业人数接近320万,这是最高峰,自此每年减少30万——而是因为中学毕业生进入大学的比率明显升高:1999年超过65%,而上一代人则为50%。① 其中的一个原因就是学校在学务管理方面坚持不懈的努力。

菲力普·科特勒(Philip Kotler)的营销学教科书在本科商业课程中被广泛使用,他在1985年出版的《教育机构的策略性市场化》中明确指出:学务管理只是将市场营销的一般原则使用到了吸引学生这个具体问题上。这个任务与推动旅游业或者增加教堂成员人数并没有什么不同,关于后面两个问题,科特勒也曾著书论述过。② 学务经理们明确而毫不隐讳地将学生视为客户,大学教育则是供学生们消费的产品。从营销学上说,他们的任务是做广告和招揽顾客,给他们的产品定价,并且保证产品符合需求。

---

① Hunter Breland et al., *Summary Report:Trends in College Admission*, 2000, 由 ACT 公司、制度研究协会、大学董事会、全国大学招生咨询服务协会赞助, March 2002, http://www.airweb.org/page.asp? page=347。这个数字隐藏了注册中相当大的变化。从1979年到1994年,每年学生人数约下降为 700 000;从1994年到1999年,每年学生人数约上升 400 000。已经工作的成年人进入大学的注册人数也在上升。

② Karen Fox and Philip Kotler, *Strategic Marketing for Educational Institutions* (Englewood Cliffs, N. J.: Prentice Hall, 1985). 亦参见 Gary Armstrong and Philip Kotler, *Marketing:An Introduction* (Englewood Cliffs, N. J.: Prentice Hall, 2002); John Bowen, Philip Kotler, and James Makens, *Marketing for Hospitality and Tourism* (Englewood Cliffs, N. J.: Prentice Hall, 1996); Philip Kotler, Bruce Wrenn, and Philip Kotler, *Marketing for Congregations:Choosing to Serve People More Effectively* (Nashville: Abingdon Press, 1994)。

吸引学生的诱饵

戈登·吉(Gordon Gee)遇到了一个问题。这位布朗大学的校长2001年去了纳什维尔(Nashville),在范德比尔特(Vanderbilt)大学担任最高职位。戈登相信那所新学校和他原来任职的学校一样好,但由于它没有高等教育最有价值的品牌——常春藤联合会——因此不能吸引到最好的学生。①

戈登开始用一种最不寻常的方式来解决他遇到的问题,他开办了希勒尔学院,恢复了一个犹太研究项目。他说,这样做的目的是吸引犹太学生,他们"在文化上和能力上……都可以使大学成为一个就智识生活而言更加适合居住的地方"。更值得注意的是,一些与宗教有关的学校,如,南方卫理公会大学(Southern Methodist University)和得克萨斯基督教会大学(Texas Christian University)也采取了同样的做法。②

一位从20世纪70年代沉睡到今天的《李伯大梦》(Rip Van Winkle)*式的招生官员醒来时会不认识自己的工作。就像学生也改变了一样——他们更加愿意考虑离家远的学校,也愿意申请更多的学校,对于那些只负责计数的入学注册官员和只担任媒介的顾问来说,他们轻松自在的日子已经一去不复返了。美国大学理事会的唐纳德·斯图尔特(Donald Stewart)写道:"虽然通用的招生目的和方法依然可行,但现在在招生中所做的很多事情对他们中的很多人来说都是陌生的领域。"③

---

① 这个笑话继续说,没有常春盟校这块招牌,康奈尔大学这样的学校只会是另一个范德比尔特(Vanderbilt)。

② Daniel Golden, "Colleges Court Jewish Students in Effort to Raise Rankings," *Wall Street Journal*, April 29, 2002, p. A1.

* Rip Van Winkle,美国小说家华盛顿·欧文创作的短篇故事。——译者注

③ Breland et al., *Trends in College Admission, 2000*, p. 5; Donald Stewart, *College Admission Policies in the 1990s: A Look toward the Future* (New York: College Entrance Examination Board, 1992), p. 9.

芝加哥大学的例子便极好地说明了当前所发生的事情。① 迈克尔·班克(Michael Behnke)从1997年担任副校长和学务副主任起，便开始了类似杀手式的工作。当时这所以自己的"严格紧张"②为荣的大学把学生都吓跑了。它录取62%的申请者，这个录取率比《美国新闻和世界报道》上列在前25位中的任何一所大学都高。而在海德公园里准备好迎接挑战的学生中很多人后来都改变了主意，他们放弃了或者改投其他学校。在一流的私立大学中，芝加哥大学的毕业率是最低的。

在整个职业生涯中，班克都在忙着招收学生。③ 他的事业于1971年从他的母校爱默思学院(Amherst College)开始，五年后去了塔夫茨大学(Tufts University)，1985年他成为麻省理工学院的招生部主任。多年来他变得越来越以管理为导向，他聘请MBA人士，利用他们的市场技能来解决学校的招生压力。

在像麻省理工和芝加哥大学这样以自己的历史为荣的大学里，教师们对定位于"客户"的观点持不信任的态度。在管理层的支持下，班克提出招收有能力的中学女毕业生以改变学校里的男孩俱乐部文化。当学校里的女生人数增长到一定程度时，愤怒的教授们指责他特别优待女生，但是一项由教工评议会进行的调查表明班克的工作成绩非常出色。学校里的女生和男生一样合格，发生变化的只是招生的实际效果。

在芝加哥大学，班克再次使用了他的市场营销工具包。一份麦肯锡管理咨询公司的报告表明，很多潜在的申请者都不知道这所大学(有的甚至将它与伊利诺伊大学的芝加哥校区相混淆)，于是班克把投给中学生的信件的数量增加了两倍。他还把目标指向大学二年级的学生，把信件送到在SAT测试(Preliminary Scholastic Aptitude Test)中成绩最好的学生手里。④

从16岁的学生就开始入手，这一做法改变了认为学生"要到大学

---

① 芝加哥大学的改革是第二章的内容。
② Ethan Bronner, "University of Chicago Comes to a Fork in the Road," *New York Times*, December 12, 1998, p.1.
③ 根据记录。班克(Behnke)是大卫·科伯(David Kirp)在爱默思学院的同学。
④ 见 www.collegeboard.org。

三、四年级时才开始考虑学院的问题"①的传统招生理论。但班克相信通过这些早期的信件来往,芝加哥大学可能是营销商所说的"发起人"。营销专家说,首先让顾客了解信息的公司"可以从整体上定义产品的类别,并且因而成为所有后来者眼中的'原型'"。那是一个自负的开始。"因为消费是一个学习的过程,如果最初的品牌被认为是'理想的',那么人们会拿后出现的品牌的短处与之相比。于是,先出现的品牌会显得很出色,于是对于新到者来说,竞争就非常困难。"②

班克把这种"发起人"的原则运用到了高等教育中。他认为聪明的学生从二年级就已经开始认真考虑学院的问题了,因此向他们散发有说服力的推广材料的学校在他们心中的学院名单中会有一个崇高的且难以替代的位置。他还使用了另一个证明有效的营销技巧——连续广告,来保持学生们的兴趣。很多真正的学院学生会将那种体现校园生活的明信片寄给家里的中学同学,班克让这种明信片在二年级的那个暑假里就寄了出去。他说,这一做法使学生们在进入三年级之前就在脑海里留下了芝加哥大学的"品牌名称",而当他们真正进入三年级的时候,邮箱里会放满了其他学校的宣传材料。

为了让"芝加哥大学是一个令人向往的地方"这一概念深入人心,发给预期申请者的普通画册《梦想与选择》被换成了《心中的生活》——"其他学院的画册封面会是什么呢?"班克自问——和《骇人听闻的真相》。里面的内容也改变了。学生们埋头读书的照片减少了,更多的是大学生们在参加"有趣"的活动,如跳舞、玩耍和踢足球。③ 变化的形象简直就像是一种计谋,而其中的叙述对海德公园里的很多人来说就像从黑板上划过的手指甲一样令人厌烦。一位学生在校园报纸上讽刺性地评论说,"我自豪地报告,在芝加哥大学的画册中看到的酒精和联谊会比布朗大学的手册中的多"——布朗大学是一

---

① Kotler, *Strategic Marketing*, p. 311.
② Roger Kerin, P. Rajan Varadarajan, and Robert Peterson, "First-Mover Advantage: A Synthesis, Conceptual Framework, and Research Propositions," *Journal of Marketing*, 56 (October 1992), 35.
③ Joshua Lucas, "U. Of C. Marketers Ditch Tradition in New Viewbook," *University of Chicago Weekly News*, September 23, 1998, www.bayarea.net/~kins/AboutMe/Kutchins_items/UofC_marketers_ditch_trad.html

所以轻松懒散著称的学校。① 毕业生抱怨说,这种新的宣传可能会引来不恰当的申请者,会破坏学校严谨治学的名声。②

结果证明这些担忧都是没有根据的。开始散发《心中的生活》的1999年,前一年下降了2%的申请者数量在那一年上升了22%。芝加哥大学有史以来第一次可以只招收不到半数的申请者。③ 申请者中还包括了更多的高素质学生:SAT综合成绩在1400以上的学生增长了30%。这一成功引发了一个新的担忧:这些学生中的大多数人会选择更加有声望的而不是地位模糊的学校。实际上,虽然那年一年级新生的人数增长了2%,但SAT成绩超过1500的人数增长了64%,中学时期成绩排在前5%的学生人数增加了47%。④

招生的新措施产生了不同凡响的效果。学校的报纸在对芝加哥大学录取的学生进行抽样调查时发现,88%的人认为《心中的生活》比其他学校的宣传手册好。⑤ 巧妙地运用营销工具把新一类的学生吸引到了一个不再被认为是严厉苛刻的地方。

在排名略靠后几位的海狸/桃源大学,丹尼斯·诺斯特兰德也获得了类似的成功。他进行市场调查,然后给学校改了名字。他在广播里对学校的"伦敦预览"活动进行大力宣传,而那实际上是一个花了200美元的假期。他给有可能来申请的学生寄去更多更好的材料,用以潜在学生为对象的更加活泼的《里程碑杂志》取代了沉闷的宣传手册。

诺斯特兰德的主要任务是引来更多的学生。他的任务完成了:从1998年到2002年,本科生的人数几乎翻了一番。他希望将增加的学费收入用来建新房子,这样,以吸引本地学生为主的学校可以进入全

---

① Yingtao Ho, "A Call for Action: How to Fight for the Core," *Chicago Maroon*, March 9, 1999.

② Daniel Kingery, "Debate over College Continues at Psi U," *Chicago Maroon*, February 26, 1999.

③ Barbara Blank, "College Admission on Course, Says Behnke," *University of Chicago Magazine*, October, 1999.

④ "Application Up," *University of Chicago Magazine*, 91 (February 1999), http://magazine.uchicago.edu/0102/campus-news/report-early.html

⑤ Meredith Klein, "Prospies Attracted by New College Marketing," *University of Chicago Weekly News*, March 29, 1999, cwn.uchicago.edu/1999s/04.29/news/marketing.html

国领域。和任何一个好的商人一样,他期待着公司可以不断扩大。

学院还求助于新的媒介来搜罗学生。范德比尔特率先在80年代末使用了个人化的录像,它的开头是一段20秒钟的片断,由现在的学生以说出申请者的名字和他(她)的专业兴趣的方式来欢迎申请者。① 现在几乎所有的学校都借助互联网,而那些更改方便的网页使学校可以与申请者产生互动的关系,相对于单向交流来说这是一个相当大的营销进步。②

例如,加利福尼亚州立大学提供了一种互动式的经济资助评估,学生可以到学校的22个分校中的任何一个进行虚拟游览,电子数据表格可以自如地进行校区之间的比较。纽约州立大学布法罗分校利用欲申请的学生在学术、运动和校园方面的兴趣来帮助他们安排校园招待会。密苏里大学罗拉分校将即时信息转化成市场策略,给每一个对学校表现出兴趣的人送去问候和新的广告。

这些互动性的网站可以从每一个在这个网站注册和使用这个网站的学生那里获得很多资料和数据,然后这些信息可以让学校知道如何使自己的信息适合于学生。这对统计分析和预测性的设计都是非常有价值的,而这种分析和设计是市场营销的重要部分——决定需要多少经济资助才能吸引某一个学生。③

产品标价

无论是父母还是政客在谈论高等教育的时候,费用总是谈得最多的话题,而且一般都是在表示不满。这是可以理解的,因为学费一直在不断上涨。从1980年到1995年,学费平均每年增长9%,几乎是通

---

① Robin Wilson, "College Recruiting Gimmicks Get More Lavish as Competition for New Freshmen Heats Up," *Chronicle of Higher Education*, March 7, 1990, p. A1.

② Breland et al., "Trends in College Admission, 2000," p. 20.

③ Brian Williams, "To the Personalized Go the Prospects," *Journal of College Admission*, no. 166 (2000), 21—26. The Vanderbilt, SUNY-Buffalo, and University of Missouri-Rollo examples are drawn from Lisa Guernsey, "Some Colleges Try Attracting Students withs Their Own On-Line Innovations," *Chronicle of Higher Education*, October 9, 1998, p. A31.

货膨胀率的两倍。① 对这种坏消息的常见反应是指责高等教育自己的不幸,这是诸如以《我们贪婪的大学》这样煽动性的话为标题的文章经常提出的观点。② 但情况其实更加复杂。学校的管理者强调的是"常见的理由:劳动力、材料和燃料价格的上涨,越来越多的教师和工作人员,增长的额外福利和学生的经济资助,上涨的管理费用……所有这一切都不会从生产力上得到补偿"。③ 但这还是过于简单。经济学家查尔斯·克劳菲尔特(Charles Clotfelter)仔细察看精英学校的费用数据时发现,多数的学费增长都是无法解释的。他认为,最好的答案是"优胜主义"的竞争性费用。④

在对整个事情的关注中,对于大学管理办公室内部发生的事情的注意减少了。在过去十年左右的时间里,学校计算学费可以打多少折扣以及给谁打折扣(折扣通常都被称为经济资助)的方法有了很大的变化。

传统上经济资助的依据是学生的需要。有观点认为,有前途的学生不应该由于付不起钱而上不了学。"苹果派"原则就是美国的马克思主义——从按能力分配到按需分配——然而,和在其他地方一样,马克思主义在这里也屈服于市场的力量。

虽然需要法则总是有例外——如明星四分卫——但这是很少的。不过从上一代大学生起,很多大学都开始提高绩优奖学金的数量,以此来吸引那些本不会来注册的学生。⑤ 那时,招生办公室的职责是招收有很强学术能力的学生以提高学校在《美国新闻与世界报道》上的排名。作为"利润中心",招生办公室也应该尽量提高在学费上的收入。这样的要求导致形成了模仿 Priceline.com 飞机票销售模式的经

---

① Thomas Kane, *The Price of Admission* (Washington, D. C.: Brookings Institution Press, 1999), p. 55.
② William J. Bennett, "Our Greedy Colleges," *New York Times*, February 18, 1987, p. A34.
③ Morton Keller and Phyllis Keller, *Making Harvard Modern*: *The Rise of America's University* (New York: Oxford University Press, 2001), p. 357.
④ Charles Clotfelter, *Buying the Best*: *Cost Escalation in Elite Higher Education* (Princeton N. J.: Princeton University Press, 1996), pp. 26—30. 亦参见 Ronald Ehrenberg, *Tuition Rising*: *Why College Costs So Much* (Cambridge. Mass.: Harvard University Press, 2000).
⑤ 从1979年到2000年,提供无需求奖励的学校数量和这些奖励的资金数额都在上升。Breland et al., "Trends in College Admission, 2000," p. 9.

济资助新规则。

精英大学没有过深地卷入到这样的价格战之中。1989年,美国司法部以反托拉斯为理由禁止了这样的行为,于是常春藤盟校同意不以提供奖学金的方式相互竞争。① 但是,当威廉姆斯学院(Williams College)冻结学费或者普林斯顿把所有的学生资助都转化为奖学金时,钱仍然被当作一种市场工具,而且有希望参加这种竞争的学校只有很少的几所。②

争斗不已的学校之间的金钱之战更加公开和激烈。卡耐基·梅隆大学的学务管理副校长威廉·艾略特(William Elliott)不仅仅依靠绩优资助来吸引优秀的学生,他还开展了第一个"反应计划",这指的是每年拨出25万美元,专门用于与其他学校提供的经济资助展开竞争。③ 请父母明码出价已经成了惯例,而且除了排名最前的几个学校之外,其他的几乎全都成比例地增加了绩优奖学金。保守的招生官员认为学生的需要是颁发奖学金的唯一公平的方式,他们为这样的变化而痛心不已。但是迈克尔·麦克弗森(Michael McPherson)——马卡莱斯特学院的院长和著名的高等教育经济学家——对《高等教育月刊》的一位记者说:"如果你是个利他主义者,比尔(卡耐基·梅隆大学的艾略特)随时会吃掉你的午餐。"④

经济资助策略不仅仅被用于追逐最优秀的学生。在很多学校,奖励是与学校的整体目标实现的策略相一致的,因为钱的使用有着越来越高的精确性。20世纪90年代中期,罗伯特·马萨(Robert Massa)是约翰·霍普金斯大学的大学部学务主任,这个学校的学生主要是医学

---

① "A Brief History of Overlap and the Antitrust Suit," *MIT Tech Talk Special Edition*, September 3, 1992, web.mit.edu/newsoffice/tt/1992/26874/26891.html

② Gordon Winston 和 David Zimmerman 指出:研究生从每一所精英学校得到严格根据成绩给予的资助,最优秀的学生可以得到生活津贴和全额学费奖学金。他们认为这种现象会延伸到本科生当中。Gordon Winston and David Zimmerman, "Where is Aggressive Price Competition Taking Higher Education?" *Change*, 32 (July—August 2000), 10—18. 有些排名靠前的学校采用"优先利益"或者"需要中的成绩"这样的政策。比如说,在《美国新闻和世界报道》评出的文理学院中连续名列第一或第二名的斯沃斯莫尔学院便给了它的前120名一年级新生奖学金而不是贷款。

③ Steve Stecklow, "Colleges Manipulate Fin. Aid Offers, Shortchanging Many," *Wall Street Journal*, April 1, 1996, p. A1.

④ Ben Gose, "Tuition Discounting May Rankle, but It Has Become Widespread," *Chronicle of Higher Education*, February 18, 2000, p. A62.

院的预科生,当时马萨急切地希望可以招到一个有不同知识结构的班级。于是他给予那些计划学习人文专业的申请者特别优厚的奖学金。

在计算中,马萨使用了比较新的计量经济模式。这些模式把一个学生选择进入某一所学校视为综合结果,其中包括的因素有学生的成绩和 SAT 分数、地理位置、课外活动、计划学习的专业——当然,还包括学生为此要付的钱。① 作为统计学方面的内容,这些模式只能说明哪些因素与早先学生做出的决定相关。但经济资助官员会从这些数据中看到未来的原因和作用,然后估算出什么样的折扣可以影响一个申请者的决定。

这种技巧的运用方式从伦理学上说是有疑问的。马萨知道来约翰·霍普金斯大学面试的学生——所有的学院都鼓励进行面试,相信这样可以让学生看看学校是不是非常适合自己——如果被录取的话通常都会来注册入学。这意味着大学提供给他们的奖学金可以(有一点冒险地)比那些没有来参观校园的申请者少一些。虽然马萨选择了不对来学校参观的学生采取不公平的政策,但其他的学务经理的顾虑更少。和卡耐基·梅隆大学的威廉·艾略特(另一个统计学模式的早期提倡者)一样,对那些申请提前录取的学生,马萨给予他们较少的奖学金。他的推理基本上是价格歧视:就像那些不愿意利用 Priceline 的折扣的商人一样,这些学生是被俘虏的顾客。②

不惜代价:改变学院经历

20 世纪 70 年代之前,布朗大学长期扮演的都是常春藤联合会的擦鞋垫这一不体面的角色。③ 布朗大学不幸地坐落在罗得岛上,这是一个饱受暴民骚扰的落后地区,对于被耶鲁或者达特茅斯(Dartmouth)拒绝的学生来说,它是一个保险的学校,而且几乎没有人想到

---

① 任何与学生择校倾向性的因素都可以用这种方法来使用,从而一所学校可以考虑申请者的种族和性别。
② 虽然很多人都不知道这一点,但那些接受了提前录取的人可能会达成一种协议:为了知道自己将会去哪里上大学,他们得到的奖学金比那些焦虑不安地等待到 4 月的学生要少。
③ 这一部分的内容引自得到马克·沃尔夫(Marc Wolf)帮助的研究。

那里去，这使这所学校变成了一个特别令人不愉快的地方。所有这一切在十年的时间里都改变了——它在高等教育领域中突飞猛进，声望一旦建立起来就再难动摇。这其中的根本原因在于一位校长聪明地进行了市场推广的新学术计划，他的说服能力使那些只开空头支票的人汗颜。①

1969年，布朗大学抛弃了标准课程设置。它所谓的"新课程"主要由校园活动构成，看起来完全是大学生期望的东西。② 改革取消了所有分配的必修课，减少了学生为了毕业需要修满的课程数量，按照有利于适合个人专注的原则避开了主修课，并且允许学生以通过和不通过为评分标准参加所有的课程。

学院的宣传手册上说："布朗大学的课程是要教给学生选择和责任。"它用的标语是"有责任的自由"，并且在它的"学生最清楚"的哲学中，布朗大学的使命与时代是完全合拍的。③ 学院还用课程的精确度来将它的产品市场化。招生办公室利用本科生做销售人员，将他们送到全国各地去寻找机会。《纽约时报》的一则封面故事让它的名声大增。一些著名家族的后裔——包括几名肯尼迪家族的成员——也前来入学，他们的到来又引发了许多绘声绘色的报道。瓦坦·格里高利(Vartan Gregorian)用不知疲倦的热情宣传学校的新体制，这位校长在宣传推广和掏捐赠人的口袋方面是个天才。《时代》的教育编辑爱德华·费斯克(Edward Fiske)于20世纪80年代初出版了他的最畅销的学院指南，这是《美国新闻与世界报道》排名的前身；在这本指南里，布朗大学成为高等教育中最炙手可热的学校，甚至比哈佛还难进。从一件时尚T恤衫上可以看出这一点，上面写着："哈佛大学，被布朗拒绝。"

喧闹不会持续太久，但仍然在贯彻新课程计划的布朗大学已经找到了它作为一所特立独行的学校的位置。在戈登·吉离任去了范德比尔特之后，学校聘请了露丝·西蒙斯(Ruth Simmons)接替他的职

---

① Neil Miller, "How Now, Brown U?" *Boston Globe*, November 27, 1983, p. 15.
② 他们的领导人是艾拉·马格齐纳(Ira Magaziner)，几年后作为希拉里·克林顿(Hillary Clinton)的注定要失败的健康计划设计者再度出现。
③ 罕普舍大学和圣克鲁兹加州大学都有过本质上相同的意见，但在选择方面，它们都几乎没有任何进展。

位,她是常春藤学校的第一位美籍非洲裔的女性领导者。

学院总是在寻求新的方法招收学生。全国学生管理者协会(National Association of Student Personnel Administrators)的凯文·克鲁格(Kevin Kruger)说:"进入学院其实并不困难。"这其实是一个很表面化的表述。玛丽·雷纳德(Mary Leonard)发表在《波士顿环球报》头版上的文章说,在密歇根州立大学(Michigan State University)运动场上进行的一项调查表明,幸运的学生可以舒服地躺在宿舍的保健充气沙发里看大屏幕电视。"德堡大学(DePauw University)的新室内网球和田径中心里有球洞区和击球练习场……在芝加哥的圣萨维尔大学(Saint Xavier University),学生可以在健身中心里在私人教练的指导下进行训练,然后拿起一个克里斯比—克里姆甜圈和一杯星巴克奶香咖啡,这一切全部都是在室内……在纽约罗切斯特理工学院(Rochester Institute of Technology)的第一家大学ESPN频道在等离子电视上播放体育节目,并且还有播音台让学生通过相机练习比赛详细报道……尽量满足这些学生变成了一项巨大的商业。辛辛那提大学(the University of Cincinnati)请来了一位特级厨师制定菜单……亚特兰大的佐治亚理工学院(Georgia Tech)的宿舍区可以买到蔬菜水果……巴博逊学院(Babson College)在中心校园增加了一个新鲜果汁吧,它原来已经有了素食和寿司商业,还有一个专职的员工负责煮地道的咖啡。"巴博逊的学生事务主任卡罗尔·哈克(Carol Hacker)坚持认为:"这并不是在纵容,"说话时她一直神情严肃,"这是社区建设。"凯文·克鲁格则更加坦率:"这无疑是市场竞争造成的。"①

对于收到捐赠很少的大学来说,结果可能是灾难性的。"很多学校卷入到这种军备竞赛,或者说设备竞赛之中。"标准普尔(Standard and Poor)的一位分析家指出,"他们需要一个娱乐中心,因为和他们竞争的学校建了一个新的。或者他们需要一幢新宿舍,因为与他们竞争的学院有一座。现在房子盖好了,他们就不得不付钱。还有很多学

---

① Mary Leonard, "On Campus, Comforts Are Major Colleges' Hope Perks Can Boost Enrollment," *Boston Globe*, September 3, 2002, p. A1.

院,再多花一毛钱就会导致他们 10% 或 15% 的预算要靠借债来维持。"①

很多公立大学都把钱投入到了新的"精英学院",即进行大众教育的大学里的那些小规模的、招生严格的文理学院,这些学院里对优秀的学生进行一对一的指导,还有特别的研讨班、独立的居住区和慷慨的经济资助。② 从 1994 年起,这些学院的数量翻了一番,超过了 50 所,还有几百所学校在实施规模较小的精英课程项目。③ 2002 年,沃尔顿(沃尔玛)家族捐给阿肯色大学(the University of Arkansas)3 亿美元,这是公立大学有史以来得到的最高单笔捐赠,这笔钱的大部分都被用在了一所精英学院上。

马萨诸塞大学爱默思分校(the University of Massachusetts at Amherst)1999 年建立了它的精英学院,叫作联邦学院。虽然马萨诸塞大学是州里的旗舰公立大学,但却从来没有得到过公众太多的尊重。在马萨诸塞州,人们的注意力都投向了私立学校,三分之二的大学生都在这些学校里,这个比例是全国最高的。这所大学因其派对重于学习的名声而被人耻笑,说它是"马萨诸塞动物园",在《美国新闻与世界报道》2001 年排名榜上它与阿拉巴马和佛罗里达州立大学同时名列第 48 位,低于加利福尼亚大学所有的分校。

优诺匹萨的董事会主席、提出这项建议的管理人阿龙·斯宾塞(Aaron Spencer)说,建立联邦学院是为了改变这一切,在马萨诸塞州"既改进公立高等教育,也改进公立高等教育的观念"。虽然州立法机构不愿意对这样的改进投入太多的钱,但希望将几百万美元用于奖学金、小班级、整洁的宿舍和积极的市场营销,使联邦学院的学历成为一种学术地位的象征。

然而,大学生们,包括学生组织的领袖在内,对此有不同意见。在

---

① Martin Van Der Werf, "Many Colleges Could Close or Merge Because of Financial Problems, Standard & Poor's Warns," *Chronicle of Higher Education*, November 22, 2002, http://chronicle.com/daily/2002/11/2002112701n.htm

② Murray Sperber, *Beer and Circus: How Big-Time Sport Is Crippling Undergraduate Education* (New York: Henry Holt, 2000).

③ Jeffrey Selingo, "Mission Creep?" *Chronicle of Higher Education*, May 31, 2002, pp. A19—21.

学校报纸记录的学生与斯宾塞的一次长达三小时的面谈中,他们指责这个计划是"种族主义和阶级主义的……缺乏社会责任"。正如批评家们所担心的那样,精英学院里的黑人和西班牙人种学生的比例偏低,大约是全校总比例的一半。但斯宾塞指出,联邦学院成功地吸引了高分的大学生。2002年,入校学生的中学GPA成绩的中位数是3.9,SAT分数的中位数是1329。斯宾塞在对"那些来自贫穷家庭并且努力提高自己的学生表示同情"的时候,忽略了使用州教育经费来资助一项白人和富裕学生所占比例过高的项目所带来的问题。他说:"以黑人为主的篮球队、以白人为主的精英学院,这有什么问题吗?"

地区州立大学也在尝试那些在这些旗舰学院运作良好的政策,尽管人们从不认为培养精英也是他们的任务。在默默无闻的印第安纳大学宾夕法尼亚分校,罗伯特·C.库克精英学院250名学生在学术构成方面与联邦学院的学生几乎是一样的,他们的SAT平均成绩是1320分,比学校的其他11000名学生的平均成绩高出260分。校长劳伦斯·佩蒂特(Lawrence Pettit)说,库克学院是学校的"救星",因为它在努力与一些著名的州立大学竞争,比如说匹兹堡大学和宾夕法尼亚州立大学,这两所学校都有自己的精英学院。这说明,在阶梯的任何一个位置上都存在着"地位之争"[①]。

操纵市场

学校还用一些不光彩的手段来提高自己的声望——比如,虚报《美国新闻与世界报道》用于决定排名的资料。欺骗的诱惑力是巨大的,因为得到的奖励也是巨大的。经济学家罗纳德·艾仁伯格(Ronald Ehrenberg)和詹姆斯·蒙克斯(James Monks)得出的结论是,在排名榜上上升一步、一所学院招收的学生的比例上升和SAT高分学生的增加,都是影响招生的决定性因素。[②]

---

① 这个用语来自Winston and Zimmerman, "Price Competition"。
② Ronald Ehrenberg and James Monks, "U. S. News & World Report's College Rankings: Why Do They Matter?" Change, 31 (November—December 1999), 42—51.

即使是选拔最严格的学校也采用欺骗手段。自从毕业生的捐赠也成为《美国新闻与世界报道》排名的一个决定因素后,有的大学,其中包括康奈尔大学,居然把那些不太有可能给予捐赠的毕业生从他们的数据库中删除了——将他们划归为死亡人员。有的学校还在学生的 SAT 成绩报告中捏造数据。1995 年,《华尔街日报》将学校报给债券评级机构的 SAT 成绩与他们提供给《美国新闻与世界报道》的进行了比较,其中 20% 有着明显的差距,《美国新闻与世界报道》的数据总是更高。纽约大学的数据中没有包括大约 100 名"经济处于不利地位"的学生,波士顿大学省略了留学生的口头成绩,而哈佛大学则无法解释它报上来的 SAT 分数中的 15 分的差距。科比学院的前信息主任爱德华·赫谢(Edward Hershey)回忆起学校的管理者们聚集在"一次只能被称为讨论如何进行欺骗的会议"上。学校"错误地报告说科比有 80% 而不是 60% 的一年级新生在中学时是排名前 10% 的优秀生……于是科比在(《美国新闻与世界报道》)的排名上从第 20 位上升至第 15 位。不利的一面是,在接下来的一年里我们一直在想办法如何在其他数字上玩花样以保存我们的竞争优势"①。

《美国新闻与世界报道》非常重视学校的选择性,也就是申请者与被录取学生的百分比和被录取与注册入学学生的百分比。就因为这个(并不是出于任何学术上的原因),学校越来越重地依赖于提前录取。在这样的政策中,学生只能申请一所学院,并且保证一旦被录取就前来入学。例如,哥伦比亚大学和耶鲁大学 2001 年有近一半的学生都是这样招收来的,这几乎是十年前的一倍。提前录取的学生的学术记录在整体上弱于那些一直等到春季才被录取的学生。但这些申请者对招生官员来说是不可抗拒的,因为一旦被录取他们都会来入学,这使学校显得更加有选择性。从 2003 年的一项调查来看,这就是申请提前录取可以使学生的机会增加 50% 的原因——相当于 SAT 成

---

① Steve Stecklow, "Colleges Inflate SATs and Graduation Rates in Popular Guidebooks," *Wall Street Journal*, April 5 1995, pp. 1, 6. 哈佛大学的招生部主任称 SAT 成绩不等(从 1400 到 1385)是"神秘的"和"不重要的",并且也说《美国新闻与世界报道》的数字是准确的;穆迪的报告说它公布的数字是哈佛大学提供的。

绩增加100分。①

更大的问题在于,招生官员们尽可能多鼓励一些学生们来申请,因为他们知道,学院拒绝的申请者越多,它就显得越有选择性。出于同样的原因——在《美国新闻与世界报道》看来是好的——像艾摩利大学(Emory University)以及富兰克林和马歇尔学院通常不接受最优秀的申请者,因为招生官员认为他们最终是不会来的。通过拒绝申请者或者把他们列入候选人名单这样的做法,学校使自己看起来更难以进入。

希望学生们为了被录取而撒谎或者让他们的申请如泥牛入海,这种做法的虚伪并非只有霍尔顿·考菲尔德*才能判断出来。但不是所有的学生在肆无忌惮的官员们手中都是可以被利用的,有的学生像收集名片一样收集录取通知书。双方都可以玩这个游戏。确切地说,是得到了圆滑世故的建议的学生们已经知道了怎样玩这个游戏。

"我指导的不是申请,是生活"

克里丝·巴瑞特(Chris Barrett)和卢克·麦克凯伯(Luke McCabe)是郊区中学的学生,2000年夏天的一个下午,他们在电视上看高尔夫球锦标赛消磨时间,忽然一个念头闪入脑海:泰格·伍兹每年戴着黑色的耐克棒球帽做几个广告,就能挣数百万美元;我们为什么不可以这样做,让某个公司来支付我们上大学的费用呢?当然伍兹名气更大,但他们愿意付出更多。为了得到学费、住宿费、伙食费和回家的路费,他们愿意当活人广告。

这两个孩子已经有了营销意识。克里丝是美国历史上最年轻的

---

① Christopher Avery, Andrew Fairbanks, and Richard Zeckhauster, *The Early Admissions Game: Joining the Elite* (Cambridge, Mass.: Harvard University Press, 2003); Rachel Toor, *Admissions Confidential: An Insider's Account of the Elite College Selection Process* (New York: St. Martin's, 2001); Jacques Steinberg, *The Gatekeepers: Inside the Admissions Process of a Premier College* (New York: Viking, 2002); James Fallows, "The Early Decision Racket," *Atlantic Monthly* (September 2001), 37—52.

* 《麦田里的守望者》中的主人公。——译者注

专利权拥有者,五岁时就凭借自己发明的一个帮助小孩识别左右鞋子的装置得到了一项专利;而卢克的乐队"超级巨人"曾在纽约的朋克演出中引起轰动。他们在一位广告人员的帮助下建立了自己的网站www.christandluke.com,并且公开表示他们希望成为美国历史上最早的两个得到公司赞助的大学生。"我们喝你的汽水、吃你的薯条,"他们在相机前扮着鬼脸,赌咒发誓,"我们去哪……你去哪!"

很快,christandluke.com 就被选为雅虎的当日网页。所有的媒体都想讲述他们的故事——CNN 和 MSNBC,《时代》和《旋转》,《纽约时报》和《伦敦时报》。有 15 家公司前来竞标。最后他们选择了 FirstUSA 信用卡公司,这家公司资助克里丝进入佩珀丁大学(Pepperdine),卢克进入南加州大学。公司为他们支付私立学校每人每年的费用 40000 美元,作为回报,克里丝和卢克的工作是教下一代人如何当一个好的顾客。

克里斯和卢克的故事更像是一个关于两个喜欢异想天开的少年的传说。同时它也把一种越来越公共的行为推向了极致,即学生把自己推向市场,从而进入名牌大学。正如学校聘请顾问来进行市场研究、设计推广计划和经济资助策略一样,学生们也会依赖顾问来展示自己最出色的一面。

这一市场综合因素的两个方面之间有着一个最主要的差异。虽然从实质上说所有的学校都在努力增强自己对学生的吸引力,但只有那些来自富裕家庭的学生才有经济实力应对这样的改变。而在这一群体中,只有想进入挑选严格的大学的人才会进行这样的投资。① 在 1995 年的一项调查中,注册进入 SAT 平均成绩在 1300 分以上的大学的一年级新生中,有 79% 表示大学的排名是影响他们选择的主要因素。在那些进入 SAT 成绩在 1001 到 1300 之间的大学的学生中,这个数字要低一些,为 59%;而在那些 SAT 平均成绩在 700 分以下的学校中,这个数字只有 27%。

艾维怀斯(Ivywise)公司顶级服务的收费是 29000 美元,这是一项巨大的投资。但还是有很多父母愿意出这笔钱来得到耶鲁的博士或

---

① Patricia McDonough et al., "College Rankings: Democratized College for Whom?" *Research in Higher Education*, 39 (1998), 513—537.

者公司创始人凯瑟琳·科恩(Katherine Cohen)的帮助。① "我指导的不是申请,"科恩说,"是生活。"

艾维怀斯把学生们的业余爱好变成可以强化其履历的内容。高等学校的顾问很可能会建议一个对艺术感兴趣的学生去上高级布局课程,并且把最好的作品放在大学申请中。凯瑟琳·科恩会将客户的作品陈列出来,不过这仅仅是开始。她还让学生与她认识的著名艺术家保持联系,请艺术家朋友为她的客户所在的中学的美化项目捐献一件艺术品。只有经过了在大都会艺术博物馆的实习,一位有抱负的艺术家的申请过程才算完满,而这都得自与名人有来往的科恩女士的帮助。

给人印象最深刻的是科恩收了费用之后为之所付出的辛勤工作。学生必须非常彻底地了解他们所申请的每一个学校。这包括选择他们有兴趣的校园组织、制定第一年的课程计划甚至读一本可能会指导他们的教授所写的一本书。准备面试是一项艰苦的任务。科恩列出了学生们必须书面回答的 100 个问题;她会为你进行模拟面试,并且进行录像和点评。这个工作量是惊人的,而科恩的客户们每申请一所学校都要经历同样的过程。对于这些学生来说,出色地完成艾维怀斯的申请可能要比做一件了不起的事情——比如说赢得威斯丁豪斯科学奖或者出版一本小说——更加困难。

就像人们所预料的那样,艾维怀斯非常成功——超过 80% 的客户被他们"可触及的"两所学校中的一所录取——现在这家公司又增加了两项新的服务。"艾维怀斯运动员"服务于那些擅长运动的学生。"艾维怀斯儿童"的服务目标是帮助申请选拔严格的幼儿园和小学,这也是一个竞争激烈的过程。对于那些有抱负的父母来说,任何时候将子女推向市场都不会过早。

过去父母们依赖中学里的顾问指点他们的孩子进行迷宫般的大学申请过程。但是随着录取过程的竞争性越来越强,顾问们的工作负担迅速增长。现在,他们要负责几百个学生,再也没有时间过田园式

---

① Ralph Gardner Jr., "The $28995 Tutor," *New York*, April 16, 2001, www.newyorkmetro.com/nymetro/urban/education/features/4579

的生活。① 市场是不喜欢空间的。从20世纪80年代开始,私人顾问已经成为哈佛招生院长所说的"新兴产业"。②

但怎样区分帮助和代劳呢?学校的顾问抱怨说那些私人顾问们对学生们"指导过多",并且帮助家长们欺骗经济资助部门。1990年,《高等教育月刊》报道说,富有的家长们聘请顾问来玩这个游戏,让自己的孩子得到丰厚的经济资助。③《纽约时报》上更是刊登了一篇以《是顾问还是欺骗艺术家?》为大字标题的文章。④

私人顾问们在进行一种魅力攻势。20世纪90年代中期,他们的商业小组起草了"良好习惯的原则",那些参加签名的人承诺不会做的事情很让人惊讶:他们不再保证学生一定会被录取,也不从那些接受学生的学校收取费用。⑤ 但是随着对私人顾问情况了解得越来越多,精英学校开始对他们加以注意,他们发现这些私人顾问几乎是在为申请者代写文章——令人难堪的是这其中还包括贸易集团的前总裁,他过去曾经是一所大学的招生部主任。⑥ 为了彻底杜绝这种行为,杜克大学从2002年开始要求帮助过他们的申请人写自己的文章。

有些顾问,包括凯瑟琳·科恩在内,无偿地为一些贫穷的年轻人服务;⑦一些公司,如普林斯顿评论和卡普兰(Kaplan)也提供网上的招生指导。但这种方法让富有的人在大学招生游戏中又有了另一种优势。"在某种程度上,"哥伦比亚大学师范学院的院长阿瑟·莱文(Ar-

---

① Alvin P. Sanoff, "A Parent's Plea," *Chronicle of Higher Education*, February 12,1999, p. B7.

② Earl Gottschalk, "Better odds? Parents Hire Advisers to Help Get Their Children into College," *Wall Street Journal*, November 7, 1986, p. 1.

③ 这些策略包括修改所得税申报表,将孩子归为非依赖类;父母一方注册几门社区大学的课程(在2000年规定改变之前,每个学生的"父母捐献"是按照联邦政府的方法,除以在大学里至少注册有半日课程的家庭成员人数得出的);获得"倍数表格",大学里用它来对家庭评估和收入进行比较,并且对可疑的申请者提出审计要求。Thomas DeLoughry, "Colleges Say Consultants Are Suggesting Schemes That Help Families Win Student Aid Unfairly," *Chronicle of Higher Education*, January 17, 1990, p. A25.

④ Leonard Sloane, "Consultants or Con Artists?" *New York Times*, April 7, 1991, p. A30.

⑤ "Principles of Good Practice" from IECA Web site, www.iecaonline.com.

⑥ Ben Gose, "Anxious Applicants to Top Colleges Seek an Edge by Hiring Consultants," *Chronicle of Higher Education*, January 24, 1997, p. A31.

⑦ Carol Loewith, "Independent Consultants and the College Selection Process," *College Board Review*, no. 186 (Fall 1998), 24—27.

thur Levine)说,"这是对教育过程公平性的一种冒犯。"①一个非营利性的组织——大学教育基金会打算在贫穷学校地区推广高技术培训,但它被需要雄厚财力的竞争给生吞活剥了。

2002年的春天,《纽约时报》按年代记录了三个高中生是如何玩招生游戏的。② 每个人的故事都有一个完满的结局。杰德·瑞兹尼克(Jed Resnick)是郊区一个富有人家的孩子,他按照凯瑟琳·科恩式的方法调整了自己的想法,到一家剧院去做一份夏季临时工以显示自己的天赋,又离开家到一所实验学校就读一个学期来表现自己的勇气。虽然被他第一选择的学校耶鲁拒绝了,但布朗大学录取了他。诺本·库安萨(Reuben Quansah)是布朗克斯的一位由单身母亲抚养长大的黑人少年,他被巴克内尔大学(Bucknell University)的一个工程专业录取。杰塔·埃克塞罗(Gerta Xhelo)是住在昆士区的一个移民家庭的女儿,她克服了中学里的那种懒散的生活,进入了雪城大学(Syracuse University)。

《时代周刊》高兴地坚持认为,这种人生新阶段的出现方式过去曾经"像秘密的握手……现在则对所有的人开放"。③ 事实上,这些学生进入大学的方法与他们各自的生活方式一样各不相同。杰德说,如果要进入像巴克内尔这样的二类学校,那进去之前他就死了。几乎从出生开始,他就在雄心勃勃的父母和一位顾问的指导下准备着这一刻,这位顾问的名字是布鲁斯·布雷默(Bruce Breimer),他对于如何进入常春藤联校了如指掌,他指导的大部分学生都去了那里。(布雷默甚至给招生官员寄去了一张CD来展示杰德的唱歌才能。)虽然诺本在一所天主教中学就读时表现非常好,但那里没有一个人想到他可以考虑申请一所常春藤学校。在他自己看来,他只希望可以申请到一个不错的工程学课程。杰塔是因为一次网上校园参观而一时兴起选择了雪城大学。对于杰塔和诺本来说,被录取只是战斗的一半:经济资助

---

① Liz Seymour,"The Old College Try Gets a New Sales Pitch," *Washington Post*, November 27, 1999, p. A1.
② 参见Jane Gross的三篇系列头版文章:"Different Lives, One Goal: Finding the Key to College," "Preparing Applications, Fine-Tuning Applicants," and "At Last, Colleges Answer, and New Questions Arise," *New York Times*, May 5—7, 2002。
③ Gross,"Different Lives," p. A1.

将决定他们会去哪所学校。而杰德的家庭则每年都要为他的预科课程付 21000 美元,在剧院的培训课程则还要多 7000 美元,因此他去哪所学校不会受到钱的支配。①

大多数贫穷和工人阶层家庭的孩子都没有杰塔和诺本这样幸运。虽然杰塔和诺本没有杰德那样的财富和社会资本,但他们有同龄人所没有的一些突出的优势。虽然他们的顾问手上有几百名学生(杰德的只有 60 名),但不知怎么的他们对这两名学生产生了兴趣。他们的移民父母(分别来自阿尔巴尼亚和加纳)都非常重视高等教育的价值,并且一心要他们的子女获得成功。如果《时代周刊》关注的是诺本的同学(他们去参加大学展示会为的是看女孩儿,而不是看学校),那么记者的语气便不会这么轻松,结果不会这么令人高兴,胜利者和失败者之间的距离也会更大。

有可能进行"地区军备控制"吗?

正如学校和学生都预言的那样,穷学生上大学难的主要原因不是地位之争,而是钱。在收入排在前 20% 家庭中,80% 的学生都进入了大学,而排在最后的 20% 家庭中,能进入大学的则不到一半,这种差距在四年制大学中更加明显。②

联邦政府通过适用于贫穷学生的佩尔奖助金(Pell grants)来平衡奖学金的发放。但这项经费却少得可怜,翻一倍后才能与 70 年代中期的购买力相当;但这只是开始,因为在过去的几十里,学费的上涨超过了通货膨胀的速度。联邦政府将政策从奖助金转为贷款、学费课税贷款和教育储蓄账户似乎可以解决这个问题。但正如经济学家兼大

---

① 家庭财产也可以直接影响一个学生的被录取机会,因为有些精英学校录取那些否则会因为期望获得家庭资助而被拒绝的申请者。Daniel Golden,"At Many Colleges, the Rich Kids Get Affirmative Action," *Wall Street Journal*, February 20, 2003, p.1。

② U. S. Census Bureau, Current Population Survey (CPS) Reports, ser. pp. 20—479. Available online at http://www.census.gov/population/www/socdemo/school.html. 相比之下,白人和未被充分代表的少数民族之间的注册差距小于 10%。1999 年,四分之三的社区大学报告说在五年里选择两年制大学的学生数量的增加超过选择四年制大学的学生,其原因是费用。Breland et al., *Trends in College Admission*, 2000, p.15。

学校长迈克尔·麦克弗森(Michael McPherson)和莫顿·夏皮罗(Morton Schapiro)所指出的那样,这样做事实上使事情变得更糟。虽然佩尔奖助金只给贫穷的学生,但几乎只有那些来自最富有家庭的学生才符合这项新资助项目的条件。州的绩优奖学金也有同样的问题:受益者主要是来自富裕家庭的孩子。①

新的——或者至少是新发展起来的——竞争性的招生市场政策影响着那些进入顶级私立大学和公立大学精英学院的学生们,并且和大多数市场一样,这一体系中没有什么公平可言。更加贫穷的学生无力将自己包装得足以吸引那些选拔严格的学校。当经济资助被"策略性"地理解时,他们的境遇便非常不利。过去曾有人说,高等教育再现了这个国家的不平等。现在则有过之而无不及。

那么可以采取什么措施呢?偶尔,大学可以置市场于不顾并且获胜。20世纪90年代末,迪金森学院(Dickinson College)和鲍登学院(Bowdoin College)决定不要求申请者递交SAT成绩。他们这样做很可能会激怒《美国新闻和世界报道》,因为这个成绩在他们的大学排名中是一个非常重要的因素。但这两所学校向少数民族学生发出了信号,并且这一策略获得了成功。非白人申请者的数量有了明显的增加——还有一名新一代的霍尔顿·考菲尔德,他忽然觉得这些古板的学院是很酷的地方。2002年,同样渴望增加少数民族学生数量的加利福尼亚大学也宣布将采取同样的政策,这个决定使全国的招生官员都不知所措。与此同时,哈佛威胁要采取另一项单方面行动,以拒绝其他学院的提前录取政策。如果哈佛真的这样做的话,那么其他学校将不得不追随;并且由于只有像杰德·瑞兹尼克这样富有的学生才可以在不考虑可以得到多少经济资助的情况下便把自己交给某一所学院,因此这将会是一个积极的发展。

然而在大多数时候,学校都在面临一个典型的"囚徒困境"的局面:如果他们单独行动,他们便会输。学院之间的竞争有时是健康的;并且只要有伯克利和斯坦福、哈佛和耶鲁,这就是不可避免的。但正如经济学家罗伯特·弗兰克(Robert Frank)所指出的那样,"一切(学

---

① Michael S. McPherson and Morton Owen Schapiro, *The Student Aid Game* (Princeton: Princeton University Press, 1998), pp. 25—36.

校之间的)公开竞争的结果都是不利的……竞争动力……实际上确保的是一种社会浪费的机制"。如果学校被反垄断法所屈服和认可,接受弗兰克所说的"地区军备控制协议"①,那么针对学生的市场就会运作得更加良好。竞争者们就会致力于:少花钱在表面文章上,将更多的经济资助给予那些真正需要的人;采用麻省理工学院招收更多女生的方法,更加侧重于劳动阶层和市区学校;将如何进入优秀学院的建议大众化;将小班授课和有更高求知欲的精英学院变成一种所有的高等教育都渴望的模式;使需要和价值而不是市场的世故成为分配经济资助的基本原则。② 但随着竞争的逐年激烈,学生和学校下的赌注也越来越大,只有头脑简单得近乎荒唐的乐观主义者才会相信这样的局面真的会发生。

---

① Frank, "Higher Education," p. 3.
② 2001 年,28 所私立大学同意改变它们的经济资助规定,给予更多的按需要发放的资助,减少以成绩为评定标准的资助。但这些允诺的变化是非常有限的;而且,非常突出的是,哈佛和普林斯顿都不在其中。Eric Hoover, "Twenty-eight Private Colleges Agree to Use Common Approaches to Student Aid," *Chronicle of Higher Education*, July 20, 2001, p. A33. 随着经济的恶化,经济困境影响了更多的学生。到 2003 年,增长消失了,越来越多的是在努力使收支平衡。Greg Winter and Jennifer Medina, "More Students Line Up at Financial Aid Office," *New York Times*, March 10, 2003, p. A20。

二 尼采的地位:芝加哥大学

芝加哥大学比美国的任何一所高等学府都要更加着迷于自己的想法——更确切地说是更加自我陶醉。① 该学校起到关键作用的校长和杰出的推动者罗伯特·梅纳德·赫钦斯(Robert Maynard Hutchins)缔造了这所大学的生机勃勃的神话。"这不是一所非常优秀的学校,"赫钦斯说,"只是最好的。"不要去管牛津或者伯克利。忠诚的人会说,"权力走廊"里可能只有哈佛和耶鲁,但在思想领域,主宰的是芝加哥大学。"常春藤盟校"在其他任何地方都不是一个嘲弄性的用语——它被称为"杰伊·雷诺主义"(Jay Leno-ism)的学术领域,指的是它崇拜那些著名教授将芝加哥大学比作"垂死的大象"的说法。哲学家阿尔弗雷德·诺斯·怀特海(Alfred North Whitehead)很久以前偶然作的一个评论像真理一样地再现了:"在我去过的地方中,最像古代雅典的就是芝加哥大学。"②

学校四分之三的教员都住在离校园不到一英里的海德公园内,这里是一个传播学术和色情闲话的温床,它有意识地与周围下层黑人聚居的城区分开。有人半开玩笑地说,正是由于这种隔绝,学校的运动队才被称为"放逐者"。芝加哥部落从一切激烈的争论中获得乐趣,从

---

① 本章节参考了帕勃罗·斯坦德瓦(Pablo Standoval)对管理人、行政人员、教授、学生以及其他对学校问题有见地的人所做的面对面、电话和电子邮件的访问。未加引号的引用部分选自于这些内容。

② Milton Mayer, *Robert Maynard Hutchins*: *A Memoir* (Berkeley: University of California Press, 1993), p. 170. Alfred North Whitehead, *Dialogue of Alfred North Whitehead*: *As Recorded by Lucien Price* (Boston: Little, Brown, 1954), p. 137.

货币主义到形而上学都是争论的内容。当哈佛在精心打扮自己的时候,芝加哥大学则将注意力集中在重点问题上,它翻出了书架上所有关于自己的有价值的历史、传记、教员委员会报告、学生报纸、海报和网页。学校图书馆工作人员准备的有关学校历史的参考书目中列有几百本"介绍性的"书籍。

每个人都好像成了业余历史学家,努力从过去挖掘今天仍然可以使用的材料。① 弗雷德里克·鲁道夫(Frederick Rudolph)在他的美国高等教育简史中写道:"在塑造(美国内战以后高等教育的)观点和期待方面,没有一个事件比芝加哥大学的建立更重要。"它是"美国历史上引起人们关注一个时代的精神的事件之一"。② 约翰·D.洛克菲勒用230万美元创办这所大学时,他希望这所远离受传统束缚的东海岸的大学可以"带着富于时代精神的深切的同情进入正轨"。③ 虽然芝加哥大学是一所好学校,但在这一点上却要让洛克菲勒失望了。法学教授丹尼斯·哈金森(Dennis Hutchinson)长期担任本科学院的院长,据他的观察,最恰当的比喻是认为"在芝加哥大学我们总是做到'X'",他指的是当前正在被宣扬的任何东西。

海德公园还有一个鲜为人知的传统,那就是学校的领导人——包括赫钦斯和创办学校的校长威廉·雷尼·哈伯(William Rainey Har-

---

① 大学的网页很少提到学校的历史,而且完善的大学历史通常也非常难找到。但芝加哥大学图书馆里关于学校历史的参考书目(在学校网站上也可以查到),包括了19本关于学校通史的参考书和24位校长和行政人员的叙述。这些书目总共列出了100多种参考书——而且这还只是"介绍性的"。见 http://www.lib.uchicago.edu/e/spcl/introbib.html。对该大学历史最好的简短论述参见 John Boyer, *Three Views Continuity and Change at the University of Chicago*(Chicago:University of Chicago Press, 1999), http://www.uchicago.edu/docs/education/continuity-change/intro.html。又见 Thomas W. Goodspeed, *The Story of the University of Chicago, 1890—1925*(Chicago:University of Chicago Press, 1925); Richard J. Storr, *Harper's University, the Beginnings:A History of the University of Chicago*(Chicago:University of Chicago Press, 1966); Mary Ann Dzuback, *Robert M. Hutchins:Portrait of an Educator*(Chicago:University of Chicago Press, 1991); William McNeill, *Hutchins' University:A Memoir of the University of Chicago, 1929—1950*(Chicago:University of Chicago Press, 1991); and Harry Ashmore, *Unseasonable Truths:The Life of Robert Maynard Hutchins*(Boston:Little, Brown, 1989)。

② Frederick Rudolph, *The American College and University:A History*(New York:Vintage, 1962), p.349. 1906年,约翰·D.洛克菲勒称芝加哥大学是"我一生中所做的最好的投资"。Ibid., p.352。

③ *Annual Report of the (University of Chicago) Provost, 2000—2001*, September 17, 2001, http://www.uchicago.edu/docs/education/provost-rep00_1.html

per)在内——愿意做任何必要的事情来为一所长期缺乏资金的学校筹钱。他们过去进行过的冒险包括建立一所大专学校和一所全国最大的函授学校;1998年,这所函授学校并入了一所营利性的商业学校Unext.com。

在强调寻求知识的公开对话中都没有提及这些实用性的行为。但在20世纪90年代初,金钱决定一切的想法非常普遍,并且与捉襟见肘的财政现实相矛盾。学校存在着严重的赤字并且那一点可怜的捐赠基金也被消耗殆尽。1994年,学校的董事们向普林斯顿的教务长、杰出的经济学家雨果·索南夏因(Hugo Sonnenschein)求助,相信他的策略可以帮助芝加哥大学筹集资金、缩减开支,使学校有一个稳固的经济基础。然而,当索南夏因开始这样做时,他就像直接卷入了一个电锯之中。旧学校的那些忠实者对他的管理方式不屑一顾,并且担心他那些以赚钱为目的的政策——特别是那些被认为降低了本科生教育的严格程度的政策——会将这个他们热爱的地方"普林斯顿化"。他们最深切的担忧是,在搜罗学生的过程中,芝加哥大学与众不同的文化会变成一种市场工具。

对于芝加哥大学和迪金森学院(一所古老、但在经济上备受困扰的文理学院,下一章中将讨论它在面对市场压力时的反应)来说,做出四处搜罗学生的决定都是在勇敢地在拿学校的特征进行冒险。在第四章中将谈到的纽约大学,其成功之处在于引进明星教员,而不是学生,但那里也存在着有可能会破坏学术环境的政策。在任何情况下,高校寻求的都是一种中间立场,既坚持它的学术使命,也不忽略市场的力量。

罗伯特·赫钦斯的幽灵

"芝加哥大学来到了岔路口",这是1998年12月28日《纽约时报》头版一篇文章的标题。文章的开始是一位公关人员的梦想——从字面上看是这样,因为正是这位公关员阿尔·钱伯斯(Al Chambers)创造了这个故事,他曾是福特公司的产品推广人员,芝加哥大学将他请来参加学校的形象重塑计划。"自从1892年以洛克菲勒的一堆钱和一批杰出学者在芝加哥南部建校以来,还没有任何一个学术机构可以在治学严谨方面能够与芝加哥大学相提并论。"①

但这个梦想很快就变成了噩梦。《时报》的其他文章则用"身份危机"的痛苦挣扎来仔细分析一所学校——一所申请者相对很少而退学率却很高的学校,它得到的捐赠微薄得不足以维持它的骄傲,它的校园是一群年久失修的哥特式建筑。更糟糕的是,文章还指出,学校的精华所在——"隐居式学习方法"——正在从内部受到批评。最近被请来负责招生的副校长迈克尔·班克(Micheal Behnke)便是个离经叛道者,他对很多学生"只追求精神生活"的观点提出了质疑。索南夏因(Sonnenschein)校长客观地指出唯利是图的新政策与海德公园的居民是完全背道而驰的,现在的海德公园是一个新世界,在那里,"高等教育的商品化和市场化"不是需要回避的灾难,而是生活的现实。

一个月之后,《芝加哥论坛报》严厉批评"咯咯笑大学"(University of Chuckles)发起了一项新的市场化运动,从而把芝加哥大学与"娱乐"联系在了一起——校园里一件流行的T恤衫上夸耀说这里是一个"让娱乐死亡的地方"——并且国家级的媒体上也转载了有关"身份危机"的内容。② 在学校里,包括在理事们和毕业生中间,这篇文章被像犹太法典一样地仔细地阅读。令人愉快的文章开头很快便被人忘记了,它变成了一个呼吁人们起来反抗的檄文。

斗争的重点是两项管理措施:削减了必需的核心课程和增加本科生的数量。芝加哥大学是以学术生活中不留余地的方法而著名的。现在这种力量完全向索南夏因和教务长(前法学院的院长)涌去。

74名教授——其中包括一些最杰出的知名教授——联名给学校管理者写了一封公开信,正色警告说:"学校的领导正在把我们学校的学术传统和组织置于危险之中。"③十位德高望重的学者——包括索

---

① Ethan Bronner, "The University of Chicago Comes to a Fork in the Road," *New York Times*, December 28, 1998, p. 1.

② Ron Grossman and Patricia Jones, "At U. of C., C Stands for Chuckles," *Chicago Tribune*, January 31, 1999, p. 1.

③ "Letter from the Faculty to the Trustees of the University of Chicago," March 21, 1999, http://www.realuofc.org/faculty/t-let.html

尔·贝娄(Saul Bellow)、大卫·里斯曼(David Riesman)和六年前在学术方面促成核心课程的莫蒂默·阿德勒(Mortimer Adler)——也参加进来反对这个"危险"的行动。他们说:"以市场化为基础作出学术方面的决定本身就是对精神的犯罪。"①

一个新成立的名为"芝加哥大学关注者朋友会"的校友会谴责行政当局把"整个大学的特征"置于"即将到来的危险之中",并且呼吁其他的校友在旧制度恢复之前停止给学校捐助。在高峰时期,校友建立的网站创造了一个月之内全球10000次点击的纪录。"处于危险之中的是大学的精神,"硕士生约翰·威尔逊(John Wilson)在一封给校报《放逐者》的信中这样写道,"认为芝加哥大学(和大多数的大学不同)的确是有一种精神的,这绝不是一件小事情。"②

当能够把高等教育机构结合在一起的只剩下技术转让办公室和供热系统时,有人还在用这样浮夸的方式谈论一所大学,这是非常值得引起注意的。这些信件的语气体现了狂热支持者的目标的神圣性。"行政当局没有理解到,如果他们削减了核心课程,芝加哥大学的人们会变得焦躁不安,"人类学家马歇尔·萨林斯(Marshall Sahlins)在一次著名的抨击中这样怒斥道。对于教员、学生和校友来说,"代表着他们身份的大学本身被置于一个危险的境地之中"。萨林斯和他的对手们可以把他们对反行政当局立场的支持体现在对罗伯特·赫钦斯本人的警告中。"当一所大学决定要挣钱的时候,"赫钦斯在六年前就写道,"它必须放弃它的精神。"③

管理部门可以在同样的赫钦斯思想中寻找它自己的目的,对于他们来说,风险也是很高的。"当然,我的意思不是指大学不需要钱或者他们不应该想办法挣钱,"赫钦斯写道,"我指的只是他们应该有一种教育性的政策,然后再为它提供经费。"1996年4月,索南夏因给教员

---

① Scholars for the University of Chicago, April 14, 1999, http://www.realuofc.org/public/nas.html. 这封信虽然是给理事的,但同时也被公开发表。
② "Cash In, Quality Out," February 5, 1999, http://www.realuofc.org/. Wilson 引用于 Adrienne Drell and Lon Grahnke, "U. of C. Keeps Image in Mind," Chicago Sun-Times, January 31, 1999, p. 1。
③ Marshall Sahlins, "The Life of the Mind and the Love of the Body; Or, the New 'Chicago Plan', Now with Added Balance" (March 1999), 1, http://www.realuofc.org/faculty/sahl-new.html. 赫钦斯(Hutchins)摘自学者给芝加哥大学的信。

们写了一封公开信，建议在十年内将本科生的招生人数增加25%，达到4500人："我所建议的路径并非没有风险，但固守一条不能让我们保持优秀的路径则是更大的风险。"①

问题的核心

对本科生的严格是芝加哥大学最突出的特征。学季制把一学期的工作都压缩到十个星期里。大部分课程都是以讨论的方式进行的，通常是一位教师和不超过30名的学生；另外，芝加哥大学还有几位杰出的教师在其他著名的校园里为众多的学生讲课。学校的评分标准也非常苛刻，学生们甚至抱怨说，他们在申请研究生院的时候因此而受到不公平的阻滞，这种抱怨是合情合理的。在这种严格、清苦的学术环境中，面色苍白是一种美丽，凌晨三点时讨论尼采或者在第一次约会时争论他的哲学观点是一种荣誉，在这里，学业不精或者懒惰的学生几乎无处藏身。

这种教育的中心是必修的公共核心课程，其学术起源来自于赫钦斯的《美国的高等教育》。② 前提是所有的学生都应该掌握某些思想习惯，从而可以不受到各个学术领域的批评家的约束。这种方法与大多数大学的策略都是相反的，在那里学生们是从课程目录中自己进行选择，而"通识教育"被降低成为"分配"要求。

课程自由形式的特点受到保护的理由是认为它满足了学生的愿望——直接接触自己最感兴趣的内容。同时也让教授们可以自由地专注于他们最感兴趣的东西，而不是强迫他们去教那些对他们持批评眼光的学生。其中包含的意思是，那些学术庇护所的经营管理者们缺乏学术权威性来塑造其人员的思想。相比之下，芝加哥大学的教育哲学则非常明确：强调各个学科中的批评性思维方式，反对过早地专业化以及用小型研讨会的形式对课本内容进行考试。社会学家、曾任教于该校社

---

① Letter from the President, April 9, 1996, http://www.realuofc.org/admin/sonnen.html.
② Robert M. Hutchins, *The Higher Learning in America* (New Haven: Yale University Press, 1936).

会学系的安德鲁·阿伯特(Andrew Abbott)认为这种方法"强迫——强迫!——"学生们的知识和经历达到一个没有必要的范围"。①

重新设计本科课程的事一直饱受争议。其间担任教务长的杰弗里·斯通(Geoffrey Stone)哀叹道:"有的人采取了很高的道德立场,说任何想改变我们正在做的事情的人都是出于错误的理由和邪恶的动机。"事实上,公共核心课程的内容一直在变化,或扩大、或压缩,以适应学术的时机和节期。教授们为了保护自己的思想观点——和势力范围——进行了长时间的政治谈判,从而形成了这些变化。负责重订核心课程的约翰·伯耶尔(John Boyer)说:"为了课程而争斗不休是一种习惯。"

在教授们看来,对课程事宜的任何行政干预都是对他们神圣领地的一种侵犯。1946年,被赫钦斯的改革惹怒的教师们给管理层写信,要求他们否决校长的决定。② 1998年,伯耶尔要贯彻索南夏因计划的消息被传得尽人皆知。虽然管理层公开做出一种不干涉的姿态("这完全是约翰·伯耶尔的观点,他自认为是他的传承。"斯通说),但只有极端幼稚的人才会忽略金钱和教育的关系。"教务长(斯通),"安德鲁·阿伯特当时写道,"向本科生任务小组(由教师组成的、对核心课程做出评估的小组)陈述说管理者们希望看到本科生教育'在越来越好的同时也越来越便宜'。"③

"更便宜"被理解为意味着更小,这样生硬地把经济学含义引入到教育学的话语中是在把这个过程政治化。1997年,一个将必修课程减少一半的计划被否决了,教师们又回到了原来的状态。一年后大部分教师最终投票通过的改革是相当有限度的。18门课程中的三门被去掉了,另外,对语言的要求也改变了,从要求出勤改为对能力的要求。

似乎又恢复了平静。但这是一种不友善的平静。1999年,对抗又重新开始,伴随而来的是媒体的广泛关注。战争又爆发了,这次是公开的,本来由于妥协已经没有什么余地的建议面对的是蜂拥而来的口诛笔伐。

---

① Andrew Abbott, "Futures of the University," *Forum*: *Newsletter of the Faculty Committee for a Year of Reflection* (October 1996), http://www.realuofc.org/faculty/abbott.html.
② 参见 Boyer, *Three Views*。
③ 引自 Sahlins, "Life of the Mind."

但丁还是德里达?

"多少核心课程?"是媒体争论的焦点,在这场数字游戏中,"越多"便意味着"越好"。至于这些课程中教些什么、由谁来教,则没有人关心。但是,对公共核心课程的最大的威胁不是来自管理者,而是来自教师本身,他们在几年前就放弃了这项事业。

很多教授——例如备受欢迎的《欢快的纽约》(*Gay New York*)的作者、历史学家乔治·乔恩赛(George Chauncy)——喜欢一种更加小的、集中的核心,因为现行的要求没有给学生"足够的自由去探究自己的兴趣,甚至没有给他们自由来找到一个好的本科专业"。① 本科生中有几乎三分之一的学生急切地渴望参加那些他们感兴趣的课程,为此将一些必修课推迟到四年级,从而违背了这个计划的学术目的。教师们普遍对必修课的内容表示不满。看过这个计划之后的教授认为生物课"一片混乱"。"教师们对于教的内容或者为什么要教都无法确定,而学生们即使是不反感,也常常毫无兴趣。"② 通往艰深科学的道路可以是简单的,像"诗人的物理学"这样的课程便掩盖了要求的苛刻性。

课程修改也成为席卷学界的文化斗争的抵押品。"不要过分苛刻并不会给芝加哥大学带来什么危险,"李奥拉·奥斯兰德(Leora Auslander)对《纽约时报》说道,"我所担心的危险是它会变成一个时代错误。"③ 奥斯兰德是性别研究中心的主任,负责教授那些受到反索南夏因同学会攻击的"莫名其妙的选修课"。"莎士比亚过时了,现在研究的是同性恋,"哲学家丹尼尔·加伯(Daniel Garber)想起那些激烈的

---

① Bronner, "The University of Chicago," p. A16. 在对这个问题进行争论的教授中有著名的哲学家玛撒·纳斯鲍姆(Martha Nussbaum)。见 Martha Nussbaum, "Major Overhaul: Rigor and Requirements at the U. of C.," *Chicago Tribune*, March 11, 1999, http://www.realuofc.org/faculty/nuss.html。

② Robert Perlman, "Biology as a Subject in the Liberal Curriculum," *College Faculty Newsletter*, 1, ser. 2 (November 1998), http://www.cfn.uchicago.edu/no1.html#analysis。

③ Bronner, "The University of Chicago," p. A16.

对话时这样说道,"而且教师中的传统主义者也并不满意。"尽管自20世纪80年代中期以来,象征着传统(这种传统正在受到攻击)的西方文明课程并不是所有本科生的必修课。一位对这种争斗感到厌倦的四年级学生阿力姆·哈赛因(Aleem Hassain)选择了他自己单独的平静。他强烈赞成保留核心课程,他给《放逐者》写文章发表观点,但是那些过分热心的同学对他置之不理:"'站在我这一边'的人认为在芝加哥大学的教育中没有电影、同性恋、古巴人和爵士乐的位置。"

安德鲁·阿伯特认为,只有资深的教授才能担任核心课程的教学,因为只有有大量著作出版的学者才是"能够向学生们展示学科再思考的核心学术人物"。多么绝妙的想法啊:由莫蒂默·阿德勒(Mortimer Adler)或者阿兰·布鲁姆(Allan Bloom)来讲解康德或者穆勒,由著名教授来处理伟大的作品。但只有在别处你才能找到它。在芝加哥大学,关于大学的理想——沉迷于知识的本科生们在小教室里得到著名教授、天才中的苏格拉底们的指点——与残酷的现实严重抵触。和其他大多数大学一样,自然科学的教学是用讲授的方式进行的,并且教师只负责很少的部分。自2001年以来担任教务长的理查德·塞勒(Richard Saller)指出,即使人文和社会学科,也几乎有三分之二的课程是由研究生和客座研究员担任的。

在芝加哥大学,教师们对核心课程的热爱并不是与生俱来的。这是大学将教员分为两大类而造成的历史性的意外。20世纪60年代之前,研究生的教师们按学科给博士申请者授课,而单独聘用的学院教师则负责教授本科生。尽管这样做的目的是建立一所既鼓励研究也鼓励教学的大学,但结果却是认为自己是"真正的教师"的学科教授与光荣的中学教师般被解雇的"贫穷的"学院教师之间充满仇视的对立。"有些教经济学的人居然不知道米尔顿·弗里德曼(Milton Friedman)是这里的一位教授。"面对这种奇怪的现象,塞勒连连摇头。

这种分工在20世纪60年代被取消了。因为后来请来的那些教师(和其他所有学校的教师一样)有着更加专门的兴趣,于是当他们退休后,没有人可以填补课堂里的空缺。同时,为了与一流学校竞争,芝加哥大学把教学工作量从6门减少到4.25门,甚至有的教授只教一门本科生课程。

这种情况事实上是有利于少数成员的。对于社会学教授和前任院长唐纳德·莱文（Donald Levine）来说，公共核心课程是一种热情，但他发现自己与人类学家马歇尔·萨林斯在观点上存在着很大的分歧，后者之所以对大量开设必修课程充满热情是因为他担心如果本科生有机会上更多的选修课，那么像他自己这样的教师就不得不去教他们。"我不属于学院类型的。"萨林斯说。这是一种婉转的说法，指的是他自己是人类学研究生部的一名成员，很少见到本科生。

传统主义者的战斗口号是："我们正在做的事情是有学术整体性的！"但是一位教授认为："在你不得不指着教员们质问'你为什么不教学？'之前，你能做的也只是这样了。"

"我们正在努力解决的矛盾，"理查德·塞勒说，"是我们不想成为哈佛或者耶鲁，不想使用大型的授课方式。我们尽量地运用小课堂——但我们不能让客座教师这样做。"其讽刺性是显而易见的。直到几年前，在一所以热爱通识教育为格言的大学里，教授们仍然没有在教本科生。物理学家弗兰克·雷切（Frank Richter）认为，海德公园里真正的挑战是"创造一种重视教学的文化"。这不是一个适合于雨果·索南夏因的任务。

与雨果的矛盾

索南夏因1993年来到这里时，学校对他抱有很高的期望。大家都普遍认为他的前任——用撒切尔夫人式的专横管理学校15年的历史学家汉娜·格雷（Hannah Gray）——在位的时间已经太长了。索南夏因似乎是最佳人选。"他有学者的身份，而且知道如何运行一个复杂的机构。"董事霍华德·克雷恩（Howard Krane）这样回忆道，"他为人很正直。在斯坦福将自己陷入与联邦政府的财政混乱之后，这一点是非常重要的。在那一次搜寻中，雨果超过了所有的人。一遇到他，我便做出了决定。"

"我们告诉大家说我们的财政状况很好。"克雷恩进一步说道，但这可能是你从亚瑟·安德森(Arthur Andersen)那儿听来的虚假的报告。尽管索南夏因说"我了解其中的一些问题并且对工作内容有所怀疑",但事实上的情况比他所想象的要糟糕得多。除了保持运行预算的平衡之外,这所学校在其他各个方面也存在着需要:新的实验室和更大的图书馆,更加有竞争力的工资标准,新的宿舍和运动设施,出国学习的项目。"在各个方面,"索南夏因说,"可用于职工的预算都捉襟见肘。服务很差,学生和教师都很不满意。"

索南夏因与大学的蜜月期短得不能再短。在一年里,他表面上的专横——他没有征求教师的意见便实施了一些改革——给他带来了强烈的反对者。攻击很快就指向他个人。他的错误被称为"雨果主义",并且他对像"惊人的想法""不同寻常"这类词汇的过分喜爱也被称为"雨果语言"。他对《华尔街日报》的一位记者说他从收音机里听新闻和古典音乐,当地的人便幸灾乐祸地指出芝加哥没有一家电台播放音乐——又是一个"雨果主义",更加说明了这位校长不是"我们"中的一员。

1500名学生加入了"乐趣"(Fun-In)组织,而其中很多的乐趣都是从损害校长中获得的。他的脸部照片不但被贴在了硬纸板做的达斯·维德(Darth Vader)形象上,而且还出现在一种宣传"芝加哥大学品味"的T恤衫上,据说这种品味"是由最新颖的顾问特别制造的,并且加入了新的味道"。组织者声称这一活动是在"批评一种管理方式,这种管理认为,为了经济上的生存和把更多的付钱的顾客吸引到校园里来,可以牺牲我们在学术上的高贵性。'乐趣'要抵御的是一种想法,即认为学术和乐趣不是一种有关得失的赌赛"。[1]

"我们能不能这样公开地激烈批评这些人,而同时又不损害他们作为人的尊严呢?"董事会的学生代表,研究生亚当·基赛尔(Adam Kissel)不无担忧地这样问道。[2] 但是在一种充满了不信任的环境中,即使是最无辜的东西也无法逃脱批评。新的宣传手册也由于其鲜明

---

[1] 参见"The Fun-In Mission Statement," April 1999, http://realuofc.org/student/mission/html. 文章认为陈述必须说明"趣味不是对娱乐性的攻击"。

[2] 参见 Adam Kissel, "How I Became a Campus Revolutionary," *Re:generation Quarterly* (Fall 2000), http://www.realuofc.org/student/revolutionary.html。

的外观而受到攻击，批评者担心那些彩色照片以及对运动和喝酒的关注会吸引来一批不严肃的人。（他们很不情愿地承认的唯一的长处是它的标题——"精神生活"，认为符合了学校的自我形象。）改善办公室布置被嘲笑为对职业教育主义的首肯，同时将硅谷和华尔街的招聘人员引入校园偷走了才智最优秀的年轻人。新建一个游泳池以代替原来那个肮脏的旧游泳池的决定甚至也被顽固分子们抓住不放，说这代表了对身体的不恰当的热爱，违背了精神生活的平衡。①

很多批评者认为，索南夏因特殊政策背后的动机是一个改造学校的大型计划，这个计划会将学校变得更加让人感到愉快、也更加漂亮，同时也会使它丧失其宝贵的特性。人们的关注是有原因的，因为索南夏因和斯通所进行的这种范围的改革本身带有危险性。这些管理者没有"表现出对教师们的经验或者观点的尊重"，理查德·塞勒说，并且校长即兴发表的意见也加剧了人们的不安。在一些教师会议上，他讨论了在一年级取消评分的可能性，以此来减轻学生的压力。这一观点在其他很多学校会是值得赞赏的，然而在芝加哥大学，它被认为是溺爱的表现。索南夏因在记录中写道："在芝加哥大学，如果说学生们必须感觉到我们在为他们的成功而努力，这便是有争议的。"

"杰弗里·斯通和我拥有很多的分析家，而不是政客——但政客是什么目的呢？"索南夏因咬文嚼字地问道。事实上，政治技巧在领导任何一个团体时都是必需的，特别是一个像芝加哥大学这样容易被激怒的团体。校长甚至勇敢地或者说是鲁莽地与学校的圣人进行较量。"罗伯特·赫钦斯疯了，"据说他在一次学院委员会上做过这样的评论，"他所支持的一切都是疯狂的。"他就像布道会上的无神论者。索南夏因的一些支持者甚至也承认他对芝加哥的声音充耳不闻。"他散播，"物理学教授弗兰克·雷切这样总结他所听到的普遍的观点，"但他从不接受。"

---

① Sahlins, "Life of the Mind."

数　字

课程战争的确引发了很多新闻,但索南夏因任期中真正的转折点是他扩招1200名本科生的计划,这个计划遭到了他两年前为此而专门任命的特别行动小组的反对。这一做法违背了芝加哥大学的另一个信条:小即是美。

经验丰富的人煞费苦心地不断讲述着一位名叫苏布拉马尼扬·钱德拉塞卡尔(Subrahmanyan Chandrasekhar)的天体物理学家的故事。20世纪40年代,钱德拉(人们这样称呼他)在学校的叶凯士天文台工作期间,每星期都驱车100多英里到海德公园去给一个只有两名学生的研讨会上课。1983年,他获得了诺贝尔物理奖——在这两位学生获得诺贝尔奖26年之后。[1]

这纯粹是比例结构和其他管理方面的术语。钱德拉的故事浓缩了芝加哥大学的精华所在:它专注于少数才华横溢的学生,而对只能算得上聪明的学生的教育则缺乏兴趣。没有一所大学有这样低的学生与教师的比例:1995年,在管理层刚刚开始建议适当增加本科生的人数时,这里有1125名教师和8200名学生,比例约为8:1。芝加哥大学的博士生人数几乎和本科生人数一样多,而一位芝加哥大学的教授每年只教30名学生。

"这不是一所学院,而是人们希望中的大学。"学校的第一任校长威廉·雷尼·哈伯1893年时这样宣布,在当时那是一种不平凡的雄心壮志,从此也被视为学校的准则。[2] 但由于大部分博士生都可以领取生活津贴,因此学校日常运行的费用是很昂贵的。1994年索南夏因来到这里的时候,财务人员正在做出一份每年五千五百万美元赤字的十年期报表。目前产生的赤字已经吞噬了15亿美元的捐赠基金,这

---

[1] Kameshwar Wali, *Chandra*: *A Biography of S. Chandrasekhar* (Chicago: University of Chicago Press, 1991).

[2] 引自 Marshall Sahlins, "The Metaphysical Research University" (unpublished ms., 1998), http://www.realuofc.org/history/sahlins2.html。

在位于排名榜前列的私立大学中还是最低的。"情况很简单,"杰弗里·斯通不断地对教师们说,"要达到我们期待的目标,我们所需要的比我们目前所拥有的要多得多。"

对于芝加哥大学来说,钱的问题并不是什么新问题。20世纪30年代,它曾考虑与西北大学合并成两所芝加哥大学,20年后,它又打算离开这个与学校同名的城市,搬到帕洛阿图或者阿斯潘去。索南夏因并没有让最近产生的危机失去控制。他迅速削减开支,增加收入。职员雇用暂时冻结,博士生的津贴也削减了。能赚钱的硕士生课程启动了,其中包括数学系在市区一座办公室外面开设的专门为银行家和股票经纪人提供的金融数学课程。1998年,芝加哥大学和其他许多家著名的大学一起,与Unext.com进行了一项承诺可以盈利的合作计划,这是一项由债券大王迈克尔·米尔肯(Michael Milken)出资的网上商业课程,米尔肯的CEO恰巧是芝加哥大学的董事之一。大学有效地利用自己的名字来进行这项全新的冒险。

由于这些活动都是在机构的外围进行的,因此并不引人注意,但是本科生数量的增加却触及了机构的核心。并且,与课程改革一样,它并不代表与传统的背离。从罗伯特·赫钦斯开始,每一位芝加哥大学的校长都有着类似的渴望。20世纪60年代,作为校长的爱德华·李维(Edward Levi)称赞"小型学院"的长处,说"它在一所研究成果卓著的大学里有着很大的影响",即便如此,他私下里也敦促董事们将本科生的人数增加一倍。[1] 十年前,他的前任劳伦斯·金普顿(Lawrence Kimpton)曾建议把学院扩大至5000名学生。(因为当时有一位董事发现,学生数量越多,便意味着从"现金客户"那里得到越多的学费以及"潜在的校友捐赠"。)出于和索南夏因现在提出的同样理由,当时这个计划得到了推动。在哈南·格雷的领导下,学院的学生人数悄悄地由2400人增加到3000人。甚至是被尊为圣人的、在人们的记忆中对学院热诚奉献的赫钦斯也在一分一元地数着由于本科生人数增加而多得到的美金。1935年,在一封给毕业生的信中,他指出当时改由助教们讲授的新核心课程的益处之一便是让学校节约了钱,并且这对

---

[1] Levi quote from Sahlins, "Life of the Mind."

学院来说是"不可或缺的",因为它在支付研究生们的研究费用。①

过去的管理者掩盖了他们的雄心,但索南夏因和斯通选择了公开他们的预算方案。在一次公开会议上,斯通出示了一份之前只有系主任们看过的财政资料,希望这种透明度能够得到教职工的理解和支持。"坦诚地让人们看到这些资料应该是有好处的,"索南夏因说,"这不仅仅是校长的责任。"但当他决定扩大本科生招生人数时,他的第一轮削减开支行动,特别是停止招聘职员,已经留下了伤痕。管理部门用计算机模拟出在学校尴尬的财政状况下,请教授们提出自己的意见,但响应者却寥寥无几。教职员工们并没有把自己当成是"理性的参与者",这也不是一场游戏。直到后来斯通才体会到"关注财政问题实际上是并未把大学视为一个全部价值只在一流学术的'纯粹'的机构"。

于是冗长的预算战斗开始了。"如果你把挤出来的每一块钱都用来维持比哈佛还多的文理科教师,而学生数量却只有哈佛的一半,"索南夏因说,"这样是很难让这艘船开动起来的。"对他们来说,教授们变成了会计,指责管理部门用预算开支在上演《四眼天鸡》。毕马威国际会计公司(Peat Marwick)所做的管理费用调查对管理效率和预算实施提出了批评,但教授们则不以为然,他们说这些带着绿色眼罩的人根本不理解大学运行的复杂方式。有的员工甚至否认存在着问题。"问题不在于我们排名第几(按照所获得的捐赠而定的排名),"马歇尔·萨林斯说,"而在于我们完全可以达到我们的学术目标。"②其他人则不切实际地期待着专业学院可以承担所有的费用。最有思想性的分析家们(其中包括弗兰克·雷切)认为,尽管赤字的确存在,但招收更多的本科生所带来的收入并不足以解决问题。

人们最担心的是扩大招生会带来比较愚蠢和迟钝的学生。20世纪90年代,本科生的质量有所下降,而申请的人数也在减少。让学生们感到惊慌不安的是,他们曾得到保证说他们在芝加哥大学受到的是国内最好的教育,但学校在《美国新闻和世界报道》上的排名却跌到了第14位。1996年,学校接受了62%的申请者——相当于每五人中录

---

① 这一历史性说明摘自 Boyer, *Three Views*。
② Sahlins, "Life of the Mind."

取超过三人,而哈佛和普林斯顿都是每八人中录取一人。忠实于学校的人把这种选拔上的不严格解释为这是申请者们自己的选择,认为只有那些想接受芝加哥大学的苛刻和严格的人才会申请,但实际上在被录取的人中,最终选择来注册入学的不到三分之一。

芝加哥大学从来没有停止过努力吸引全国最聪明的年轻人——2000年的学生中包括三名罗德(Rhodes)学者奖和一名马歇尔(Marshall)学者奖获得者——但并没有吸引来很多。许多在合格性和积极性方面较差的学生来到这里是因为芝加哥大学是他们的"安全"学校。两大阵营——自称"智者"的人和想成为西北大学的人——分别居住在学校不同区域的学术世界里。这不是偶然的。直到20世纪90年代末,学校里还有一种奇特而有趣的风俗,叫"露营",指的是那些最积极的本科生们晚上睡在寒冷的院子里,为的是保证可以得到最优秀的教授,而其他的学生则只能选择他们挑剩下的老师了。

大学怎样才有可能做得更好?校长处理这个问题的方法体现了他的典型管理风格,他请麦肯锡咨询管理公司做了一份关于学生生活质量的报告。这项研究得出的结果是学生们并不快乐。公司进行的一项调查表明,在校园社会生活方面,芝加哥大学在227所美国大学中排在最后一名——而且虽然毕业生们对自己在这里受的教育表现得非常热情,但却不愿意让自己的孩子来经历这样的苛刻和严格。社会学家安德鲁·阿伯特对麦肯锡的报告不屑一顾,认为这项粗劣的研究其实是把芝加哥大学的优点当成了市场问题。但阿伯特自己精心设计的、用积极肯定的态度来描述学生生活的调查却没有引起学校管理者们的重视。①

此后不久,公关先生阿尔·钱伯斯遇到同样尴尬的处境。他组织了分组座谈会,用他们来测试一些市场观点,然后报告说"'紧张'并不适合大多数美国人"。教职员工自然对他的报告反应冷淡。"麦肯锡报告只是肯定了这里学院生活的严格和沉闷,"马歇尔·萨林斯写道,"并且认为这是大学里学习的异常紧张引起的,把我们与众不同的

---

① Andrew Yang and Christine Minerva, "Compromising the Core" (March 1999), www.realuofc.org/press/yang.html. 参见 John Balz, "Success 101," Chicago Magazine (September 2002), http://www.chicagomag.com/archives/0902success.htm

学术传统变成一种与我们有关的东西。我们的价值正是我们的问题:问题是学院在学术上的苛刻以及由此给学生们带来的强度过大的学习使入学率很难提高。"①最后,索南夏因的招生建议在很多教职员工的反对声中被采纳了。三年后,当一位电视记者请索南夏因解释他的决定时,索南夏因否认这和钱有关。当然,没人相信。

教授和学生们都担心,麦肯锡和钱伯斯提出的按照用户需要设计的大学会吸引来什么样的学生。为自己被单独教育而自豪、为能够展示奇异的智慧而欣喜,这就是芝加哥大学本科生的典范。甚至就在芝加哥大学为公共核心课程起争议的时候,杜克大学将对本科生的要求变得更加严格。那里的本科生起来进行反抗。"你可以把我带进学院,"他们的T恤衫上这样写道,"但你不能强迫我思考。"相反,在芝加哥大学,呼声最高的恰恰是那些希望得到更严格要求的学生。在"乐趣"的集会上,他们展示了一张嘲弄性的曲线图:随着雨果所招的学生数的增加,蠢人的比例在急剧下降。芝加哥即使不能成为中西部地区的哈佛,那么有可能成为北部地区的杜克吗?

在雨果·索南夏因来到芝加哥前的几十年里,学校的管理部门就表现出对那些被微妙地称作"某种学生"的关注。1959年,院长悲叹道:"难道美丽和健壮就不能和头脑一样在学校占有一席之地吗?""那些一辈子只能赚100万美元的普通美国男孩和那些既希望有文凭也希望有丈夫的普通美国女孩,在这个学校和那些聪明绝顶的孩子一样受欢迎。"②然而不管是在1959年还是40年后,事实都并非如此。在一次喧闹的公共集会上,一位教授认为索南夏因是希望把学校变成一个"白人郊区的优秀青年的本科游乐场",这听起来就像是在说,校园里多的是那些来自附近犹太人区的黑人学生。"目的是吸引私立学校富有的学生来到这里,然后把课程变得简单,让他们在这个有新游泳池的学校里享受生活,从而使他们在离开的时候能给学校带来更多的钱。"③

这种近乎偏执的幻想,是与对宣传册上彩色图片的不满和对"乐

---

① Sahlins, "Life of the Mind."
② 引自 Boyer, *Three Views*。
③ 引自 Rudolph, *American College*, p. 495。

趣"(代表着不必要的正常)的恐惧相一致的。这也完全体现了对圣战的热情。

雨果之后：更加平静、温和，并且几乎没有变化

　　1999年毕业典礼前的一个星期，雨果·索南夏因忽然宣布辞职，一年后生效。那一年的毕业典礼演习印证了校长和许多教职员工之间的分歧，后者中包括那些接受了雨果建议的沉默的大多数。从传统上讲，毕业典礼和大学本身一样，是内部关注的焦点，是对学术成就的一次庆祝；在这个典礼上发言的人通常是一位员工。几年前，员工们曾经在投票中全体反对授予伊丽莎白女王荣誉学位——她不是学者——但这一次却邀请了克林顿总统来讲话。这是克林顿受到弹劾以来第一次在毕业典礼上发言，对他来说这是一种代表着合法化的仪式。在学校管理者看来，他现身学校是一次很好的宣传活动；批评家则把它视为卑劣的迎合，这是像哈佛这种学校做的事情。

　　索南夏因宣布辞职，学校忽然没有了领导人，这时恰恰正是脑海里充满了对学校的回忆的校友们捐款最踊跃的时候，因此有传闻说他的辞职是被迫的。员工给董事们写的信，贝娄、阿德勒和其他老人们的长篇议论，"乐趣"，校园里一本又一本的学术巨著，以及持反对意见的校友们的威胁——所有这一切似乎都各尽其职。但霍华德·克雷恩董事则讲了另一个故事："雨果递上了他的辞职申请，而学校委员会都没有请他重新考虑一下。"索南夏因关于如何加强学校力量的点子并没有用完，但他的任职期限到了。"当我告诉董事们我要离开的时候，他们觉得这是适当的时机，"他说，"对某些董事来说，面对的压力太大了。他们更喜欢生活在一个世界里，做着正确的事情，这样要容易得多。"

　　新闻里满是对索南夏因的批评。前任院长唐纳德·莱文请他离开，因为他"错误地担任了学校的校长，完全不称职"。持中立观点的哲学家丹尼尔·加伯的批评要温和一些。"他做了需要做的事，但他做得并不好。"他说，"分析是正确的，但行动是糟糕的。"

二 尼采的地位:芝加哥大学

2000年秋天,一个全新但却完全符合芝加哥大学精神的东西诞生了:一个叫作"大学的理念"员工研讨会。研讨会的主题源于红衣主教纽曼(Cardinal Newman)19世纪时写的一篇关于高等教育的文章,他在文章中认为大学真正的使命是教学,而不是研究。研讨会伊始,莱文首先悲叹"盈亏底线的暴政",实际上是在提醒,虽然索南夏因本人已经走了,但反对其观点的战争还没有结束。谁需要钱?莱文问道。"我们甘于贫穷"是因为"精神和头脑"比先进的物理实验室更加重要。但他又说向弗兰克·雷切这样的物理学家鼓吹"更简陋、更贫穷"是很困难的,因为他的实验室"在1948年时是最先进的",之后的资本运动更使它们得以不断更新。

那一年的12月,在洛克菲勒礼拜堂举行的传统仪式中,芝加哥大学的新任校长唐·迈克尔·兰德尔(Don Michael Randel)就职了。唱诗班演唱了一首巴赫的康塔塔,最后几句被改成了用德语大声宣布:"愿兰德尔长寿!愿兰德尔健康!"兰德尔在就职演说中对芝加哥大学大加称赞,给予由"学校自己的马克·斯特兰德(Mark Strand)"所写的《一位诗人的字母表》极高的评价——令人想起约翰·F.肯尼迪的就职典礼上的罗伯特·弗罗斯特(Robert Frost)。那是一次修辞胜过内容的演讲,对于听众中的很多人来说,没有激情是一件让人轻松的事情。

兰德尔是一位研究文艺复兴音乐的学者,曾长期担任康奈尔大学的教务长,他"温和,坦率",霍华德·克雷恩说。"寻找校长的委员会爱上了他。他们希望找一位与索南夏因不同的人。"在这一点上,他们成功了。兰德尔的风格恰好迎合了海德公园的自负。"索南夏因是一个感觉相对迟钝的人,"安德鲁·阿伯特说,"他总是独立地研究所有的事实,得出一个答案,然后要求职工委员会拿出与他相同的答案。我认为唐·兰德尔是一位更好的倾听者。他会更加仔细地聆听人们担心的是什么。"①

然而,如果说索南夏因在个人战争中失败了,但他赢得了在学校战争中的胜利。他所有的重点工作仍然保持原状。2002年,这位回到

---

① 引自Balz,"Success 101."在谈到芝加哥的时候巴尔兹热情地提到了一位神学院教授说的话:"他(Randel)谈论着我,也和我谈话。雨果人非常好,但显然他没有读过我的作品。"

经济系工作的前任校长说:"令人感到满意的是我们真正做到了一些事情,并且我在其中发挥了一定的作用。"前任教务长杰弗里·斯通也表示同意:"从教育、研究任务、目标或者工作重点来讲,政策没有什么明显的变化。"①

索南夏因的改革抓住了预算总账的两个方面。从1992年到1998年,大胆的资金筹募加上股票市场的繁荣使捐款增加了一倍,达到23.5亿美元,关于预算"危机"的谈论戛然而止。研究生的奖学金提高了,使芝加哥大学有能力追逐到最好的博士申请者,教职员工的工资也提高得足以参与竞争。更多的MBA和法学学生增加了学校在学费上的收入,同样给学校带来收入的还有能够带来利润的硕士课程。索南夏因的主要计划所要求的建筑——科学实验室、宿舍和综合性运动场所——改变了校园的外形和特征。

同时,本科教育的花费也被悄然削减,这可能会破坏它的一些最突出的特色。从1997年到2001年,只招收一名学生的课程——"钱德拉"式课程——的数量从283门减少到174门(这依然不同寻常)。典型性的本科生"讨论"班的规模在扩大;在发展最快的经济学中,大多数课程的教学都不是由正式的教师而是由研究生助手或者助教担任的。

本科生的招生数量在按计划增加。五年来增加了500人,达到2002年的4150人。无论用什么标准来衡量,包括SAT成绩和班级等级,他们在学术方面都更加出色。不仅如此,他们之中的很多人还是符合芝加哥大学优秀传统的学生,对自己的愚蠢充满热情(尽管新的物质享受也让他们感到愉快)。由迈克尔·班克推行的市场化策略(详细内容见第一章)使学校能够在高中学生中更多地进行选择。受到批评的宣传手册在邀请学生们投入到"被认为是全国最苛刻的本科教育"之中,在一项调查中,一年级的学生们被问到学院的特征时,有97%的人都回答"智慧",只有1%的人回答"社交"。"有趣"的现象到此为止。②《美国新闻和世界报道》注意到了。在很大程度上,由于在

---

① 引自 Balz, "Success 101."
② 剩下就是收获的问题;2002年,被录取的学生中只有三分之一来注册,只比1997年上升了三个百分点。相比之下,被哈佛录取的学生中有四分之三都会去注册。

录取时选择更加严格和高等教育比率的提高,芝加哥大学的排名由 1998 年的第 14 位升至 2002 年的第 9 位。

2002 年 4 月,大多数学校都报告说从校友那里得到的捐款比预期的要低,而兰德尔校长和教务长理查德·塞勒宣布了一项雄心勃勃的 20 亿美元的计划,这是早先计划的三倍。校长的主要任务是筹集大量的资金来提高捐赠和完成他的前任的计划。正如塞勒所指出的那样,在过去的十年里,芝加哥大学与那些特别富有的大学(如哈佛和耶鲁)之间的差距扩大了,这在很大程度上是由于股票市场的上扬,于是"我们处于前所未有的竞争劣势"。

似乎海德公园里发生的任何变化都会引起争议。新的建筑让学生和科学家们感到高兴,但马歇尔·萨林斯这位不知疲倦的课程战争手册作者却非常不快。"宿舍环绕、包围着图书馆而不是在扩大图书馆。"他不满地说。将新的宿舍与那些红砖建筑混合在一起的计划引起了敌意。"这是一座哥特式的校园,建筑和其他方面都与周围的环境有所不同。重要的是——"在不止一个方面——"校园的整体性。"

在索南夏因离开后的一段时间里,课程斗争有所缓和。在 2000—2001 学年里,学生们第一次可以在旧的和新的核心课程之间进行选择,大多数人都选择了新课程。(作为芝加哥大学的本科生,并且是酷爱学习的人,很多人选择了学第二专业而不是上更多的选修课。)但是在 2002 年春天,课程战争又一次爆发了。《芝加哥太阳时报》说芝加哥大学在出售"能力特别不足"的学生;一个自称为"教育第一"的学生团体要求恢复原状;愤怒的毕业生们敦促放逐者成员们"严肃考虑控制捐款";而索尔·贝娄这位对这种喧闹富有经验的老手则支持那些学者,攻击学校屈服于"那些其他学校几十年来特有的没有头脑的狭隘和专业化"。①

从抨击的程度来看,没有人知道争论的内容是关于一种在任何地方都会顺利通过的修正:核心课程"西方文明"被两门新的课程所代替,即"欧洲文明"和"古代地中海世界"。喧闹中,流言四起:课程将用演讲的方式来教授;牛顿、亚里士多德,甚至是基督教研究都将从大

---

① Scholars for the University of Chicago, press release, May 1, 2002, http://www.goacta.org/Press%20Releases/5-1-02PR.htm.

纲中消失。这些传闻没有一条是真实的,但这并未能阻止狂热者的传播,也未能阻止关于"西方文明的死亡"之类的故事出现在国家性的报纸上,这些文章读起来就像是故意制造的假消息。兰德尔曾计划利用他 2002 年 6 月在校友杂志上的专栏来推动最近发起的资金筹集计划。不过,还是先处理了要紧的事情。他感到自己不得不对那些说管理者在"降低标准"的指责进行反驳。① 对于已经回到教学和研究的世界里的雨果·索南夏因来说,这一时刻真是太熟悉了。

于是争论以最经典的芝加哥方式继续着。将自己列为前任校长的最尖刻的批评者的唐纳德·莱文承认,大学接受市场价值"并不是一个孤立的现象"——不仅仅是在芝加哥,而且也是"全国性的趋势"——并且"这使情况更加令人不安"。前任校长的观点则完全不同:"无法想象(关于芝加哥的财政状况的)真理不能最终胜出。"

有一天雨果·索南夏因在海德公园也许会受到英雄般的欢迎,认为他拯救了学校,将它带入现代时期。然而最终的问题是,那些被传统主义者视为学院的灵魂的东西、它的独特之处,能否经受住这样的变化。

---

① Don Randel, "Change Is in Course Offerings, Not in Our Course," *University of Chicago Magazine* (June 2002), *http://magazine.uchicago.edu/0206/departments/president.html*

三　本杰明·拉什的"孩子"：迪金森学院

对于迪金森学院四处奔波的校长威廉·德顿（William Durden）来说，2001年10月5日的《华尔街日报》上刊登了一些非常有利的消息。一则特别报道称赞迪金森学院是"这个秋季最热门的学校"之一，在16所受到称赞的学校中只有三所文理学院，迪金森便是其中之一。文章充满溢美之词，说它是一所"新时代的学院"，"地位稳固"。①

这样有利的宣传——其实任何一种宣传——对于迪金森来说都是重要的形势好转。虽然这所坐落在宾夕法尼亚东南部一个殖民时期小镇上的学院提供的是精深扎实的文理学科教育，但却很少有人知道它的存在。特别让迪金森人感到烦恼的是有可能来申请的学生常常把它和一所地位较低的、位于新泽西的学校——菲列迪金森大学（Fairleigh Dickinson University）——相混淆。

这种在名称上的不为人所知既体现也导致了迪金森学院自20世纪90年代以来的衰落。从90年代初开始，学生的质量便不断下降。在最低谷的时候，学校不得不接受五个申请者中的四个——并且录取通知上用特大的字号强调有奖学金以吸引学生们来注册。教师们士气低落，毕业的校友们也对过度的资金筹集活动缺乏热情。迪金森学院多年来第一次负债运转，而且它的债务还在不断增加。《美国新闻和世界报道》1995年确定和强调了它的衰败——在它的排名表上，迪

---

① "This Fall's Hot Schools," *Wall Street Journal*, October 5, 2001. 本章节参考了杰夫里·霍尔曼（Jeffrey Holman）和大卫·科伯（David Kirp）对管理人、行政人员、教授、学生以及其他对学校问题有见地的人所做的面对面、电话和电子邮件的访问。未加引号的引用部分选自于这些内容。

金森学院跌出了全国最佳50所文理学院之外。①

比尔·德顿1999年上任时的任务是扭转这种局面。他这位该校的毕业生(1971届),在约翰·霍普金斯大学教授了16年德语。同时他也是一位出色的主管,曾经领导过一个为有天赋的年轻人开办的小型示范中心,并使它成为全国同类中心中最大的一个。然后他便离开了学术界,先后担任过西尔文学习学院(Sylvan Academy of Learning)的院长和营利性远程教育公司——加利伯学习在线(Caliber Learning Network)——主管学术事务的副总裁。这种在文理学科圈子中并不出名的经历使迪金森学院的一些教授公开表示了他们的担忧,认为处于绝望之中的学校是在叫卖它的学术传承。但《华尔街日报》上的称颂又恰恰说明了新任校长在很短的时间内取得了显著的成绩,将他的母校写到了地图上并且保持着它的完整性。

濒临灭绝的种类

一个世纪之前,文理学院在美国的高等教育界拥有主宰性的影响。现在这些学校里的本科生则不足全部本科生的4%,面临着绝种的危险。②

像史瓦斯莫(Swarthmore)和爱默思(Amherst)这样的学院不存在这样的问题。以它们拥有的丰厚的捐赠基金和伟大的历史,它们可以与斯坦福和耶鲁这样的学校争夺全国最好的本科生。③ 但很少有学校能够有这样的荣耀。"爱默思和威廉姆斯(Williams)这样的学校所拥有的财力和名望可以让它们控制自己的命运,"经济学家(同时也是学校的校长)迈克尔·麦克弗森和莫顿·夏皮罗指出,"但有这样信心的

---

① 关于学校排名及其历史,见 David Webster, *Academic Quality Rankings of American Colleges and Universities* (Springfield, Ill: Charles C. Thomas, 1986)。

② 参见 David Collis, "Storming the Ivory Tower," Harvard Business School Working Paper, 2002。

③ 在每个学生获得的捐赠方面,威廉姆斯(Williams)、爱默思(Amherst)、史瓦斯莫(Swarthmore)、波莫那(Pomona)、达特茅斯(Dartmouth)和格林内尔(Grinnell)都属于全国最富有的学校。"Largest Endowments per Student, 2001," *Chronicle of Higher Education*, August 30, 2002, p.36(引用了学院和大学商业办公室全国协会统计表)。在2000年的一次贵族捐赠行动中,威廉姆斯大学冻结了学费。

学校不满 50 所。"①

对于那些地位处于排名底层的学校来说,形势是严酷的。每年它们之中都有很多关门——从 1997 年到 2002 年至少有 27 所,比上一个五年增加了三分之一,其中有超过 5% 的全美文理学院。②《纽约时报》2002 年报道说,"还有更多的学校财政状况不稳定",并且为了拼命地吸引学生,一些学校的贷款已经超过它们资产的很多倍。③ 高等教育最主要的债务评估机构标准普尔公司也做出了类似的预言:有相当数量的学院可能不得不"大量地合并或者关门,因为它们的财政收入停滞不前,债务却越积越多"④。

很小的规模、家居般的布置、由全职教授而不是助教授课的小型班级、教师—学生的协作、对学生们的个人承诺以及制度化的"话语群体"(communities of discourse):这些都是值得保留的长处。⑤ 但高等教育潮流的趋势是与这些学院相悖的。现在,所有的本科生中只有四分之一获得文理学士学位,而 30 年前这个比例是 50%——并且在人们普遍的观念中,能够与学校教育的严肃性相等同的是"大学",而不是"学院"这个标签。⑥

位于印第安纳郊区的男校华百士学院(Wabash College)在得到了利来基金会 2000 万美元的资助后,于 2001 年开办了一个文理学科咨询中心,并且毫不谦虚地表明它的目标是"努力再造 21 世纪的文理学科教育"⑦。这是一个很有价值的目标;也许那些聚集在一座被称为"可以激发灵感的校园"里的学者们可以发现如何才能让公众相信托德·吉特林(Todd Gitlin)所说的,"传授知识的强大动力是扎根于一

---

① Michael McPherson and Morton Schapiro,"The Future Economic Challenge for the Liberal Arts Colleges," *Daedalus*,128(1999),155.
② 下滑在持续。从 1967 年到 1990 年,有 167 所私立四年制学院关闭。Hugh Hawkins,"The Making of the Liberal Arts College Identity," *Daedalus*,128(1999),21—47。
③ Yilu Zhao,"More Small Colleges Dropping Out," *New York Times*,May 7,2002,p. A28.
④ Martin van der Werf,"Many Colleges Could Close or Merge Because of Financial Problems,Standard & Poor's Warns," *Chronicle of Higher Education*,November 22,2002,http://chronicle.com/daily/2002/11/2002112701n. htm.
⑤ Steven Graubard,"Preface to the Issue:'Distinctively American':The Residential Liberal Arts Colleges," *Daedalus*,128(1999),v—xii.
⑥ 见第一章中关于海狸学院(Beaver College)/桃源大学(Arcadia University)的讨论。
⑦ Wabash College, Center of Inquiry in the Liberal Arts,*www. liberalarts. wabash. edu.*

种高速度的、不计后果的、轻松的文化,这种文化的主要价值是市场性"①。这便是比尔·德顿来到迪金森时所面临的任务。

"没有因英语而死"

迪金森学院沉浸在——封闭在——自己的过去之中。这所年代上排在美国第十六位的古老学院建立于美国独立革命之后。它有一位口才极好的支持者——本杰明·拉什,他曾在《独立宣言》上签名,并且在宗教方面是一位自由思想家,而奇怪的是这个人把他的热情倾注在了这所由长老会资助的学校上。学校还支持一个在当时非常新奇的观点:将"博学且有用的文理科"投入到对基督的信仰之中。然而,钱从一开始就是个问题。拉什不得不卑躬屈膝地四处筹集资金以使学校得以运转。"挣钱,"他这样催促一位好友,听起来就像是现在发展部门的官员,"如果可以,那就体面地挣钱,总之要为学院筹到钱!"②

资金的缺乏使长老会的教士们把控制权转给了卫理公会,但牧师们也没有做得更加出色。由于财政上的窘境,迪金森学院不得不在1816年到1821年,以及1832年到1834年期间关闭了大门。它从来没有真正地筹集到捐赠基金,因此多年来在财政上也不可能应付自如;它曾经耐心地去说服父母们,在他们的孩子还在上小学的时候就将他们预订了。学校选择领导人的工作也做得不尽如人意。已退休的院长和心理学教授本·詹姆斯(Ben James)1930年作为一年级新生来到迪金森学院,从此便与这所学校连在了一起。"我经历了很多任校长,"他说,"总的来说,他们都不够出色。"

尽管如此,迪金森学院一直有着坚实的文理学科基础。虽然拉什

---

① Todd Gitlin, "The Liberal Arts in the Age of Info-Glut," *Chronicle of Higher Education*, May 1, 1998, pp. B4—5.

② James Morgan, *The History of Dickinson College: One Hundred Fifty Years, 1783—1933* (Carlisle, Pa.: Dickinson College, 1933), p. 252, http://chronicles.dickinson.edu/histories/morgan. 亦参见 Charles Sellers, *Dickinson College: A History* (Middletown, Conn.: Wesleyan University Press, 1973), http://chronicles.dickinson.edu/histories/sellers.

三 本杰明·拉什的"孩子"：迪金森学院

有激进的一面，强调应用型文理学科而非希腊语和拉丁语，但这所学校有史以来在课程上都是相当保守的，捍卫旧秩序，反对新秩序。1800年，校长查尔斯·尼斯比特（Charles Nisbet）斥责"执著得近乎疯狂的自由询问的精神……气球、人类的权力、人民的主权……无神论、索齐尼主义"①。詹姆斯·摩根（James Morgan）20世纪初时曾任学校的校长，并且编撰了1933年的校史，他的赞美之词在最后说道，迪金森"保持了它的第一个、也是唯一的爱，那就是文理学科和文化研究"。在想到像理海（Lehigh）和葛底斯堡（Gettysburg）这样的竞争对手时，摩根指出，虽然很多学院都"提供了工程方面以及商业和贸易类的课程——这些适合于那些对于不适合学习文理学科的学生来说相对容易的课程……但迪金森学院从来没有向商业让步过"②。就像本·詹姆斯所说的那样："其思想就是证明你可以成为一名学者、绅士和体育家。"

长期担任学院院长的乔治·阿兰（George Allan）将学院使命的这一观念带入了20世纪90年代，保留艾伦旧工作的尼尔·韦斯曼（Neil Weissman）称他是"文理学科的纯粹主义者"。"来到迪金森就像是加入到一群信徒之中。"艾伦对初来乍到的法语教授西尔维·戴维森（Sylvie Davidson）这样说道；艾伦离开后学校出现一些变化的迹象，特别是建立了国际商业和管理专业，但也承诺会坚持"迪金森的方式"。

吹响的号角驱逐了阿兰及其信徒。但在这个消费主义的时代，父母们需要一个充足的理由才会将25000美元花在孩子的教育上——尤其是当这样的教育在宾州大学要便宜得多的时候，这所学校也是《华尔街日报》评出的"热门"学校之一，它的精英学院与迪金森学院的实力不相上下。在这样的环境中，学院需要一位能同时对学术界的价值和市场的紧迫性同时作出反应的领导者。

---

① Morgan, *History*, pp. 68—69.
② Morgan, *History*, p. 395. 这样的夸耀是常见的现象，就像经典的"建议"所说的："只要在可能的时候，都要向大学感觉作出呼吁。和其他的爱国精神一样，这包含着一种真诚的信仰，即认为你所属的那所大学比别人的大学要好。还要通过不断地承认这篇表示忠诚的文章来鼓励其他人的这种信仰。这样便会发扬一种健康的竞争精神。正是这种感觉……将事物区别开来，将大学与寄宿公寓区别开来，因为在寄宿公寓中，仇恨不是集中在竞争对手身上，而是在同一机制中的其他成员身上。" F. M. Cornford, *Microcosmograph Academica, being a Guide for the Young Academic Politician* (Cambridge: Metcalfe and Co., 1908), p. 55.

戴着猫头鹰般的眼镜和商标式的领结,比尔·德顿是一位非常典型的文理学院的校长。但外表常常具有误导性。当猎头公司的人员打来电话时,德顿明确表示自己没有兴趣回到母校。"我不是适当的人选。我可以改变那个地方,但他们未必有勇气这样做。"在一次理事会议上,他严厉批评了学校近年来的状况。"你们把这里弄得一团糟。"他对他们说,"它随波逐流,成为一所'安全学校',这是让人不能容忍的。"

曾担任过甘耐特公司(Gannett Company)的首席执行官和《今日美国》的首席编辑的校董会主席约翰·科莱(John Curley)认为德顿是最佳人选。"我们需要加快发展速度,建立快的节奏。比尔有商界和学术界的从业经验——而且他还有作为迪金森先生的个性。"科莱和其他校董会的成员们最终说服了德顿,让他相信他会有他"驾驶"学院所需要的空间。

德顿的旧上司、约翰·霍普金斯大学的校长史蒂文·马勒(Steven Muller)对德顿能否出色地在迪金森工作表示怀疑。"没有人因英语而死。"这所拥有世界著名医学院的大学的前任校长说道。"那是一场挑战。"德顿说,"我如何才能找到其他地方由于发现了癌症的治疗方法而得到的积极有效的资金?如何才能引起轰动?"

"与众不同的迪金森"成为学院的校训,并且从此保留了下来,比尔·德顿一直在强调是什么使迪金森学院在众多的学校中脱颖而出。作为家族里第一位加入学院的成员,他相信学校会"创造我",并且用一种传教士的热情来看待他的工作。"来到这里后不久,我和一些学生去阿巴拉契亚山远足。"他回忆道,讲述着他编入新迪金森传说的一个故事,"一位成绩很好的四年级学生告诉我,她其实不知道成为迪金森人意味着什么。现在回忆起来,那是我管理中的一个重要时刻。"

德顿在西尔文的经历给他上了重要的一课。"我学到的是要了解你的产品。西尔文可以回答这样的问题:'我们是什么?'而学院则没有这样的概念。"迪金森学院需要一个能引起人们注意的故事,一个"商标……让我们可以带领它达到它的目标"。

作为一位语言方面的学者,德顿知道翻译会造成怎样的损失。"我使用诸如'消费者'这样的词,但是在学术环境中,学生们来到迪金森是因为他们喜欢我们所提供的东西。"他说,"我们与商业是不同的。我们不需要满足每个人的愿望,但我们是一个学术机构,知道我们自己是什么。我们会倾听,但我们的善意并不代表同意你的意见。有时我们会改变想法,但我们不会服从。了解你的产品……你的商标,这是很重要的。"

长期以来学院都受到众所周知的学术痼疾的困扰,这是一种由教师委员会的管理所带来的僵化。在德顿到来前的十年里,有十多份报告被递交上来,这些将近1500页的文字几乎谈到了学校生活的每一个方面。这些报告得到了认真的讨论,但最后还是被束之高阁。德顿立即成立了一个由学校支持者组成的特别小组,给他们布置了一个雄心勃勃的任务:形成一种观点,起草一个连贯的行动计划,并且能让学校接受——所有这一切都在一个学年里完成。

"讨论是平静的,"极力赞成商业化的宗教学教授马拉·唐纳森(Mara Donaldson)回忆道,"最大的分歧在于如何将学生的生活与文理科教育结合起来——当然还有钱的问题。"令人惊讶的是,德顿的时间表完成了;更令人吃惊的是,行动计划不是又一个苍白无力的文件。就像校长说的那样,它"让我们有了作为迪金森人的特性",从大体的原则到特殊细节的列举都有。它展示了对一切事物的渴望,从少数民族入学到捐款的增长,以及校园的扩大。

主要的目标被印在一张钱包大小的硬纸片上,散发给了从理事到看门人的每一个人,大家看一眼就都知道迪金森学院正在朝着什么样的方向前进。也许有点做作,但一些趣事说明了这种策略是有用的。葛底斯堡学院学生理事会主席的一封电子邮件坦率地表达了那里的学生希望参与学院事务的愿望。德顿还讲了一个故事,有一家人来学校参观,"他们向一个正在浇花的人问路,结果他和他们谈起了学校的计划"。

为了帮助学校找到和建立它的特点,校长聘请了一位市场顾问———位名叫马克·诺伊施塔特(Mark Neustadt)的约翰·霍普金斯大学的博士。诺伊施塔特在对访谈结果和焦点团体进行研究之后,将学院的使命总结为一个公式:"自由+指导=增长"。然而,这个公式并没有将迪金森在众多的学校中突显出来。更好的"定位陈述"是

"反映美国,参与世界"。它"将迪金森与其他的竞争者区别开来",诺伊施塔特写道,"与学校未来的学生产生共鸣……并且唤起了毕业生们的热情"。他又补充说,但由于迪金森的少数民族学生非常少,这个口号"并没有反映当前的现实,因此学院需要进行根本性的改变"。①

"参与世界"教学法的实验实际上从德顿到来之前就开始了。1994 年建立的克拉克中心进行了当代政策问题的跨学科研究,体现了文理学科学习和卡莱尔之外的世界之间的联系。它还请来了一些政治人物,他们的讲话在网络电视中播出,至少在对政治感兴趣的人看来是给学校带来的新气象。生物学教授们得到了庞大的研究基金。与曾是学院一部分的迪金森法学院合办的法律预科课程被减少了一年。国际商业和管理专业体现的是一种实际而非职业的教育——从文理学科的视角来看的商业。

在"美国印象"那个学期里,学生们深入到斯蒂尔顿快要消亡的社区和亚当郡乡村的苹果园,运用口述历史以及人种学和档案学研究来记录社区的演变。这一课程又派生出了"国际印象",在巴塔哥尼亚和喀麦隆(与历史上的黑人学校史贝尔曼学院和萨维尔大学合作)等不同的地方进行类似的研究项目。这些经历是非常重要的,马拉·唐纳森在校友杂志上撰文写道:"我们迪金森的大部分学生成长的世界远离了他们在我们中心所经历的有关印度、喀麦隆和墨西哥一切。他们之中很多人学会了同情这些处于不发达文明之中的人们。回到迪金森后(他们)产生了变化,希望去帮助别人。"②

"国际印象"只是学院长期以来所坚持的国际性教育的最近的体现。迪金森学院开设了关于六个大陆的 32 门课程。其中 80% 的学生至少要在国外学习一个学期,其中包括从博洛尼亚到名古屋等不同的学校,五分之一的学生要主修一门外语,这个比例在国内是最高的。2002 年,《美国新闻与世界报道》将迪金森的国际课程排在全国最佳的第六名。

旧的规定是系科不可以被单独挑出来得到特别的重视。但现在,

---

① Mark Neustadt, "Focus Group Research Leading to Positioning Recommendations for Dickinson College," July 29, 1999, http://www.dickinson.edu/departments/polcy/neustadt.html

② Mara Donaldson, "Consumed by Consumption," *Dickinson Magazine* (Spring 2002), 22.

德顿说:"我们宣传我们的优势。"对于享有主管招生、学生生活和学院关系的副校长头衔的罗伯特·马萨来说,这只是一种很好的市场推广。学校的"课程商标"是迪金森和"我们的一些优秀课程"之间的"永久的联系",他在校友杂志上写道,"当公众想起迪金森的时候,我们希望他们能够想到'国际化'或者'(传播)科学和研究的工场'或者'法律预科'。"①

副院长乔安妮·布朗(Joanne Brown)说:"尽管我在费城长大,但过去从未听说过这所学校。我一看到它,就被它的学术力量所震惊。"她组织的一个教师研讨会给学术界带来了生命,它让来自各个不同学科的教授们在这里交流他们的研究成果。布朗还就学生们对吸烟问题的兴趣进行了一场公共健康问题探讨,内容从生物学到法律到公共政策,努力让她的同事们相信"公共健康课程可以被当作一门文理学科的课程一样用迪金森的方式来教授——和在霍普金斯不同,那里的目的是过早的专业化,而这里是看到全貌"。

学院开始受到其他地方的教师们的关注。"史瓦斯莫和哈佛的教授们对此印象深刻,"布朗说,"他们说:'哦! 你们利用很少的资源和年轻的师资就取得了这样的成就!'"②

"缺乏的是领导能力。"教务长尼尔·韦斯曼长期在迪金森担任教师和管理工作,"比尔来了,收拾残局,并且带来了有活力的、协调的包装。"

德顿在一篇题为"在翻译中收获"的文章中陈述了他的策略。"定义(迪金森)领导传奇的主题和关键词是非常明确的:公民领导,一种有用的自由教育(liberal education),跨越界限,跨学科,反映美国——参与世界。"③这些"关键词"中有"革命"和"建校之父"本杰明·拉什和约翰·迪金森。在它新的市场化运动中,学校回到了强调

---

① Robert Massa, "The Fine Art of Admission and Enrollment," *Dickinson Magazine*, 78 (Spring 2001), 3.

② 2002年,学院在考古学中增加了跨学科的专业。由于该专业的重点是参加在迈锡尼的考古挖掘工作,因此课程中加入了现代希腊语课程。

③ William Durden, "Gained in Translation: Leadership, Voice, and the Study of Foreign Languages," in Linda Wallinger, ed., *Teaching in Changing Times: The Courage to Lead* (Columbus, Ohio: McGraw-Hill, 2002), p. 155.

其根源的阶段,正在重新编撰它的历史。过去迪金森总是将自己的历史追溯到那所在美国独立革命后不久建于1773年的语法学校,并且在1998年庆祝了建校250周年。现在迪金森称自己是第一所"革命的学院",因为它在《巴黎条约》签订之后六天的1783年月9月9日便成立了学院。这个被本杰明·拉什自豪地称为是自己"坏脾气的孩子"的地方正将自己定义为一所有"态度"和"精神"的学校。①

形成"思想共享"

20世纪80年代中期,当纽约大学开始成为一所伟大的大学的时候(它的历史将在下一章中陈述),它最突出的一项措施是聘请著名的教授。但是像迪金森这样的文理学院的命运主要依赖它的学生的质量。一切都来自吸引更有能力的学生,这意味着更多的校友捐赠、更著名的教授和更多的公众赞赏。在给学院"重新定位"时,一切决定——从新的学生公寓的设计到课程的修订——都必须以这个目标为最根本的出发点。

所需要的最大的变化在招生和经济资助两个方面。从20世纪90年代初开始,学院不得不越来越深地淹没在它的申请者中,直到最后接受超过80%的申请者;即使如此,入学的人数仍然在下降。德顿的前任李·弗里茨勒(Lee Fritschler)不断地向迪金森的人们保证,这样的下滑在其他地方也是存在的。长期以来的竞争对手美仑堡学院(Muhlenberg College)在招生战争中便做得比他们好,那些从来没有被视为竞争对手的学校,如马里兰罗约拉学院(Loyola College of Maryland),也在逐步蚕食迪金森的领地。

---

① William Durden,"Distinctively Dickinson"(unpublished ms.,2002). 关于Benjamin Rush 和Dickinson College,参见 Arthur Herman, *How the Scots Invented the Modern World*(New York: Crown Business, 2001). 在一次冗长的关于什么样的学院可以称自己为第一所后革命学院的网上讨论中,德顿(Durden)写道:"迪金森1773年的建校日期实际上是在20世纪40年代被创造性地提出来的(之前一直是1783年)。提出的人是一位对宾夕法尼亚大学表示愤怒的管理人员,因为宾夕法尼亚大学在这之前不久刚刚改动了自己的建校日期,理由是宾州大学发现在原来的建校日期之前在这个地址上就存在着一所语法学校。"February 7, 2002, *http://www.dickinson.edu/news/first/debate.html*。

迪金森的问题主要来自于它的经济资助原则,这个原则认为在授予奖学金时考虑学生的学习成绩或者他(她)来注册的可能性的做法是错误的;唯一要考虑的相关问题是一个学生的实际需要。这是一个令人钦佩的原则,也是少数富有的学校可以采取的原则,但它让迪金森付出的代价是失去了最有能力的学生。不仅如此,即使是对于有需要的学生,学校也没有授予足够的奖学金。它的"折扣率"——特殊学生付的钱和全额学费之间的差距——只有20%,远远低于同类的学校。因此迪金森始终纠缠于选择学院时有关钱的枝节问题,以至于申请者甚至要到被录取后才能知道他们会不会得到资助。学院的顾问们之间相互传闻,说迪金森不是在讲原则,而是吝啬。

招生情况越来越差,教师们不得不减少他们的课程。1996年,当西尔维·戴维森在图卢兹将学院的计划进行了四年之后回到学校时,发现她班级里满是"全新的——也是更差的——学生"。历史学家大卫·康明斯(David Commins)把这种新类型的学生比作她在伊利诺伊大学教过的那些学生。这种学生质量的下降自然让教师们士气低落,一些高级教授联系了那些与他们私交甚好的董事,强烈要求解雇弗里茨勒。

教授们所做的不仅是抱怨。为了提高学生的奖学金,他们以一种少见的无私拒绝了加薪,并且当他们知道要将班级变得更大来减少他们的教学工作量的时候,也表示了拒绝。但这样的牺牲并没有解决管理上的问题。学院不合时宜地开始按照成绩来发放奖学金。1998年,它聘请了杰克·马加尔,正如我在第一章中所提到的那样,马加尔将招生和经济资助变成了一种讲求实际的管理方式。马加尔负责管理所有的经济资助的发放,因此他可以将一年级新生增加80人,达到620人。但为了完成他的计划,80%的一年级新生得到了经济资助(同类学校的这个比例是60%),并且折扣率猛升至52%,同样比其他学校高出50%。尽管马加尔采取了应急措施,但迪金森仍然无法维持这样的慷慨。

为了扭转局面,德顿请来了他在约翰·霍普金斯大学工作期间认识的罗伯特·马萨,并且给予了他一切权力,从招生到学生住宿,从校友事务到体育运动。和德顿一样,马萨(第一章中描述了他在霍普金斯的经历)开始也不愿意来。"我看了统计表然后对自己说:'天哪!我看我应付不了——情况太糟糕了。'我日夜担忧,无法入睡。但比尔有信心,而且有他自己的方式。"

如果德顿看起来是守旧派的,那么马萨便是一个现代企业经理的代表。随着学院招生的性质由咨询和严格把关演变成招收新生,他的角色也发生了变化。开始他更感兴趣的是学生们的生活,而不是他所说的高等教育中的"供给和需求方面的问题",但逐渐地他开始从统计的角度来看待招生和经济资助问题。马萨对高等教育的商品化没有表现出任何疑虑。他在校友杂志上写道,游戏的名称叫烙商标。"迪金森有目的地在未来的学生中形成'思想共享'。"①

和其他学校担任同样工作的人一样,马萨废弃了散发给有可能申请的学生们的普通宣传手册,取而代之的材料中配有对学术和学生生活直接的询问和回答——关于什么是"与众不同的迪金森。"更重要的是,他把经济资助变成了一个重要的招生工具。"我们不应该把绩优奖学金给那些一定会来注册的学生。"他说,批评他的前任"(把绩优奖学金)视为一种奖励",而不是一种手段,以吸引那些没有奖学金就会到其他学校的学生。现在"我们审视过去的结果,估算着是给那些SAT成绩在1350以上的学生17500美元还是15000美元,这会对入学产生什么样的影响"。

这一策略达到了马萨预期的效果。在1999年到2002年间,折扣率从52%下降到33%。仅有60%的学生得到资助,并且有10%的奖学金是按成绩而不是需要发放的——和其他学校一样。而且即使在保持较高入学率的情况下,学生们的SAT平均成绩还提高到1240分。"辛普生式群体"退出了历史。

然而,公平所牵涉的含义是令人烦恼的。更多富裕家庭的学生来到了迪金森——这是减少享受奖学金的学生数量的一种手段——并且计划还要增加他们的数量。同时,第一代学院式学生的数量,也就是这个时代的比尔·德顿们,在急剧下降。1999年,这类学生占一年级新生的22%;这个比例在三年里下降了将近一半,成

---

① Massa, "Fine Art," p.30.

了12%。①

马萨在约翰·霍普金斯大学创造了一种回归模式,在医学院预科学生中开展文理学科教育。和许多其他学院一样,迪金森所关注的是被管理层视为"消失的男性"的这一群体。近年来,申请者中女性大大多于男性。一所学校一旦有了"女校"的名声,那么来入学的男生便会越来越少,预言就会自动实现。2000年入学的新生中有三分之二都是女生,于是马萨重写了招生标准,强调SAT成绩和男生通常比女生要强的"领导能力",而不是强调通常女生比较优秀的成绩。这意味着对男生采取了积极的措施吗?"在同等条件下,"在提到其中5%的申请者时,马萨向《华尔街日报》的记者承认,"我们会录取他们。"不管这种方法叫什么,总之它发挥了作用。2002年的新生中,男生的比例上升到了42%。

迪金森还是少数几所选拔严格,但不要求申请者出示SAT成绩的私立学院之一。这一政策在马萨到来之前就实施了,虽然开始时马萨倾向于像迪金森的一个竞争对手拉斐特学院那样恢复这项要求,但后来他也成了这一政策的支持者。"不对SAT成绩提出要求改善了我们给顾问和学生的印象,并且有助于我们录取分数较低的学生和树立一个有吸引力的形象。""有吸引力"针对的是少数民族学生:只有7%的白人申请者不需要出示SAT成绩,而这个比例在非白人学生中占到25%。这使得招收少数民族学生更加容易,对于一个几乎是地处乡下、对非白人学生来说没有自然吸引力而又追求多样性(正如在定位时所说的"反映美国")的学院来说,这一方面的任何一种优势都是至关重要的。2002年的新生中少数民族占到11%,而仅在两年前,这个比例还只有6%。

迪金森的校友中也出现了类似"精神共享"的东西。德顿常常奔波于各地,在校友中筹集资金,并且筹集到了。2001年,学校历史上第一次从个人捐赠者那里得到了四名全额教席(endowed chairs),以及总数超100万美元的七笔捐款。从1998到2002年,校友中为学校捐款的人数比例从38%上升到42%——对于一所成熟的学校来说这是一

---

① 与经济资助的策略性方法相关的伦理问题在第一章中进行了讨论。

个很大的上升——捐款的数额增加了两倍,达到 870 万美元。① 总的来说,学院得到的捐赠提高了 40%。"我一个'不'字都没有,"德顿到来之后担任负责发展的副校长的詹妮弗·巴伦德斯(Jennifer Barendse)说,"人们喜爱这里——而且我们是第一批系统性地寻求资金的人。去年我们与校友们进行了上千次一对一的会面。"即使是在 9·11 之后对高等教育的捐助处于停滞的情况下,迪金森得到的捐款仍然上升了 10%。②

和鲍勃·马萨一样,巴伦德斯起初也不愿意接受这份工作。"看到税收表的时候我惊呆了。尽管 20 世纪 90 年代的大部分时间里我们都在进行各种活动,但除了我们没有要求的遗嘱赠予之外,没有得到任何个人捐助。"但她还是拒绝了杜克大学的邀请。"比尔让我相信学院需要我,"她的语气带着亲切,"在他身边时我觉得自己就像一块海绵,不断吸取领导艺术。比尔从来不让任何事情阻碍自己。他总是在加油、运转。就是这样的速度。"

学院大门上的牌子

这种激进的管理方式让一些老员工们感到不安,他们担心这会带来一个"企业家"。尽管德顿没有解雇一个人,但还是有好几位高级管理者在他到来后的一年里辞职。从约翰·霍普金斯请来的几个人——鲍勃·马萨、招生主任塞斯·艾伦(Seth Allen)、副院长乔安妮·布朗、"定位"顾问马克·诺伊施塔特——使学校里的人开玩笑地建议可以把校名改为约翰·迪金森学院。

当德顿把华盛顿红人夏令营带进校园时,他认为这是一个让他毫不犹豫的决定,因为这些人的出现会给学校带来收入,也是一种宣传。

---

① 与其他类似学校相比,校友赠予的比例是:鲍登(Bowdoin)59%;科比(Colby)51%;巴克内尔(Bucknell)40%;富兰克林和马歇尔(Franklin and Marshall)40%;葛底斯堡(Gettysburg)41%;汉密尔顿(Hamilton)60%;霍巴特和威廉·史密斯(Hobart and William Smith)37%。见詹妮弗·巴伦德斯(Jennifer Barendse)的电子邮件,Novermber 18, 2002。

② American Association of Fundraising Counsel Trust for Philanthropy, *Giving USA*, 2002, http://www.aafrc.org

一些教授抱怨说大家都还没有准备好进行运动，其实他们真正不满的是做出这个决定之前没有与他们商量。① 校园里有一个西尔文学习中心，是这家公司做的第一桩这样的生意。对于来迪金森之前担任过西尔文学习学院院长的德顿来说这是一种"既可以服务于群体又可以带来金钱的方法"，但反对的声音又说这是单方面的决定。

德顿没有为他的方式道歉："有的时候，未能行动意味着机会的丧失。迪金森要完成它的理想，就必须受益于领导才能，也必须希望被领导。"这种对校长权威的强调自20世纪30年代以来就没有在迪金森出现过，当时的校长坐在长条桌的一端，对那些严格按照资历落座的教师们发号施令。德顿来到之后，上层出现了一个领导层真空。李·弗里茨勒是"一个好人，是很好的主管，看起来也不错"，本·詹姆斯说，他在学院待了70年，一切都在他的眼里。"但他没有完成他的工作，无论是在学术方面还是财政方面。"

在很大程度上弗里茨勒把学校的管理交给了主管教师的院长乔治·艾伦。"艾伦操纵着一个苏联式的体系。"副院长乔安妮·布朗冷眼旁观，"你让人们都站在等待救济的队伍里，不断地忙于他们的事务，没有发生革命是因为他们都投入到了民主的进程之中。"布朗说，现在领导层是公开和透明的。历史学家大卫·康明斯也表示同意："更加坦率了。"

对于这种公开的含义，布朗有着诸多的思考。"它的讽刺性在于，"她说，"开始时这样做是为了封闭，就像人们过度地夸张问题一样。这个问题从某种程度上来说是技术性的。电子邮件既不是信也不是交谈，尽管人们使用它时两种用途兼而有之。人们开始四处发送电子邮件时是在模仿公开的对话方式；一些场合的书面段落被抽取出来，以对话所没有的方式流传着。它所带来的影响是不信任。长期在这里工作的人特别担心。他们害怕自己的工作，担心新来的人在政治上更加保守。"

---

① 与"红人"（Redskins）的关系于2002年11月结束。一家大学出版社的书引用德顿（Durden）的话："虽然我们喜欢这个群体在校园里，但要应对没有解决的管理问题是很困难的。"罗伯特·马萨（Robert Massa）在随后的电子邮件中解释说："学院无法负担维持这种关系所需要的费用，但整个群体会输掉，因此我们才通过政府的帮助从经济方面改善我们与'红人'有关的部分——显然他们对此并没有什么印象。"

随着时间的流逝,情势有所改善。"我公开地进行管理,"德顿说,并且尽量在两个小时内回复收到的电子邮件,"人们不再幻想一切都是民主的,并且开始思考如何使教师管理真正发挥作用——人们如何才能发表意见而又不相互浪费时间。"

即使是在最小的事情上,变化也是明显的。为参观者而设的指示牌上除了英文之外还加上了其他语言,不经意地在提醒人们迪金森的国际化。另一个与过去不同的地方是,所有这些标志上都带有红白两色的印章,这是深爱大家爱戴的本杰明·拉什设计的,上面有拉丁语格言"Pietate et doctrina tuta libertas",以及一本打开的圣经、一个望远镜和一个自由帽。但顾问马克·诺伊施塔特指出,这些宗教、知识和自由的含义对今天的学生来说是模糊的,而拉丁语则令人厌烦。需要的是一些更加直接的东西。现在所有的东西——从英语系的文具到餐盘和垃圾车——上面都带有德顿所说的"身份体系"。在过去没有任何标志的学校各个入口处,新建的校门上用简单的金色字母呈拱形刻着"迪金森学院"。

一些保守的老教师对这些措施冷嘲热讽。他们说,那些入口圈出了一个"有大门的社区",但"不会把我们变成耶鲁"。他们说新的企业式的标志语粗俗不堪,看起来像是西雅图水手队的徽章(事实上的确如此)。① 标志只是个小问题,法语教授西尔维·戴维森说,这些教师们真正担心的是他们渐渐丧失的权力。他们的担忧也是有理由的,因为迪金森已经完全改变了,这是引人注目的,也是不可更改的。新的标志体现的是校长的雄心壮志:用一个令人难忘的图标来代表学院,给它一个商标,使它与竞争对手区隔开来。

2002年5月的一个闷热的早晨,比尔·德顿发表了在毕业典礼上的讲话。"本杰明·拉什和约翰·迪金森会为今天的我们感到骄傲,"他对毕业生们说,同时引用了他的那些"关键词","因为我们在充满热情地继续着他们对学校的理想,并将它当作一种革命的手段。"

---

① 有的校友同意。在迪金森学院(Dickinson College)的一个网站上,有人写道:"去掉那些滑稽的学校新标志。我希望学校没有付给某个顾问钱来设计这个标志。把学校的官方印章扔进'只供官方使用'的废纸篓里意味着企业形象设计者的合并或者吞并的计划。新的标志的确让一些校友觉得尴尬。迪金森被约翰·霍普金斯的男孩们'接管'过吗?"

四　星球大战:纽约大学

在格林尼治村的街道上空,到处都飞扬着紫色和白色相间的三角旗:它们在宣布,这里是纽约大学的领地。① 离开市区五英里的晨边高地(Morningside Heights)是哥伦比亚大学的领地。哥伦比亚大学称自己是纽约最好的大学,这一点长期以来都没有受到过挑战,但它不会想到如此直率地展示自己的领地。这不是250年前建立的常青藤盟校的行事方式。虽然纽约大学1831年就建校了,但它缺乏可以依赖的光荣历史。直到最近,它仍然是一个没有什么声望、缺乏资金的走读生学校(commuter school)*;20世纪70年代中期,它在破产的边缘挣扎。不过它发生了足以让任何一个公司感到自豪的转变:在一代人的时间里,纽约大学不仅成为哥伦比亚大学真正的竞争对手,而且成为一个将自己定位成"全球性大学"的全国知名的学府。它赢得了展示自己的机会。纽约大学是当代美国高等教育中的成功范例。②

从20世纪80年代开始,纽约大学就可以很快地筹集到资金:在不到20年的时间里筹集了20亿美元。它没有像其他大学那样用这笔钱来建立基金,而是把大部分钱都用于建筑、购买新设备和聘请新教师。③ 哈佛有180亿美元的基金,可以把捐赠放在一边,轻松地依靠

---

① 本章节参考了对管理人、行政人员、教授、学生以及其他对学校问题有见地的人的面对面、电话和电子邮件的访问。未加引号的引用部分选自于这些内容。

* commuter school,指大部分的学生来自本地,住在家里,绝大部分的学生都半工半读,也是家里第一代上大学的人。——译者注

② 凤凰城大学(the University of Phoenix)这类营利性的学校也许不会同意这个结论。

③ 由于租金上涨,纽约大学36000名学生中的11000名选择住在学校提供的住宅里。

从基金中获得的收入生存,而纽约大学的领导人则认为在他们学校,这种耐心是一种他们无法支付的奢侈。① 学校管理层认为,要扭转这种平庸的局面,第一步应该引进明星教授。由此吸引来更好的学生以及其他有益的变化便是水到渠成的事。建立能够吸引明星教授的职位需要大量的资金;因此为了成功,纽约大学变成了它的前任校长L. 杰伊·奥立弗(L. Jay Oliva)所说的"职位机器"②。建立一个可以用钱买到的最好的团队,这是乔治·斯坦布里纳(George Steinbrenner)为纽约人所做的事情,也是纽约大学的近几任校长努力要为学校做到的事情。

芝加哥大学的第一任校长威廉·雷尼·哈伯上世纪初用双倍薪金的许诺把克拉克大学(Clark University)的教师给挖走了,从此以后,从其他大学窃取学者便成了大学获得学术地位的捷径。③ 当时哈伯这种厚颜的搜刮行动震惊了同行,但在近几年里,这种寻求人才的方式已经变得更加普遍,并且条件也越来越优厚。

如克里斯多佛·詹克斯和大卫·雷斯曼在《学院革命》中所叙述的那样,第二次世界大战之前,大学一直是一个与世隔绝的世界,教授们只忠诚于他们自己的学校。④ 这种"革命"是对忠诚的改变,远离校园,发生在各个专业。齐普斯(Chips)先生这样的人越来越少了,因为在经济学家或者生物学家同行中受到尊重比在西沃什大学(Siwash U.)受到尊重更加重要。自 1968 年《学院革命》出版以来,高级教授中的忠诚又出现了另一种变化,这种变化远离了规则,发生在他们个人身上。在这个意志自由的新时代,高层职员的流动和抢手教授与普

---

① 约翰·萨克斯顿(John Sexton)校长形容纽约大学的策略是与他所说的"纽约态度"相一致的。它是"投机资本的态度……它在纽约永不满足的精神之中。你总是在寻找更好的,你永远不会得到首先吸引你的完美的梦想,但你可以是这一缓慢而不断的进步中的一个部分"。

② 引自 Karen Arenson, "N. Y. U. Gets $ 150 Million Gift to Help Draw Top Professors," *New York Times*, February 5, 2002, p. 4。

③ John Brubacher and Willis Rudy, *Higher Education in Transition* (New York: Harper and Row, 1976), pp. 184—185. 参见 Dorothy Ross, *Stanley Hall: The Psychologist as Prophet* (Chicago: University of Chicago Press, 1972)。

④ Christopher Jencks and David Riesman, *The Academic Revolution* (New Brunswick, N. J.: Transaction Books, 2002)。

通人之间的收入差距都比上一代更大了。①

　　过去,高等教育之外的人士都没有注意到这种变化,但随着教授们越来越成为媒体中的名人,这种现象也改变了。1999年,《纽约时报》商业版的封面新闻报道了哥伦比亚大学为经济学家罗伯特·巴诺(Robert Barro)提供了非常优厚的条件,同时还让他另外选择五名教师,希望能够以此吸引他离开哈佛。(巴诺先是接受了哥伦比亚的邀请,但后来又改变主意,留在了哈佛。)②三年后,从波士顿到洛杉矶的报纸都在头版刊登了康奈尔·韦斯特(Cornel West)的故事:哈佛校长出言不逊,质疑他的学术权威,伤害了他的自尊,这位哈佛的教授和过去的hip-hop音乐家会回到普林斯顿吗?(最后他还是去了。)

　　无论是股票还是教授,进入市场都是冒险的。自我推销的学者们不属于任何一所学府,只要提供较好的条件(或者,像对韦斯特那样,提供稍好一些的条件)就可以将他们吸引过来。小亨利·路易斯·盖茨(Henry Louis Gates Jr.)是著名知识分子的典范,20世纪90年代,由于他出色的说服和推销能力,哈佛建立了一个由著名学者构成的非洲—美国研究系,结果只是看到著名哲学家安东尼·阿佩亚(Anthony Appiah)还有韦斯特离开哈佛去了普林斯顿;有人推测下一个离开的将是从康奈尔到杜克再到哈佛的盖茨本人。斯坦利·菲什(Stanley Fish)20世纪80年代中期在杜克大学英语系任教授时曾引起过轰动:他用优厚的条件请来了最著名、至少是最热门的教授。但事情很快就失败了,菲什请来的教授们有的被更优厚的条件请走了,有的完全放弃了教书这个职业。美国学者的生命中的确存在着第二次行动,十年后,菲什来到了芝加哥,在那里,他克服一切困难,在伊利诺伊大学实

---

① U. S. Department of Education, National Center for Education Statistics, Integrated Postsecondary Education Data System, "Salaries, Tenure, and Fringe Benefits of Full-Time Instructional Faculty Survey" (IPEDS-SA), selected years, http://nces.ed.gov/programs/coe/2000/charts/chart55.asp? popup = ture; Carla Reichard, "Trends in Faculty Salary by Discipline: A Quarter-Century of Data from the OSU Faculty Salary Survey" (unpublished paper, November 2002). Bryan Chan 检查了NCES 数据。

② Sylvia Nasar, "New Breed of College All-Star: Columbia Pays Top Dollar for Economics Heavy Hitter," *New York Times*, April 8, 1998, p. D1. 哥伦比亚大学自从吸引了杰夫里·萨赫斯(Jeffrey Sachs)和约瑟夫·斯蒂格里茨(Joseph Stiglitz)之后,在聘请世界著名经济学家方面更加成功。

施了类似的策略。①

有很多学校,其中包括莱斯大学(Rice University)、佐治亚理工学院(Georgia Tech)和乔治·梅森大学(George Mason University),都靠各种各样的成功出了名,这使纽约大学的成功更加引人注目。② 纽约大学为它的"职位机器"筹集到了可观的资金,其中包括一笔1.5亿美元的捐赠。③ 高达150 000美元的薪水不仅吸引来了著名的教授们,还使他们留了下来,使纽约大学成为著名的学府。

纽约大学的两个系所发生的事说明了这种变化。在十年的时间里,它的法学院从一个公认的为有抱负的从业者开设的培训机构变成了一个全国知名的学术性的学院。这种变化主要是因为法学院的院长(2001年之后任纽约大学的校长)约翰·萨克斯顿(John Sexton)在吸引教师这门复杂艺术方面有着独特的才能。哲学系的变化更加不同寻常。1995年,当新上任的系主任保罗·博格西安(Paul Boghossian)被允许自己聘请人员时,这个系甚至连一个博士点都没有。仅仅在五年之内,这个系成为与普林斯顿的哲学系齐名的全国最优秀的哲学系。与微生物学教授或者法学教授相比,在哲学教授身上投资是比较便宜的——就像笑话里说的那样,他们只需要一个废纸篓和把其他东西寄给杂志所需要的邮资——但对于一所渴望有杰出地位的大学来说,一个好的哲学系是必要的,而且纽约大学也有能力建立一个出色的哲学系。

"搜求明星"策略的好处是显而易见的,但价格也是昂贵的。聘请超级明星会造成专业人士的"拥有"和"较少地拥有"之间的紧张关系;并且也正是因为他们见多识广,著名的学者常常忽略他们自己的后院,忽略学院的需要。

纽约大学最近的历史说明了一个问题。2001年,在经过长期艰苦的战斗之后,它成为全国劳动关系委员会任命的首家与其毕业生联合会谈判的私立大学。兼任研究员——收入很少的教师,不是学校的正

---

① 关于持怀疑态度的评价,见David Kirp, "A City of Learning," *University Business* (February 2001), www.chet.org.za/issues/DavidKirp1.doc。
② William Horne, "The Packaging of George Mason University," *University Business* (March—April 1998), 25—32.
③ Arenson, "N.Y.U. Gets $150 Million."

式职工,也没有获得终身职位的机会——也组织起来了,形成了全国最大的兼职教师联合会,也是私立大学中的第一个。

这两件事——聘请明星教授和让教学基层人员联合起来——是相互关联的。这不是简单的原因和结果的关系,因为美国大多数大学都有了越来越多的兼职教师,而聘请著名学者则加速了这个过程。[①] 特别抢手的高级教授通常要求较少的教学工作量。他们的声望和资产取决于他们的著作,而不是如何教学。教学任务,特别是大型的介绍性课程,主要落在研究生助手和兼职教师的身上。

纽约大学把大量的教学任务交给了兼职教师。兼职教师与专职教师的数量相同,都是2700人,但他们承担了70%的本科生课程,高于同等大学兼职教师所承担课程的比例。于是,像是先引诱后调包一样,学生们被卡罗尔·吉利根(Carol Gilligan)和罗纳德·德沃金(Ronald Dworkin)这样的明星教授吸引到纽约大学来,结果教他们的却是像斯科特·沃顿(Scott Walden)这样自1990年以来就在教本科生的哲学系兼职教师。这种教育可能是一流的,但这种制度将他们当作可以替代的东西,这让这些教师觉得受到了轻视并且感到愤怒。[②] 因此他们求助于一种劳动管理模式;大学是一个学者的团体,他们不愿意将这个概念与他们的生活分离开来。

在喧闹的名望世界获得成功之后,纽约大学现在必须面对一个更加困难的挑战:将它的人才搜罗变成平静的学术王国,在这个王国里,可以超越学科和专业地位的界限,自由地讨论学术生活的本质和特征。

被马卡罗尼公司拯救

由于纽约大学得到的捐赠一直很有限,因此不得不主要依靠学费生存。这是一个危险的策略。纽约大学知识生产历史学院(NYU's In-

---

① Leslie Berger, "The Rise of the Perma-Temp," *New York Times*, August 4, 2002, "Education Life" sec., p. 20.

② 斯科特·沃顿(Scott Walden)本人是反对这一主张的。作为一名美术摄影师,他欣赏的是这位助手的生活方式的灵活性。"随着助手生活的继续,我觉得自己可能是这个星球上最快乐的人之一。"他说。

stitute for the History of the Production of Knowledge)的院长、英语教授玛丽·普维(Mary Poovey)认为:"(学校)对学费的依赖使纽约大学不止一次处于破产的边缘。"①

资金紧缺还影响了学校的风气。"被请到纽约大学来的人通常都会惊讶于他们所看到的东西。"西德尼·胡克(Sidney Hook)1971年在一次对话中回忆道。胡克20世纪60年代在纽约大学哲学系任教授,他几十年来一直是美国著名的公共知识分子。"不止一次……前来拜访的人告诉我们说他们在纽约大学感觉到一种工厂的精神。我们总是因为钱的供应不足而受到限制。由于依赖门票和学费收入,学校的管理者总是紧紧地控制着我们。虽然他们敦促我们要计划未来,但当他们自己要为这个未来做承诺时,他们就很不愿意这样做了。"②

从1964年到1973年,纽约大学的财政赤字达三千两百万美元。管理者认识到必须要采取"决定性的行动"③。"简言之,"历史学家托马斯·弗拉西亚诺(Thomas Frusciano)和玛莉莲·佩蒂特(Marilyn Pettit)写道,"纽约大学需要通过增加收入或者减少支出来解除压力。减少支出所带来的问题是,紧缩银根有可能会导致学校课程和服务质量的下降。"④纽约大学的校长詹姆斯·赫斯特(James Hester)曾梦想把纽约大学建成"哈德逊上的普林斯顿",但实际上他不得不面对的是大量的缩减。在两年的时间里,纽约大学的教师减少了10%;1973年,大学在布朗克斯高地的校区卖给了纽约城市大学(the City University of New York)。⑤当时纽约大学的哲学教授詹姆斯·雷切尔斯(James Rachels)回忆道,自然"有人会猜测学校可能会破产"。

---

① Mary Poovey, "Interdisciplinarity at New York University," in Joan W. Scott and Debra Keates, eds., *Schools of Thought*: *Twenty-Five Years of Interpretive Social Science* (Princeton: Princeton University Press, 2001), p. 290.

② "假设我们有小的规划和物质限制,"胡克补充说,"还有我们从来都不像哲学系在哥伦比亚大学那样是学校经营的中心,我们可以为我们的成绩而自豪。"Milton Munitz, "History of the Department of Philosophy: A Free-Floating Recollection by Sidney Hook" (1971), "Sidney Hook-Interviews/Oral Histories," NYU archives。

③ Thomas Frusciano and Marilyn Petit, *New York University and the City* (New Brunswick, N. J.: Rutgers University Press, 1997), p. 237.

④ Ibid., pp. 238—239.

⑤ Ibid., p. 243.

最后,出售穆勒·马卡罗尼公司(Mueller Marcaroni Company)拯救了纽约大学,这是一家古老的机构,属于法学院。马卡罗尼公司卖了1.15亿美元,在经过了一番争吵之后,其中的4000万给了学校。这笔种子基金让纽约大学可以聘请教师,以填补在缩减时期离开的教师留下的空缺,并且自约翰·布拉德梅斯(John Brademas)1981年秋任校长以来,大学恢复的步伐加快了。①

布拉德梅斯不是校长职位的传统人选——他是一名政客,而不是教育家,担任过11届印第安纳州的国会议员。在华盛顿工作期间,他对高等教育政策发生了浓厚的兴趣。他同时也是最合适的人选,这个时期的纽约大学需要一个可以筹集资金的领导者,而在11届的任期中,布拉德梅斯在劝说捐赠人捐钱方面表现非常出色。②

"筹集资金是美国任何一个严肃的学院院长或者大学校长的首要责任,"约翰·布拉德梅斯说,并且他正是一位非常严肃的人。③ 他在上任的第一年就筹集到了4000万美金,这在当时是纽约大学的一个新纪录,然后他又宣布了"大学历史上最雄心勃勃的资金筹集计划":纽约大学将"每星期筹集100万美元,连续100个星期"。纽约市里有大量闲置的金钱——还没有去哥伦比亚的"暴发户"。"如果我们有效而成功地充分挖掘这些资源,"他在他的第一个年度报告中宣布,"我相信我们将成为这个时代屈指可数的在美国高等教育中获得更高知名度和地位的大学之一。"④1984年,布拉德梅斯甚至将这个目标提高为在2000年之前筹集到10亿美元的个人捐赠。结果比预期的还要好,10亿美元的目标在10年的时间里就完成了,并且捐赠还源源不断地涌入。

纽约市是如何发展的,纽约大学便是如何发展的。这座城市获得

---

① William Honan, "A Decade and a Billion Dollars Put New York U. in First Rank," *New York Times*, March 25, 1995, p.1; John Brooks, "The Marts of Trade: The Law School and the Noodle Factory," *New Yorker*, December 25, 1977, pp. 48—53.

② 在来纽约之前,布拉德梅斯(Brademas)曾在国会中从1959年到1981年代表印第安纳第三行政区。

③ John Brademas, "A Vital Philanthropy for the New Century: The Arts, The Humanities, Democracy, and Education," *HSBC Private Banking and Investments Philanthropy Forum*, 1999, http://us.hsbc.com/privatebanking/wealth/pb_brademas.asp

④ Frusciano and Petit, *New York University and the City*, p. 254.

新生,成为全球最大的表演场,纽约大学也从中获益。20世纪70年代,纽约在破产的边缘挣扎着(《纽约每日新闻》令人难忘的大标题写道:"去纽约:见鬼!"),华盛顿广场曾是一个危险的地方,但到了20世纪80年代,也就是"I ♥ NY"T恤的时代,它又成为一种潮流。纽约大学投入重金建造新宿舍——11000名学生住在学校的宿舍里——这样更加便于在全国范围招收学生。到1995年,有近四分之三的学生来自纽约市以外,而十年前这个比例只有18%,并且本科生的SAT成绩也上升至1300分。1991年接替布拉德梅斯担任校长的杰伊·奥立弗可以毫不夸张地自夸说:"我们已经从一个录取条件居于中游的走读大学变成了一所全国性大学,我们的学生来自全国和世界各地。"①

新筹集的资金中有相当一部分被指定赠给140个教授职位。② 布拉德梅斯任职期间的艺术与科学系主任C.邓肯·赖斯(C. Duncan Rice)说:"教席在迅速增加。"

在布拉德梅斯以及后来的奥立弗的支持下,赖斯开始在纽约大学着手改造学术事业。教育和公共政策学院在几乎没有学校帮助的情况下艰难地运行着,但即使如此,文理学科还是繁荣起来了。③ "为了使纽约大学在全国和国际上有竞争力,"赖斯说,他的职责便是"重建文理学科的核心"。鼓动这项计划的只有一个观点:引进大批一流的教师,从而使学校变得"无法停止"。这需要钱。教授们在流动——"教师市场蓬勃发展",赖斯说——并且"我们被激励着不得不和过去一样有竞争力"。

带头的是系主任,而不是系科。1996年被从北卡罗来纳大学请来加强社会学系的克莱格·卡洪(Craig Calhoun)说,他们的想法是"用有别于各系科常规做法的方式展开聘请"。"这是个付诸行动的问题,解决的方法是决定如何去做那些可能会引起更多混乱的事情。"玛

---

① Honan, "A Decade and a Billion Dollars." 亦参见 Kenneth Weiss, "NYU Earns Respect by Buying It," *Los Angeles Times*, March 22, 2000, p. 1, http://www.nyu.edu/financial.aid/latimes-Mar2000.pdf. 这一变化也受到了批评。美国研究系主席安德鲁·罗斯(Andrew Ross)指出,"纽约大学对这个社区是不负有责任的","它不再"在这个城市,也不属于这个城市"。

② Frusciano and Petit, *New York University and the City*, p. 254.

③ "在北卡罗来纳,和其他全国著名的大学一样,有着一流和二流的系科,"从北卡罗来纳大学来到纽约大学的克莱格·卡洪(Craig Calhoun)说,"纽约大学有一流、二流甚至四流的系科。"

丽·普维认为,20世纪60和70年代的财政危机鼓励了学校的管理者"培养一种企业式的态度,处理在学校经济或教育中的临时变化"。① 即使是在纽约大学的经济困扰有所缓解的时候,这种对革新的重视仍然是学校文化的一部分。"相对的繁荣造就了一种更敢于作为的和普遍的机会主义。"②

有才干的学者可以有机会展示自己的事业。在价格战中,他们要求有自己的研究中心,并且这样的事业已经成为著名大学的固定资产。卡洪说,在纽约大学,"大部分研究中心都与某个名人有关"。这样的独立领域可以激发学术兴奋,当研究工作跨越传统的学科界限时尤其如此。但它们同时也使系科之内丧失了学术兴奋,只剩下教学工作的责任。③ 即使这些中心吸引着著名的教员,系科也落在了后面。20世纪90年代中期,国外的一篇批评文章说社会学系就像一个面包圈,外表都是明星,内部却很平庸。赖斯非常重视这些批评。他开始聘请能够振兴第二层次系科的系主任和著名学者,并且赋予他们任用人员的实际权力。在这种模式下,系主任的工作是聘请这一领域的杰出人士,在此过程中,让大学和系科引起他人的关注。

除非系主任是一个非常有外交手腕的人,否则对于保守的教学人员来说,权力集中是一件非常痛苦的事情。他们常常觉得丧失了权力,觉得自己的意见得不到重视。政治学系就是一个教科书般典型的例子。芝加哥大学的对策论学家拉塞尔·哈汀(Russell Hardin)1993年以来担任该系的主任,薪水很高,教学负担很轻,任务是对这个系进行改革。他所做的正是将纽约大学的政治学系变成一个代表最先进的理性选择理论(rational choice theory)的系科。他最引人注目的措施是聘请了他在芝加哥大学时的同事亚当·普莱泽沃斯基(Adam Przeworski),这是一位比较政治学家,他将比较政治学的方法论应用于民主化问题。

政治学教授劳伦斯·米德(Lawrence Mead)说,在哈汀和普莱泽

---

① Poovey, "Interdisciplinarity," pp. 290—291.
② Ibid., p. 301.
③ 纽约大学的中心包括神经科学中心、雷马克学院、知识成果学院和媒体、文化和历史中心。

沃斯基的领导下,纽约大学的老教师们都被"放到了牧场"。"理性选择接管了一切",带来"新的正统做法",导致了"(系科中)学术生命的死亡。大部分新来的人除了给杂志写文章之外什么也不会做。他们不会给本科生上课,也不会对他们的基本设想进行讨论,而且他们也没有什么思想。他们真正知道的只有分析理论"。有些觉得受到新人排挤的老教师离开系科去了学校的研究中心。

这种内部矛盾代表的是社会科学中始终存在的对科学态度的争论——"从政治学中消除政治",一位持不同意见的教授是这样描述的。① 但这种矛盾也清楚地显示出了纽约大学在从旧走向新时所经历的困难,以及有限的学术工作中与聘请学者有关的具体问题。

纽约大学哲学系在进行改革时也遇到了类似的问题。1995年,语言与心灵哲学家保罗·博格西安受命拯救一个连博士点都没有的系科。他做得非常成功,聘请了自己所从事的分析哲学领域的国际级学者。在五年的时间里,在被大学申请者视为圣经的《哲学评价报告》中,纽约大学被排在第一位。然而,经过改革后的哲学系完全不再重视过去被视为强项的学科——法律、伦理和公共哲学——这在学校里引起了争议。有的批评家回想起了大学遇到经济危机之前的20世纪60年代,当时西德尼·胡克集中了一批主张各异的学者,而不是只推行哲学方式。可以——应该——仿效那种模式吗?

很多的意见,很多的机会

如果一个电影导演想表现一位杰出的大学老师,那么纽约大学的哲学家罗伯特·加兰德(Robert Gurland)便是合适的人选。20世纪60年代是一个人们本能地不相信权威的时代,那时罗伯特·加兰德还只是个本科毕业生,当时在纽约大学教授道德哲学的詹姆斯·雷切尔斯说,在罗伯特的课上,"学生们会站起来鼓掌"。"报名额满了之后,有的学生会在系主任的办公室发动通宵的静坐抗议,要求允许他们上他

---

① Ian Blecher, "How Cult Internet Character Mr. Perestroika Divided N.Y.U.'s Political Science Department," *New York Observer*, January 7, 2002, p.3.

的课。"大学的系科通常不愿意聘请自己的毕业生,更希望他们能在别处证明自己,但"在加兰德完成他的本科生阶段的工作之后,系主任通知系里一定要将他作为正式的教师聘请"。

在三分之一个世纪的时间里,加兰德一直是哲学系最有吸引力的教师,他的一位同事称他是"系里的招牌"。但是在 2002 年,由于与分析哲学家的思想气质越来越不一致,他最终离开哲学系去了纽约大学的加拉丁个人研究学院(NYU's Gallatin School of Individualized Study)。在改革后的系里,人们对他的离去并没有表示什么遗憾。"他肯定是非常受欢迎和有魅力的,"曾听过加兰德上课的彼德·盎格(Peter Unger)说。但他略带恶意地补充说,加兰德教的东西"在我看来不是哲学"。

加兰德以牙还牙,在一次美国哲学协会的会议上指责哲学系不重视本科生教育。"这个系简直就是一桩丑闻,"他说。它的改革"体现的是那些人的道德失败,他们要推行一种可行的、有生命力的教育来完成他们的使命。管理者牺牲了实质来获得威望,这样做是可耻的,违背了西德尼·胡克那一代人的精神"。

似乎所有的事都归结为"西德尼·胡克的纽约大学"与今天的系科之间的比较。自 1927 年起,西德尼·胡克在纽约大学的哲学系任教达半个世纪之久,其中的三十多年里还担任系主任之职。① "在我们的学院和大学里,大多数教师的首要职责是教学,"胡克在他的生命即将结束的时候说。"教学的重要性,特别是对本科生的教学的重要性,不应该被夸大。"②胡克的一些同事也有类似的观点。史蒂文·卡恩(Steven Cahn)在回忆起哲学系 20 世纪 60 年代的"黄金时期"时说,当时"非常重视教学质量",并且胡克本人也是一位尽心尽职的本科教师。

这个系成为哲学活动的温床。"我们既不是左翼也不是右翼。我们是用我们的专业来分析社会问题的哲学家,让非哲学家们的争论从属于更高的逻辑标准。"道格拉斯·拉凯(Douglas Lackey)说,他是

---

① 参见 Sidney Hook, *Out of Step: An Unquiet Life in the Twentieth Century* (New York: Harper & Row, 1987).
② Ibid., p. 527.

1970年从耶鲁研究生院毕业后直接来到纽约大学工作的。在面试时拉凯被问到在接下来的一年里他会从事什么样的工作,他说:"核威慑伦理学。"另一位申请者在被问到同样的问题时回答说:"代词。"拉凯得到了这份工作,他说:"那个回答'代词'的人出局了。"

哲学领域几乎和思想本身一样广阔,在那个时期,哲学系里的各个哲学家们有相互交谈的习惯。卡恩说:"如果你走进房间说你想谈谈叔本华,那么你会遇到七个想和你谈叔本华的人。"这种相互交流是聘请制度的结果,这种制度"与近年来的做法是完全相反的,它的宗旨是尽量包容各种不同的人"。①

胡克是美国大学教授协会(AAUP)校园分会的创建者,这个协会致力于推动学术自由,并且他本人在学术态度上也很宽容。他曾说过:"从我领导这个系开始,我们便努力避免将它变成一个只有一种观点的统一的系科。没有人可以说我们的观点是狭隘的,或者说我们判断一个人是根据他的观点特征,而不是根据他的学识和教学能力。"②

接下来便是20世纪70年代中期的财政危机。面对学校即将面临的破产,教师们开始陆续离开,其中包括胡克本人,他在斯坦福保守的智囊团胡佛研究所得到了一个职位。不久,19个人的系只剩下了六个人。他们的离开还使哲学系在专业上失去了尊重。纽约州要求定期评估原本已经认可的博士课程,但由于教师的离开,这些课程处于一片混乱之中。"州教育部来进行审核的时候,纽约大学只能认输,"史蒂文·卡恩说,于是博士课程暂停了。

但随着大学经济情况的好转,又有了新的资金来聘请哲学教授。最大的变化出现在1980年,伦理学家托马斯·奈格尔(Thomas Nagel)被从普林斯顿请来,他的任务是重建哲学系。奈格尔的研究涉猎广泛——他最著名的著作包括《利他主义哲学》和《这一切意味着什

---

① 詹姆斯·雷切尔斯(James Rachels)回忆说胡克(Hook)是一个不太有自我意识的多元主义者。"与其说西德尼在争取多样性,不如说他很随意地聚集了一些教员,是没有明确计划地收集的一些零碎。"

② Hook 对 Milton Munitz 的问题的回应见"History of the Department."亦参见 John McCumber, *Time in the Ditch: American Philosophy and the McCarthy Era* (Chicago: Northwestern Press, 2001); Ellen Schrecker, *No Ivory Tower* (New York: Oxford University Press, 1986)。

么?》——哲学家和非哲学家都是他的读者。① 他的到来起着强烈的信号作用。文理学院研究生院的凯瑟琳·斯蒂普森(Catharine Stimpson)说,"如果汤姆·奈格尔愿意来纽约大学",我们的感觉是"还没有满盘皆输"。

奈格尔在系主任的位置上坐了五年,但并没有表现出他在用人方面的努力。纽约大学必须等到20世纪90年代这个系振兴研究生学科的时候。那时,哲学家们不再对问"这一切意味着什么"有浓厚的兴趣,奈格尔似乎被推到了一边。他将大量的时间花在了法学院,与一群更加和谐一致的哲学家在一起。

分析哲学是最优秀的

接替杰伊·奥立弗任纽约大学校长的约翰·萨克斯顿说:"从1995年没有博士课程到2000年成为世界一流的哲学系——这是一个不同凡响的成绩!"这是系主任保罗·博格西安的非凡成就。博格西安不是一个家喻户晓的名字,即使在订阅《纽约图书评论》的人中间也不是,但在深奥的分析哲学领域中,他是一位大师。

像亨利·盖茨(Henry Gates)和康奈尔·韦斯特这样的著名学者都从学科外获取学术资本,并且他们著作的读者对象非常广泛。相比之下,像博格西安这样的专家是由于对本学科的贡献而获得学术地位的,他们的作品通常发表和公布在专门的杂志和专业学术会议上。他们发扬的是分析哲学的传统,除了那些最能坚持不懈的人之外,它几乎不接受外人,也远离那些意在得到学术名声的名人们。

1991年,博格西安被从密歇根大学请来时,哲学系还是没有博士课程。学校没有给他权力聘请用新的教师,甚至没有给他领导职位(他到1994年才成为系领导),表面看来博格西安并不是最适当的人

---

① Thomas Nagel, *The Possibility of Altruism* (New York: Oxford University Press, 1970), and *What Does It All Mean?* (New York: Oxford University Press, 1976). Nagel 其他的著作包括 *Mortal Questions* (New York: Cambridge University Press, 1979), *Equality and Partiality* (New York: Oxford University Press, 1991), and *The Last Word* (New York: Oxford University Press, 1997).

选。然而,事实说明他是最胜任系领导的人之一。"如果给我钱,"他对学校管理者说,"我会给你们建一个世界上最好的系。"① 至少从排名来看,他做到了。

对博格西安而言,"最好的"等同于分析哲学。"精心设计的战略所针对的是纯粹哲学、语言哲学和逻辑哲学等"被视为核心科目的领域。自1980年将托马斯·奈格尔从普林斯顿请来之后,彼德·盎格一直在努力提高哲学系的名望,对他而言,这个决定也有着强烈的市场意识,因为分析哲学是"客户(研究生)集中的学科"。

"我认为没有各种各样的重要领域——特别是历史——是一件很丢人的事。"博格西安说,但作为系主任他没有聘请任何研究哲学史的人。一个有历史头脑的纽约大学研究生认为,教师们"对哲学史的态度与一位现代数学家或逻辑学家对数学史或逻辑史的态度是一样的:也许有助于探究今天遇到的难题的渊源……但不是这项事业的中心"。

柏拉图和笛卡儿,尼采和康德——这些是临时讲师们教给本科生的内容。与西德尼·胡克的系不同,在博格西安的系里,"代词先生"可以得到工作。

为了达成他所说的"有条件协议"——如果某某人来,我也来——博格西安连续聘请了三位世界级的分析哲学家,于是其他人也就跟着来了。他聘请的第一位是心灵哲学家耐德·布洛克(Ned Block),他在麻省理工学院待了25年之后来到了纽约大学。"纽约大学给了我承诺,"他说;除此之外,"我还有一个好主意,如果我开了个好头,那么菲尔德和斯基弗可能也会来的"。和布洛克一样,哈德瑞·菲尔德(Hartry Field)和史蒂文·斯基弗(Stephen Schiffer)也从事分析哲学的核心研究,他们两人都在纽约市立大学研究生中心担任要职;他们是亲密的朋友,并且多年来曾经在三个不同的机构共事。"我认识、喜欢他们,对他们两人都非常有好感。"布洛克说。

"只是一次意外的成功。"纽约大学的历史学家托马斯·班德(Thomas Bender)说,"一个原本没有博士课程的系现在已经成了一个

---

① 这个问题出自对史蒂文·斯基弗(Steven Schiffer)的采访,他是博格西安(Boghossian)的第一批新成员之一。

(全国)一流的系科。"

布洛克说,学校最大的吸引力之一是这座城市本身,此外纽约大学可以给它的高级教授们纽约最好的日用品和舒适的住宅。当然,布洛克不是唯一热爱纽约的人;几乎每当有人对纽约大学的成功进行分析时,都会提到它的地点的重要性。纽约大学不能用这座城市明亮的灯光来吸引菲尔德和斯基弗,因为这两位教授已经住在这座城市里了。但大学为他们在格林尼治村的中心找到了更好更便宜的公寓。与学术生活中的其他方面一样,在住房方面,所有的教授并不是生而平等的。由于纽约大学的住房长期紧缺,因此一套高级公寓是一个非常有价值的筹码。"你把它送给你想聘请的人,或者已经收到耶鲁大学邀请的人。"经济学家和文理学院前任院长吉恩·本哈比伯(Jess Benhabib)这样说。

另一个诱惑是高薪。斯蒂弗说:"他们的出价非常高。"布洛克说他在纽约大学的薪水"比我在麻省理工学院的薪水高得多"。纽约大学在精英大学界引起了注意,本哈比伯说,因为"它破坏了规矩,但却没有耗尽资源"。为什么不呢?"如果市场仍然在支持,教授们为什么要少赚钱呢?"

然而,纽约大学新聘请来的哲学家中没有一位仅仅是为了高薪而来。"和其他人相比,哈德瑞和我可能更加不愿意过来",斯蒂弗说,因为他们在纽约市立大学的研究职位"几乎和完全不教书一样好",因此"在教学和薪水方面都做了一些让步"。大部分教师都教两个本科生班级,但像斯蒂弗和菲尔德这样的著名教授则很少教本科生,并且即使是教的时候,对象也是专业研讨班。纽约大学的文理学院里情况大都如此,这就是临时讲师需求量增长的原因。必须有人来教本科生。

更多的钱、减少授课、格林尼治村的公寓:一位明星哲学家还会有什么要求呢?答案是一个特殊的哲学团体。斯蒂弗说:"最重要的是,我们有机会在一个一流的系科里工作。"这里没有叔本华。在分析哲学领域中,争论只是这门学科的消遣,诉讼中才会需要的纯粹的辩论能力是受到赞赏的,因此雄辩的争论对手对于提高争论水平来说是无价的。博格西安狭隘的聘用政策造成了一种意气相投和谐气氛,教授们常常会相互旁听研讨班,这也是一种吸引力。

克里斯多佛·皮科克（Christopher Peacocke）放弃他在牛津大学的韦弗利特哲学教授职位（Waynflete Professor of Metaphysical Philosophy）*而来到纽约大学时，成为第一个辞去这个职位的人——长期以来，这一直是一个只有这个领域的巨匠才可以担任的职位。现在他说："如果你是一位讲英语的哲学家，你便没有理由留在这块或那块大陆上。现在教员之间的竞争显然是非常激烈的。"哲学是"最国际化"的学科之一："这是一个完全开放的市场，哪里有资源就会把人们吸引到哪里。"

与教授市场并存的是研究生市场，成功地招到最优秀的申请人影响到一个系的声誉。为了重振这个系，博格西安首先从聘请教师入手，相信著名的教授一定会引起大家对这个系的注意。这种关注会变成声誉，好的学生都非常关注学术市场上的这些信息，他们会对此作出反应。一切都按他的计划在发展着。皮科克发现，"每一年，牛津录取的研究生中最优秀的十名最终都选择了放弃。而我在纽约大学看到了他们"。这是普遍存在的现象。奈德·布洛克说："被我们录取的学生全部都来了。"

在这场流血运动中——"我们打败了普林斯顿"，纽约大学的教授们用《哲学评价报告》上的话来证明纽约大学在竞争中所处的位置。与《美国新闻与世界报道》的大学排名一样，《哲学评价报告》也激起了业内一些人士的愤怒。有250多名教授在一封由哈佛教授理查德·赫克（Richard Heck）起草的信上签名，抱怨"《哲学评价报告》正在对这个专业整体带来的损害"。同时，被录取的学生也根据它来决定去哪所学校注册。纽约大学排名第一的位置是一种貌似客观的证据，使这个系有了一种光环效应。

在某种程度上，有关《哲学评价报告》的是非曲直的争论涉及排名和名望这些实际问题。但关于优质的研究生哲学教育的更加实质性的问题是很有必要考虑的。这些问题最终会关系到哲学事业的本质，

---

* 牛津大学麦格达伦学院以学院创建者威廉·韦弗利特的名字设立了四个教授职位，统称为Waynflete Professorships，是牛津大学法定的教授职位。其中最早的是Waynflete Professor of Metaphysical Philosophy，其他三个分别是Waynflete Professor of Chemistry，Waynflete Professor of Physiology和Waynflete Professor of Pure Mathematics。——译者注

它们深埋于关于美国哲学当前状况的更加广泛的讨论之中。纽约大学由于其有魄力的系科建设策略,也成为这些讨论的避雷针。

分析哲学的知识领域

分析哲学的中坚力量都是缜密的思想家和作家,他们轻视那些在他们看来不够仔细的人。其中最杰出的人士——维特根斯坦(Wittgenstein)便是历史上著名的例子——没有什么耐心来关注混乱的公共讨论甚至是学科间的对话,他们只愿意与势均力敌的哲学家进行交流。①

斯坦福的哲学家理查德·罗蒂(Richard Rorty)是实用主义的缔造者,并自愿离开了他的学科。他指出:"很多分析哲学家不喜欢将他们的学科视为人文学科。他们认为自己的哲学是在严谨地追求客观知识,因此是与自然科学相似的。他们认为人文学科领域的观点是无可争辩的。从行政管理上看,这样的哲学家愿意尽量远离文学教授,而尽量靠近物理学教授。"②③

纽约大学的情况当然就是这样的,哲学系的重要人物猛烈抨击哲学系之外那些大胆地自称是哲学家的文化和社会理论家们。哲学家基特·法恩(Kit Fine)说:"大学里还有其他的系科也在'从事哲学',而且做得非常糟糕。"接下来他说,事实上"'糟糕'这个词还过于温和。这是大学里发生的最令人痛心的事件之一。这是一场巨大的学术悲剧。学术纪律被完全破坏了。这些教师是非常政治性的人,因此他们会尽量去把握权力。但这不会长久。我希望自己能够等到人们进行回忆的那一天,他们会发现这是一个多么可怕的错误"。

负责纽约大学美国研究课程的安德鲁·罗斯(Andrew Ross)便是

---

① David Edmonds and John Eidinow, *Wittgenstein's Poker*: *The Story of a Ten-Minute Argument between Two Great Philosophers* (San Francisco: Harper-Collins, 2001).

② Richard Rorty, "Analytic Philosophy and Transformative Philosophy," www.standord.edu/~rrorty.

③ 参见 Paul A. Boghossian, "What the Sokal Hoax Ought to Teach Us: The Pernicious Consequences and Internal Contradictions of 'Postmodernist' Relativism," *Times Literary Supplement*, December 13, 1996, pp. 14—15。

这样一位"非常政治性的人物"。对法恩而言,罗斯对他和他的同事便没有什么用处,因为"总的来说,他们不是致力于校园的学科间对话的人"。罗斯更希望有一个改革过的、更加愿意与人文学科对话的哲学系。"这被认为是在专门寻觅哲学家,"他这样评论聘请政策,"大家注意到……很多钱被投入到他们身上,但这样的聘请似乎没有增加社团的规模。"他还说,还有人表示了愤怒,因为"所有的钱都花在这了些不传播学术的人身上"。

在纽约大学法学院任教的哲学家雷门·墨菲(Liam Murphy)说,这种争论是"地方版的文化战争。哲学系让人感觉狭隘和固执,哲学家们对人文学科的感觉是他们都很无知、缺乏良好的训练。双方都有正确的地方。但同时也都有误解。在相互增进理解方面还有很大的空间"。

然而,当双方的使者都试图表示亲善的时候,造成的结果却是灾难性的。大学每年都要组织一个"德里达月"(Derrida Month),届时这位法国学术泰斗会在校园里滔滔不绝地演讲。但基特·法恩说,如果哲学系邀请德里达去参加研讨会,"他拒绝与我们交谈"。德里达的拒绝是很容易理解的,因为很多哲学家都轻视他,这已经不是什么秘密了。法恩以"胡思乱想的垃圾"为理由对德里达置之不理。

1997年,在奈德·布洛克组织的一次讨论会上,当时在北卡罗来纳大学教堂山分校任教的哲学家路易斯·安东尼(Louise Antony)为了加强与人文学科的交流,发表了一个关于女权主义哲学的讲话,哥伦比亚的文学理论家盖娅特里·斯皮瓦克(Gayatri Spivak)对此做出了回应。"根本没有什么对话,"布洛克回忆道,"斯皮瓦克相当愚蠢。"布洛克沮丧地认识到,仅仅"把哲学家和其他人文学教授集中到一个房间里只是形式上的进展"。

保罗·博格西安坚持与社会理论家保持学术联系,虽然这种接触并不是十分友好。与法恩一样,他对不合格哲学的批评也是不留情面的,并且他是几个公开参与"索卡尔事件"的分析哲学家之一。这次意外事件的导火索是物理学家阿兰·索卡尔(Alan Sokal)的文章《超越界限:论量子引力的有转化力的解释学》,那是对被后现代杂志《社会文本》视为严肃科学的知识相对论的戏仿。博格西安的批评是刻薄而不留情面的。他和他的同事托马斯·奈格尔在给《共同语》的一封信中写道:"只有《社会文本》的编辑们在科学、数学和哲学上的彻底的无知才可以解释他们为什么会发表这一篇显然是一纸废话的文章。"①

这封信并没有建立起沟通,特别是因为安德鲁·罗斯还是《社会文本》的编辑之一。但博格西安的确为学科的自我反省开了先例,过去人们并不知道它愿意探求自己的历史和它与社会和文化趋势之间的关系。在批评的结尾,博格西安惊叹后现代主义的"显然站不住脚的"原则"从来没有得到过这么广泛的承认"。他的反应说明了哲学的责任:允许这样的问题不断地受到错误的对待。为什么"分析哲学这一英语国家里的主要哲学传统不能发挥更有效的纠正作用呢?……因为哲学关注的是最概括性的知识,这种知识可以应用于任何询问,其他学科不可避免地会产生哲学问题,并且会发展出哲学观点。分析哲学的特殊责任是确保它在学术问题上的观点可以普及化,而不是局限于只有内部人士参加的课堂上"。②

博格西安认为哲学需要的是给他人"修正",而不是引起对话,这反映了他这个群体的家长式作风。但他对自己的挑衅是值得考虑的。他的那些没有得到回答的问题暗示了纽约大学的哲学家们可能没有拒绝一种自己选择的褊狭,他们只是在狭隘、相互探索和对学术专横及排拒的讨论中去寻求友善。

纽约大学的"第二哲学系"

基特·法恩对那些"非常糟糕地从事哲学"的教授的不满事实上

---

① 这封信见于 *Lingua Franca* (July—August 1996), http://www.physics.nyu.edu/faculty/sokal/mstsokal.html. 博格西安在他的 TSL 文章中写道,社会科学编辑的不合格从历史的角度只能解释为学术界的一种隐藏的趋势。"完整的历史性的回答是很长的,但可以表示一点疑问的是在庞大的人文和社会科学领域中,它的重要的组成部分之一是关于真实和证据的愚蠢的相对论观点的小范围传播,这种观点常常被认为是'后现代主义'。这些观点认可并且在通常的定义上坚持认为政治和意识形态的标准可以代替从历史的角度说更加常见的对真实、证据和论据的评估。"("Sokal Hoax," p. 14.)

② Boghossian, "Sokal Hoax," p. 15.

指的是《社会文本》的那些人。然而在他的系科之外,哲学家们对纽约大学最关注的领域不在人文学科,而在法学院。在被称为第二哲学系的法学院,被分析哲学家们贬低为外围问题的法律、伦理和社会公平问题是由像托马斯·奈格尔(同时也是哲学系的教授和著名的分析哲学家)和罗纳德·德沃金(他在哲学界内外都享有盛名)这样的学者来处理的。①

联邦法官、学识渊博的理查德·波斯纳(Richard Posner)在《公共知识分子:衰落研究》中对美国公共哲学家的工作进行评价时,被要求列出更多的名人姓名。他写道,"随着哲学越来越专业化、术语化和自我封闭",对广泛的听众发表讲话的哲学家已经非常稀有了。奈格尔和德沃金出现在他列出的很短的名单之中,"与几位仍然健在的最杰出的美国公共知识分子排列在一起,他们都来自学院派哲学的前列"。②

德沃金和奈格尔,奈格尔和德沃金。在哲学家与法学学者之间的对话中,这两个名字总是接连出现。他们都定期为非哲学读者撰写平实易懂的文章,都与纽约大学法学院有着密切的联系。在奈格尔担任哲学系主任期间,他邀请的哲学家大都拒绝了他,而在接受邀请的人之中,有一位就是罗纳德·德沃金。德沃金在几门不同的学科中都有着广泛的影响,很多人视他为美国最重要的法哲学家。"在读了德沃金的论述之后,没有一门学科看起来是相同的。"一位评论家在《哲学杂志》上由衷地说。③ 德沃金还以轻松愉快的标题在杂志上发表文章,如《哲学与莫妮卡·莱温斯基》。④ 他将时间平均分配给纽约大学和牛津大学;在纽约大学,他的主要工作是组织一个道德与政治哲学研讨班,这是他与奈格尔共同在法学院担任的课程。"这是大学里最

---

① 在法学院的还有哲学家雷门·墨菲(Liam Murphy)、大卫·理查兹(David Richards)和劳伦斯·萨格(Lawrence Sager)。

② Richard A. Posner, *Public Intellectuals: A Study of Decline* (Cambridge, Mass.: Harvard University Press, 2001), p.320.

③ Dworkin 的著作包括 *Taking Rights Seriously* (Cambridge, Mass.: Harvard University Press, 1977), *A Matter of Principle* (Cambridge, Mass.: Harvard University Press, 1985), *Law's Empire* (Cambridge, Mass.: Harvard University Press, 1986), *Life's Dominion* (New York: Knopf, 1993), and *Freedom's Law* (Cambridge, Mass.: Harvard University Press, 1996)。

④ Ronald Dworkin, "Philosophy and Monica Lewinsky," *New York Review of Books*, March 9, 2000, www.nybooks.com/articles/187

好的课程之一。"德沃金的同事雷门·墨菲说。然而尽管德沃金在这个领域有很高的地位,但他与哲学系的联系却很少。

托马斯·奈格尔在纽约大学的生涯是从哲学系开始的,当时的使命是重振哲学系,但几年后他去了法学院。同事们认为,他离开普林斯顿的部分原因是为了逃离系里刻薄的气氛,因此他不想在纽约大学很快又造成这样的局面。① 奈格尔在哲学系不经常授课,虽然他定期参加系里的会议和研讨会,但据说与全职教师不同的是,他与临时讲师们共用一间办公室。

雷门·墨菲来到纽约大学法学院的时,正是保罗·博格西安第一次大批聘请哲学家的时候,他接到了哲学系一份条件优厚的邀请。但墨菲选择了去法学院,因为这是一个更加跨学科和受欢迎的地方。张开双臂前来欢迎他的是约翰·萨克斯顿——这是名副其实的张开双臂,因为每一个走进他办公室的人看来都会被紧紧地拥抱。墨菲到来的时候,从1988年开始担任院长的萨克斯顿正在积极努力增加学校的捐赠资金和聘请杰出教师。② 他的建设方式——可以称为"让上千朵学术之花共同开放"——与博格西安的策略完全相反。

"和所有出色的推销员一样,"詹姆斯·特劳伯在《纽约时报杂志》的封面故事中提到了萨克斯顿,"他让你相信他的观点是因为他自己也深信不疑"。③ 曾在法学院担任理事、现任纽约大学管理委员会主席的马丁·立普顿(Martin Lipton)说,他的"动力并不包含或者可以总结为学术市场的参照标准:声望、排名或大人物"。④

萨克斯顿的故事自然会让人想起牧师、顾问和知己。这并不是偶然的,他是宗教和法理学博士。在担任法学院院长和自2002年起担任纽约大学校长期间,他看待自己使命的方式非常明显地体现出他所说的自己"对神学的爱好"。

---

① 奈格尔(Nagel)与他的同事不同,没有接受关于纽约大学的采访。
② "这是很明显的,"纽约大学法学院终身教授诺曼·多森(Norman Dorson)1990年对法学院的一位听众说,"约翰非凡的精力是与他对法学院巨大的野心相一致的。"参见 Norman Dorson, "How NYU Became a Major Law School," *NYU Law Magazine* (Fall 1991), 10.
③ James Traub, "John Sexton Pleads (and Pleads and Pleads) His Case," *New York Times Magazine*, May 25, 1997, 27.
④ Steven Englund, "John Sexton: Seizing the Mile," in *Lifestyles* (Pre-spring 1999), 17.

他说,在担任院长期间,当时盛行的思想认为教授是"独立的订约人,是完全自治的个体",并且学院是"反共同体的"。萨克斯顿并不赞同这一点,历史学家史蒂文·英格劳德(Steven Englund)说,萨克斯顿的"真诚的热爱是对一个团队或一个机构的"。① 他组织了一个并不正式但从制度上说很强大的教师团队,他称之为"企业"(the Enterprise),他们致力于发展学术成就和智识联盟。萨克斯顿说,作为这个企业的一名成员,应该"永远不满足,永远不要说我们正处在黄金时期";它意味着"使这个团队不断强大"。这意味着愿意将个人兴趣服从于"共同的使命",并同时得到"合作的津贴"。

最初,这个企业只是一个梦想。但萨克斯顿是一个有着非凡才能的梦想家,能够将梦想变为现实。终于,这个企业繁荣起来了。它成为一个发展良好的市场工具,带来了重要的学术迁移,为纽约大学法学院从全国最好的学院中吸引来了最优秀的学者。哈佛大学法学院的劳伦斯·特莱伯(Laurence Tribe)说:"大批的教授都去了纽约大学,这种现象所带来的学术成就、声望和范围都是巨大的。"②

钱当然是一种诱惑,并且纽约大学法学院有很多的钱可以花在它想要得到的人身上——不过其他著名的法学院也是如此。③ 萨克斯顿说,"王国货币"并不是钱。这是一种知识分子集会的模式,从法学院一直延伸到大学里。1997年聘请斯蒂芬·福尔摩斯(Stephen Holmes)便是一个很好的例子。福尔摩斯是一位杰出的政治理论家,他离开普林斯顿有部分原因是想尝试改革纽约大学的政治系,这个举动主要是由法学院发起的。聘请像福尔摩斯这样有才干的学者会引起连锁反应。萨克斯顿说:"如果你想把世界上最好的法学教授都集中到一个地方,你必须让政治学家、经济学家、商业学家和哲学家围绕着他们。这会创造一种思想交流,对大家都是有益的。"④

---

① Steven Englund, "John Sexton: Seizing the Mile," in *Lifestyles* (Pre-spring 1999), p. 10.
② Ibid., p. 6.
③ 一位哈佛法学院三年级的申请人回忆她与系主任的面谈。"把我当成你非常、非常、非常富有的叔叔。"他这样说道。
④ 萨克斯顿通过精心安排教员与纽约大学其他学院教员的见面来宣扬这种合作性的交换。除了福尔摩斯之外,他还帮助将有影响的心理学家卡罗尔·吉利根(Carol Gilligan)从哈佛吸引到了纽约大学,吉利根是《不同的声音》(*In A Difference Voice*)的作者,她在性别和人类发展方面的研究影响了很多领域。

在纽约大学,法学院几乎是一个独立的实体。它的特殊地位可以追溯到20世纪70年代财政危机的时候,当时它威胁说要脱离大学,将自己挂靠在普林斯顿的名下。"还是冷静的思想占了上风。"萨克斯顿说。法学院将出售穆勒·马卡罗尼公司的部分收益给了学校,作为回报,法学院从此成为一个非常自治的机构,独立管理它获得的捐赠,并且有自己的管理委员会。作为院长,约翰·萨克斯顿非常欢迎这样的安排,但作为大学的校长,他又认为自己的工作应该是建立一个更加有包容性的团体。这意味着将各个分散的甚至是对立的个体集合到一起,缩小纽约大学的明星教授和从事大量一线教学工作的教师们之间巨大的分歧。

一个共产主义版本的全球性大学?

2001年12月7日《纽约时报》上刊登的那张照片里是一个典型的约翰·萨克斯顿。纽约大学的新任校长安排了一次与哥伦比亚大学校长李·鲍林格(Lee Bollinger)的会晤,将这作为与同城竞争对手改善关系的第一步。《时报》上的照片拍摄的是萨克斯顿用他商标式的动作与鲍林格拥抱的场面。

但包容是有局限性的。在就职前几个月,萨克斯顿为了确定自己在任期内的工作方向,召开了一系列与教师和学生的会议。萨克斯顿在与几位激进的教师会晤时,说纽约大学校园的教授分为两个群体,他将他们称为"蓝组"和"灰组"。他说,蓝组的是那些轻易便可以在全国排名前五位的大学里找到工作的教授,灰组代表其他的教学人员。萨克斯顿对这几位教师说,他的目标是将蓝组的人数扩大到占全体教师人数的10%到30%。"那么临时讲师属于那个组呢?"一位兼职教师问道。

纽约大学有2700名临时教师,其中一位曾经说过:"临时教师的问题……正在破坏教育的质量。"①德语系的迈克尔·舒茨(Michael Schutz)说："复杂的职业等级制度将教师分为各个层次,各有不同的头衔和薪水,这种制度正越来越大地造成教师之间的相互怨恨,同时也在保护部分人的特权。"舒茨虽然是全职教师,但还没有终身职位。他对《纽约时报》说："事实上我几乎每天都会意识到我的工作会被认为是没有价值的。"②

华盛顿广场的情形代表着全国的趋势。③ 自上一代开始,大学教学已经越来越成为客座教授的职责,到 2002 年,他们已经占到了全体教师的 43%。④ 他们的收入非常微薄。"这批教师承担了学校大量的教学工作,但与之相比,他们的收入是不相称的。"在纽约大学担任综合性研究的一位临时教师凯思琳·霍尔(Kathleen Hull)说。2002 年,霍尔每学期在这里担任两门课的教学,每门课的报酬是 3600 美元。她教得非常好。教育学院的临时教师同等工作量的报酬只有 2500 美元。临时教师的工作没有保障(有时课程在开学时就被取消了),没有办公室(一位兼职教师说,"大家都把办公室背在背上"),没有福利,没有健康保险,在大学的事务中也没有发言权。⑤ 很多兼职教师为了生计,在几个学院之间奔波授课——他们常常被称为"公路学者"或"高速公路上的飞行者"。

从 1993 到 1998 年的短短五年时间里,有 40% 的高等教育机构缩减了全职教师的人数,其中 22% 的学校用兼职教师来接替空缺的职位。⑥ 哈佛大学的教育学教授理查德·切特(Richard Chait)说:"全职

---

① "纽约大学的一位发言人,约翰·贝克曼(John Beckman)说,只有很小一部分教学是由艺术和科学部门的助手来担任的,而且大部分助手——约 1900 人——都在专门的学院,铁秀艺术学院(the Tisch School of the Arts)、斯坦哈特教育学院(the Steinhart School of Education)和继续和职业研究学院(the School of Continuing and Professional Studies)。"Berger,"Rise of the Perma-Temp," p. 21. 显然,与我们交谈的三分之一的助手都不愿意公开姓名。

② Ibid. , p. 22.

③ Cary Nelson and Stephen Watt, *Academic Keywords*: *A Devil's Dictionary for Higher Education* (New York: Routledge, 1999).

④ American Federation of Teachers, "Marching toward Equity" (1998); Berger, "Rise of the Perma-Temp," p. 20.

⑤ 引自 Mary Beth Marklein, "NYU Part-time Faculty Vote on Forming Union," *USA Today*, July 19, 2002, p. 8D. 教育系的工资适用于 2000 年财政年度。参见 http://www.adjunctnation.com/news/advocate/may.02/deskdrawer3.php3。

⑥ Berger, "Rise of the Perma-Temp," p. 21.

终身教授是高等教育的代表,就像奥齐和哈里特*是美国社会的代表一样。"①同时,那些坚持为洛杉矶守门人的工作条件和像耐克这样的支柱公司在印度尼西亚的计件工人的待遇而抱不平的教授们也不再对这些非正式的学术人员的境况提出抗议了。②

纽约大学的临时教师们中产生的愤怒促使了联合会运动的发展。2002年运动的声势高涨,这些教师投票决定是否加入美国工人联合会(UAW)的地方分会——"临时教师协会"(ACT)。协会的组织者、美国教师同盟(AFT)的杰米·哈罗维茨(Jamie Horowitz)说,完全可以认为官方对联合会的承认"表示私立大学中再度出现了工会"。约翰·萨克斯顿用自己心爱的团体的概念来反对联合会。他在一封信中鼓励临时教师们对联合会进行抵制,"用严格的制度来约束身边的人会使我们自己理想中的开放的团体更加难以实现"。③ 但教师们不顾萨克斯顿的请求,仍然投了赞成票,使临时教师协会成为全国最大的、只有临时教师参加的联合会。

组织者的灵感来自纽约大学的研究生助教们,他们早先也组织过一个同样的协会。研究生们在得到博士学位的时候要面临困难的就业市场,同时还有大量的教学任务,因此他们希望大学可以承认他们作为教师的基本作用。研究生助教和临时教师的联合行动在全国迅速发展。到2002年,UAW在全国有15000多名助教会员,AFT有125000名教师成员,其中包括50000名临时教师。纽约大学管理部门强烈反对研究生们这样组织起来,说那是"全国的一个尝试性案例"。④ 纽约大学在

---

* Ozzie and Harriet,美国20世纪50年代的电视剧。——译者注
① Berger, "Rise of the Perma-Temp," p. 22.
② 在纽约大学研究生组织联盟期间,教员们的确进行了"市政厅辩论"。
③ 引自 Marklein, "NYU Part-Time Faculty," p. 8D。
④ 立场明确的教授,如纽约大学雷马克学院的主任安德鲁·罗斯(Andrew Ross)和托尼·朱特(Tony Judt),参加了后来被广泛传播的激烈的网上讨论(有些片断刊登在《共同语》杂志上)。在一封由社会学教授杰夫里·古德温(Jeffrey Goodwin)传播的公开信中,罗斯与很多纽约大学的同事们一起要求学校"对坚持采纳反联盟观点进行重新考虑。而且,我们要求纽约大学当局开放与教员对话的最大的可能性,并且避免做出任何额外的、单方面的决定"。见 http://www.nyu.edu/gsas/dept/journal/union/index.htm。纽约大学的一位教师乔尔·韦斯塞默(Joel Westheimer)在支持研究生组织联盟的权力之后被解雇是这个故事另一个有趣的片断。联邦政府对纽约大学提出了正式的指控,控告它因韦斯塞默在国家劳资关系委员会发表支持学生的陈述而对他进行报复性的非法解雇。2002年5月,大学接受了经济解决方案并且收回了解雇通知。更多的细节可参阅 http://www.eisner-hubbard.com/westheimer。

这个案例中败诉了,因为在 2000 年,全国劳工委员会规定教学和研究助手有权力组织工会。于是,纽约大学成为第一个被迫与它的研究生助教们谈判的私立大学。①

看一下哲学系本科生的课程表就会发现,一门又一门的课程都把教师视为没有头衔的"临时教师",说明这个系和其他系科一样非常依赖这些兼职教师。虽然托马斯·奈格尔也教授一门导论性的课程——"哲学基本问题",但他肯定是一个例外。这个系里的著名教授几乎把所有的教学时间都用在了 30 名左右的博士生身上。担任临时教师好几年的格雷·奥斯塔格(Gary Ostertag)曾是史蒂文·斯基弗过去的学生,也是他的朋友。格雷说:"有一个非常有趣的现象,学校网站的主页上提到了他们的全职教师和雇员的数量,但对临时教师的存在却只字不提。当然,(如果把这个数字也包括在内的话)看上去会有些令人难堪。它会让人大开眼界。"到目前为止,哲学系见到本科生最多的教师应该是斯科特·沃顿,自 1990 年以来他每学期都担任两门课的教学,但沃顿是一位兼职教师。

纽约大学在迅速发展,有权力的院长和系主任们都在各自行动,社会学教授克雷格·卡尔霍称之为"行动起来"。美国研究系的主任安德鲁·罗斯说:"他们要用各自的方式进入上层社会。"选择校长的方式决定了萨克斯顿的被聘用。有的教授抱怨自己无法进入这个体系,委员会主席马丁·立夫顿(Martin Lifton)轻蔑地说:"我们完全理解教师们的观点,但我们拒绝接受。"②③

即使是像罗斯和卡尔霍这样天生的民主党人也承认这种方式成功地使纽约大学的许多课程在同行中出类拔萃,美国还没有一所大学

---

① 布朗大学和哥伦比亚大学举行了联盟的选举,其他学校的联盟组织也在进行中,包括哈佛和耶鲁。耶鲁的研究生在继续为他们的联盟得到认可而斗争。他们在 2003 年春天又一次举行了罢课和罢工,参加的还有看门人、秘书和餐厅的工作人员。现在研究生联盟活跃在 60 多所大学。Steven Greenhouse, "Yale's Labor Troubles Deepen as Thousands Go on Strike," *New York Times*, March 4, 2003, p. A29.

② Hal Cohen, "Losing Their Faculties," *Village Voice*, September 12—18, 2001, http://www.villagevoice.com/issues/0137/cohen.php

③ Karen Arenson, "Found: Alumni That Time Forgot," *New York Times*, November 16, 2002, p. A14. 纽约大学的毕业生捐赠——只有 16%,低于同类学校的一半——反映了这种忽视。对毕业生的关注使萨克斯顿(Sexton)对学校的收入有了新的潜在来源。

完成过这样的壮举。但带来的一个结果是缺乏共同性。"纽约大学不鼓励它的著名教授们认为自己是学校的公民,"卡尔霍说,"相反,它鼓励他们认为自己是某一小块领地的男爵,或者是有着极大自主权的个人行动者,这对学校是没有益处的。"约翰·萨克斯顿的企业哲学显然是不存在的。"赢得忠诚更多地靠的是薪水、住房和在纽约的生活,而不是与大学本身的联系。"

现在,纽约大学的"蓝组"已经到位了,它能不能使个人魅力成为制度呢?应该邀请教授们参与学校事务的管理,而不是完全依赖与那些威胁要到其他学校去的人逐个进行谈判所达成的条件将他们留下来。安德鲁·罗斯说:"随着'教师参与管理'制度化,一些人活跃起来了。"由西德尼·胡克几年前建立的美国大学教授联合会纽约大学分会的复兴,意味着"教师们有了发表意见的渠道"。罗斯承认,将他的同事们变成学校的公民是一个漫长的过程,因为"教师的职位总是不稳定的。尽管他们有任期,但他们不会说出来"。但是,他补充说:"我对绝望非常敏感。"

在像哈佛这样的精英学校里,明星制度早就存在了,地位低的教授很少得到终身职位。在对高级职位进行任命时,学校会聘请其他学校的著名学者。虽然学者们因为自己的成就而被聘请,但在同一领域做出学术贡献的往往是被迫离开的下一代学者。另一个系的一位哲学家说:"纽约大学让我感到担忧的一个问题是它特别关注有成就的或著名的哲学家。这些人基本上已经完成了他们最杰出的研究,现在只是在进行一些延伸出来的扫尾工作。"道格拉斯·拉凯20世纪70年代时在纽约大学教授哲学,之后去了纽约市立大学,他对这一担忧表示了同感:"如果忽视年轻人,只关注几个年老的名人,那么一个专业能生存的时间便有待观望了。"也许对于一所大学来说,道理也是同样的。

作为校长,约翰·萨克斯顿能把他的成就都归于在法学院的工作吗?他理解这一使命的各个方面。这位宗教学博士这样描述自己从法学院院长到大学校长的变迁:"从一个教区牧师到红衣主教只是一个量的变化。这是在种类上的变化。你意识到在一架钢琴上还有你所不知道的八度音阶。你要做的第一件事是必须接受这样的事实:大学通用原则是几乎不存在的。"

"我们不是在努力保持一个黄金时代或者维持现状，"萨克斯顿补充说，"我们不害怕失败。"毕业校友是他上任前很少注意的一个群体，在与他们进行谈话时，萨克斯顿显得信心十足。他承诺说："很少有大学可以做到这一点，纽约大学便是其中的一个。"接着他开始谈实质性的问题，并寻求他们的帮助。

尽管纽约大学中存在着巨大的差异，但萨克斯顿相信将各种不同的人组合成一个团队是完全可行的。他将自己的观点描述成一种邀请而不是强制，自己则是这些被他所领导的老师和学校的坚定的捍卫者。

萨克斯顿对教师们说："将我们联合在一起的是一种主张，即对话可以促进思想。现在让我们来看如何能让人们对我们提出最强烈的反对意见，从而建立一个大家都认同的机构。当然，这其中存在着技巧问题：如何不粗暴地表达批评。不过学者们在这方面都很擅长。"他对哲学系的聘用方针所受到的批评作出的反应说明了他将如何进行他的计划。"如果你得到了世界上最好的某样东西，应该让它保持原状。我们的哲学系是世界上最好的分析哲学系科。我们不想打乱它。现在无论你对它做什么，它都是一个我不知道答案的问题。但我知道的是：我的职责不是回答这个问题，而是使这个问题得到回答。"

在萨克斯顿主持的一次通气会上，几位纽约大学的科学家对他表示了良好的祝愿。他们说："我们祝你成功。""不，不，"他回答说："你们弄错了。约翰不可以成功。约翰可以失败，但不可以成功。我们成功，或者约翰失败。非此即彼。"

第二编　管理原则

五　过去的阴影：纽约法学院

一场被称为"9·11"的灾难发生时,正值曼哈顿的一个夏末的早晨,也是纽约法学院(New York Law School)开学的第三个星期。①"9·11"与肯尼迪被刺事件一样,每一个人都清楚地记得听到这个消息时自己当时在哪里、在做什么,但纽约法学院有一个特别强大的记忆库。②

法学院坐落在这个城市的金融和法律中心,离世贸双塔不到半英里的路程。在袭击发生后的几天里,那里成为消防队员和警察轮流休息的地方,也是 CNN 全天候报道的前站。它关闭了两个星期,但重新开放的时候,仍然没有一丝正常化的迹象。火车和地铁运输一片混乱(车站曾因炭疽热也定期关闭过),电力和通讯也不正常。倒塌的大楼带来的玻璃屑和其他残片在空气里弥漫着。晚上上课的学生白天就充当消防员和警察,他们已经有 34 名同事丧失了生命。带着机关枪的士兵要求每一个进入市区的人出示身份证,让人感觉这里完全像是一个战区。

---

① 本章节参考了对管理人、行政人员、教授、学生以及其他对学校问题有见地的人的面对面、电话和电子邮件的访问。未加引号的引用部分选自于这些内容。

② 参见 *New York Law School in Brief*, special edition (Fall-Winter 2001)。

就在袭击发生之后,院长理查德·马塔萨(Richard Matasar)奔波于各个只坐了一半学生的教室之间,报告严酷的消息。他像一个焦急的父亲一样,站在华斯街(Worth Street)57号的入口处,拥抱每一个进来躲避的学生和教师;在通讯中断之前,他守着电话,去寻找每一个有可能困在大楼里的人。

在之后的几个星期里,纽约法学院为律师和一些团体提供办公室,帮助当地的零售店处理他们的账目,还与其他法学院合作共同将那些愿意提供帮助的律师的来信进行分类和整理。虽然教授们决定要把所有缺失的课全都补起来——这在很大程度上也是通常的业务——但他们不再严格执行考勤,而成了悲伤的法律顾问,目前最关注的是他们学生的生命。学院决定让学生们在期末考试之后按照通过与否再决定是否要补上缺失的课程,大部分学生都接受了这样的安排。那学期低级别教师的任期也自动顺延。很多人都无法集中精神学习或者讲授单调的法律课程。人们问自己,在这样的非常时期,为什么还要教授或学习法律呢?或者更加尖锐地说,为什么还要继续这种没完没了的振兴纽约法学院的使命呢?

与芝加哥大学的雨果·索南夏因、纽约大学的约翰·布拉德梅斯和迪金森学院的威廉·德顿一样,马塔萨也是被请来改变这所需要新理念的、自立的法学院所面临的困境的。到2001年6月,也就是他上任满一年时,马塔萨让教职员工们都梦想着"美好生活",他寄希望于一个为优秀学生开设的荣誉课程,并与附近的大学共同进行"火箭发射项目",以建立一个"新的、更好的名声"。"9·11"使他成为一个危机处理者,但从此这位学术企业家开始让纽约法学院在纽约激烈的法律教育市场竞争中立于不败之地。

2000年9月6日,这位院长给纽约法学院全体教师和管理人员的备忘录的标题平淡无奇:"议程规定"。但在马塔萨正式上任两个月后的备忘录的语气却是鼓舞人心的。

"纽约法学院是谁,或者说是什么?"备忘录开门见山地提出了这样一个问题,因为几乎所有的人都将这所学校与它更加著名、更加成功的邻居——纽约大学法学院相混淆。虽然它离这座城市的法院和国家高级律师事务所的办公室只有几步之遥,但那里的法官或律师事务所的合作伙伴却很少是纽约法学院的毕业生。教员中有很多全国著名的学者,但学生则完全是另外一回事了。由于学费是学校的主要收入来源,学校里有很多学生——约1400人——和至少四分之一的班级都是很难对付的问题。马塔萨来到的时候,毕业生中超过三分之一的人因在律师资格考试中不及格(是全州最差的)而不能从事这个从表面上看来他们受过培训的职业。马塔萨对教师们说,如果要使这种情况得到改善,纽约法学院就必须"确定一个使命并且向全世界宣布,然后在教育市场上成功地获得一个特殊的位置"。

虽然只有40多岁,但马塔萨并不是一个调动法学教授积极性的新手。他曾先后担任过芝加哥—肯特法学院和佛罗里达法学院的院长,在任期间都是积极的改革者。在芝加哥—肯特时,他创办了在法学院很少见的环境法和纠纷调解"专业",并且在全国首先实现了"E-法律"课程。在佛罗里达大学,他开办了法律技术学院,将法学院与律师和法官结合在一起。"在法学院我们只是纸上谈兵,"当时他说,"现在,我们是在实际操作。我们将把法学院的资源与直接从事法律工作的人结合到一起。"

然而,在佛罗里达担任院长不满三年时,发生了一场以弗雷德里克·列文(Frederic Levin)的名字给学院命名的事件,当时闹得沸沸扬扬,马塔萨在这次事件中出局了。列文是一位引人注目的辩护律师,在历史上为学校做出过巨大的贡献而获此殊荣。但有的毕业生对学校的这一决定提出了批评,他们举出了列文的部分有争议的历史和反犹太倾向,但大学校长却出尔反尔。马塔萨辞职了,这一坚持原则的行动让他赢得了其他学校法学院院长们的尊重,却也让他失业了。

芝加哥—肯特学院的名气很响,特别是在环境法方面;佛罗里达法学院在被法学院和打算进入法学院的学生视为圣经的《美国新闻与世界报道》排名中被列在全国所有学院的前50位。来到当时排名在第四等级(最低的等级)的纽约法学院,对马塔萨来说是下滑了很大的一步。

先例的阴影

"传统的法学教学只有两个不正确的地方,"这是耶鲁大学的法学教授弗雷德·罗德尔(Fred Rodell)著名的妙语,"一个是风格,另外一个是内容。"①

自克里斯多佛·兰德尔(Christopher Langdell)在哈佛开始使用案例教学法*代替讲授以来的一又四分之一个世纪中,律师的培训几乎没有发生什么变化。从兰德尔教授到《平步青云》**到今天,走进入任何一间法学院的一年级教室,你都会看到一位未来的苏格拉底在演讲。学习的主题并不十分深奥,尽管一年级的课程——所有权、民事侵权、合同等等——使这些曾经截然不同的课程变得界限不分。对法律写作、口头辩论或实际操作只是表面上强调,并没有真正给予重视。对学生专门研究税法或知识产权法这样的分支领域也缺乏足够的鼓励。尽管一直在呼吁要根据不同的法律工作来制定相应的培训计划——"伯里克利和水管工,律师政治家和法律公证人"——但它的课程仍然是千篇一律。② 特别是在一些视自己为精英学校的学院里,教授们强调的是理论,而不是有用的技能。因此,正如斯坦福的教授黛博拉·罗德(Deborah Rhode)所指出的那样:"今天的法律系毕业生精通后现代文学理论,但却不能起草一份文件。他们也许学习过'像律师那样思考',但却不知道如何靠这个职业谋生。"③多年来,一流的陪

---

① 引自 Deborah Rhode, *In the Interests of Justice*: *Reforming the Legal Profession* (New York: Oxford University Press, 2000), p. 196。

* the case method,又称苏格拉底教学法。——译者注

** The Paper Chase,美国 1981—1985 年间拍摄的电视剧集,讲的是哈佛大学法学院的故事。——译者注

② William Twining, "Pericles and the Plumber," *Law Quarterly Review*, 83 (1967) 396—416. 要求多样性不是一个新的呼吁了。参见 *Training for the Public Profession of Law* (New York: Carnegie Foundation, 1921)。

③ Rhode, *In the Interests*, p. 185. 关于美国的法律教育界的状况,见 W. Scott Van Alstyne Jr., Joseph Julin, and Larry Barnett, *The Goals and Missions of Law Schools* (New York: Peter Lang, 1990); Robert Grandfield, *Making Elite Lawyers*: *Visions of Law at Harvard and Beyond* (New York: Routledge, 1992); David Margolick, "The Trouble with American Law Schools," *New York Times Sunday Magazine*, May 22, 1983, p. 21; David Kirp, "The Writer as Lawyer as Writer" *Journal of Legal Education*, 22 (1969), 115—123。

审团写了大量的报告,要求改革法律教育,但始终被忽视。

凯斯西储法学院(Case-Western Reserve Law School)的院长杰拉德·科恩古德(Gerald Korngold)20世纪70年代初就认识马塔萨,当时他们同在宾夕法尼亚法学院。杰拉德说,过去对现在的影响力是这种僵化的原因之一。遵循先例的原则(*stare decisis*)不仅仅是决定案件的技巧,也是法律教育的组成部分,对改革者构成巨大的负担。他说,只要提出任何一种改变,教师们的第一反应就是:"这件事过去是如何进行的?"曾担任过西弗吉尼亚和马里兰法学院院长的唐·吉福德(Don Gifford)的解释更加尖锐:"世界上没有任何学校像法学院这样等级森严。我的第一份教师工作是在托利多(Toledo)。在AALS(美国法学院协会)的会议上,人们看到'托利多'的时候,会把我从头到脚打量一遍。然后我去了佛罗里达,这些人又相互用眼神交流。"吉福德说,我的法学教授们都是著名法学院的毕业生。"他们都觉得自己待在像托利多这样的地方是一个错误,都渴望着能回到顶级的学院里去",因此他们"将尽量少的时间用在教学上,而集中精力撰写耶鲁和哈佛(法学评论)会发表的理论文章。'过去别人是怎么教你的,你就怎么教',这的确是将工作负担最小化的有效方法,而且也不会影响你在学术等级上的晋升"。

法学院是否合格以及谁可以进入律师界,都是由美国律师协会(ABA:American Bar Association)来认定的,这个协会在极力维持现在的状态。ABA"用对教育内容的具体规定——如设施、资源、师生间的接触——来代替更加直接的对教育结果的衡量标准",黛博拉·罗德说,并且她认为没有理由相信"这些可变因素与毕业生的不当行为有关"。[①] ABA对远程教育的反应也体现了他们这种坚持的态度。康科德法学院(Concord Law School)的全部课程都是通过互联网教授的,甚至在它开办之前,ABA便宣布永远也不会承认这样的课程。[②]

《美国新闻与世界报道》的排名系统对公共服务和多样性的漠视也加深了这种传统主义,并且由于名望是决定法学院排名的主要因

---

① Rhode, *In the Interests*, p. 189.
② 康科德法学院(Concord Law School)是营利性教育公司卡普兰(Kaplan,它本身属于华盛顿邮政公司)的一个部分,这无疑是ABA提出反对的另一个原因。

素,因而法学院相互之间总是在抬高、诋毁竞争对手。① 失败者往往是那些破坏了规则的人,例如纽约市立大学法学院,它专门培养代表公众利益办案的律师,还招收贫穷和少数民族学生,包括那些 LSAT 分数不高的学生。

法学院名声的持久性似乎是永远的。在 20 世纪,排名上唯一主要的变化就是加利福尼亚法学院的突起和纽约大学法学院最近升入了排名的最高等级。第四章中讲述的纽约大学的故事说明了改革是可以盈利的。那里的约翰·萨克斯顿(2002 年成为纽约大学的校长)聘请了各个领域的学者并且将学院扩展到全球各地,现在它自称为"全球法学院"。但愿意打破规则的院长们的名单往往都开始和结束于约翰·萨克斯顿和里克·马塔萨。

在一代人的时间里,新机构——专门从事数码法的律师事务所、在十几个城市都有分公司的大型公司——的出现完全改变了法律行为,为现在更加注重利润的客户带来了各种不同的服务。这种市场力量会影响法律教育这个象牙塔吗? 三所法学院对一个创新的企业家的领导能力的截然不同的反应给这个关键问题提供了诸多洞见。

现实的影响:芝加哥—肯特

虽然里克·马塔萨是一个非常温和的人,但他的著作却常常引起轰动。在发表于《佛罗里达法学评论》上的文章《商业主义宣言》中,他对学者们的担忧表示不赞同,这些学者认为筹集金钱会腐化法律教育,商业主义会渐渐进入我们的课堂,污染我们的教学,歪曲我们的研究,玷污我们的使命。接受它,马塔萨写道。"商业主义就在这里,而且不会消失。"学会拥抱它。"我们就是一个企业,做生意……到市场上去,创造伟大的业绩。"②

芝加哥—肯特法学院不相信这就是自己聘请来的院长。"我们原以为找到了一位学者,结果请来的是一位企业家。"丹·塔洛克(Dan

---

① Rhode, *In the Interests*, p. 187.
② Richard Matasar, "A Commercialist Manifesto: Entrepreneurs, Academics, and Purity of the Heart and Soul," *Florida Law Review*, 48 (1996), 805.

Tarlock)说。他是全国著名的环境法律师,1991年聘请马塔萨时,他是聘任委员会的主席。在那之前,马塔萨的职业生涯一直是按照标准的轨迹发展的:宾夕法尼亚大学的法学评论编辑;华盛顿最大的公司之一阿诺德与波特(Arnold & Porter)公司的职员;爱荷华大学法学院的教授。当塔洛克给他打电话时,马塔萨在爱荷华担任了三年的副院长,按照院长威廉·海恩斯(William Hines)的话说,马塔萨当时的职责是"照顾和喂养教师"。

海恩斯说:"他接受肯特的工作让我非常惊讶。他还远远没有成熟。这就像是一个高中的篮球队员一下跳到了NBA。"尽管乱蓬蓬的胡子让他看起来比实际年龄大一些,但38岁的马塔萨显然是全国最年轻的院长之一。海恩斯又说,芝加哥—肯特学院"与爱荷华的环境完全不同,简直就是一所问题不断的追求利润的学校。对里克来说,就像是去外国一样"。然而就是在肯特学院,马塔萨——在那里,他向法律教育界最成功的企业家之一学习,有时是与他斗争——找到了自己的职业生涯。

20世纪初建校时,肯特法学院把法律教育的大门向移民、少数民族和女性(它是第一所有非洲裔女毕业生的学校之一)敞开。但时过境迁,随着竞争对手的出现,学校的价值降低了。学校坚持一种无须学术资格的俗套的运作方式,任何愿意注册的人都可以来上兼职教师提供的夜校课程。

20世纪60年代中期,肯特被伊利诺伊理工学院(IIT:Illinois Institute of Technology)兼并,这是一个奇怪的文化组合——工程与法律。1973年,它的前景开始明亮起来,当时一位叫卢·科林斯(Lew Collens)的年轻律师被任命为院长。科林斯说:"我们想有自己的特色,因此开办了法律写作专业,这是其他学校没有的,也是一门实践性很强的课程。我还想建立一个由学者组成的师资队伍。丹·塔洛克来的时候,我们立刻就有了可信性。"这位院长想要的并不是自负的人,而是"愿意努力建设这所学院的人"。同时,他筹集资金建造了一个十层的高塔,周围是利用芝加哥—肯特在高科技法律教育方面的领先优势建造的40英里长的管道。

1988年,马塔萨接替了科林斯,后者担任了IIT的校长。"里克非常善于抓住核心问题,并将它们推进。"斯图亚特·达奇(Stuart Deutsch)说,他曾在芝加哥—肯特学院任教 27 年,之后担任了罗格斯大学纽奥克校区(Rutgers-Newark)的院长。"他支持教授们去做他们想做的事情。"当马丁·马林(Martin Malin)提出建立劳动雇用法研究所的时候,马塔萨极力促成这件事情。这个研究所使法学院名声大噪,它提供了一个合法的、中立机构,让劳资双方的律师可以在这里集中,而且并非偶然的是,他们在这个研究所的会员资格促使他们付款。

马塔萨支持学院的写作课程,并且开办了新的"专业",如环境法和纠纷调解,虽然这种观念在高等教育中很普通,但在与世隔绝的法学院世界里则是新奇事物。他还希望利用学院早期的高科技主动权——20 世纪 80 年代,它第一个试用了 Lexis*,现在 Lexis 已经是基本的网上研究工具了——来培养"电子法学学生",这些学生来到课堂上时都带着具有概括能力和超文本链接的电子案例讲义。

马塔萨继续进行的改革之一——收费的法学讲习班——在法学界遭到强烈谴责。一般来说,法学院都会在讲习班上处理那些经济贫困人士的案件,而纽约法学院却要求它的客户为这一法律援助付费。在很大程度上,这些收取的费用就是讲习班教授们的工资,而且律师挣到的钱越多,他们的收入就越高。其他讲习班的教授们在他们所认为的商业化入侵面前选择了回避,这样做是有道理的。如果一所法学院的讲习班自己管理收费的话,那么一些有趣的案例就会因为某些与教育无关的原因而被忽略;学生教育是需要时间的,因此与挣钱也是相抵触的。同时,由于付费的客户很可能希望为他们打官司的是真正的律师而不是实习生,因此法学院的学生们会觉得自己更多的是在做一些无聊的事情而非法律工作。最重要的是,收费的讲习班不能完全专注于促进公平,而这正是讲习班法学教育的特征。面对这样的批评,马塔萨本可以指出肯特讲习班并非完全受金钱驱使的,它也开展很多公益工作和处理人们关注的案件,包括一宗有划时代意义的挑战基因专利权的案件。他只是对这些批评不以为然,提醒他们注意生活中的经济事实——或者用他的话说,叫"现实的影响"。

---

* Lexis.com 有世界最大的法律资料库,可在线提供世界各国的法令、判例、专利、知识产权等相关文献资料,并且每日更新资料,深受法律专业人士的信赖。——译者注

马塔萨拥有美国律师协会的认证资格,在竞争中处于弱势的群体与法律机构的斗争引起了他的注意,他撰写了一篇意在引起震动的文章。他在文章中这样问道:"试想,一位教授在芝加哥—肯特本部的工作室里向芝加哥—肯特在斯普林菲尔德的南校区的学生们授课,或者,芝加哥—肯特的主任在我们的迈阿密校区授课之后再赶回家,我们对远程教育会有什么样的反应?有的学校为了让学生们节约开支而授予两年制的法理学博士学位,认证机构对此会有什么样的反应?……如果学校用计算机练习的方式来同时为100名学生上课,而且学生们每星期只与教师见一次面,这样的学校会是怎样的?……如果学校开办大型的律师事务所以支持办学的费用,会怎样呢?"①如果说法律的异教徒是在火刑柱上被烧死的,那么马塔萨就会是一片烤面包。

里克·马塔萨从芝加哥—肯特学到的一点就是提高学校的声誉是院长的一项重要工作。"我是第一个卷入法学院院长间的公关战争的人。"他说。芝加哥—肯特已经被《美国新闻与世界报道》列为全国"有发展前途"的学校之一,但马塔萨并不满意。由于这类排名的主要依据是各法学院的院长和优秀的法律从业者,因此马塔萨仿效好莱坞电影厂在取悦奥斯卡评委时的做法:他给那些会参与评审的人寄去了大量的材料,他的理论是"如果知道我们在做什么,他们就会给我们评出高分"。这是一项有效的策略:肯特的环境法和国际项目被列入全国十佳。塔洛克钦佩地说:"里克·马塔萨的风格就是包装和推向市场。"

由于有着较高的学生—教师比例,因此法学院常常被它们所在的大学视为赚钱的机器,芝加哥—肯特也不例外。科林斯在担任院长期间极力保护学院的利益,但作为校长则主持着整个学校的工作,当时它的工程学专业正耗费着巨额的资金。法学院应该将多少收入交给学校?他和马塔萨在这个问题上不可避免地存在着很大的分歧。于是,当收到佛罗里达大学的邀请时,院长毫不犹豫地离开了。

马塔萨在任期间出现的一些动议——建立一所法律和商业中心,计划招收"在芝加哥大学读三年级的"学生——均告流产。其他的,如知识产权课程,也是雷声大雨点小。另外的一些计划,如"数字化学

---

① Richard Matasar, "Perspectives on the Accreditation Process: Views from a Nontraditional School," *Journal of Legal Education*, 45 (1995), 140.

习"也自此中断。"很难让学生们在课堂上共同阅读一段文章,有太多的事情需要他们去应付,"塔洛克说,"而且他们在课堂上还用电脑进行交流。"

在肯特学院长期任教的一位教授抱怨马塔萨"不断地实施轻率的计划,他不考虑某个想法是否有牢固的基础"。无论他到哪里,批评家都会表示同样的观点。然而,马塔萨的策略正是尝试多种观点,同时预料到其中的一些必然会失败。尽管在个人意见上有不同看法,但IIT的校长科林斯仍然对马塔萨的才能印象深刻。他主持的特殊项目"更加重要",科林斯说。"他有不同的行事角度;他看待世界的方式与众不同。这些人是可以解决问题的。"

"劲量兔子":佛罗里达大学*

1996年9月7日,在担任佛罗里达大学法学院院长近两个月之后,里克·马塔萨在教职员工们中散发了一份长达31页、印得密密麻麻的备忘录。备忘录的题目与他后来在纽约法学院的备忘录的题目相同,都叫"议程规定",其内容非常直截了当:"法学院现在停滞不前……它对未来没有计划。佛罗里达在告诉世界:(1)我们规模宏大;(2)我们历史悠久;(3)我们价格便宜;和(4)我们有一流的税法课程。"马塔萨记得"(教师们)都倒抽了一口气"。老教师杰夫·哈里森(Jeff Harrison)是一位口头批评家,他说他的许多同事一边阅读备忘录一边说:"你们是这样糟糕;我会为你们创造一个更好的地方。"在盖恩斯维尔(Gainesville)**,人们不是这样行事的。

从一开始,里克·马塔萨和佛罗里达大学法学院之间就极不合拍:院长是一位改革者,而法学院则对改革没有兴趣。佛罗里达大学是一条小池塘里的大鱼,每一个想到阳光之州从事法律的人都会来到这里。这里到处都存在着近似盲目崇拜的鳄鱼式傲慢;州主要律师事

---

* 劲量兔子〈the Energizer Bunny〉指的是劲量电池广告中那个永远不停止活动的兔子。——译者注

** 佛罗里达大学所在地。——译者注

务所的高级合作伙伴都是校友,法院的许多法官和立法机关成员也都是校友。哈里森说:"我们是佛罗里达的歌利亚*,但却没有野心。"佛罗里达还有让院长不堪重负而离开的名声——20年里走了四位。马塔萨在任期间的副院长乔治·道森(George Dawson)说:"如果上帝他来到法学院,他也会收到恐吓信。"

在这样的停滞和麻木之中,马塔萨能完成任何事情都是非常不容易的。"里克对教职工提议的反应是:'这个主意不错,我们试试。你有没有想过……?'"他的一位支持者大卫·理查森(David Richardson)教授这样说道。"接下来是一系列关于如何实施所提出的计划的建议……这些建议带来的是电子邮件、电话和教师们闲散地讨论他所询问的如何进行这些计划,问他是否可以提供帮助、分享他们上次见面以来所形成的观点。他是一个劲量兔子。"

理查德提出每周进行一次《吉姆·利尔晚间新闻》(Evening News with Jim Lehrer)——税法专业电视节目,院长欣然接受了这个建议。他从自己与 LexisNexis** 的合同中抽出了 200 000 美元,然后又遇到了财政部副部长和 IRS*** 的局长,谈妥了 750 000 美元的资助,但条件是学校必须补足资助所需的款项。马塔萨计算过,税法专业的收入可以支持其中的大部分费用,但学校认为这个想法过于冒险而没有采纳。

Holland & Knight**** 事务所的高层律师中有很多都是资深的"鳄鱼",他们找到马塔萨,希望与法学院建立更加紧密的联系。院长行动迅速,建立了 Holland & Knight 学会,目的是让教授们到公司去磨炼实践技能,让有经验的律师们来到学院的课堂上。虽然院长坚持认为与其他律师事务所也能达成同样的协议,但一些教师还是担心这给了一家律师事务所太多的侧重。与马塔萨的其他计划一样,这项计划也是将相应的专业目标——这里指的是拉近学术与专业人员之间的距离——与收入相结合。马塔萨相信,律师事务所不仅可以为法学院得到的微薄资助做出实质性的贡献,而且还可以为学院带来法律教授们

---

* Goliath,《圣经》中记载的非利士族巨人。——译者注
** 世界著名的数据库,全球许多著名法学院、法律事务所、高科技公司的法务部门都在使用在该数据库。——译者注
*** 税务局。——译者注
**** 律师事务所。——译者注

通过做咨询得到的收入。然而，很少有教师对此有兴趣，而且随着院长的离开，这个学会也消失了。

马塔萨在技术项目方面要更成功一些。他与全国著名的电子工程师合作，创办了法律技术学会，与律师事务所和法庭合作，因其服务所达到的范围而获得了大量的收入，并使法学院获得了良好的知名度。他还开办了种族关系和知识产权中心。他还说服同事们开设不同的专业以把松散的课程协调一致；现在佛罗里达可以颁发税法、环境法和国际法几个不同的专业证书。那些最不挣钱的项目也在他的计划之中，只要可以找到资金。他还为鳄鱼儿童小组（Gator Team Child）筹集到了一笔资助，这是一个为对儿童权利问题有兴趣的法律专业学生开设的培训课程。副院长道森大为惊讶，他说："停止或巩固都没有意义，新的东西总是不断地出现——各种活动，立刻会被引向各个不同的方向。"

所有这些项目都需要钱，而这正是财力不足又不能提高学费的法学院所短缺的。马塔萨与发展部主任杰夫里·乌尔默（Jeffrey Ulmer）一起开始四处奔波，到全国各地与校友们交谈。乌尔默回忆道："我们会好几个小时都待在车里，大部分时间都是在大笑。我们把最有可能提供捐助的人的名字与最滑稽的法学院名称结合起来，例如：最热心资助人法律中心（the Booster Stumpy Chumpy Law Center），笑谈着我们正在进行的事业的荒谬。"院长完成了这项工作。在马塔萨到来之前的 87 年里，法学院获得的捐赠只有 1700 万美元。而在他担任院长三年的时间里，这个数字翻了三倍多，达到 6000 万美元。

但具有讽刺性的是，正是最大的一笔捐助直接导致了他的离开。彭沙科拉（Pensacola）的出庭律师佛雷德里克·列文是佛罗里达的毕业生，他策划了州对烟草公司的诉讼，最后这些烟草公司同意接受 130 亿美元的罚款，他从中获得的律师费高达 2 亿 7 千 5 百万美元。几年前，列文用 100 万美元在法学院得到了一个教席。现在，乌尔默和马塔萨向他提出了一个更大的建议：捐 600 万美元，我们将用你的名字来命名一座建筑。马塔萨似乎又有些后悔地补充说，如果捐赠 1000 万美元，则很可能法学院都会用列文的名字来命名。

列文立刻抓住了这个机会。"我对自己说，这是多好的机会啊，"

他回忆道,"我拥有几艘船,一架飞机。我想做什么就做什么。我的两个孩子都是律师。我考虑了十分钟。弗雷德里克·G.列文法学院会在我离开人世之后永远地存在下去。"这个诉讼律师还有一个更加卑劣的目的:要对佛罗里达法律机构进行反击,因为他曾经作为局外人而受到不公正的对待。12年前,他曾因为承认自己参与足球赌博而陷入麻烦之中。"你应该担心那些律师,他们嘲笑他们的委托人因谋杀而受到指控,或者他们因盗窃委托人的钱而被控告,"他目中无人地说道,"而不是因为赌博。"由于他的厚颜无耻,他被指责破坏了佛罗里达律师协会的声誉。后来,他在这两起诉讼的结案陈词中说辩护是"荒谬的"。虽然两个辩护律师都没有提出反对,但佛罗里达律师协会却表示了异议,认为在法庭上表达个人观点是不符合职业道德的。这一次,面临被剥夺律师资格的列文请来了一些显要人物,其中包括佛罗里达律师协会的申诉委员会主席,请他们证明佛罗里达律师协会的异议是绝无仅有和没有根据的。

虽然列文赢了那一个回合,但他仍然心存怨恨。"我一生都在从事实用法律,"他说,"现在是得到回报的时候了。"就在他谈论他的家人和法律伙伴时,马塔萨和乌尔默正在与学校的发展部主任通电话,这位主任与佛罗里达大学的校长约翰·罗姆巴蒂(John Lombardi)讨论这项建议。几小时之后,罗姆巴蒂同意了这个提议。就在同一天,列文将1000万美元存入了学校的银行账户,这是大学历史上最大的一笔单笔捐赠,由于这笔私人捐赠法学院赚到了2000万美元。

院长欣喜若狂,而一些校友则愤怒不已。马塔萨的桌子上堆起了足有一英寸厚的表示愤怒的信件。"你将学院的名称卖给一位律师的行为是偷偷摸摸的和欠考虑的……这样做主要是为了钱,这是令人痛心的讽刺。"杰克逊维尔(Jacksonville)*一位著名的律师这样写道。学生运动者,后来成为律师掌管州校董会的史蒂文·乌菲德勒(Steven Uhlfelder)说,信中带有一丝反犹气息。"'只有通过钱才能找到WASP**'——这是准则吗?还是我们只从圣徒那里得到金钱?用种族主义者的名字来给校园的建筑命名:有人反对吗?"

---

* 佛罗里达东北部城市。——译者注
** 祖先是英国新教徒的美国人。——译者注

甚至当佛罗里达法律机构的其他人——其中包括德高望重的美国律师协会前主席切斯特菲尔德·史密斯(Chesterfield Smith)——来为马塔萨辩护时,罗姆巴蒂还是决定放弃。尽管有很多对谈判内容非常了解的人递交了报告,校长还是开始否认他曾经非正式地承认过列文的捐赠。

罗姆巴蒂和教务长贝蒂·卡帕尔蒂(Betty Capaldi)曾与马塔萨有过意见不合,主要矛盾是"银行"——学校对多产的校园单位进行奖励的计划——如何与法学院的现实良好地配合,这项计划初衷是用来满足自由教育的需求的。几个月之前,北卡罗来纳和得克萨斯法学院的院长们应校董会的邀请对佛罗里达大学法学院进行评估,他们向罗姆巴蒂问起"银行"规则是否适用于法学院。校长勃然大怒,大骂这两位院长是法学院的骗子。

列文捐赠引起的大爆发轻易地便成了除掉马塔萨的借口。"你不是一个团体行动者,"卡帕尔蒂唐突地对他说,"我们想朝另一个方向发展。"要么辞职,要么被解雇,马塔萨选择了较为婉转的方式。随之而来的是第二次大爆发,这一次指向的是学校行政部门。法学院的教师中只有四人在给罗姆巴蒂的抗议信上签了名,后来,任法学院管理委员会主席的前任州最高法院法官对校长公开提出了强烈的指责,赢得了管理委员会同事和教师们的一片喝彩。罗姆巴蒂已经与州校董会关系紧张——他嘲笑州立大学的黑人校长是一个"白心黑人"*——在他对两位外校院长的指责被公开之后,校董会将他解雇了。然而,这已经来不及挽留马塔萨了。

史蒂文·乌菲德勒将这段情节描述为"佛罗里达大学历史上的一块伤疤"。即使是在被迫离开之后,马塔萨在内心仍然关注着法学院的利益。他回复每一封收到的来信,与很多愤怒的校友会面。在一次法学院院长联谊会上,爱荷华的比尔·海恩斯(Bill Hines)说:"里克是一位英雄。他倒在了自己的剑下。"

马塔萨被解职是因为他过于严格地维护法学院在校园战争中的利益——也因为他是一位过于成功的企业家。

---

* Oreo,指奉行白人社会准则的黑人。——译者注

"如果你能在那里做到……":纽约法学院

纽约法学院的历史与芝加哥—肯特的历史有相似之处。1891年,哥伦比亚法学院的背叛者创建这个学院时目标非常明确:使用传统的法律教学模式,而不是克里斯多佛·兰德尔的"案例教学法",并且为第一代美国人提供扎实的法律教育。学校的名录以伍德罗·威尔逊(Woodrow Wilson)*和查尔斯·艾文思·休斯(Charles Evans Hughes)**曾在那里任教为荣,但随着时间的流逝,它失去了自己与众不同的特色,忙于应付各种账单。到20世纪70年代初,它的情况已经糟糕到几乎要失去美国律师协会的评审权。但是与芝加哥—肯特一样,纽约法学院的院长可以聘请有才能的教师,提高学校的声望。

在20世纪90年代,曾在耶鲁法学院担任过院长的哈里·威灵顿(Harry Wellington)被请来接管纽约法学院。对于一所长期处于劣势的学校来说,这个任命被认为是学院得到了一位大人物。但威灵顿从没有为学院的建设付出太多的努力——"我不是一个企业家。"他坦率地说——于是,学院倒了大运,很快从《美国新闻与世界报道》排名中的第二等级落到第三等级,最后跌落到最低的第四等级。

纽约法学院的教师们与佛罗里达大学的教师们不同,他们认识到自己学院的问题堆积如山。于是他们选择了马塔萨。"我们存在着集体行动方面的问题,"公司法教授大卫·舒恩布洛德(David Schoenbrod)说,"里克就是解决的办法。"没有人想象过学院在与哥伦比亚或者纽约大学甚至与福特汉姆(Fordham)竞争学生,但马塔萨的备忘录说明了现实的情况有多么糟糕。纽约法学院正在激烈的竞争中失败,与教师们认为不如自己的学校如圣约翰(St. John's)和卡多佐(Cardozo)之间的比例是12:1。学生就业率也急剧下降——70%,这是全国通过认证的学校中最低的——毕业生通过律师资格考试的比例也同样如此。"里克公布这个数字时,"著名的同性恋和法律学者亚瑟·雷

---

* 美国第28任总统。——译者注
** 20世纪美国知名政治家、著名大法官。——译者注

纳德(Arthur Leonard)说,"他让我们面对现实。"

在发布了那份引起轰动的备忘录之后,马塔萨把教师们集中起来进行了一天的思考。在接下来的那个冬天和春天里,他在周末讨论会上多次鼓励教授们进行大胆的设想。谈到的问题从修订课程到改善纽约法学院对待"顾客"——即学生——的方式。教师们进行了管理界所说的SWOT*分析。马塔萨希望这些谈话可以产生对这个学院的新的理解——他称之为"传说"。

在纽约法学院愤世嫉俗的专业外表下,存在着很多利他的、无私的教学方式。马塔萨说:"所有的人都不应该坐在篝火边唱'康巴亚'**,但是在一个大多数人都各自行动的地方,你是不可能拥有一名教师的。"教师们的想法在很大程度上与院长相同,但对这些做出解释的还是那些教授们。"这就像是一群不知情的牛走进了漏斗,"大卫·舒恩布洛德的观察力令人钦佩,"我们被带领着向前走。"

劳动法教授塞思·哈里斯(Seth Harris)说,这些会议"请来的是那些过去对自己事业的广泛性并不了解的人们"。虽然马塔萨的方法让芝加哥—肯特和佛罗里达的一些人感到震惊——"沃尔玛式的管理者"。佛罗里达的杰夫·哈里森刻薄地说——但并没有让纽约法学院的任何人感到意外。舒恩布洛德说,也许这是因为"他显然在刻意保护学院的利益。市场语言只是一种修辞,一种让权威人士分析他们的行为和与捐赠者沟通的方法。但实质即进步才是真实的。"

"里克可以谈论学术、教学和管理。"哈里斯说,克林顿时期他曾在劳动部任职,有过两次类似的设计任务的工作经历。"他可以'跨文化'交流,把管理语言翻译成教师—学者语言。"①虽然哈里斯的任期主要取决于他的学术成就和教学,但他完全投入到共同体的建设之中,甚至还设计了一个劳动法专业的新课程。"这是我的家,我希望它有进步,"他说,"这就好比在10块的时候买进纽约法学院的股票,等着它上涨一样。而且我还是一个利他主义者:我希望学院能培养出更

---

* 指实力、弱点、机会、威胁,即strength, weakness, opportunities, threats。——译者注
** Kumbaya,福音歌。——译者注
① "翻译"也是迪金森学院的威廉·德顿(William Durden)描述自己的一种方式。见第三章。

优秀的学生,让这些学生可以造福社会。"

寻求更好的学生这个目标推动了学校的很多计划。竞争可以是丑陋的:罗格斯大学与住在新泽西的纽约法学院学生们取得联系,鼓励他们转校,副院长杰思罗·列伯曼(Jethro Lieberman)报告说,他们的好几个竞争对手在捏造学生的 LSAT 成绩,以提高自己在《美国新闻与世界报道》上的排名。马塔萨没有采取这种肮脏的手段,而是依赖于能够吸引人们注意力的改革。荣誉课程用优厚的奖学金、夏季的书记员职位、研究机会和保证在法学评论上的一席之地吸引来了最优秀的申请者——那些原本根本不会进入纽约法学院的学生。负责公共事务的院长阿拉塔·拉维特(Alata Levet)说:"这就像是为了招揽顾客而亏本出售的产品,以此来改进学院的文化。"ACLU*的主任纳丁·斯托森(Nadine Strossen)领导的公平行动中心(Justice Action Center),其对象主要是有改革意识的学生,而媒体法中心(Media Law Center)则是以对知识产权法有兴趣的学生为主。

纽约法学院结束了法学院的惯例,决定招收 50 名学生,主要是没有 LAST 成绩、要转行从事法律的成年人。(院长想彻底取消对 LSAT 的要求,但教师和美国律师协会的评估者否决了他的计划。律师协会坚持让这些特招来的学生在第一年里参加考试。)同时,每个班里成绩排在最后的 25% 的学生被送去上基本课程,其中最差的还必须多上一个学期以律师考试为目的的课程——马塔萨称之为"光荣退场"。其他的新举措,包括一个网上的精神健康法课程、税法和媒体研究硕士课程、劳动法证书课程以及与一些周边大学共同进行的计划等等,目的都是高质量的法律教育,同时找到合适的位置并提高学校的"品牌"知名度。它们也体现了院长对新事物的不懈的热情。25 年来一直主管学院媒体中心的迈克尔·波坦(Michael Botein)记得,当马塔萨问他会怎么做时,他将自己在哈里·威灵顿当院长期间所酝酿的建议和盘托出。"我希望他一两个星期后会来找我,说'我喜欢这项建议'。但事实上他第二天就给我发了电子邮件,说:'这些建议我都喜欢!'"

如果一切按计划进行,那么所有的想法都会在 2001 年秋付诸实

---

* 美国公民自由协会(American Civil Liberties Union)。——译者注

施。但"9·11"事件将一切都后推了。威灵顿指出:"很可能在五年之后,教师们回顾过去,会说:'我为什么在从事这项工作?'现在进行的一切都是非常危险的行动。我想没有任何人(除了马塔萨之外)可以做到。"亚特·雷纳德也认为"在里克·马塔萨管理的法学院里当一名教师并不容易",因为他不断地促使教授们思考自己和学院正在做什么。伦道夫·乔纳凯特(Randolph Jonakait)长期在纽约法学院任教授,同时也是聘请马塔萨之前内定的院长人选,对于他来说,这是喧哗与骚动。对于从芝加哥—肯特和佛罗里达听到的批评,他说:"里克扔出上千个主意,但他并不付诸实施,也不将事情考虑周全。如果没有基础,想法就不可能实现。"

虽然威灵顿由于培养了教师们的学术热情而受到很多人的尊重,然而,他基本上不露面。好几个学生都说过:"有个玩笑说,我们会见到他两次——在入学和毕业的时候。"相比之下,马塔萨是无所不在的。他总是第一时间回复电子邮件,办公室的门总是敞开着。在例行的全体员工会议上,他指出学院正在得到改善,同时让学生们知道,他会采取更加严格的录取标准。"如果你是一名达不到标准的学生,那么你必须更加努力。"

对于外界,马塔萨也在推广学院不断上升的形象。"这就像是一边设计一边盖房子,"信托和不动产教授威廉·拉皮亚纳(William LaPiana)惊叹道,"我们一边进行宣传,一边希望它能发挥作用。"但有人会注意吗?伦道夫·乔纳凯特回忆起一次与华尔街一家公司的一位高级合伙人共进晚餐,这位合伙人认为纽约的法学院以哥伦比亚为开始,以纽约大学为结束。"纽约的长幼秩序是相对固定的,"他说。马塔萨则有不同的方式。"如果我们只关心我们的排名,"他对同事们说,"那么就不用再谈了。我们有很多方法可以改变这个秩序。但我们可以在这个等级之外创造一个小的生态,去做一些不同寻常的事情。"

创造需要金钱——研究中心、荣誉课程、网上课程,还有很多其他想法的实施。院长说,一幢新的建筑是非常有必要的,他指出缺乏足够的宿舍阻碍了很多学生前来申请。"我们不建新房子,他们就不会来。"作为法学院最大的有形资产,它坐落在法律和金融世界的中心,但在世贸大厦遭袭击之后,它变成了一个大大的问号。这个领域不确定的未来让投资者紧张,于是对这项总额在 2 亿美元的包括新教室、更大的图书馆和有出租公寓的学生宿舍在内的项目有所保留。

而且,纽约法学院还成为一个更加活跃、更加出色的地方。尽管经济不景气,但在 2002 年,校友们还是捐出了比以往更多的钱。2001 年,超过 93% 的毕业生找到了工作,律师资格考试的通过率也非常接近于州平均水平。同年,申请者增加了 25%,使学院在录取时有更大的选择余地,并且前来注册入学的最优秀学生的比例也达到了前所未有的水平。《美国新闻与世界报道》注意到了这一点,把纽约法学院提到了第三等级。

2002 年 4 月 3 日,纽约法学院有史以来第一次取消了教师课程介绍日的定期课程。有的教师担心自己的课堂上会没有学生,但有超过四分之一的学生前来听他们的教授讨论自己的工作进展。在一个学生一直存在反智倾向的学校里,教授与学生共同探讨课程的进展,学生也把他们自己的功课拿给教授们看。"这是一个令人兴奋的时刻,"院长说道。

纽约法学院与里克·马塔萨之间似乎非常默契。在佛罗里达,任何新生事物都会受到怀疑,而纽约法学院则认为一位挑战法律教育传统的企业家与学术美德并不矛盾。"无论我身上有多少推销的成分,"马塔萨说——然后又咧嘴一笑,补充说,"其实有很多"——"但底线是:通过法律将世界变得更加美好。寻找观点的能力、随时找到正确答案的能力——这是金钱所支持的东西,是我们所有人身上最优秀的特征。"

六 卡夫卡是一位乐观主义者：
南加州大学和密歇根大学

企业家并不是高等教育机构从商界引入的唯一概念。自20世纪70年代以来，各大学得到的公共资金越来越少，于是都开始寻求更加有效的管理和运营方法。新一代管理者都是政府和公司精简的老手，受的是商业实践的教育，他们相信，至今仍然认为大学可以维持一种无政府的乌托邦社会状态，是很愚昧的想法。① "教育是一种投资，"在简·斯迈利（Jane Smiley）的小说《哞》中，行政长官 O. T. 厄里说道，"问题是，（大学）并没有将它当作一项投资来管理……他们把它当作一种福利。"②

这些管理者希望政府和商业可以有更好的模式。20世纪70年代和80年代的所有预算方面的灵丹妙药都被引入了高等教育之中：PPBS*、ZBB**、MBO***、平衡计分卡（the balanced scorecard）、策略规划（strategic planning）、标杆管理（benchmarking）、TQM****、强调"核心能力"（core competencies）的外包（outsourcing）。对数量的衡量标准确保

---

① Michael Cohen and James March, *Leadership and Ambiguity: The American College President* (New York: McGraw-Hill, 1974). 本章节参考了对管理人、行政人员、教授、学生以及其他对学校问题有见地的人的面对面、电话和电子邮件的访问。未加引号的引用部分选自于这些内容。

② Jane Smiley, *Moo* (New York: Knopf, 1995), p. 158.

* 计划预算制度（planning, programming, budgeting systems）。——译者注

** 零基预算制度（zero-base budgeting）。——译者注

*** 目标管理法（management by objectives）。——译者注

**** 全面品质管理（total quality management）。——译者注

了客观性,这比凭感觉做决定的经验和直觉更加有依据。数字是可以被仔细研究的,罗伯特·伯恩鲍姆在他的《高等教育的管理时尚》中写道,这是对他所说的这本"寓言集"的尖锐批评,同时也产生了更高的效率。①

实施这些计划的管理者们都有着宏图大志——例如,称"目标管理法"是"管理史上最成功的概念和方法"。② 近一个世纪之前,有一本题为《微观学术界:年轻学术政治家指南》(*Microcosmograph Academica, Being a Guide for the Young Academic Politician*)的小册子,作者F.M.康福德(F. M. Cornford)便把握了这种培养学者的方式:"也许你像《优秀的商人》(*Good Business Man*)一样更加注重质量。这种人的头脑不会因为仅仅对学术有兴趣而变得乖僻和狭隘,同时,他也没有那种从商所必需的令人讨厌的急躁。"③由于大学的变化相对较慢,因此往往是在公司和政府机构要淘汰这些方法时,校园里才开始使用。在高等教育中,借鉴来的方法不能成功往往是出于非常简单的原因:大学与生产小商品的公司或者邮局不同,而且"适用于装配汽车的逻辑不可能创造出组织性的策略"。④

效率的吸引力——对它的膜拜——已经成为高等教育的基本内容。1908年,卡耐基教育促进基金会(Carnegie Foundation for the Advancement of Teaching)让莫利斯·库克(Morris Cooke)对美国的大学进行研究,当时库克引入了"科学管理"的概念。眼前的一切让库克惊呆了:"商业领域常见的管理原则很少有完全不适合于教育领域的,但目前为止,这些原则还没有一条得到过仔细的研究。"对于现在对责任

---

① Robert Birnbaum, *Management Fads in Higher Education* (San Francisco: Jossey-Bass, 2000). 参见 Robert Allen, "Why Can't Universities Be More Like Businesses?" *Chronicle of Higher Education*, July 21, 2000, p. B4. 亦参见 Patricia Gumport, "Academic Restructuring: Organizational and Institutional Imperatives," *Higher Education: The International Journal of Higher Education and Educational Planning*, 39 (2000), 67—91。

② Birnbaum, *Management Fads*, p. 147.

③ F. M. Cornford, *Microcosmograph Academica, Being a Guide for the Young Academic Politician* (Cambridge: Metcalfe and Co., 1908), p. 33.

④ Henry Mintzberg, *The Rise and Fall of Strategic Planning* (New York: Free Press, 1994), p. 13.

的要求,库克回应说,学术自治是对不负责任的许可。① 对这一方法的反对理由也很常见。1917年,索尔斯坦·凡勃伦对将大学变成"学问公司"的倾向提出了质问,这样做会"使它按照商业模式来考虑安排自己的事务……商业原则进入大学会削弱和阻碍对学问的追求,从而会破坏大学一直追求的目标。"②

"外包"和"收益中心管理"(revenue center management)都说明了将管理原则引入高等教育的努力。如果使用恰当,作为帮助分析的手段,两种方法都能发挥各自的作用。但提出建议的人忘记了他们这样说只是一种比喻,而认为自己真的是在经营一项商业,于是问题便出现了。③

外包:从餐厅到学校的"商标"

芝加哥大学校长罗伯特·M.赫钦斯在1936年说:"学院或大学不应该做任何其他机构可以做的事情,这是教育管理中的一条重要原则。说它重要是因为即使只是做了自己能做的事,学院或大学的工作仍然是纷繁复杂的。"④自此,赫钦斯的观点便成为常见的做法,大学越来越多地依靠校外的公司来管理学院的非学术性事务。⑤ 这是一项聪明的举措:毕竟,一所大学为什么要经营自己的打印店呢? 但"学术性"和"非学术性"之间的界限却是模糊的,这就是可能产生问题的地方。如果学校不够谨慎,那么失去的可能不仅仅是一家打印商店,而

---

① Morris Cooke, *Academic and Industrial Efficiency* (New York: Merrymount Press, 1910), p. 6.

② Thorstein Veblen, *The Higher Learning in America* (New York: Sagamore Press, 1957), p. 27. 有关当代对这个问题的态度,见 Patricia Gumport, "Public Universities as Academic Workplaces," *Daedalus*, 126(Fall 1997), 113—136。

③ Marvin Lazerson, Ursula Wagener, and Larry Moneta, "Like the Cities They Increasingly Resemble, Colleges Must Train and Retain Competent Managers," *Chronicle of Higher Education*, July 28, 2000, p. A72.

④ Robert M. Hutchins, *The Higher Learning in America* (New Haven: Yale University Press, 1936), p. http://www.realuofc.org/libed/hutchins/hutch3.html

⑤ Michael Corbett and Associates, "The 2001 Outsourcing World Summit" (unpublished paper, 2001); Dun and Bradstreet, *Barometer of Global Outsourcing* (New York: Dun and Bradstreet, 2001).

六 卡夫卡是一位乐观主义者：南加州大学和密歇根大学

是它之所以成为大学的东西。

无论这种行为被称为外包、承包还是私有化，其影响都是相同的。饮食、卫生保健、书店、计算机服务、维护、财务管理、安全、网页设计、学生住宿、"事件管理"、校园清洁、售货、预算：似乎无数过去由大学管理的事务现在都是由外人在处理。1995年的一份目录中，有2000多家公司可以提供100多种服务。2001年，一个叫作高等教育外包和私有化研究中心（Center for the Study of Outsourcing and Privatization in Higher Education）的机构进行的调查表明，八所大学中就有一家依靠HMO*提供卫生保健服务，40%的大学书店是由像巴恩斯和诺伯（Barnes & Noble）这样的公司在管理，还有超过40%的餐厅是由像万豪（Marriott）这样的公司在经营。在被调查的学校中，有近一半将至少五项服务承包给了别人，并且这两个数字还在上升，而自己处理一切事务的学校仅占5%。①

为了提高自己的"核心能力"，各公司聘请饮食公司和安全公司；药房也希望大学能为他们从事一些研究工作；为了进行"政府再构建"（reinvent government）而与废物处理公司合作。② 那么大学为什么不可以这样做呢？也依靠公司来处理学校的一些小生意。书会更加便宜，食物会更加可口，学校的地面会被维护得更好。这就是市场的魔法。

---

* 卫生维护组织，Health Maintenance Organization。——译者注

① 参见 http://nacasportal.meisoft.com/outsidelibrary/；亦参见 Patricia Wood, "Outsourcing in Higher Education," Eric-HE Digest Series Edo-he-2000-8, George Washington University and Department of Education, 2000；Rebecca Sausner, "Building Out of the Crunch," *University Business* (February 2002), 35—38。

② 关于私人公司的外包问题，可参见 David Collis, *The Paradox of Scope: A Challenge to the Governance of Higher Education* (Washington, D. C.: Center for Higher Education Policy Analysis, 2002), http://www.usc.edu/dept/chepa/gov/roundtable_collis.htm；C. K. Prahalad and Gary Hamel, "The Core Competence of the Corporation," *Harvard Business Review*, 64 (1990), 74—91；Jay Barney, "Strategic Factor Markets: Expectations, Luck, and Business Strategy," *Management Science*, 31 (1986), 1231—41；Gary Pisano, "Merck's R&D Strategy," Harvard Business School Case 9-601-086, February 27, 2001。Collis 在 *Paradox of Scope* 中警告说外包在私人企业中不是万能的："当一家公司外包一项行为，它不能放弃履行这项行为的责任。顾客仍然认为戴尔（电脑公司）对与产品捆绑在一起的行为负责任。因此，戴尔必须建立和管理它与第三方卖主的关系，其小心程度应该与此行为本身是一样的。外包仅仅替代了一个管理问题——管理劳动力——管理与第三方的一臂之遥的关系，公司因此不得不学习新的技术，并且获得管理这些新的组织安排的新能力。"关于彻底改造政府，见 David Osborne and Ted Gaelder, *Reinventing Government* (Reding, Mass.: Addison-Wesley, 1992)。

批评家在对这种"不断扩大蔓延的合作"所带来的害处提出指责的同时,也会怀念过去。尽管学校的餐厅和大学书店被人接管、被全国连锁店代替的局面让人绝望,但地方书店的低效率和以"秘方肉"为特色的高贵的校园餐厅不能满足学生的需要。想象一下,去年的餐厅经理和现在的公司一样在提供退款保证服务。

批评家们的意见也有正确的一面。公司不需要关注校园文化的奇怪之处。就像宾夕法尼亚大学尝试将建筑维护承包出去而没能获得成功一样,有的时候公司也会失败。书店连锁和 HMO 濒临破产,使学校处于困境之中;私人公司对雇员也不能提供足够的工作保障。[①]

更重要的是,不应该过分地将高等教育与私人领域或政府进行类比。全球领先的个人电脑制造企业戴尔依靠的是外部合作者提供所有的零件,但一所大学与一家像戴尔这样的企业是不同的。如果大学想成为一个学术机构,而不是一家公司,那么教学、学习和研究必须是其成员们的责任。

卡耐基委员会 1973 年发布的一份报告预示了被不断推动的外包行为,说学术机构放弃了他们自己外围的活动。[②] 但这个委员会并没有将私有化视为单纯的省钱方法,它应该可以让大学更多地注意自己的教育使命。现在这个使命本身也处于被外包的危险之中。今天是餐厅和维护,明天是招生和图书馆,后天就是教学。照此下去,学校的身份——它的"商标"——就很可能要由局外人来定义了。

学生与学院的匹配越来越多地变成了私人公司管理的事务,同时也说明了承包所带来的问题。如果你仔细阅读一下各所大学为招收新生而专门设计的推广手册,你会发现很多方面都是雷同的。我们当然知道在俄勒冈大学(University of Oregon)和在里德学院(Reed College)或者在俄亥俄州立大学(Ohio State)和在丹尼森(Dennison)读本科会有什么样的不同,但在这些手册中,它们都被描述成远离世间纷扰的田园式生活。生产制作这些材料的几家咨询公司相互模仿,因此

---

① Martin van der Werf, "How the U of Penn Learned That Outsourcing Is No Panacea," *Chronicle of Higher Education*, April 7, 2000, p. A38; Lynn Love, "Just What the Doctor Ordered," *University Business* (May 1999), 25—29.

② Carnegie Commission, *Governance of Higher Education: Six Priority Problems* (New York: McGraw-Hill, 1973).

产品如此相似也就不足为奇了。只有最勇敢的顾问才愿意像芝加哥大学那样强调学习的艰苦,其他人都担心这样做会让申请者望而却步。

那些依靠学生学费来生存的私立学院急于让自己的教室里坐满学生,他们聘请公司来进行整个招生和录取工作。有时这些公司会采取诸如忽然给有可能申请的学生打电话、兜售学校无价值的股票这样的手段。D. H. 达格利联合公司(D. H. Dagley Associates)成立于1974年,以录取办公室的方式在运行,负责46所学校的招生和录取工作。很多时候,学校的官员只是在信上签个字。许多大学,包括像天主教大学(Cathloic University)这样的著名学府,也变成了 e-collegebid.com——高等教育的"价格线",为了提高入学率而将学校的折扣与学生的出价保持一致。并且就像我在第一章中所说的那样,全国的学院都依靠咨询公司来谋划经济资助规定,以求提高入学率,降低花费。

凤凰城大学(University of Phoenix)是一所营利性大学,它提出开设没有自备图书馆的校园,引起了教授们的一片愤怒,但这很可能无济于事。虽然不重视学生对书本的需求是反智识的表现,但这个例子说明了外包可以是一种适当的方法。当预算吃紧的时候,图书馆是一项巨大的投资,像凤凰城大学那样将这项服务承包给附近的一所学校是合理的。

同时,教授会对于将高等教育最基本的部分——教学——进行外包表现出异乎寻常的沉默。聘请兼职教师通常不属于这个范畴。但就像第五章中所描述的纽约大学的故事一样,按照一次性付清医疗费的方式聘请的兼职教师就像是请临时雇员补缺或者请小时工。(在这个问题上,哈佛大学的副教授也一样,虽然名声很好听,但他们知道自己留在那里的日子是屈指可数的。)加利福尼亚州立大学的前任校长巴里·穆尼兹(Barry Munitz)估计在那样的体系下,有超过一半或者甚至全部的课程都是由这些可以被随意支配的员工来承担的。这种趋势有加强之势。在全国,每五份学术工作中就有三份是不提供未来任期的。

从单纯的财政角度来看,聘请兼职教师是一项效果明显的举措,因为它节约了很多钱。英语作文兼职教师教一门课的报酬约为3000

美元,不到助理教授的一半,并且没有任何福利。① 但这一举措的真正花费其实是很高的。在课堂上依赖于签约劳动力会造成教师中流动性和变化性很大,教师对学生没有连续持久的责任,学者们与学校的学术生活脱节。学校以盈亏底线为名,牺牲的是教师们的忠诚,破坏了自己的学术文化。

将领导权承包出去,靠咨询公司来决定谁是称职的校长;将运动场承包出去,"聘请"运动员,如果没有完成指标就取消他们的奖学金;将筹集资金和维持校友关系也承包出去——似乎今天的一切都被外包了。②

甚至学校的身份也能由其他人来决定。有时,像第三章中提到的迪金森学院一样,顾问建议的口号——迪金森的是"反映美国,参与世界"——是掌握当前潮流的最简单直接的方法。但也要想一想第一章中所描述的海狸学院的传奇故事,它利用咨询公司的智慧将校名改为桃源大学,从而改变了学校的风格。

无论一所学院将自己宣传成一所大学还是在名称上去掉"技术"二字,它都是在不算夸张的程度上做同样的事情。但承包意味着什么呢?当所有的一切,包括学校的名称在内都被外包——不仅仅是学校的商业事务,而且由谁来上课和谁来听课这样的决定也被私人化——大学还剩下什么呢?

"人须自立"

在管理理念中,有一个流行的方法是"责任中心管理"(responsibility center management)或"收益中心管理",简称 RCM。另一个重要的商业概念——RCM 的互换——也在被一些重要的大学使用,其中包括宾夕法尼亚大学(它在 20 世纪 70 年代首先倡导了这个概念),还

---

① 数据和恐怖的故事见 Cary Nelson and Stephen Watt, *Academic Keywords: A Devil's Dictionary for Higher Education* (New York: Routledge, 1999), pp. 197—211。

② Pamela Bach, "Part-Time Faculty Are Here to Stay," *Planning for Higher Education*, 27 (Spring 1999), 32—41; James Shulman and William Bowen, *The Game of Life: College Sports and Academic Values* (Princeton: Princeton University Press, 2002)。

有范德比尔特大学(Vanderbilt University)、克莱蒙特大学(Claremont Graduate University)、宾夕法尼亚印第安纳大学(Indiana University of Pennsylvania)、伊利诺伊大学(the University of Illinois)、洛杉矶加州大学(UCLA)。学院与大学商业官员全国联合会(National Association of College and University Business Officers)1977 年进行的一项调查发现,16%的公立学校和31%的私立学校完全或部分实行了 RCM。①

RCM 是哈佛的古老格言"人须自立"的管理学版本。② 持这种意见的人认为大学应该像一家公司一样地运营,其中的每一个学术单位都应该有自己的财政价值。从商业的角度说,就是每一个单位都应该是一个利润中心。无论是文理学院、牙科学院还是商学院,它的花费——包括工资、场地等费用——都不应该超过它的收入,这个收入包括学费、合作项目、资助和捐款在内。有盈余的学院可以保留多挣的钱,而有赤字的学院则要偿还赤字部分的资金。③

当然,实行起来不是这样刻板,而有一些诀窍。准确计算出所有重要的收入和花费是很困难的;很难决定如何分配学校的"公共物品"的花费,以及从商业的角度说如何确定哪些部门是成本中心,如图书馆和注册办公室;同样,也很难决定如何用公平的"税收"来补助某些部门,如戏剧系这种不能自负盈亏的部门,或者鼓励那些跨学科的学术革新活动。当然,这些细节相当重要,但无论如何,这些问题却要解决,RCM 对此有明确的前提:学校的各单位掌握着自己的财政命运。

虽然这听起来深奥难懂,但却是非常重要的。如何按照公司利润中心的原则来经营一所大学,一直是争论的中心。有人认为大学的每一个成员都相当于一个公司的员工,他们的主要任务是最大可能地获取利润;有的人则认为大学是一个共同体,"捐赠关系"才是它的标

---

① J. Anthony West et al., "RCM as a Catalyst," *Business Officer* (August 1997), 22.
② 在20世纪60年代末,哈佛的海外董事会投票通过允许穷困潦倒的教育系研究生院以市场利率向商学院借用补充宿舍家具的资金。
③ 这一领域的圣经是 Edward Whalen, *Responsibility Center Budgeting* (Bloomington: Indiana University Press, 1991)。由于沃伦在印第安纳大学负责执行 RCM,因此他没有认为它是一个客观的理由,也不认为它提供了任何研究来支持它的声明。大部分批评性的著作都缺乏经验性的证据。参见,例如,E. M. Adams, "Rationality in the Academy," *Change*, 29 (September—October 1997), 59—63; Leroy Dubeck, "Beware Higher Ed's Newest Budget Twist," *NEA Higher Education Journal* (Spring 1997), 81—91。

准——这两者之间一直存在着争论。①

USC:特洛伊战争

南加州大学(USC:the University of Southern California)对竞争并不陌生。它的足球队——特洛伊——是联赛中有力的竞争者;USC比国内的其他大学获得过更多的奥林匹克金牌,学校也以此为荣。但为了学生而在大学内部展开竞争却是完全不同的,在USC,这样的标准一直实行到20世纪90年代初。②

想象一下这样的场面:在每学期的开始,当学生们在报名参加课程时,学校的每一个学术单位都像商人打折一样展示着自己的货物。《特洛伊日报》(Daily Trojan)上的满版广告在为戏剧课这种没有任何阅读要求的课程做宣传——"厌倦了阅读莎士比亚的作品?那就抛弃(通识教育的)要求,坐在椅子里,吃着爆米花,看人们的表演吧。"③幕后的竞争则更加激烈。过去从未对文理学科表现出任何兴趣的学校忽然声称他们提供的课程——例如房地产介绍——可以满足大学的通识教育的要求。

所有这些类似的在学术上令人质疑的行为都是出于同一种革新措施:收益中心管理的引入。

自1880年由卫理公会(Methodist Church)建立以来,南加州大学一直努力维持着自己的学术地位。④卫理公会派的主教们有着良好的意图,但没有洛克菲勒或斯坦福的支持。这所大学从一开始就受到生存主义思想的主宰。学校的校园用地是房地产投机者的捐赠,其中有前任地方长官,他们希望对一所新大学的这种举动可以拯救自己失败

---

① 参见Richard Titmuss, *The Gift Relationship* (London:Allen & Unwin, 1971)。

② 这一部分的讨论参考了对现在和过去USC行政人员和教师的采访,以及其他了解RCM的人。

③ 这些例子来自采访,以及John Strauss and John Curry, *Responsibility Center Management: Lessons from Twenty-five Years of Decentralized Management*(Washington, D. C.:NABUCO, 2002), p.18。这本手册细致地描述了RCM。然而,在USC和密歇根大学发生的事却与这种描述相去甚远。

④ 材料来自http://www.usc.edu/dept/CCR/theme/1.html和对USC官员的采访。

的仕途。为了生存,USC 不得不为了交学费的学生和捐助者而出卖自己。房地产学院是靠着开发商的支持建立起来的,他们相信只要自己的地成了学习的对象,就会声望大增。这就是 USC 的模式:让专业学院适应市场环境,然后以一种宽松的方式联合。"费克罗阿技术学院"成了学校的绰号。①

在过去的半个世纪中,大学的情况得到了戏剧性的改善,这主要是因为有一个强大过硬的领导机构。到 2003 年,来注册入学的学生达到近 30000 人,得到的捐赠也迅速增长到 20 多亿美元。2004 年入学新生的 SAT 平均成绩是 1308,G. P. A* 平均值达到 3.9,这些都使 USC 被列入精英学校;它招收的获国家优秀学生奖学金的学生人数在全国名列前十位。自诺曼·托平(Norman Topping)1958 年担任校长以来,USC 的历任校长都精明能干,把学校从一个地区性的大学推进为高等教育中的一流院校。"如果有钱,"《时代》杂志说,"那么托平的硕士生计划会改变 USC。"这使学校在 1969 年入选美国大学联合会(Association of American Universities)。②

托平的策略是对学校的一些单位大力投资,这些单位是他所说的"最棒的机构"。虽然他的方法非常有效,但他独裁专制,会秘密与人商议预算和降低个人待遇——忧心忡忡的院长们称校长办公室是"克里姆林宫"。但是 1986 年被任命为主管预算和规划的副校长约翰·克里(John Curry)认为,托平的领导班子忽略了执行策略中的重要因素。克里说,没有人特别关心请来完成这些项目的教授的质量,或者关心这些为新项目建立办公室和实验室所需要的花费。约翰·斯特劳斯(John Strauss)被从宾夕法尼亚大学请来担任第一副校长,他和克里都是被请来用当时很新的"收益中心管理"概念来驯服这所地处西部蛮荒地区的学校。

斯特劳斯和他的同事们在宾夕法尼亚大学倡导的 RCM 指的是

---

① Manuel Servin and Iris Wilson, *Southern California and Its University: A History of USC, 1880—1964* (Los Angeles: Ward Ritchie Press, 1969). 这个仍然在传播,特别是在邻近的竞争对手 UCLA(洛杉矶加州大学)里。

* grade point average 的缩写,指学业平均成绩。——译者注

② USC University Park Community History Stations, *http://www.usc.edu/dept/CCR/theme/19.html*

"资源中心管理"(resource center management),但无论叫什么,目的都是同样的:将财政制度引入大学管理。公开是达到这一目标的方法之一。USC的预算首次被公开了,所有的院长都能看到哪个部门正在贡献超额的资金,哪个部门正在受到其他部门的资助。

教师们对新的安排并没有表示明确的反对。释放这些信息的目的在于刺激合理的计划,让系科和学院——计划中所说的"利润中心"——对自己的财政事务负责。对支持者它的人来说,RCM只是合理的商业行为。"(它)提供了计划所需要的花费的全部信息,并且鼓励人们注意这些服务的质量和效率……将学术和财政条件结合在一起。"在一本总结了25年来的RCM经验的手册中,斯特劳斯和克里这样写道。① 但对于大学的运作来说,这个观点过于简单。"学术机构是复杂的、非线性体系,"正如罗伯特·伯恩鲍姆(Robert Birnbaum)所指出的那样,"并且一个部分对变化的反应可能会对其他部分产生违反直觉的、令人惊讶的效果……他们会用更加微妙和棘手的问题来代替比较尖锐的问题。"② 在USC,利润中心管理方法的引入相当于对所有人发动了霍布斯式的学术战争。对共同利益的支持不复存在了。

尽管逐步采用了RCM方法,但教务长科尼利厄斯·J.平斯(Cornelius J. Pings)仍然决定专业学院可以开设通识教育课程,这是文理学院的职责。这是一项非常重要的决定,因为学费无疑是USC大多数学院的主要收入来源。随着平斯的开门政策的实施,各个单位都开始使出浑身解数招收本科生,财政成为他们关注的最主要问题。

院长们要求对自己的专业享有"教育权",似乎学生们是他们的财产一样。长期以来,USC都在宣传一种将文理学科和所谓的应用型文理学科相结合的本科生教育。现在文理学院正在受到掠夺,因为敢作敢为的专业学院的管理者们在追求他们的"收获权力",把学生都当成了玉米棒子。工程学院为学生们开设了数学和作文方面的新课程,而公共政策学院则开设了特殊的统计学和计算机课程。虽然这些计划都有教育学理论的支撑——比如说,未来工程师的写作与普通的写作是不同的——但其真正的解释只是金钱。由于上这些课程的学生非

---

① Strauss and Curry, *Responsibility*, pp. 2,15.
② Birnbaum, *Management Fads*, p. 194.

常多,而且是由兼职教师担任教学的,因此它们是赚钱机器。

同时,许多学院的院长都急于削减校园活动的预算,如学生咨询、图书馆、注册办公室和建筑维护等,他们还否决了诸如社区工作计划这样的建议。"这是我们的钱,"他们坚持认为,而与乔治·W. 布什的热情作斗争,争取较低的校园"税收"。电影学院的院长甚至要求学校给他的学院拨出一笔特殊基金,因为它会提高学校的名声。当决定税收和补贴数额的时候,管理者们也插手了,纷纷为自己最喜欢的学院争取特殊待遇。

斯特劳斯和克里写道,RCM 向学校的各单位"收税",但分派的税额却"各不相同"。然而,在 USC,"补助"的唯一结果是使事情更加糟糕。① 在一封广为流传的电子邮件中,一位心存不满的教授警告他在 UCLA(这个学校聘请克里去实行 RCM 方法)的同事们说:"在 USC,这个方法似乎是中央管理层维持以往控制权的一种方法,同时也是在我们不能做到收支平衡时寻求在财政上约束我们的方法。"②

如果一所老年医学院为了尽可能取得最大利润而向本科生保证说,他们不用在实验室待一分钟便可以达到课业的要求,以此来招收更多的学生,这是完全合理的。同样,专业学院制造"贸易壁垒"以有效地阻止工程或商学院的本科生到文理学院上英语课,这样做从财政上说是明智的。出于几乎同样的原因,成绩等第变成了策略。文理学院本科生的平等课业成绩是 3.1,而专业学院的却是 3.5,大学生们当然知道这两者之间的区别。让教师和员工自由注册任何课程这一开明的政策变成了表演,因为有的院长为了提高注册率而强迫自己的下属去上一些他们毫无兴趣的课程。比如,有一位工程师为了让自己的学院多挣学费而去上潜水课。

20 世纪 90 年代初,USC 就像奥斯卡·王尔德(Oscar Wilde)所嘲弄的那样,知道一切事物的价格,却不知道它们的价值。有的学院甚至为了增加收入而改变自己了的职责。政策、计划与发展学院聘请的教授可以对这个专业一无所知,但上的课却大胆新颖,可以吸引学生。

---

① Birnbaum, *Management Fads*, p. 3.
② 引自 Wellford Wilms, Cheryl Teruya, and Mary Beth Walpole, "Fiscal Reform at UCLA," *Change*, 29 (September—October 1997), 43.

而花费较多的学术事务——如研究生教育和研究,这些是学校的根本——却受到了影响。也许斯特劳斯和克里所说的"城市和地域规划学院(当时用的是这个名称)完全依赖于注册的学生和 RCM 带来的研究费用"[①]指的就是这个意思。

在所有的花招中,USC 没有人公开提到过学术公共区域。这是校园里的兰尼梅德(Runnymede),院长们有效地进行着管理。他们决定自己应该交多少税,用于所谓的"边缘事务"——包括行政管理本身,它必须证明自己的花费是合理的。

长期担任法学院院长的斯科特·拜斯(Scott Bice)于 2001 年辞职,他是将这个制度运用得最好的人。"这就像管理你自己的小型学院一样,"他说,"我不需要经过任何人的批准就可以决定教师的工资和招收多少学生。"拜斯有足够的钱花。按照市场价格规定的法学院学生的学费带来了充足的收入;导致迈克尔·杜卡基斯(Michael Dukakis)在 1988 年的总统竞选中失败的苏珊·爱斯瑞克(Susan Estrich)每年都会为几百名交学费的本科生上一次课。在校园预算战争中,没有人比拜斯更加成功。由谁来为学校图书馆的运营付钱的问题便是一个极好的例子。图书馆是学校的公共财产,但拜斯认为法学院有它自己的图书馆,因此不应该再为另外一堆书付钱,他成功了。[②]

拜斯说,法学院得到了学校当局的"最惠国待遇",但这种比喻经不起仔细推敲。法学院不是一个国家。洛杉矶法学院 1900 年加入这所大学之前,法学院一直是一个独立的机构。[③] 大学的声望让它受益,名称的改变也能说明许多问题。图书馆藏书的数量也影响到 USC 在高等教育秩序中的位置。让图书馆难以支撑下去不仅是不负责任的行为,也是目光短浅的。

法学院不是唯一一个在斯特劳斯-克里掌权时期繁荣兴盛的单

---

① Strauss and Curry, *Responsibility*, pp. 23—24.
② 依赖于 RCM 规则的宾州大学一位系主任作的评论说明了这样的态度会导致什么结果。"对他来说保持收支平衡的最好的方式(这位系主任说)是站在图书馆的台阶上不让学生和教师进去,向使用者收取费用。"见 Strauss and Curry, *Responsibility*, p. 27。
③ USC University Park Community History Stations, http://www.usc.edu/dept/CCR/theme/17.html

六 卡夫卡是一位乐观主义者:南加州大学和密歇根大学

位。教务长劳埃德·阿姆斯特朗(Lloyd Armstrong)说:"工程学院得到了根本性的永久补助。"预算经理对音乐学院的需要没有表示太多的支持。由于教育音乐专业的学生要比教育商科的学生昂贵得多,音乐学院通常是学校津贴的首要获益者,但在 USC,它受到的却是严厉的对待。斯特劳斯和克里说:"音乐学院知道,由于学院的开支巨大,因此进一步的发展不可能依赖学费,而是要靠捐赠和资助。"① 但在洛杉矶没有一位斯蒂芬·斯皮尔伯格(Steven Spielberg)来资助一家音乐学院,因此这所全国最好的音乐学院之一的预算不得不被大幅削减。

* * *

20 世纪 90 年代初,新一任校长斯蒂芬·桑普尔(Steven Sample)开始保留一份记录了所有明显的学术困境的文件,如"浮浅的莎翁研究"。这一切都结束了,通版广告、给成绩送分和多余的课程也停止了。劳埃德·阿姆斯特朗作为约翰·霍普金斯大学的一位院长对 RCM 的危害有亲身体验,他和桑普尔一起开始努力用预算制度进行管理——这并不容易,因为现有的政策让法学和工程学院受益颇多,这两个学院在 USC 的管理中有很多有力的支持者。

1994 年,阿姆斯特朗开展了一项针对通识教育的战略计划,引起了"极大的争议"。在势力范围的竞争中,有三分之一的公共课程是由专业学院担任的。现在不再如此了。阿姆斯特朗说:"我宣布 RCM 破坏了通识教育体系,要恢复这个体系的合理性和质量;将来,通识教育课程要全部回到它们原本属于的地方——文理学院,想一下各位院长听到这些消息反应吧。"

通识教育的主旨也得到了修订。阿姆斯特朗说,这六门课不应该是一盘大杂烩,"相互之间必须有着严格的、合理的关联"。所有的本科生必须上满通识教育的全部课程,从而防止专业学院用增加专业必修课的方法来降低对通识课的要求。在 RMC 制度中,这项措施每年给文理学院带来 800 万美元的额外收入,这笔钱让文理学院可以恢复

---

① Strauss and Curry, *Responsibility*, p. 24.

在实施 RCM 期间被削减了六分之一的教师数量。① 通识教育课程兴盛起来了,因此担任教学的都是高级教授,学生对他们的评价非常高。阿姆斯特朗说,唯一的不满来自一些专业学院的院长们。"无论他们之中谁有了预算问题,他都会说,如果你没有拿走我的通识教育课程,就不会出现这种问题。"但一段时间之后,"即使是这种抱怨也变得只是口头上说说罢了"。

"领导者的责任是恢复文明的行为。"约翰·克里说,但在 USC,这并不是经销的模式。真正的信徒认为校园"市场"是由一只众所周知的、看不见的手在操控的。这是不可能的,就像传统主义者认为在高等教育的世外桃源中提到钱过于粗俗的观点一样不合理。

1995 年之前,教务长可用于学校的当务之急的费用不到 100 万美元——这是非常微薄的——而且对在 RCM 期间被抛弃的一些单位实行收入弥补的措施遇到了意料之中的抵制。但这种情况在 20 世纪 90 年代中期得到了改变,当时出现了一份支持集权加强的报告:如果 USC 想成为一所有实力的大学,那么必须将额外的钱用于学校的当务之急。② 管理者将这份报告作为一种手段,将税率提高了 20%。阿姆斯特朗称这笔钱是"种子基金",用于支付学科间的一些项目,如能源和城市规划,同时也用于支持像老年医学院这样长期贫困的单位。

RCM 所代表的含义改变了:"利润中心管理"(revenue center management)被抛弃了,代之以"责任中心管理"(responsibility center management)。推测起来,这个观点就是指在大学管理中,金钱并不是一切。莫顿·夏皮罗曾在 USC 担任过院长,后来去了威廉姆斯学院任校长,他认为:"RCM 是一个非常好的会计制度,但如果你没有自己的看法,它便成了你的看法。"

大学有充分的理由为这种形势而欣喜。20 世纪 90 年代初,USC

---

① 2002 年 10 月,南加州大学宣布开展一项为文理学院聘请 100 位"世界级"高级教师的活动,将学院的规模扩大 25%。Piper Fogg, "U. of Southern California Will Add 100 to Its Faculty," *Chronicle of Higher Education*, October 4, 2002, p. A16.

② 哈佛古老的"人须自立"的态度也对 RCM 提出了同样的批评。杜克大学的校长南内尔·科汉恩(Nannerl Keohane)认为"当整个企业需要有活力地向某个方向前进的时候,'人须自立'也许并不是一项长处。Nannerl Keohane, "Becoming Nimble, Overcoming Inertia," *Harvard Magazine*(January—February 2001), http://www.harvard-magazine.com/archive/01jf/jf01_feat_future.html#becom

和其他很多私立大学一样属于二类学校,录取的本科生与真正来注册的学生之间的比例急剧下降,从43%下降到29%;同时,财政资助也增加了。几位院长计划用录取较差学生的方法来维持收入。而斯蒂芬·桑普尔校长则通过缩小一年级新生班的方法来提高学生的质量;他还征收税款为加利福尼亚的优秀学生设立奖学金,使进入USC并不比进入加利福尼亚大学昂贵。①

对于非常依赖学费的院长们来说,这就像是遇到了海难。而事实证明这是USC的一个转折点,在不到十年的时间里,前来申请的学生增加了两倍,使之成为一所"热门"学校。RCM式的市场并没有让学校达到目的,而受到学术价值推动的领导人却做到了。

密歇根大学:"地方支持"的限制

在USC将预算术语从"利润中心管理"改为"责任中心管理"的时候,从1994年开始实行RCM的密歇根大学也在忙于修辞上的改变。为了顾及到教授们的情绪,RCM中的"R"代表的是"责任"(responsibility)。但学校的主要支持者、教务长和前任商学院院长吉尔伯特·惠特克(Gilbert Whitaker)讨论过如何用这种方法来满足学校的"顾客们"的需要,同时增加"这一系统中产品的数量"——产品即学生,这种说法惹怒了学校的大多数教师。②

这个词是刺耳的,这不光是因为它的商业气息。语言说明了我们是如何建构世界的,因此它才有意义。③ 顾客希望他们的偏爱得到满足,但学生到大学来是为了形成他们的偏爱。在更加广泛的关于学校使命的讨论中,RCM很快就成为讨论的对象。"高等教育的价值是什么?"教授们问道。"一切都是商业吗?"惠特克用名称的改变做出了

---

① Strauss and Curry, *Responsibility*, p. 19, 以及南加州大学采访。例子中的行为是受到了赞扬,见 Henry Rosovsky, *The University: An Owner's Manual* (Cambridge, Mass.: Harvard University Press, 1991), pp. 277—282. 亦参见 Ronald Ehrenberg, "In Pursuit of University-wide Objectives," *Change*, 31 (January—February 1999), 29—31.

② 这一部分很大程度上依赖于对行政人员和教师的电话和电子邮件采访。

③ Gumport, "Academic Restructuring," p. 74.

回答。1995年,他将RCM改成了VCM——价值中心管理(*value-centered management*)。存在于金钱问题和学术价值之间不和谐关系中的真正的困难,就这样轻易地解决了。

像USC的特洛伊一样,密歇根的"狼獾"也是多年的足球强队,但历史上的相似之处仅限于此。1817年,在边境州创办密歇根大学是一项勇敢的举动。虽然这个新机构开始用的是一个非常古老的名字,叫密歇根大学或密歇根学园(Catholepistemiad),但这个计划却是非常现代的。在那个东海岸的学校还在模仿牛津传统课程的时代,这所新的、受到公共资助的大学强调的却是经济学和科学。它不想成为一所孤立的象牙塔,一个荒野中的哈佛,而是州通识教育体系的顶点。① 历史学家约翰·布鲁巴切(John Brubacher)和威利斯·鲁迪(Willis Rudy)说:"美国大学的开端到来了,不是在剑桥或巴尔的摩(约翰·霍普金斯大学所在地),而是在安娜堡(Ann Arbor)*。"②

与USC不同,密歇根从没有被迫依赖于付学费的学生或者寻求地位的房地产经纪。这是第一所受到公共资助的高等教育机构——名副其实的公共财产。校长兼学校的缔造者亨利·塔班(Henry Tappan)在19世纪50年代时将这所大学描述为"对过度的商业精神、狡辩和自私的强大的反对力量"。一代人之后,他的继任者詹姆斯·安格尔(James Angell)反对建立当时其他美国大学都没有的牙科学院,理由是牙科不是"学术行业"。③

但当时学校的董事会否决了安格尔的决定。这是他在38年的校长生涯中难得的失败,显然,牙科学院是众望所归,并且在这个事例中,董事会对这种要求做出了反应。自此,在政治责任的压力与出人头地的渴望之间的紧张关系便不断出现。否则它在一所公立学府中又会是怎样的呢?

---

① Howard Peckham, *History of the University of Michigan* (Ann Arbor: University of Michigan Press, 1997).

* 密歇根大学主校区所在地。——译者注

② John Brubacher and Willis Rudy, *Higher Education in Transition* (New York: Harper and Row, 1976), p. 109, paraphrasing Andrew White, *Autobiography* (Englewood Cliffs, H. J.: Prentice-Hall, 1905), vol. 1, pp. 291—292.

③ James Angell, *Reminiscences* (New York: McKay, 1912), p. 128.

六　卡夫卡是一位乐观主义者:南加州大学和密歇根大学

在州立大学中,密歇根从名声上说仅次于伯克利,位居第二。这是一所示范性的多学科大学,有 37000 名学生就读于 19 所学院,有运动机能学院,有大型的文理学院(它有 18000 名学生就读于 50 个系)。每年政府研究基金拨给学校近 5 亿的资金,医学中心还会带来 10 亿多美元的收入。

政治和经济气候决定了学校能从州政府得到多少资金,附带的是什么样的条件。立法者决定州拨款的数额,确保学校招收的本科生大多数为州内居住者,并且学费较低。州内良好的经济状况也使公众非常慷慨。20 世纪 70 年代和 80 年代,在密歇根的工业经济衰落的时候,大学也感受到了冲击。1988 至 1996 年期间担任校长的詹姆斯·杜德斯塔特(James Duderstadt)说:"我们从镜子里看到了自己的即将到来的死亡。"[1]

责任中心管理与杜德斯塔特:这个概念与这个人配合得天衣无缝。作为校长,他认为自己是学校改革的动力——建立新机构的工程师。杜德斯塔特喜欢思考对抽象的、未来计划的修辞。在任期间,他常常把院长会议变成自由讨论,让他们思考"领导层改变"和"改革"这样的概念与"21 世纪大学"之间的关系。在被董事会解职之后,他做了作为前任校长通常会做的事情:写书。在他著作的前十几页中,"变化"这个词出现了 20 多次。[2]

与所有的公立大学一样,密歇根大学发生的最大的变化是州财政支持的下降。1960 年,州对普通资金的投入是 70%,2000 年时下降到 36%。除了在访问州首府兰辛期间,杜德斯塔特平时并不把密歇根大学描述成一所州立大学。"我们曾经受到州政府的资助,"他说,"然后是受到州政府的帮助,现在我们只是坐落在这个州而已。"有些管理者认为很多立法者的表现并不友善,于是称密歇根是受到州政府困扰的大学。无论人们喜欢与否,学校变成了杜德斯塔特所说的"密歇根大学有限公司",它被当作一个商业企业在经营,被比作《财富》上的

---

[1] 关于州的越来越重要的角色,见 Patricia Gumport and Brian Pusser, "University Restructuring: The Role of Economic and Political Contexts," in John Smart and William Tierney, eds., *Higher Education: Handbook of Theory and Research* (New York: Algathon, 1999), 14:146—199.

[2] James Duderstadt, *A University for the Twenty-first Century* (Ann Arbor: University of Michigan Press, 2000).

500强。虽然学校的管理曾经是分散化的,但杜德斯塔特说,我们想要的更多,"每一个机构都应该自立,并且有人在掌控"。

这个掌控的人是教务长吉尔伯特·惠特克,他对实行责任中心管理进行了全力的支持。他长期担任商学院的院长,也是分散预算步骤计划的长期支持者。在惠特克之后担任代理教务长的伯纳德·马切(Bernard Machen)说:"他相信学校可以从校外筹集到资金。"各学院必须"认可学校的做法,这样才能显示自己的品牌,否则就是在各自开店"。惠特克喜欢企业管理良策——早先他将全面品质管理,或者叫TQM(total quality management),视为自己追求的目标。他也非常赞赏从 USC 和印第安纳大学管理者会议上学习到的东西,后者是第一个采取 RCM 的大学,给他的印象非常深刻。

文理学院前任院长伊迪·古登伯格(Edie Goldenberg)认为,印第安纳不是一个好的类比,因为在布鲁明顿(Bloomington)[*],一所文理学院院长便可以主宰整个大学,而以传说中的潜水课程出名 USC,则是个反面教材。但惠特克"坚持认为用商业方式会做得更好,"那些年里负责管理文理学院预算的约翰·克罗斯(John Cross)说,"不擅此道的学术机构应该模仿 IBM 和通用汽车公司的游刃有余的做法"。惠特克对自己的使命有着不同的理解:"目标是建立更加合理的奖励机制——对花费课以合理的税收,对收入给予适当的奖励。需要做的是不让人们为了增加收入而做不恰当的事情,如给一个有 4000 名学生的班级放电影。人是会采用欺骗手段的。"

从 1995 年起,惠特克发布的预算数字显示了全校各单位价值中心管理在纯金钱方面的概念,两年后又制定出了完整版本的预算报告。RCM 虽然在 USC 没有遇到公开的反对,但在密歇根却得到了坚决的抵制。

预算计划是自上而下实施的,而不是由教师们共同商讨的,这让很多人觉得愤怒,其中包括政治学家格列高利·马库斯(Gregory Markus),他嘲笑这种决定过程"体现出的是等级、狭隘和对各方的不负责任,是对主动性和追求质量精神的打击"。这让马库斯想起了伍

---

[*] 印第安纳大学主校区所在地。——译者注

德罗·威尔逊所慨叹的作为普林斯顿大学校长的苦处:"如果教师们不听从指挥,我怎么能让这所大学民主化呢?"在让教师们信服的方法上,惠特克使用了爱德华·沃伦(Edward Whalen)的《责任中心预算》(*Responsibility Center Budgeting*)中的一页内容,这本书被视为是这一领域的《圣经》。"当责任中心预算第一次被宣布时,"这位印第安纳大学的经济学家和管理者写道,"每个学校的好事者都觉得受到了威胁……而且为了维护'学术质量'和保护'学术自由',他们必须理解这一点。"沃伦说,管理者得到的明确建议是"要将这些爱管闲事并且通常是多嘴多舌的人管住"。①

管理者们费尽心思做出来的预算"估计"让"院长们难以置信,目瞪口呆",教育学院的前任院长塞西尔·密斯克尔(Cecil Miskel)这样说,他熟读管理学著作,曾在院长会议上与教务长就 RCM 的适当性发生过争论。密斯克尔说,在那次会议之后,当时的法学院院长、不久之后担任学校校长的李·鲍林格对他表示了真诚的感谢。"我不能同意用 RCM 来决定一切资源分配的方法——用一种方式来决定所有的事情,包括与教授们有关的问题,"密斯克尔说,"惠特克只认识数字,用这种方式来处理问题。"(惠特克反驳说,他一直非常重视学术价值的重要性。)预算制定者约翰·克罗斯成功地提出了责任中心管理的"思想史",指出首先提出这个概念的人——研究公司行为的芝加哥大学的经济学家们——认为它的原则只能适用于最简单的组织机构。②

在实施 RCM 的时候,密歇根吸取 USC 的错误做法的教训。在安娜堡,课程安排原则没有受到破坏。没有一个系科企图通过不读剧本学习莎士比亚或者通过不做实验学习科学的方法来完成通识教育。当然,副教务长保罗·科伦特(Paul Courant)所说的用模糊成绩来吸引学生入学的"新计划"的确有诱惑性。马切说,建筑学院"神秘地从

---

① Whalen, *Responsibility Center Budgeting*, pp. 93—94. "与自己在管理人决定中的作用相比,有些学院管理人员甚至更加不愿意教师加入决策制定当中。他们担心教师们一旦获得了信息,会主要地关注他们自己的结果。" Marvin Lazerson, "Who Owns Higher Education? The Changing Face of Governance," *Change*, 29 (March—April 1997), 14.

② John Cross, "A Brief Review of 'Responsibility Center Management'" (unpublished ms., October 18, 1996), citing Jack Hirshleifer, "On the Economics of Transfer Pricing," *Journal of Business* (July 1956), 172—184, and "Economics of the Divisionalized Firm," *Journal of Business* (April 1957), 96—108.

国外招到了富有的学生,以此来挣钱"。工程学院开设了自己的写作课,上这门课的有几百名学生,他们原本都应该在文理学院上英文写作课的。这个课程已经开设了好几年,工程学院认为,有不同的选择对学生来说是最好的,但文理学院的院长伊迪·古登伯格觉认为时间的选择有些让人生疑,因为"他们的计划是在 VCM 讨论期间产生的"。工程学院也认真考虑过开设自己的数学和物理课程,如果真的实行了,便是这些系的灾难。有些学院提高了对专业课程的要求,从而可以确保在学费分配中占有更大的比例。

更重要的是,这种新的财政状况成为跨学科工作中的障碍,而跨学科正是密歇根长期以来的特色。比如说,生物、生物化学和化学系的学者们常常会与医学院和药学院的教授们合作。半个多世纪以来,社会研究学院一直是社会科学研究者们聚会的地方。但自实行 RCM 之后,心理学系便要求本系的教授们通过系而不是通过学校来管理他们得到的资助,这样系里才便于对这些钱进行控制,对实验室进行更新。教务长保罗·科伦特说:"对学校状况的关注造成了对新制度在社会学方面的怀疑。"

对于应该由谁来支付学校事务的费用也有类似的争论。在很大程度上是自立的法学院反对学校实施职业安全与保健管理总署的规定,因为这些规定主要是适用于医学院的;文理学院也不愿意为研究生院提供补贴。就像前任商学院院长珍妮特·怀斯(Janet Weiss)所说的那样:"各单位都有 100 条理由来拒绝为造福他人的事情付钱。"

责任中心管理的目的是让预算制定过程透明化,但是为了胜过那些难对付的院长们,惠特克便独立负责。教育学院会由于这个安排而将它的年收入提高到 100 万美元,几乎是它的预算的 15%。同时,新的预算制度让学校医院得到了特殊待遇。怀斯说,"放弃困难的事情"使新的手段在现实中不如在理论上那么有力。"如果需求的减少导致了入学率的降低,从而造成了学费收入的减少,RCM 便认为应该由这个单位自己来支付这笔费用。其实从来没有这样实行过。在感觉到财政冲击之前,学院有大量的时间来进行游说。"

1996 年,在与杜德斯塔特进行了长期的争执之后,惠特克辞职了。

"他认为自己可以比校长和 CFO* 做得更好。"他的接任者伯纳得·马切说。伊迪·古登伯格认为惠特克是"一位好经理人,识人善用,但不是一位管理者、知识分子和学者",这在密歇根对他造成了很大的不利影响。虽然马切被任命接替惠特克的职位是因为相信他不会推翻自我,但这位任前院长很快便警告他的同事们说,无本获益的时代已经过去了,各学院很快便会感觉到价值中心管理带来的影响。但就在马切被任命一个月之后,杜德斯塔特便被解职了。他的接任者是李·鲍林格,这个人在任法学院院长时曾对塞西尔·密斯克尔反对 RCM 的行动表示赞赏。价值中心管理不是有名无实的,而是旨在产生变化。

正如保罗·科伦特所说的那样:"大学不是真正的市场。"作为一名经济学家,科伦特认为市场中"不存在自由出入的规则"。由于对学校价值的不同认识造成预算的不同,因此将预算描述为价值中心管理是过高的要求。而且,"市场语言使教师们认为制定预算的人与他们没有共同的利益。于是他们便问:'是谁在管理我们的大学?'"

1997 年,预算模式改变了名称,很多术语也改变了。虽然各学院在很大程度上仍然负责金钱的筹集和花费,但学校管理者收回了对一些会影响到更大范围的事务的决定权。与在 USC 一样,安娜堡里也产生了对重新收回领导权的要求。

李·鲍林格的教务长南希·坎特(Nancy Cantor)和之后的保罗·科伦特在 1997 年的一份"工作进展"报告中指出了这一变化。他们认为,价值中心管理有利于推动他们所说的"地方支持"——对教授的工作和系科的支持。但 VCM 突出的是财政自给的重要性,忽视了对合作的支持,更明确地说,是对学校共同事务的支持,而这正是密歇根的特色。他们写道:"我们在密歇根觉得更加快乐,因为我们知道这里在教授某一种稀有的语言或者正在举行一场音乐会,我们的快乐甚至也来源于所感受到的他人的荣耀。"[1]惠特克的说话方式不是这样的。

管理者通过对学校的单位课以重税以达到平衡——大多数学院

---

* Chief Financial Officer 的缩写,指首席财务官。——译者注

[1] Nancy Cantor and Paul Courant, "Budgets and Budgeting at the University of Michigan: A Work in Progress," *University Record*, November 26, 1997, http://www.umich.edu/~urecord/9798/Nov26_97.budget.htm

要上交收入的22%——用于密歇根引以为荣的学术合作。（坎特和科伦特的2001年报告中提到了其中一个典型的例子："亚洲语言和文化系的一位每年教授十名学生的人类学家提出的专业意见使自然资源学院的一位同事成功地设计出了一套方案，可以改变印第安纳乡村的环境，同时又不破坏当地的风俗习惯。"）[1]有的院长坚持认为教师们应该通过自己的系而不是多系科的学校来管理他们的资金，这是在破坏联合研究计划，于是他们被告知，要么当一名好公民，要么就卷包袱离开。鼓励跨学科研究恰恰是优秀的管理方式——它认识到在大学与在公司一样，最好的工作常常不是在旧的体制中实现，而是在商业著作中所描述的"功能通道"中实现的。[2]

教务长办公室还负责给他们认为最优秀的学术项目拨出额外的资金，并负责决定像图书馆、计算机中心和植物园等公共机构应该有多少花费。在南希·坎特离开密歇根去担任伊利诺伊大学的校长之前，很多人将这些资金称为"南希的慷慨"。

这些改变激怒了杜德斯塔特。"中央控制过多。"这位前任校长认为。他否定了这种新方法，因为它植根于"一种天真幼稚的想法，以为我们可以让时光倒流，回到20世纪50年代，那时候你可以开着卡车去兰辛，然后装着钱回来。"

他预言说："管理者不可能抵制市场的管理。"但杜德斯塔特的批评并没说中。"将它留给市场"本身是一条政治声明，是不履行学校的领导责任和对大学使命的放弃。

---

[1] "Scrounge We Must: Reflections on the Whys and Wherefores of Higher Education Finance," paper prepared for CHERI Conference on Higher Education Finance, Cornell University, May 21, 2001, http://www.ilr.cornell.edu/cheri/conf/chericonf2001/chericonf2001_10.pdf

[2] 参见，例如，Tony Davies and Brian Paine, *Business Accounting and Finance* (London: McGraw-Hill, 2002)。

七 杰斐逊先生的"私人"学院：
弗吉尼亚大学达顿商学院

弗吉尼亚大学无疑是全国在建筑上最著名的校园。① 弗吉尼亚人虔诚地称之为"杰斐逊先生的大学"，事实上这位博学的总统在设计他所说的"学术村庄"②中的确起到了重要的作用。一座微型的罗马万神殿坐落在人们所说的"草坪"中央；这片"草坪"是各区的中心装饰（这所大学拥有的是"区"，而不是校园），旁边与两排联邦式的建筑相连。这些建筑是教室、教师住地和相互之间竞争激烈的四年级学生的宿舍。

尽管每年有许多游客朝圣般地来到夏洛特维尔（Charlottesville）*，但在杰斐逊的伟大形象之下也存在着明显的忽略行为。经济学系的所在地卢斯大楼便是一个最令人伤心的例子。它需要新的管道和供暖系统、结构维修、残疾人电梯等许多设施和服务。但至今为止，由于长期缺乏资金，学校的管理者只能对它进行一些表面的修缮。2001年秋，负责这项工作的埃德加·奥尔森（Edgar Olsen）教授雇用本科生对大楼进行清理，他说："这幢建筑非常破旧，我都不好意思对妈妈说我就在这里上班。"系里本打算给自己建一幢新房子，但那些更加

---

① 本章节参考了对管理人、行政人员、教授、学生以及其他对学校问题有见地的人的面对面、电话和电子邮件的访问。未加引号的引用部分选自这些内容。

② 关于杰斐逊，形式与作用的确不可分。除了"学术村庄"之外就是"一个更大、更公共的嘈杂场所，里面充满了垃圾和恶臭的气息"。Thomas Jefferson to Hugh L. White and others, May 6, 1810, in *The Writing of Thomas Jefferson*, ed. H. A. Washington, vol. 5 (New York: Derby & Jackson, 1859), p. 521。

* 弗吉尼亚大学所在地，杰斐逊的家乡。——译者注

缺乏资金的文理系科联合起来反对这种独立行动。他们说,不单是经济学系,而是所有的文理系科都需要钱。

一英里之外是1996年建成的达顿商学院校区,其建筑模仿了杰斐逊的风格,以此来表达对他的敬意。联邦式的建筑构成了一个宽阔的草坪。主建筑模仿了万神殿的样式。建筑内部设计质朴,墙面是柔和的殖民地时期风格的颜色(其中有三种杰斐逊式的黄色,达顿的学生们都知道它是"留言便条式的"黄色);与之呼应的大厅和华丽的宫殿式的装饰让人想起星巴克的设计。这种设计适合用作舒适的家庭和花园。

这种位置上的分离是一种用砖瓦表现出来的学校内部的更加根本性的划分。坐落于历史悠久的各区的学院,其中包括文理学院、教育学院和商业学院(培养商业专业的本科生),都是按照公立大学的规定在运行的:州里会发放少量的资金,并且明确规定这些钱应该如何支配。

相比之下,商学院和与之相邻的法学院都在不同程度上迅速地向人们所说的"自给自足"方向发展着。作为放弃州基金的交换条件,达顿得以自己建设它的校园。最后,它的校园有九幢建筑,占地340 000平方英尺,花费了大约7700万美元的私人捐赠。从根本上说,学院可以决定自己需要多少位教授、应该为他们支付多少工资。[①] 学院可以保留它筹集的资金的90%。它为高级经理人提供昂贵的主管课程,学费是按照市场标准来制定的。甚至学院的网站也体现出独立的意味:上网者通过www. darden. edu 就可以进入学院的网页,而无须像访问其他学院的网页一样经过 www. darden. virginia. edu。作为一所非常传统的大学,它对当代市场竞争压力的反应是建立了对任何公立大学来

[①] 达顿学院和大学之间的"谅解备忘录"特别说明,虽然达顿比学校的其他单位在管理方面有着更大的灵活性,但它的人员制度服从于大学中心管理的审核。但达顿与其他学院的重要区别在于达顿可以根据"市场同等水平"而不是大学其他单位的标准来制定工资标准。根据备忘录,"大学将尽一切努力提供与达顿的预算增长相一致的数量合理的州教育和普通的相当于普通全职教师的职位(FTE)。然而,只要大学仍然服从于弗吉尼亚州的最高雇用标准,那么大学对提高的州FTE水平的认可必须与州政府对大学的总体最高雇用标准提高的认可相一致……大学将给达顿学院提供适当的管理上的灵活性,允许它在服从于负责教师补偿的教务长或者大学负责职员补偿的人力资源部门的审核以及与大学和弗吉尼亚州的政策相一致的情况下,自行制定教师工资、奖金以及与市场同等水平一致的重要管理人员、专业和技术人员的分类和工资。"Edward A. Snyder, Leonard W. Sandridge, and Peter W. Low, "Memorandum of Understanding," June 18, 2001.

说最自治的或者说是最"私有化"的学院。①

达顿代表了发展的趋势,因为在全国,公共高等教育的私有化正在迅速发展。得克萨斯大学拥有15座校园,校长马克·郁多夫(Mark Yudof)称"州政府与其旗舰大学之间的特殊合作"正在被扔进历史的垃圾堆。②

郁多夫指出:"一个多世纪以来,这两者之间存在着一种交易:为了回报纳税人的经济支持,大学降低学费和录取要求,培养研究生和专业学生,推动艺术和文化,帮助解决地方上的问题,并且进行各种突破性的研究。"但在1980到2000年期间,全国各州从税收中为大学提供的费用被削减了30%。州政府从收入中拨给高等教育的资金减少了三分之一,从9.8%降低到6.9%。③

全国的州立大学的财政状况都非常严峻。不仅州里提供的基金不足,联邦政府的资助也比过去减少了,钱主要用资助或贷款的方式拨给了学生,而不是给了大学。于是公立大学自1990年起将学费提高了125%,但来自父母和政客们的压力对他们的收入进行了有效的限制;在弗吉尼亚,州政府在1995年对学费做出了最高限制。④ 大学也更加积极地寻求私人和团体的捐助,但所带来的不可避免的结果是:捐赠人的意志,而不是公众的利益,在越来越多地影响着学校的事务。

商学院天生就对这个商品时代的精神了如指掌,并且善于利用其中的机会。钱是商学的主要研究对象,赚钱则是学生们的动力,而且

---

① 参见 David Breneman, "The 'Privatization' of Public Universities: Mistake or Model?" *Chronicle of Higher Education*, March 7, 1997, p. B4。

② Mark Yudof, "Is the Public Research University Dead?" *Chronicle of Higher Education*, January 11, 2002, p. B24; Jeffrey Selingo, "The Disappearing State in Higher Education," *Chronicle of Higher Education*, February 28, 2003, p. A22.

③ Yudof, "Public Research University," p. B24. 参见 David Breneman and Joni Finney, "The Changing Landscape: Higher Education Finance in the 1990s," in Patrick Callan and Joni Finney, eds., *Public and Private Financing of Higher Education* (Washington, D. C.: Oryx Press and American Council on Education, 1997), pp. 30—59。

④ 参见 Ronald Ehrenberg, *Tuition Rising: Why College Costs So Much* (Cambridge. Mass.: Harvard University Press, 2000); Thomas Kane, *The Price of Admission: Rethinking How Americans Pay for College* (Washington, D. C.: Brookings Institution Press, 1999)。如果大学提出增加学费,将会受到联邦法律的处罚。Greg Winter, "Lawmaker Proposes a Measure to Restrain Tuition Increases," *New York Times*, March 7, 2003, p. A18。

商学院也容易吸引外部的资助。① 这些曾使商学院成为学术界嘲笑的对象,但现在这些因素却使商学院成为受到市场推动的高等教育中的先锋。弗吉尼亚州不再负责达顿的事务,这使这所学院更加方便与像斯坦福或哈佛这些富有学校的商学院进行竞争——但对于大学更加广大的目标来说,这意味着什么?

自治的漫长道路

作为一所半个世纪之前成立的南方第一所研究生商学院,达顿一直渴望成为一所全国著名的学府。新学院的支持者认为,"南方在很大程度上仍然属于殖民地经济",而且最优秀的孩子都去了北方接受商业教育。② 对人才流失的关注并不是新鲜的问题——杰斐逊就曾经担忧在哈佛接受教育的弗吉尼亚人会变成"狂热分子和保守党人"。人们希望通过培养新一代的本土商业领导人,这所志在成为"南方哈佛"的商学院可以有助于南方在经济中的竞争。③

开始时,达顿的教师主要是哈佛商学院的毕业生,并且学院也采纳了哈佛特有的案例教学法,但哈佛不再是学院的标准。近几年来,达顿逐渐开始进入《商业周刊》评出的商学院排行榜的前十名——是除密歇根之外唯一上榜的公立学校——并且排名超过了像芝加哥这样的更加著名的学校。达顿的学生对自己在那里受的教育非常满意——学校在学生的满意程度方面名列全国第二;非常看重《商业周

---

① 参见 James Engell and Anthony Dangerfield, "The Market-Model University: Humanities in the Age of Money," *Harvard Magazine* (May—June 1998), 49—55; James Engell and Anthony Dangerfield, "Higher Education in the Age of Money" (unpublished ms., 2002)。

② 参见 C. Stewart Sheppard, ed., *The First Twenty Years: The Darden School at Virginia* (Charlottesville, Va.: Colgate Darden Graduate Business School, 1975), p.6。

③ Thomas Jefferson to Joseph C. Cabell, January 22, 1820, in *The Works of Thomas Jefferson*, ed. Paul Leicester Ford (New York: G. P. Putnam's Sons, 1899), vol. 10, p. 154.

刊》的雇员们对学院的表现也非常满意。①

达顿在筹集资金方面也做得非常成功。爱德华·辛德(Edward Snyder)在担任院长三年的时间里，总共筹集了2亿9百万美元，使学院成为全国商学院中平均每个学生获得捐赠最多的学院。(《商业周刊》报导说，2001年夏，当员工们听说辛德要回到他的母校芝加哥大学时，都掉下了眼泪。)在所得到的捐赠中包括商学院有史以来得到的最大的一笔单笔捐赠——6000万美元，这足以在一家企业中建立一个中心。它的捐赠者弗兰克·巴顿(Frank Batten)爵士是一位哈佛的MBA，这一点还引出了一个笑话，说也许应该称哈佛是北方的夏洛特维尔。

弗吉尼亚人对他们的一流大学充满热情，这对于大学的管理者来说既是祝福，也是祸根。在一个既没有著名城市也没有著名运动队的州里，弗吉尼亚大学和威廉-玛丽学院(College of William and Mary)成为当地人的荣耀。弗吉尼亚的政客也非常热情，他们的情感可以发展为怨恨。立法者在课程内容的斗争中成为文化卫士。有时候，州高等教育委员会成员之所以当选是因为他们对大学的憎恨。首府里士满(Richmond)的人员严密监督着学校的预算，就在几年前，州还出台了一项工资发放制度，其中事无巨细的规定和制度的复杂程度足以让鲁布·古登伯格(Rube Goldberg)*瞠目结舌。

弗吉尼亚大学的前任教务长彼得·劳(Peter Low)说："问题是州里只提供收入的一小部分，却想得到100%的控制权。"2001年春，立法机构没有批准一项预算，于是耗资1亿美元的夏洛特维尔校园建筑计划便被搁置了半年之久。辛德在担任达顿的院长之前曾在密歇根大学任教，

---

① "随着时间的流逝，《商业周刊》的民意测验已经成为商业学校排名的主要决定因素……如果一所学校在《商业周刊》的排行榜上有了明显的升降，那么随之而来的是几乎立刻便产生的申请人数的巨大变化，十个月之后，入校学生的质量也会有相应的变化。由于商学院的预算主要是靠向学生收取的学费，于是《商业周刊》的排名就变得非常重要。事实上，它的重要程度使学校开始为了获得高分而改变自己的行为……教授们受到越来越大的压力来避免给出差的成绩或者采取可能会使学生不愉快的措施，唯恐他们盛怒之下的评论会影响学校在《商业周刊》民意调查中的分数。据说在一次《商业周刊》的调查中，一所著名的学校得到了来自毕业班的苛刻的评论，于是这所学校写信给下一次参加《商业周刊》调查的班级，指出他们的评估会直接从他们的成绩的经济价值上反映出来。" Robert Frank, "Higher Education: The Ultimate Winner-Take-All Market?" in Maureen Devlin and Joel Meyerson, eds., *Forum Futures: Exploring the Future of Higher Education*, 2000 papers (San Francisco: Jossy-Bass, 2001), pp. 3—4.

* 美国著名漫画家，其作品多讽刺如何将简单的事情复杂化。——译者注

他说:"这里与密歇根不同。你无时无刻不感受到州的存在。"

尽管州政府对高等教育始终存有兴趣,但它从未对它进行过特别慷慨的资助。20世纪70年代和80年代初,弗吉尼亚大学正在努力创造"公立常春藤"的形象,即便在那个时候,州政府给每个学生的平均资助也低于它的邻居北卡罗来纳州对北卡罗来纳大学教堂山分校的资助。甚至在全国的公立学校都感觉到20世纪90年代初的经济衰退带来的影响时,弗吉尼亚的高等教育仍然是全国最差的之一。在两年的时间里,它的预算被削减了13个百分点。① 不可思议的是,弗吉尼亚州的各所大学大幅度地提高学费——对州内学生提高了79%,对外州学生提高了123%,于是它们成为全国最昂贵的公立大学。

1994年,政府开始干预学费的价格,立法者开始限制学费的上涨幅度,并且在两年之后,州长乔治·艾伦(George Allen)实施了学费冻结。大学不再能为自己的教师们提供有吸引力的工资,于是许多有才能的教授去了其他地方。好几位民主党和共和党的前任州长都曾警告说,公立高等教育的质量非常危险。

大学校长对此的反应是发出最后通牒:如果弗吉尼亚州不对高等教育给予更好的资助,他们就将使大学的某些部分私有化。"我们聚集在约翰(弗吉尼亚大学的校长约翰·卡斯汀)家的客厅里讨论这件事,"领导了州高等教育委员会20年的戈登·戴维斯(Gordon Davies)说,"其中一位校长说:'天啊,你真要这样做。'"

弗吉尼亚大学的法学院和商学院已经被变成了私立学院。尽管学校的管理者一直将达顿视为自己最喜爱的孩子——在一个各部门才能参差不齐的学校里,它被视为一道亮光——但却一直没有足够的州基金来资助这所一流的商学院。长期担任弗吉尼亚大学首席营运官的雷昂纳德·桑德里奇(Leonard Sandridge)回忆说,在20世纪80年代,美国法学院协会评审小组曾经警告说:"由于缺乏资金,法学院正在逐渐落后于同类学校。"达顿也受到了同样直接的警告。作为一所优秀的地方性学院,南方的印第安纳法学院必须去筹集大量的资金。

州立法机构对这些要求更多自治的请求做出的反应是出人意料

---

① "1% Decline in State Support for Colleges Thought to Be First 2-Year Drop Ever," *Chronicle of Higher Education*, October 21, 1992, p. A21.

的。1996年的一份最高裁决报告认为:"由于高等教育在改变其商业模式,因此联邦应该考虑改变它与高等教育的商业关系,制定出一份计划,允许部分高校享有特殊的独立模式,将它们从官僚体制的束缚中解脱出来。这项计划应该考虑让大学允许自己的部分可以自给自足的学院享有更多的自治权。"①对这个计划的论证是注重实际的。"显而易见的事实是:这个州不会再提供任何资源来让弗吉尼亚大学与斯坦福或者别的大学竞争。"前任州教育部长唐·芬利(Don Finley)说。

实际上,在夏洛特维尔,只有法学院和商学院可以吸引学生按照市场价格来支付学院自给自足所需要的学费。法学院所进行的关于自治的谈判被延期了,因为州政府的成员们认识到了研究生们在州事务中的重要作用,从而不愿意放弃控制权。他们还强制性地规定法学院必须保持州内学生占40%的传统。州内学生付的学费相对较低,这样做也限制了学院的潜在收入。

同样,达顿要做到自治,需要一定的手段。② 讽刺的是,争取更大自治的运动在1996年为达顿举行的一次活动中被搁置了下来,当时名义上独立的商学院资金筹集部门——达顿学院基金会的董事会主席托马斯·A.桑德斯(Thomas A. Saunders III)大声说出了"私有化"这个有魔力的词。

"我知道,从政治上说,'私有化'这个词是一个'热点',"桑德斯说,"但事实上州政府会获胜。如果把支付给达顿的津贴用奖学金的方式拨给本科生或者用于资金更加充足的项目,不是更好吗?今晚我要指出的是,达顿必须有应对竞争的自由,以求进入商学院排名的前五或前六位。"桑德斯将私有化与大学的杰斐逊传统结合起来的计划听起来像是一种营销策略。"弗吉尼亚大学仍然会继续授予学位。杰

---

① 委员会提出精选出来的学院和大学——那些可以在国家市场上竞争的学校——"可能会成为对他们自己一切操作性过程负责的准公共实体"。Commission on the Future of Higher Education in Virginia, "Making Connections: Matching Virginia Higher Education's Strengths with the Commonwealth's Needs," 1996, pp. 1, 25。

② 委员会成员中的平民主义倾向可以冲击自治的欲望。委员会的一名成员认为专业学院应该降低录取标准以吸引学生到弗吉尼亚的乡村去工作,那里的起薪比达顿毕业生所期待得要低得多。

斐逊先生的大学依然是我们的身份——我们的学术、身体和情感上的家。改变的不是它的精神和纽带，而是同世界上最好的商学院进行竞争的自由。"

"这种观点太可怕了。我差点跌到桌子下面去，"监察委员会成员威廉·古德温（William Goodwin）说，"如果你是立法者，你会说：'孩子，我的学校里不会发生这样的事。'"

"自给自足"最初是一种非常有安慰性的利己主义。现在它是一种既成的事实。2003 年，达顿（还有法学院）正式成为自给自足的学院。对外州的学生收取市场价格的学费，加上筹集的资金和得到的捐赠，还有从管理课程中获得的收入，这些都足以支付学院的开支。学院将逐渐将它的 MBA 班级扩大四分之一，这会给它带来更多的收入。①

*　　　　　*　　　　　*

教务长彼得·劳所说的"一次放松州控制的机会"被学校的管理者描述成一种双赢的安排。它给达顿带来的好处是让它可以在全国范围参与学生、教师、金钱和最终的声望上的竞争；至少在表面上，这种方式也让弗吉尼亚大学受益，因为过去属于达顿的钱现在可以用于学校的其他用途。雷昂纳德·桑德里奇说："这桩生意与其他所有的生意一样，如果各方目标一致，就能达到最好的结果。如果有一种方式能让一个系或者一所学院决定什么才是对企业——即整个学校——最有利的，并且也让自己受益，那么这就是我们想要的模式。"

然而，市场的比喻是有误导性的。高等教育和"其他所有的生意"是不同的，并且达顿也不是通用汽车公司的一个分公司。对达顿有利的东西并不一定有利于弗吉尼亚大学。相反，达顿的解放很可能会加速杰斐逊的"学术村庄"即弗吉尼亚大学的分裂。

---

① Amy Argetsinger, "Donors Tipping Scales at U-VA," *Washington Post*, May 28, 2003, B-1. 根据签订的"君子协定"，达顿的入校学生中应该有 30% 的弗吉尼亚居民。这些学生比其他州的学生少付 5000 美元的学费，差额部分的一半由州来弥补。州会继续每年提供 50 万美元奖励"杰出的学者"。当然，达顿的建筑及其土地是属于州的，即便这些建筑是用私人基金建造的也是如此。另外，执行性的教育计划和为高级经理人开办的重组课程也成为商学院和这些课程的教师的越来越有价值的收入来源。在比较好的年份里，达顿的管理教育课程的收入会比 MBA 课程的学费收入更多。

"特许费用"的谈判

集学者的沉静风格和鲨鱼的争夺本能于一身的达顿前任院长辛德说,"在我接到几个不同的院长职位邀请时,我计算了一下校内的税率",也就是商学院要上交给学校的收入比例。"密歇根是24%,埃默瑞(Emory)是40%。这种巨大差异影响着商学院之间的竞争。"辛德来到弗吉尼亚之后,用了18个月的时间与首席营运官雷昂纳德·桑德里奇就税率问题进行谈判。辛德开始提出的是5%,最后达成的税率只有10%,另外还有附加报酬。这个税率(比密歇根大学和USC都要低很多,第六章中详细叙述了这两所学校在财政分权方面进行的努力)对辛德来说似乎是非常公平的,因为"达顿很少使用诸如计算机中心这样的学校设施"。桑德里奇说他希望得到一个不至于让其他院长起来造反的数字。①

最后达成的条件让达顿拥有了其竞争对手所没有的独立性,因为达顿只需要交纳学费收入部分的税,而让它收益颇丰的管理课程和其他私营课程免税。而密歇根商学院则要上交收支预算的24%,其管理课程的收入也要上交2%,从州政府获得17.7%的补贴使它没有像达顿那样的自治权。②

在达顿,上交给学校的10%的学费收入只不过是一点"特许费用",达顿的行政副院长马克·雷斯勒(Mark Reisler)说,这个比喻非常说明问题。就像彼得·劳所承认的那样,商学院的确是一个"与学校的其他部分有着契约关系的独立实体"——与一所长期将自己视为

---

① 根据协定,达顿支付其所有的维持和建设费用,这在自我负担之前的那一年的数额是828 000美元。超出这些直接费用的部分中,10%的税是"捐给大学当作达顿学院的间接费用的"。Snyder, Sandridge, and Low, "Memorandum of Understanding." Also in Leonard W. Sandridge, "University of Virginia's Responses to Selected Statements in 'Mr. Jefferson's University Breaks Up,'" September 4, 2002 (E-mail).

② 在一封总结自我负担协议的信中,桑德里奇(Sandridge)写道,"盈亏底线,弗吉尼亚大学(从达顿)从州基金得到更多的纯税金,但私人基金中并没有税金。"Sandridge, "University of Virginia's Responses."

"绅士大学"的"绅士协定"。① 就像麦当劳的特许经营者要为使用这个品牌付钱一样,雷斯勒认为学院交纳的税金是购买了弗吉尼亚大学的托马斯·杰斐逊的宝典——品牌。否则的话,学院会逐渐变成一个独立的机构。辛德的前任通常不参加大学的院长会议,因为他觉得这个会议与自己和学院无关。本科生也被弄得令人讨厌:教室外的牌子上写着"仅供达顿 MBA 和管理课程学生使用"。虽然商学院也有限度地支持学校的一些活动——如参加了公共历史学院聘请黑人领导人的活动,但它这样做主要是为了突出自己的形象。它与在机构上与之分离的、相对贫穷的本科生商学院几乎没有什么关联。②

将整所大学视为一个市场是与认为中央管理者应该决定机构作为一个整体的优先性的观点相抵触的——例如,哥伦比亚大学便是这样做的,它将文理学院视为自己的核心部分,并且向商学院和法学院征收税款为物理学家和诗人支付费用。市场倾向违背了这样的观点:公共财物,如计算机中心和学校博物馆等,是让所有的人受益的,因此整个学校都应该为它们支付费用。它也忽略了达顿的直接利益——与 USC 法学院一样,商学院的声誉是受到它所在的大学的声望的影响的。

当然,手头可支配资源较少的院长们看问题的方式是不同的。马尔文·雷福勒(Melvin Leffler)是著名的冷战历史学家,2001 年夏之前一直担任文理学院的院长,他曾公开指责管理者对资金的支配方式——最不利于弗吉尼亚大学的方式。雷福勒指出,在 1997—1998 年间,学费收入比学院获得的资金多出了 1700 万美元,也就是说,学院在补贴大学的其他部门,包括达顿在内。这笔钱还不包括为学校公共财物支付的费用,雷福勒认为这种收入与支出方面的不均等说明了自给自足说法的误导性:如果文理学院也可以像达顿一样保留自己的学费收入,那么它也可以支付自己的费用。③

---

① 参见 http://www.vedh.virginia.edu/lawn/papers/lisa/gentleman.html。
② 多年来,有个别几位教授同时在两家学校任教,并且两所学校共享一个技术平台。
③ 雷纳德·桑德里奇(Leonard Sandridge)指出,雷福勒(Leffler)认为大学可以自给自足这一点与大学预算的正式结构不相符,这个预算是受到州的学费上限的限制的。桑德里奇还指出,对大学有利的费用的发展和其他公共物品是受到大学其他部门和达顿的税收的资助的。虽然雷福勒煽动性的宣言可能与自给自足的协议相抵触,但控制他们行为的是这些理解方式,而不是税金。在《谅解备忘录》中,桑德里奇写道:"文理学院的学费并没有打算为学院提供自给自足的费用,而达顿学院则是要提供的。学校和工程、护理、建筑、商业和教育学院的本(转下页)

学校管理者如何分配州基金,甚至连和他们共事多年的院长都不完全清楚。对于雷福勒的话,桑德里奇和劳开始是忽视,后来是拒绝考虑,但文理学院即使获得了和达顿一样的保留自己获得的全部学费的权力,这也不会是一桩好的交易,因为与达顿不同,没有州里的许可,文理学院既不可以提高学费,也不能增加学生人数。在达顿长期担任教授和管理者的雷·史密斯(Ray Smith)对文理学院的困境并不表示同情。"我们的竞争对手不是学校的其他部门,而是哈佛,"他说,"我非常愿意帮助雷福勒,但我不能说:'我会把我的钱给你一部分,马尔文,因为我同情你。'"

校内的基金竞争引发了前法学院院长罗伯特·斯科特(Robert Scott)所说的"有毒的气氛"。学校的一位管理者非常巧妙地说:"学校里有一点'山上的巴比伦'的现象。如果你是一位语言学教授,你所在的系贫困不堪,并且你的工资不能应付通货膨胀,那么你可能会为达顿里正在发生的一切感到愤怒。"

达顿校区的"旅馆"

经过长长的车道便来到了达顿的主办者大楼(Sponsors' Hall)的校区,每年有4000名高级企业管理人员来到夏洛特维尔接受强化培训课程。在学院成立的早期,提供的住房是学生宿舍式的,吃的也是乳酪白鱼加甜菜。但主办者大楼有180套客房,有台球室,餐厅的桌子上铺着白色的台布,靠着这些,主办者大楼在服务质量上胜过了四季酒店。这里没有乳酪鱼:主厨是从附近的凯斯威克酒店请来的,这家酒店被《康德纳斯旅行者》杂志评为世界上最精致的小旅店之一,这位厨师的拿手菜是加了贝尔森奶酪和马蒂亚纳牛肉的鸡,他做的有五道菜的正餐在方圆几百里都很有名。

(接上页)科生及研究生所付的学费本质上是一样的,尽管这些专业所需的费用差别很大。如果目的是要将从文理学院学生那里收取的学费用于学校以责任为中心的预算概念中的学校行为,那么不同的学费应该反映出各个学院的教育费用。州内的本科生学费受到州议会的约束——一项有效地预防学费被用做学院的自给自足的措施。" Sandridge, "University of Virginia's Responses."

这样的住宿条件是这样的经理人所习惯的,并且他们所在的世界500强公司也愿意为这样的特权慷慨地支付费用——住宿加上诸如"培养管理美德"这样的课程,一天要付1000美元。这些都不是现成的通用课程,上课的材料都是按照这些公司的需要量身订制的。《商业周刊》一直将达顿的管理课程列入全国前两名或前三名。"这是发展品牌的最佳方式。"雷·史密斯说。

"有几千名管理者来到这里的确有助于教师们与外界保持联系。"辛德说,但这位前任院长也认为这个课程的费用是一个值得关注的问题。但这并不会改变,因为这是达顿的赚钱机器,带来的收入占到了学院全部收入的一半以上。两个星期课程的学费几乎是MBA全年课程的一半。如果达顿要在这个自给自足的时候繁荣起来,它就必须不断地将经理人吸引到这里来。

其他商学院不鼓励年轻教师担任管理课程,让他们专心从事研究,而达顿则恰恰相反。副院长詹姆斯·弗里兰(James Freeland)说:"如果教不了,我们会请他们离开。"大多数人都乐于接受这个任务,因为他们在教室里工作几天得到的报酬几乎是他们薪水的两倍。辛德说,"使教师们接触市场的方式是将较轻的MBA教学量"——大约每周两小时——"与管理课程的教学工作相结合"。开发新的MBA课程会需要一年或者更长的时间,但如果价格合理,学院会要求教授们按照某一公司的要求设计出几个星期后便会在课堂上使用的教材。

这些活动,加上学院对设计MBA新案例的强调,使许多教授不能进行一流学院通常所要求的研究工作。虽然达顿的教授们写出了许多被全国的商学院使用的案例研究,但与斯坦福或哈佛的同行们相比,他们在重要学术杂志上发表的文章却要少得多。[1] 这让那些认为一所成功大学最重要的职责是创造知识而不是传播知识的人感到困惑不解。从宾夕法尼亚大学的沃顿商学院(Wharton School)来到达顿的约瑟夫·哈德(Joseph Harder)认为,"让我们的知识资本出名"是非常重要的。聘请新教师来担任扩大的MBA课程的做法同时也是请来了更加有研究头脑的教授。

---

[1] Stan J. Liebowitz, "The Role of Research in Business School Rankings and Reputation" (unpublished ms., October 11, 2000).

七 杰斐逊先生的"私人"学院:弗吉尼亚大学达顿商学院

更大的问题是这些管理课程有时在使用属于个人的材料。这时,教师们就不能将他们为诸如普华永道公司(Price Waterhouse)或花旗银行设计的案例用于 MBA 的课堂。雷·史密斯说,在学院的初期,教授们担心自己的学术自由受到侵犯,因此不愿意担任与公司有关的课程的教学——首次开设的这种课程是为邮政服务设计的,它被解释为是出于公众的利益——但学术挑战最终还是将他们带到了这些课程的工作教学之中。

史密斯说,达顿的教师们过去就已经在担任公司课程的教学,但是利用的是自己的时间,因为"我们的孩子就是这样完成学校教育的"。现在这种教学被带进了学院。然而,私人咨询和学校教育是不同的。当达顿将私人为某一公司专门开发的教学材料用于课堂教学的时候,它抹杀了学院与公司环境之间的差别,前者强调的是公开,而后者的本能是所有权意识。

在诸如戴尔大学和丰田大学这样的企业大学里会有这样的秘密,他们的课程是宝贵的财产,因此会尽一切努力防止间谍窃取上课的内容。对于凤凰城大学这样一直将课程内容保密的学校来说,不让教材落于他人之手的方法也是有用的。但在弗吉尼亚大学,坚持这种保守秘密的方法使得人们对公立大学的概念产生了质疑。它将达顿学院变成了一种咨询公司。①

达顿的管理者们不愿意承认这样的事实。负责管理教学的院长勃兰特·艾伦(Brandt Allen)说,他鼓励公司在案例和教师研究中公开自己的问题。艾伦对一家开始这样做的公司说,将自己的问题与案例研究相结合是一种无价的广告——特别是因为学院会在整本个案记录簿中多次提到公司的名字。在定制管理课程的最初阶段,弗里兰对某些教师提出了批评,说他们不应该为了定制的课程花时间去准备属于个人的教学内容,因为这些内容既不可以出版,也不能用于研究。他说:"我们的人生目标并非只是让某家公司运营得更好,而是开发可

---

① 达顿不仅仅是公共学院,在只有公司雇员参加的课程中教授关于所有权的知识。密歇根实用汽车学院(MVAC)制造的产品以适应三大汽车公司的需要。MVAC 成为"同等学校的典范:一所整形学校、一所办公家具学校、一所好客的旅游者的学校、一所航空学校"。Scott Berinato, "Big 3 U," *University Business* (September—October 1998), 26。

以让大家共享的知识。"

在用专为公司定制的教材给公司管理人员上课时,达顿与戴尔是不同的——最重要的区别在于,作为一个非营利性的机构,它是享受免税的,并且作为弗吉尼亚大学的一个部门,它拥有托马斯·杰斐逊这个"商标"。这是非常有价值的。就像雷纳德·桑德里奇所说:"即使是同样的教授上课,人们也愿意用双倍的价格来达顿上管理课程,而不是到(附近的)詹姆斯·麦迪逊大学(James Madison University)。名声不是一夜之间建立起来的,这要感谢上帝。"

托马斯·杰斐逊的巨型大学

当约翰·卡斯汀三世(John Casteen III)1990年成为弗吉尼亚大学校长时,他相信自己可以包揽一切——他可以进行教学和研究,可以进行管理和领导工作,将五个工作日中的一个用于筹集资金。① 然而在第一年任期就要结束时,他得到的却是完全相反的结果,由于筹集的资金不足,他差一点被董事会解除职务,这个教训让他铭记在心。2001年结束的弗吉尼亚大学的资本运动为学校带来了14.3亿美元,在公立大学中名列第二。自卡斯汀上任以来,来自捐赠和捐款的总预算迅速增长,从4%—6%增加到16%—18%。这个数字超过了州里分配的部分,自1990到2003年,州里分配的预算减少了将近一半。②

卡斯汀筹集的很多资金都不是以"大学"的名义进行的,而是为了使学校的各个单位可以自助。其中最重要的是培养本科生的麦克英塔尔商学院(McIntire School of Commerce),它按照达顿的方式,已经有了自己的研究生。从1998到2001年,注册研究生学位课程的从40人上升到300人,此外学院还在北弗吉尼亚开办了分校。卡尔·泽丝曼尔(Carl Zeithaml)与达顿的同事有同样的观点:"我们将研究生课程作为私营项目。这是学院的大笔现金收入。我们纳税,这是享受弗吉尼

---

① Michael Winerip, "Making the Ask," *New York Times*, August 1, 1999, sec. 4A, p. 22.
② "Inside UVA Online," March 8—1, 2002. http://www.virginia.edu/insideuva/2002/09/plan.html; William Johnson, "Law of Averages," *Washington Post*, March 9, 2003, p. B4.

亚大学庇护的特殊费用。"

麦克英塔尔学院用自己筹集的数百万美元兴建了一幢新房子——长期以来都渴望离开破旧的卢斯大楼的经济学系也有同样的雄心。虽然学校管理者将经济学系的要求列入了新的"南草坪计划",但却没有定出具体的时间。由于州的基金不足以支付这笔费用,经济学系便威胁说要寻找捐助者,得到的捐款只能用于自己的建筑项目。经济学家们认为,如果这笔钱到了,学校将不得不表示赞成。

羞于让母亲看到自己在卢斯大楼的办公室工作的经济学家埃德加·奥尔森希望筹集资金成为各系的责任,而不是学校的责任,这个想法让那些非常贫穷的系感到担忧,如古典学系。"当然,任何领域的任何资金筹集活动都会让其他领域的资金筹集能力显得逊色,"奥尔森承认,"但如果大学可以通过各个系来筹集资金,那么筹集到的总数将会比大学整体筹集到的更多。如果人们抱怨达顿建筑豪华奢侈,而我们的却破旧不堪,我就说:'没关系,我们应该去筹集我们自己的钱。'"

私有化的说法绝没有受到更加商业化的学校单位的限制。文理学院前任院长马尔文·雷福勒将企业化的概念牢记在心。他没有从学校管理者那里得到额外的奖金,于是聘请达顿的一位发展官员做指导,当起了资金筹集者。2002年,立法者宣布将大学两年的预算削减近1亿美元,卡斯汀院长说,大学没有别的选择,只能去寻求州基金以外的资源。他宣布要发动"又一次资本运动,目标是让大学向自给自足更进一步"。资金筹集的目标是30到50亿美元,但在一个经济不景气的时代,钱是很难筹集到的。[1]

即使是图书馆——现代大学公共性的象征——也在寻求自给自足。图书管理员卡伦·威登伯格(Karin Wittenborg)宣布,她的目标是将图书馆向"私有化"发展,这意味着它的许多预算都需要图书馆自己筹集,并且它的运营决策将由图书馆内部而不是由大学管理者来制定。威登伯格已经聘请了一位发展官员,且花费了大量的时间来进行资金筹集。在弗吉尼亚大学,私有化的言语曾经是热点,现在已经成

---

[1] 2001年秋,大学宣布计划拆毁或者翻新圆形大厅对面草坪以南的旧建筑,并且实施耗资1.25亿、占地面积285 000平方英尺的南草坪计划,预计将在2007年完成。

了战争口号。

在某些方面,这种受市场驱使的行为与托马斯·杰斐逊最初的观点是一致的。弗吉尼亚大学从来也没有打算成为南方的哈佛。与哈佛不同,弗吉尼亚并不是以培养神职人员、教师和律师为主,也没有实行统一的传统教育模式。杰斐逊设计的大学是一个由相互之间非常接近的专业学院组成的结合体,这些学院主要是研究生院,既授予像哲学这样的传统学位,也颁发像医学这样的新领域的证书。但杰斐逊相信,弗吉尼亚州需要一所受到公共基金支持的大学来服务于公众的利益。他描绘了自己的梦想:"我们希望依照一个非常广泛、自由和现代的计划来建立……一所大学,它值得受到公共资金的支持,也会吸引其他州的年轻人来到这里,学习知识,与我们建立友谊。"① 相反,达顿学院的发展代表了私人利益对公共利益的胜利。

现在,要得到州里的资助已经非常困难了。"州立法机关的平凡约束了我的希望,"杰斐逊在给一位朋友的信中写道,"其中的成员通常不具备足够的信息来认识重要的事实,那种知识是力量,是安全,是快乐。"② 两个世纪之后,面对不断严重的预算赤字,州的立法者们再次削减了给弗吉尼亚大学的资金,许多学院和系科都停止聘请新教师。由于教师们的离去,加上停止聘请新教师使空缺的职位无人填补,财政上处于困境的经济学系不得不将 2002 年的课程计划削减了 30%。2002 年,在《美国新闻与世界报道》的排名中,弗吉尼亚大学在 23 所公立大学中滑到了次要地位,许多人纷纷对州资助的不足表示不满。在"财政资源"方面,弗吉尼亚大学从第 64 位下降到第 66 位。与北卡罗来纳州对教堂山校区的投入相比,弗吉尼亚给予每个学生的平均资助只有前者的一半。③

在贫困时期,人们更多地注意到了独立学院与专业学院之间的差距。有些教授为达顿受到的特殊待遇感到愤怒。有些人对一所拙劣地模仿了杰斐逊的风格但却没有其实质的学院感到困惑不解。甚至

---

① Thomas Jefferson to Joseph Priestly, April 25, 1800, in *The Works of Thomas Jefferson*, ed. Paul Leicester Ford, vol. 7 (New York: G. P. Putnam's Sons, 1896), p. 407. Casteen 引自 *UVA Top News Daily*, www.virginia.edu/topnews/casteen_cuts.html 上的电子邮件。

② Thomas Jefferson to George Ticknor, Novermber 25, 1817, ibid., vol. 10 (1899), p. 96.

③ Johnson, "Lawn of Averages."

本科生也对学校在总体上制定的优先权提出了质疑,图书馆开放的时间缩短了,而隔壁红砖白柱的达顿新停车场却被小心翼翼地呵护着。弗吉尼亚的一位学生在《华盛顿时报》的一篇专栏文章中写道:"必须向学校管理者提出的一个与钱有关的问题是:'为什么一所有17亿美元捐助的大学会让它的文理学院穷困不堪?'"①2003年,学生报纸的编辑们要求提高学费:"这是一个非常罕见的顾客对低价表示不满的例子。"②

由于达顿比学校的其他单位更能做到自给自足,因此它与里士满的策划没有过多的利害关系。而且由于经济衰退造成了许多人希望回到学校这个避风港,因此自2000年以来,达顿和全国其他商学院一样,申请者的数量明显增加。但经济低迷对于一所选择以市场为生——同时也遭受市场的不利影响——的学院有着长期的冲击。

达顿向自给自足方向的发展是与美国历史中历时最长的经济增长相一致的,学院因此而受益。在那样的经济环境中,很容易忘记的是,公司对花费的削减会比立法机构削减预算更加迅速和严重。"境况不佳的公司,包括像福特这样的巨头在内,都大大减少了派去参加100美元一天的课程培训的经理人数。"《福布斯杂志》说,2001年,参加达顿管理课程的人数减少了15%。③学院对此做出的反应是真正企业式的,他们提供了新的、免费的网络课程——动荡时代的领导艺术——以吸引潜在的顾客。

市场与圣父

现在还为时过早,无法知道私有化的达顿在"动荡的时代"将如何经营。必须提起的是,就在近四分之一个世纪之前,人们曾普遍认为私立大学面临着破产的危险,而公立大学则繁荣兴盛;公共资金的扶持最终会得到复兴。同时,私有化的策略在弗吉尼亚产生了很大的影

---

① Sam Bresnahan, "College Spending Inequities," *Washington Times*, July 28, 2002.
② Johnson, "Lawn of Averages."
③ Robyn Meredith, "Re-engineer This!" *Forbes Magazine*, December 10, 2001, p. 52.

响。达顿渴望跻身于全国的精英学院之列,因此将筹集资金作为自己的主要目标。在此过程中,达顿不再强调研究的重要性,因为这样教师们就会埋头钻研学问,此外公司培训的需要也削弱了理论研究。

当然,从传统对成功的衡量标准来看,这种策略非常有效,学院在《商业周刊》上的排名迅速上升便足以说明问题。其他公立大学也对自己的商学院采取类似的措施,各商学院在为有利可图的管理课程进行着激烈的生源竞争。也许达顿可以很好地体现未来。对商学院有用的策略也可以被学校的其他单位采纳,特别是专业学院。

对于"坐落在这个州的"弗吉尼亚大学也是如此。私有化的努力使弗吉尼亚大学不再是一所强调知识培养的大学,而是更加接近于一家控股公司。夏洛特维尔是弗吉尼亚有限公司的所在地,这是一台巨型的印钞机。在这个机构里,就像经济模式确定的传统福利事业一样,公共利益被认为就是所有持股人的利益。

这是问题的核心。"纵观高等教育的历史,"长期担任弗吉尼亚高等教育委员会主席的戈登·戴维斯(Gordon Davies)说,"大学一直受到教会的控制,并且必须为学术的纯洁性与之斗争;然后它又与王权作斗争;现在是与公司企业作斗争。在大学与控制思想的资金来源之间一直存在着紧张关系。我们必须说,即使与圣父的话相违背,地球也是围绕太阳转的。"

现在代替圣父的是非人格化的市场,它要求大学服从它的选择,但潜在的问题一如既往。托马斯·杰斐逊在设计他的"草坪"时,希望学术兴趣不同的教授和学生们能够来到这里追求和创造知识,而如果学习成为一种消费品,那么大学还能维持杰斐逊理想中的学术世界吗?

第三编 虚拟的世界

八 反叛联盟:南方联合大学的古典学系

2001年6月一个湿润的早晨,孟菲斯罗兹学院(Rhodes College in Memphis)的语言学家和古典学教授肯尼·墨里尔(Kenny Morrell)舒适地坐在一张桌子边,与其他学院的同事们讨论希腊诗歌。① 房间里有十几台新的苹果电脑。哈尔·哈斯克尔是(Hal Haskell)得克萨斯州乔治镇西南大学(Southwestern University)古典学项目的负责人,他正不断地来回移动他的活动椅,在网上查询机票的价格。专门研究铜器时代陶瓷的专家哈斯克尔最后安排好了土耳其之行,他和其他同事将带着学生去参加在那里进行的一次考古挖掘,墨里尔则正在阅读自己笔记本电脑上的记录,安排研讨会事宜。

这些学者来到这座离戴尔电脑公司总部不远、距奥斯汀30英里的得克萨斯小镇,就自己最近的古典学研究进行探讨。他们来到这里还有一个目的:开设一个关于希腊悲歌和抒情诗的网上课程,对象是本科生,这是为几所南方大学的学生们开设的网上课程之一。

三天的研讨会中,讨论的最后一个问题是莱斯利·科克(Leslie Kurke)的《赞美的交流》(*Traffic in Praise*)。墨里尔显然喜欢这种场合

---

① 本章节参考了对管理人、行政人员、教授、学生以及其他对学校问题有见地的人的面对面、电话和电子邮件的访问。未加引号的引用部分选自这些内容。

中的表现机会,他分析了一段非常难解的内容,然后将诗人品达(Pindar)当成了学界耶稣受难剧的主角。他熟知当代理论,对古代内容也了如指掌;他可以讨论茱迪思·巴特勒(Judith Butler)*的观点,也能够阅读巴库里德斯(Bacchylides)**的诗歌。

在这个意义上,将肯尼·墨里尔与莱斯利·科克相提并论似乎是合理的,这两位学者之间有着或多或少的共同之处:科克1988年在普林斯顿获得了古典学博士学位,墨里尔一年之后在哈佛得到了同样的学位。不同的是,科克担任了伯克利的教授,1999年获得了麦克阿瑟奖,成为一名跨学科研究的知名学者——就是那种像纽约大学这类追逐明星教授的学校想要得到的人——而墨里尔则到一所小型文理学院的规模很小的希腊与罗马研究系担任了系主任,这所文理学院进行的研究是地区性的,而不是全球性的。

墨里尔并不是没有雄心壮志,只不过与一般人所认为的那些学术研究者有所不同。他的兴趣在于改进教学和加强学校的力量。他说:"我想积累能够与研究机构里的经历相比的教育经历。"面对高中生对学校的选择,比如说,在田纳西大学、范德比尔特大学和罗兹学院之间进行选择,他会说:"你能在这里受到的古典学教育会和全国任何地方的一样好。"

墨里尔为了实现这个梦想付出了巨大的努力。在他与来自弗吉尼亚、得克萨斯的雄心勃勃的同事们的共同努力下,在梅隆基金会的长期稳定的财政支持下,他创建了自己这个专业的系科。这个项目叫作桑诺基西斯(Sunoikisis)。这是古代希腊莱斯博斯岛在发动起义反抗雅典帝国时结成的城市联盟的名字,但它的目的却是非常现代的:建立一个全国著名的"真正的古典学系"。

"为我们的产品创造需求"

1999年秋,第一门桑诺基西斯课程——罗马帝国早期文学——在

---

* 后现代女性主义批评家。——译者注
** 公元前五世纪的希腊抒情诗人。——译者注

网上开设了,当时流行的观点夸大了互联网对教育模式的冲击。诺贝尔经济学奖获得者加里·贝克(Gary Becker)在《商业周刊》上发表文章说:"网络正在使学习发生革命。"①网上提供的大型介绍性本科课程"杀手级应用"(Killer apps)会席卷这个领域,就像 Amazon.com 横扫图书、CD 和录像带的销售领域一样。②"网络教育会变得非常庞大,相比之下甚至连电子邮件的使用都可以忽略不计。"思科系统(Cisco System)公司的 CEO 约翰·钱伯斯(John Chambers)说。③

这是一个网络时代的最高点,风险资本家们很快就认识到了这一点。他们每季度投入 1 亿美元来启动网络学习——这才仅仅是开始。美林公司(Merrill Lynch)2000 年 5 月公布的一份报告采用了阿尔伯特·爱因斯坦的照片,并承诺"互联网会激发起一个 2 万亿美元的(教育)市场"。④

尽管得克萨斯的乔治镇离华尔街或硅谷非常远,但肯尼·墨里尔和他的同事们仍然对新的市场力量做出了反应。他们与加里·贝克一样,都认识到了互联网的潜力,但也遇到了类似的阻碍。由于挣不到钱,没有风险资本家愿意为关于罗马帝国的课程进行投资。只有一个勇敢的基金会——一位社会风险资本家——愿意进行这项事业。⑤

对于这些古典学家来说,这是一件好事。新的技术让他们感到兴奋,这不仅是因为它会给学院带来财富,而且还因为他们每个人都可以使用这个工具为学生提供一流的教育,这些学院靠自己的力量是没有经济能力来提供这样的教育的。这些教授们知道自己正处于附近大学的古典学系和自己学院内的学术偷窃者的围攻之下。他们要么联合起来,要么就有可能被消灭。

---

① Gary Becker,"How the Web Is Revolutionizing Learning," *Business Week*, December 27, 1999, p. 40.

② Samuel Dunn 引自 James Traub,"This Campus Is Being Simulated," *New York Times Sunday Magazine*, November 19, 2001。

③ Thomas Friedman,"Next It's E-ducation," *New York Times*, November 17, 1999, p. A25.

④ Adam Newman,"Venture Dollars Get Smarter," *Eduventures*, November 2000, www.eduventures.com/research/industry_research_resources/venture_dollars.cfm

⑤ 2000 年,一位投资银行家和一位威廉姆斯学院的教授共同创建了全球教育网络,把所有的文理学科——从薄伽丘的《十日谈》到艾滋病——都放到网络上。到 2003 年,这项大肆宣传的计划仍然没有启动。Traub,"This Campus," p. 90. 亦参见 Scott Carlson and Dan Carnevale,"Debating the Demise of NYU 'Online,'" *Chronicle of Higher Education*, December 14, 2001。

古典学家给人最深的印象是他们都注重精神世界,是蔑视"实用性"的学者的典范。"他们中的许多人都生活在一种有优越感的、象牙塔般的精神世界里,"墨里尔认为,"他们说:'我不需要向你证明我自己;事实上你必须向我证明你自己,因为我代表着最古老、最重要、最庄严的学科——理解古代语言。除非你也能像我一样理解古代的语言,否则你不值得我进行思考。'"

"因此从实质上说我们成了精英,"他补充说道,"是处在象牙塔最顶层的人,并且在努力使我们的学科变得让人难以接近,自己则越来越自负。这样做带来的结果是灾难性的。但我认为我们已经清醒了,已经认识到了这种愚蠢。"

在这个教师和学生都很缺乏的、普遍被认为属于濒临消失的学术领域中,墨里尔和他的同事们在设计一种策略以使它能够存在下去。[①] 在对待可能参加古典学研究的同事或学生时,墨里尔没有采取保护性的姿态,而是选择了伸出手去的方式。

他对桑诺基西斯的宣传在很大程度上是企业推动力的延伸。"我希望我的学生在这门课程中得到非常丰富的经历,"他说道,听起来像是一位在谈论帕累托最优衡量标准的经济学家,"而且我知道,我的学院不具备任何可以独立完成这件事的资源。于是我让其他人参与进来。为了做到这一点,我们必须建立这种交换体系。我需要你们的专业技术,也愿意与你们分享我的。我们可以相互受益,同时也让我们的学生相互受益。"

西南大学的哈尔·哈斯克尔是有着类似的观点。"我们认为自己拥有优良的产品,"他用市场的概念说道,"但由于传播的方式较为传统,它没有吸引到众多的人。然而在我们看来,一定存在着一个非常喜欢这些内容的市场。如果我们将这些材料共同推出,一定可以做得更好,然后再服务于各个不同的学校。"

罗兹学院 1993 年将墨里尔从明尼苏达的圣奥拉夫学院(St. Olaf College)请来。当时罗兹需要的是一个人来设计一个它所需要的"灵

---

① Phyllis Culham and Lowell Edmunds, eds., *Classics: A Discipline and Profession in Crisis?* (Lanham, Md.: University Press of America, 1989); David Damrosch, "Can Classics Die?" *Lingua Franca* (September—October 1995), 61—66.

活的、标准化的、有远见的"古典学课程,其重点不在于扩大博士生的申请人数,而是培养"一批受过良好教育的学生,让更多了解这门学科的公众来支持古典学的研究和教育。"

"一门学科唯一的成长方式——我们唯一的生存方式——是让我们的产品为人所需,"墨里尔的观点非常务实,"我们能够生存的唯一的方式是让学生走进我们的教室。我们为学生创造一个有吸引力和有推动力的学习世界的方法是合作。"正是在这个领域中,桑诺基西斯——各所习惯于竞争生源的学院之间所形成的以技术为辅助的学术合作——成为一股重要的力量。

古典学的复兴

参加桑诺基西斯课程的学生们每个星期都会集中在学校的电脑机房或者在教室里登录桑诺基西斯的网站。学生用媒体播放器接收音频流——接收视频流还需要进一步的资金和技术支持——收听互联网上的同步课程。对于身负多重任务的这一代人来说,这样的虚拟教室是一种自然合理的装置。学生们收听同步的课程,在电脑屏幕上阅读教授的笔记,同时将问题发给教授,并且回答教师提出的问题,还可以打开另一个窗口相互"对话"。

如果远处的音频流课程能够复制出常规的学术经历,那么虚拟对话便仿制出了真正的课堂交流。这也给教学带来了新的挑战,因为教师面对的不是传统课堂中的举手回答问题,而是必须跟上整个聊天室所有学生的讨论。这意味着要独自坐在电脑前密切关注学生的提问,一边对个小麦克风讲课一边指导学生的对话交流。同时,学生们通过"私聊"或对所有人说话的方式在聊天室和一个与自己相距1500英里或15英尺的人进行交流。

这种方式对学生的要求很高。"这不是普通的远程教育,"墨里尔说,"不仅仅是在收听。"事实上,"远程教育"这个概念恰恰是桑诺基西斯教师们的不幸。哈尔·哈斯克尔说网上课程是"团队教学"。"我们的团队遍及整个南部,"他说,"只有使用技术才能把我们集合在一起。"参加的人坚持认为,桑诺基西斯并不是便宜的古典学。事实上是在努力将古老和先进的东西中最优秀的部分结合在一起——将一种用技术支持的、超越学院界限的体验植入了面对面交流的传统教学之中。

听课结束之后,网上的讨论还在继续,因为按照要求,学生们应该对老师提出的问题做出回答,并将答案贴在公告版上。从理论上说,学生们在"讨论"中会对同学的观点进行评论。在网上激发起热烈的讨论是比较困难的——学生们主要是与他们"生活中的"同学进行交流,教授们则监督他们的进展——但墨里尔相信这种情况是会改变的。

"我们这一代人非常重视面对面的交流,因为这是我们所知道的唯一的方式,"他借用马歇尔·麦克卢汉的话说,[①]"地球村的孩子们开始接触一些与过去不同的东西。每个团体的成员是亲自参与对话,还是在全球各地通过纤维光学参与,这并不重要。"

大多数青少年都说他们在互联网上交到了朋友,那么虚拟的学术社区为什么不能达到同样的效果呢?桑诺基西斯的教授们也是这样希望的。公告版"考虑到了连续思维中的某一特殊时刻,"在阿肯色康威的亨德里克斯学院(Hendrix College)担任古典学教师的丽贝卡·瑞内斯基(Rebecca Resinski)这样说道,"这让社区和对话都得以发展。"墨里尔在向他的学生宣传网上对话时,引起了学生们的竞争本能。他对学生们说:"你们有机会看到自己如何与其他大学的学生们比试。"

大多数教授认为这种虚拟的方式是无法代替实地教学的。"这里也许有信息技术革命,"佛罗里达冬季公园市(Winter Park)罗林斯学院(Rollins College)的伊莉斯·弗德兰(Elise Friedland)说,"但技术优势不能代替真实教学的价值。"因此,虚拟课程每周会安排一次辅导。也是出于这个原因,网上课程不包括基本的语言学习。哈尔·哈斯克尔列举了在网上教授希腊语或拉丁语时所无法传授的东西:"细小的差别、手势、语调和面部表情",他说,交流中的这些内容"对于我们这些没有完全与机器融合的人来说非常重要"。肯尼·墨里尔则总是相

---

① 参见 Marshall McLuhan, *The Medium Is the Message* (New York: Random House, 1967)。

信未来，他的观点则完全不同："50年后，可能通过基本的数字资源有效地学习一种语言吗？毫无疑问。"

古典学家的先锋

自1996年开始实施桑诺基西斯项目以来，虚拟古典学系的建立是一个雄心勃勃的计划。但开始时制定的目标并不高：让教授们能够自如地使用新技术。有时这也是一种挑战，因为——就像西南大学的格伦达·卡尔（Glenda Carl）所说的那样——"人们还在学习如何建立网页"。

在学习使用互联网来进行研究和教学时，古典学家们比其他领域的学者迈进了一大步。这门研究过去的学科也非常关注着眼未来。墨里尔说："在这门学科的进化方面，我们已经经历了一些惊人的技术改革。互联网只是又一个代表而已。"

当被问起为什么古典学在使用先进技术方面占领先地位时，墨里尔追溯到了20世纪70年代，讲起了小大卫·帕卡德（David Packard Jr.）的故事。这也是墨里尔自己的故事。

作为一名哈佛大学的古典学研究生，帕卡德从他父亲（计算机巨头惠普公司的缔造者之一）那里既得到了对数码技术的热情，又得到了研究如何最好地运用这项技术所需要的资金。他将电子技术运用于这门课程的工作成为这个领域的起点，并且他还帮助建立了可搜索的数据光盘（TLG：*Thesaurus Linguae Graecae*），这是一种古典学科的电子资料库。人们对将古典文献变为电子形式的工作越来越有兴趣，到20世纪80年代中期，有的系已经收到了长达1500英尺的、用帕卡德帮助建立起来的测试代码录制的希腊语磁带。哈佛的格列高利·克雷恩（Gregory Crane）对这些磁带非常有兴趣，于是为新的资料库开发出了一种使用UNIX操作系统的全文检索系统。

当时墨里尔正好来到哈佛大学攻读学位。他开始与克雷恩共同工作，将文件编集，使查找更加容易。很快，克雷恩让墨里尔参加了柏修斯计划(Perseus Project),为古典文献建立一个电子图书馆。① 墨里尔说:"现在,不能熟练使用这些资源的人都不可能进行正规的古典学研究。"

1989年,肯尼·墨里尔获得博士学位后来到圣奥拉夫学院,当时他对为本科生上课毫无准备。作为一名博士,他专攻的是语言学,但他却没有机会教授这门课。他要做的是对古代世界进行全面的介绍,不仅要用拉丁语和希腊语上课,还要讲授悲剧和神话。"我对我上的课一无所知,"他记得当时自己是这样想的。需要做的事是"全面的重新加工"。

很快,墨里尔便认识到自己并不是唯一处于困境中的人。在地区协会的号召下,中西部地区其他学院的教授们聚集到一起,共同提出了专家意见,从而在专业上解决了他的问题。"简直是茅塞顿开,"一个周末,他在与古典学同事们交换教学方法时这样说道,"这是我从未经历过的东西。"

几年后,他受聘来到罗兹学院,负责建立"21世纪计划"这项庞大的工作,当时他提出的建议得到了南方大学联盟(ACS)主席韦恩·安德森(Wayne Anderson)的支持,ACS是按照中西部的模式刚刚建立的一个协会。墨里尔对安德森说,"将古典学家聚集到一起"是非常重要的,特别是对于在诸如罗兹这样系科规模扩大了一倍的学院里授课的教师来说。

墨里尔和他的ACS盟校的同事们希望利用桑诺基西斯使他们提供的课程数量更大、门类更多。几所学院已经共同合作在进行哈尔·哈斯克尔要参加的那项考古挖掘活动。"在地中海地区有各种挖掘活动,本科生参加可能得到高额的报酬,"他说,"但他们是在忙于挥动铁铲、推手推车。我们的学生在那里是站在小土堆上,进行挖掘指导。通常只有研究生才有这样的机会。由于资源共享,ACS拥有了充分的资源来参加这样的挖掘。"

桑诺基西斯也有同样的愿望:资源共享,以提供一种优于任何一所学院单独运行时所能提供的教育。这些教师经过交流,决定用互联

---

① 参见 http://www.perseus.tufts.edu。

网建立一个虚拟的系,把教师和学生联结起来。

与其他成功的改革一样,这项计划也利用了明星。肯尼·墨里尔的梦想得到了资金方面的支持。① 梅隆基金会最近决定支持"天平经济"改革,帮助文理学院在即使经济不景气的情况下也能繁荣发展,而像桑诺基西斯这样的合作计划也在基金会的优先考虑之列。同时,基金会越来越认识到互联网的潜力,它成为以学校为基础的远程教育计划的主要支持者。② 墨里尔参加珀尔修斯项目的工作经历,加上他在学术企业方面的特殊才能,使他理所当然地成为这个新项目的领导者。

"肯尼·墨里尔是一个真正有智慧、有灵感的领导人,"韦恩·安德森说,"他很早就看到了技术存在的可能性,不仅在古典学方面,而且在其他领域也同样如此。"墨里尔认为技术改革与组织改革两者是紧密联系的。他认为,应对学术市场的变化需要对高等教育的组织和教学进行重大的改革——充分利用互联网来进行授课和学习,并且推动学校之间的合作。

大学不倾向于将自己的经费用于教育合作——他们要保留自己的特点,向市场推广自己的"品牌"——但电子学习的出现带来了大量的合作者。像费森(Fathom)(这是哥伦比亚的一家营利性公司,下一章中阐述了它的发展过程)这样的公司引起了人们的注意,它在网上放置了大量的资料,资料的来源主要是世界上著名的大学、博物馆和图书馆,还有21世纪大学会(Universitas 21),这是一所颁发学位的网上大学,其成员包括四大州的18所高校。③ 与这个包括世界多所大学在内的组织不同,从宾夕法尼亚到科罗拉多的社区学院很早就开始使用互联网开展教育;社区学院远程学习网络将得克萨斯、俄亥俄、亚里桑纳和加利福尼亚的学校组织到一起。④ 很多历史上的黑人大学也联

---

① Albert Hirschman, "The Hiding Hand," in *Development Projects Observed* (Washington, D.C.: Brookings Institution, 1995), 是对非常普遍的"明星结盟"现象的一种独到的分析。

② 基金会在支持MIT的公开线上课程(OpenCourseWare)中的作用在第九章中有详细叙述。

③ Geoffrey Maslen, "Rupert Murdoch's Company Joins with Eighteen Universities in Distance-Education Venture," *Chronicle of Higher Education*, May 18, 2001.

④ Frank Newman and Jamie E. Scurry, "Online Learning Pushes Teaching and Learning to the Forefront," *Chronicle of Higher Education*, July 13, 2001, pp. B7—10.

合起来将远程课程送到自己的校园里。①

"通过远程学习进行合作"正在迅速成为高等教育中的一项运动。但必须有对此感兴趣的教师和学生客户——市场。此外,桑诺基西斯实验能否成为这一领域的榜样,这还是一个未知数。"我们仍然在努力寻找我们的市场,"肯尼·墨里尔说,"在更大的(ACS)课程中担任教学的人们认为,这些(远程)课程不一定能体现他们在局部获得的进展。我们则相信是可以体现的,但教师们必须真正尝试这些课程并且全心投入,否则他们是不能完成这种转换的。"

眼前的问题

2001年11月一个温和的夜晚,伯克利正在升起的明星莱斯利·科克来到了罗兹学院。几个月之前,桑诺基西斯的教师们就在仔细阅读她的文章了。她来这里是讲授桑诺基西斯项目中的一门受到梅隆基金赞助的课程——萨福*和阿尔凯奥斯**的诗歌,这是为桑诺基西斯的教师们在夏季会议中设计出的高级希腊语课程而开设的讲座。

将一位业内的著名学者请到罗兹、亨德里克斯或者西南学院来进行几天的讲学,这对于桑诺基西斯和古典学都意味着声望的提高。知名学者很少到访这些处于边缘地位的学院,而且还有一些"关系"学院要去。由于桑诺基西斯是一个虚拟的系,因此开办这次讲座也旨在展示互联网的优势,让远在马里兰或得克萨斯的未来的古典学家们可以用电子邮件的方式提问,并且立即得到答复。

---

① Jeffrey Young, "Black Colleges Band Together to Get a Jump on Technology," *Chronicle of Higher Education*, March 26, 1999, p. A31. See also Dan Carnevale, "Community Colleges in Illinois Seek to Share Their Courses Online," *Chronicle of Higher Education*, March 24, 2000, p. A52. 早先时候,北达科他州的11所大学合并了互动的技术和电视,提供合办的课程。Beverly Watkins, "Uniting North Dakota," *Chronicle of Higher Education*, August 10, 1994. 亦参见 Bryon MacWilliams, "Turkey's Old-Fashioned Distance Education Draws the Largest Student Body on Earth," *Chronicle of Higher Education*, September 22, 2000, p. A41(通过电视进行教学的这所大学有50万名注册学生)。

* Sappho,公元六世纪前后的希腊女诗人。——译者注
** Alcaeus,公元六世纪时的希腊抒情诗人。——译者注

科克对这项工作尽心尽责。早晨,她来到神话课上,给学生们讲授他读过的萨福的诗歌,这些学生大都不是古典学专业的。中午,她在女生联谊会午餐上担任嘉宾,晚上发表演讲。在演讲前的晚餐上,她与为罗兹学院的希腊和罗马研究提供资金的富有的赞助人进行交流。但事实却证明,这种技术是失败的。

科克本人不懂技术——她的讲稿都是手写的——但这并不是问题。这些活动的主持者肯尼·墨里尔将萨福诗歌的片断——科克正在讲授的"有玫瑰色边缘的月亮"——公布在网上,因此所有上网的人都可以与科克一起读这首诗。但是登录这个网站似乎是一种挑战——登录之后,除了在西南大学的哈尔·哈斯克尔和其他零星的几个人之外,几乎没有人可以与你在线交流。这些人中没有一个人是在"谈话",因此所有的学术活动都是在 25 名在场的人中间进行的,与普通的课堂没有什么区别。

技术故障一再地出现,讲课的教师们有时甚至不得不再次使用早期采用过的打电话的方法,这是那一学期里遇到的重大挫折。桑诺基西斯的这一方面——从某种程度上说是它存在的理由——仍然体现出这个计划还处在初始阶段。对希腊语虚拟课程的需求量并不像课程设计者想象的那么大,也许是因为这门课是首次开设。[①] 在任何一所参加这个项目的学院里学习希腊语的学生都可以注册,尽管如此,这个班仍然只有五名学生。其中三名——他们全都坐在教室里,没有人使用笔记本电脑——来自罗兹,而且这门课程的虚拟性显然没有给他们留下深刻的印象。其中一名学生说:"这门课并没有因为它是网络课程而给我带来更多的东西。"

教授们的推动

在被人争相阅读的《数码学历工厂》中,历史学家大卫·诺伯对互

[①] 这项计划旨在通过一项历时五年的课程计划来解决低入学率的问题,它使桑诺基西斯(Sunoikisis)的教授们可以提前看到即将到来的学年,希望这样可以让他们将大批的学生吸引到以网络为辅助的课程中来。

联网式教育提出了批评,他说:"像其他产业的自动化一样,教育的新技术剥夺了教师们的知识和技能、他们对自己工作生命的控制、他们的实验成果,最终剥夺了他们谋生的手段。"①但桑诺基西斯的教师不是上演诺伯的马克思主义情节剧的好演员。与其说它们是这些技术的不幸的、糊里糊涂的牺牲品,不如说是他们自己支持了这项计划。

"它的确耗费了大量的精力和时间,"哈尔·哈斯克尔说。"在第一年里,我们没有节约时间。我们在为自己设计工作。坐在椅子上按照传统的方式来教授这些课程会容易得多。没有人会来干预你,你只要按部就班地进行就可以了,工作了一天之后你晚上回到家里睡觉,第二天早上起来,回到学校再重复同样的事情。事实上,现在我觉得这一切听起来非常美好。"因此,说服教师们参加桑诺基西斯计划并不是一件容易的事。"惯性是宇宙间最强大的力量,"他说,"我们必须超越这种力量,让人们兴奋起来,让他们看到这是一件非常了不起的事情,让学生们参加进来——我们可以将教学做得更好。"

这些教授并不害怕自己的工作会处于危险之中。尽管哈斯克尔承认平淡的——"管理者总是在想方设法地削减教师人数"——古典学不可能在这一品牌的考虑之列。在这些学校里,教师们每学期一般要教三至四门课,古典学教师通常还要额外多教一两个班。"现在我还远远不能按照正常的工作量进行工作,"哈斯克尔补充道,"因此他们不应该节约教师资源。我们的人数不能再减少了。"

肯尼·墨里尔把这种观点又深化了一步。"我们并没有失去教师,而是正在得到更多的教师。"他指的是在亨德里克斯和罗兹的新职位,"有些滑稽的是,我要对那些担心失去工作的学者们说:当古典学家吧。因为我们就要建立市场。如果你想工作有保障,就参加到我们这个学科里来。忘掉法语,忘掉俄语——成为一名古典学家,因为我们将建立一个市场来为你们服务。"

"这个计划得到了教授们的支持,"丽贝卡·瑞内斯基说,"这是我们为了集中实力而采取的措施。"事实上它就应该如此,哈尔·哈斯

---

① David Noble, *Digital Diploma Mills*, pt. 1, *The Automation of Higher Education*(1997), http://communication.ucsd.edu/dl/ddm1.html. 具有讽刺意味的是,诺伯讨论通过互联网开展教育的文章在贴到网上后被广泛阅读。

克尔说:"教师们想让管理者来领头,这让我感到不安。应该由我们来做决定。让管理者见鬼去吧。我们要让管理者服从我们,或者让他们看看我们正在做的了不起的事情。但我们应该推动议程的进行。"

到目前为止,大部分管理者愿意合作,特别是自从梅隆基金会为这个项目投入资金之后。但基金用完之后,院长们将不得不考虑和决定这个项目是否值得让他们投入自己的资金。"我想我们都愿意尝试,"南卡罗莱纳格林威尔市(Greenville)弗曼大学(Furman University)负责学术事务的副校长小 A. V. 哈夫(A. V. Huff Jr.)说道,"但投入学校的钱则是另外一回事。"哈夫似乎预感到了什么,他说,最终的问题是"投入的时间和金钱是否值得——答案则还没有确定"。

桑诺基西斯的大胆使它变得有趣,同时也使谨慎的学校管理者们不安和害怕,担心——哈尔·哈斯克尔有些自豪地说——这个计划是"一门不受约束的大炮"。"由于我们是一边进行一边制订计划,"他说,"因此在他们看来,桑诺基西斯的实施是不经审核、不受控制的,这一切都是我们的空想。我们得到了这些钱。我认为他们会想:'这些人到底在干什么?'"

这个项目带来的挑战不仅是让学院的院长们担心自己管理威信的问题,更使他们去关注一些根本的有关学院特色的问题。ACS 是一个微观的文理学院多样化的世界。西南和亨德里克斯这样的学院是地区性机构。北卡罗来纳的戴维森学院(Davidson College)则有着全国性的知名度,它在《美国新闻与世界报道》上的排名中位于文理学院的第十位。一所学院在排名表上的位置会影响到像桑诺基西斯这样打破排名界限的实体对它的接受程度。

"我们有一个非常强大的古典学系,"戴维森学院负责学术事务的副院长克拉克·罗斯(Clark Ross)说,"因此,我们能确定我们的教师会认为非常有必要加入这个计划。"戴维森的教师和管理者们在自己的学院里一直坚持自己的特色。① 这绝不是靠大学出名的那些著名学者们的纯净领域,在这个世界里,学院的声望是与教师们的专业特点联系在一起的。教授的名望使学院受益,同样,学院的名望也影响到

---

① 关于高等教育的地方主义的总论,见 David Riesman and Christopher Jencks, *The Academic Revolution* (New Brunswick, N. J. : Transaction, 2002)。

教授。"与'虚拟的'系相比,我更喜欢真实的,"在罗兹学院教授希腊和罗马史的彼得·克伦茨(Peter Krentz)说道,"当我看到(桑诺基西斯)有利于那些小的系科时,让我更加感到惊讶的是对大系科的威胁而不是帮助。"

同样的困难也在困扰着更加有抱负的合作群体,如21世纪大学会。2001年,它的两个最大的参与者——多伦多大学和密歇根大学——决定退出这个协会。他们遇到的困扰是自己学院的自治所产生的影响,而且认为更加强大的合作群体应该有其自立机构的特性。"我们关心的是我们的教师不会完全投入到这个系科之中,或者对计划中学术项目的质量控制之中,"密歇根大学的校长特别顾问加里·D.克伦茨(Gary D. Krenz)说道,"我们还采用了其他的远程学习方法,并努力让其他活动更好地服务于我们的教育兴趣。"多伦多大学特别担心21世纪大学会颁发的学位证书上使用它的标志和徽章。它担心,合作会削弱大学的品牌。①

ACS不仅在规模和学术声望上有所不同,而且在一些更加平凡但却不失重要性的方面也有所不同。甚至让学院开出一份课程清单都不是一件容易的事。而且,每一年ACS学院都根据不同的校历而运作。各校在每天不同的时间、每周不同的日子、每年不同的星期开课。在这样的不良气氛中,组织一次会议对于后勤工作来说简直就是一场噩梦,于是便常常用表面的方式去掩盖深层的不和。"你最好不要去和我们的注册官员谈。"墨里尔记得另一所学院的一位敌视合作的教授曾这样警告他。在进行了一番巧妙的谈判之后才达成了协议:星期一晚上七点上拉丁语课,不占用本科生学习塞内卡的时间。

尽管存在着这些困难,桑诺基西斯计划仍在进行着,它不仅是一项没有威胁性的技术行动,也是与学校的基于利害关系的合作。墨里尔和哈斯克尔也帮助他们的年轻同事修改自己岌岌可危的课程,以吸引更多的学生。罗林斯学院古典学研究项目的主任伊莉斯·弗德兰说:"真不敢相信,他们把我们保护在自己的翅膀之下。"

---

① Geoffrey Maslen, "Leery About Use of Their Names, Michigan and Toronto Opt Out of Universitas 21," *Chronicle of Higher Education*, May 25, 2001, p. A38.

在此期间,他们帮助这些学院改革了这门学科,使它更贴近于学生。名称也从"古典学"改成了"古典研究",体现出它在文化方面的研究,内容也是全新的。① 古典学从一门翻译课变成了吸引越来越多本科生的介绍性课程,例如,在南方大学(University of South)的丽贝卡·弗罗斯特·戴维斯(Rebecca Frost Davis)开设的"力量与说服力"课程上,学生们会阅读柏拉图的《申辩》和马丁·路德·金的《来自伯明翰监狱的信》。在研究中还有一种"物质研究"的倾向,因为古典学家们在与艺术史学家和考古学家合作。"你不能拘泥于书本,"弗德兰说,"因为在今天这个时代,课本上的内容离学生们太遥远了。"

这种方式激发了学生们的兴趣。但注册是一种得失所系的游戏,在古典学研究课程中研究物质文化的这批学生如果不参加这个课程,就会去听其他系开设的课程。在当前这个金钱主宰的环境中,各系对学校资源的利用会从它的招生能力上体现出来,因此这必然会导致每所学校内部各系科和各学校之间的相互嫉妒。

今天的校园,明天的哈佛

即使是桑诺基西斯的生存也是不易的,南方大学联盟在扩大它的网上课程,并且延伸到南方以外的地区。ALIANCO(Allied Languages in a Networked Collaboration Online,网上合作语言同盟)是一个按照桑诺基西斯模式建立的虚拟的现代语言系,它是一个真正的"三重协会",在中西部拥有两个类似的实体。另外还有全球伙伴计划(Global Partners Project),它将三个社团中所有的学校与东非、中欧和土耳其的学校联合起来。ACS技术中心在梅隆基金会的支持下,与它在中西部的合作伙伴一起,共同支持在全国的上百所文理学院使用科学

---

① Peter Monahan, "With Archaeology and a New Vision, Macalester Students Dig the Classics," *Chronicle of Higher Education*, May 25, 2001, p. A41.

技术。①

同时,桑诺基西斯希望将自己扩大到梅林-迪克林线*以外,与中西部的大学联盟合作,墨里尔曾在那里首次感受到了教师合作的益处。墨里尔说:"桑诺基西斯是一种商业,并且我们想将它扩大。最终,这一计划的长期生存依靠的将是那里的人口数量。我们将与其他学校建立联系,以此更加有效地得到足够的学生人数。"

改造学科的想法最终将这些不可靠的企业家们解雇——不是作为罗兹学院或者西南大学的教师,而是作为桑诺基西斯的教授。这座虚拟学院有足够的力量让它的毕业生考上最好的博士课程,并有权力决定那里所教授的内容。

墨里尔喜欢说桑诺基西斯是一个"反叛联盟"。他说:"它的目标之一是在这个领域达到一种地位,让我们可以对研究生课程产生影响,说:'你看,我们不能再雇佣纯语言学家了。也许你不想培养研究古代雅典演讲艺术、悲剧或者希腊抒情诗的学生,但他们在物质文化领域中必须有一席之地。他们必须能够综合这些观点,因为我们的学生有这样的要求,而且这也是他们所生活的世界。'这不仅仅是观点和书本内容的问题,也是现实的问题。我想这也是我们所生活的世界的一种功能。"

就像著名学府将提前录取作为一种招生手段一样,肯尼·墨里尔也在考虑如何运用提前录取来扩大他的项目的潜力。他的想法是将一些有较好语言基础的学生在他们还在高中的时候就提前录取进入罗兹学院,参加桑诺基西斯计划。一名想进入罗兹学院的伯明翰高中生可以通过互联网上希腊语课,同时得到伯明翰南方学院(Birmingham-Southern)一名教师的指导。然而,即使对于非常标准的桑诺基西斯课程,这种计划也需要古典学教师的自愿和能力,他们要将自己视为一个更大的机构的成员,这个机构超越了他们自己的学校——虚拟的古典学系。

哈尔·哈斯克尔大声说出了自己的梦想:"哈佛,这就是桑诺基

---

① 参见 http://www.colleges.org/~alianco. 亦参见 Jeffrey Young, "Moving the Seminar Table to the Computer Screen,'" *Chronicle of Higher Education*, July 7, 2000, p. A11。

* 传统的美国南北分界线。——译者注

西,我们共同努力,在全国实施了一项非常宏大和重要的计划,我们选择了被倾听。"与墨里尔一样,哈斯克尔认为桑诺基西斯是学科改革的一股潜在力量。他说:"如果我们设计得恰当,它会给我们带来大型学院才有的影响。"

然而,实现这个梦想需要的不仅仅是设计。大部分哈佛的古典学家们没有听说过这些企业新贵,更不要说仔细聆听他们的课程。最初的桑诺基西斯——莱斯博斯岛上的城市反叛联盟——最终还是失败了,但这没有让当代的联盟建立者感到不安。墨里尔说:"我们可能只是勉强超过了曲线图上的指标,但如果我们不这样做,如果我们不成功,别人也会的。这只是一个时间问题。"

九 概念中的市场:哥伦比亚大学和麻省理工学院

阿瑟·米勒似乎非常悲伤:他所热爱的哈佛法学院让他失望了。①米勒喜欢表演,在担任教师期间,他一直想吸引课堂之外的观众。从1979年起,他在电视节目"米勒的法庭"中担任主持人和审讯人,大胆运用苏格拉底的方法让专家们对大家关注的话题发表意见。这位著名的民事诉讼法教授长期出售录有他上课内容的录像带,市场销售的磁带上也能听到他沙哑的、带有布鲁克林口音的声音。他说,这些"从没有引起过不满的议论"。但 1999 年秋天,哈佛忽然下达通知,说他不得再为全国首家虚拟法学院——康科德法学院——提供讲课录像带。

法学院在匆忙中起草的规定宣布,教授们"不应该由于在其他学院履行具有竞争性的教学义务而影响到他们教育哈佛学生的基本职责",院长罗伯特·克拉克(Robert Clark)说。而将讲课内容录制成录像带,则恰恰是这样的行为。"一派胡言!"米勒的反应同样很激烈,"我只是在做我一向所从事的事业——教授法学。"在一封给院长的长

---

① 本章参考了安东尼·S.陈(Anthony S. Chen)和大卫·科伯(David Kirp)对管理人、行政人员、教授、学生以及其他对学校问题有见地的人所做的面对面、电话和电子邮件的访问。未加引号的引用部分选自于这些内容。在哥伦比亚大学,乔纳森·科尔(Jonathan Cole)、迈克尔·克罗(Michael Crow)和安·科斯切勒(Ann Kirschner)特别慷慨地付出了他们的时间,接受了历时三年的采访。密歇根大学社会科学系和公共政策福特学院的助理教授安东尼·S.陈(Anthony S. Chen)提供了非常宝贵的帮助,进行了对哥伦比亚大学和 MIT 个案的采访和档案研究工作,并且帮助我思考这些个案中的潜在含义。

达六页的信中,米勒争辩说他只是在帮助一所新学校和尝试一种新技术。

《"米勒的法庭"的参加者与法学院的"文档追踪"》。由于故事主角身份的原因,它立即成了头条新闻。米勒谈到了控告哈佛,甚至提出了辞职。但问题很快就解决了,2001年秋,康科德网站上的教师名单中已经没有了米勒的名字。

这个案例的细节成为法学院课堂练习的内容。米勒利用暑假备课,在自己的车库里安装录像设备,这样做是合法的吗?他与康科德的学生没有私人联系吗?没有得到美国律师协会认证的康科德确实没有与哈佛"竞争"吗?

"我们希望我们的基本原则丝毫不受侵犯。"学校的一位发言人说,但对于哈佛来说,这种争论既是金钱问题,也是原则问题。学校坚持认为自己拥有全世界最有声望的高等教育品牌。为工作而四处奔波的阿兰·德肖维茨(Alan Dershowitz)是米勒的同事,他同时也是电视脱口秀节目的主持人和通过报刊辛迪加发表文章的专栏作家,他说:"互联网的与众不同之处就在于拥有零的数量。"①

康科德不是一所不可信任的学校。它的所有者是卡普兰公司,这是一家SAT预备课程公司,对许多高等教育项目进行了投资;卡普兰公司的所有者则是《华盛顿邮报》。如果阿瑟·米勒的名字与康科德联系在一起,人们担心会对哈佛最宝贵的财产,它的声望——它的品牌——产生不利的影响。在哈佛甚至在法学院,米勒都不是最著名的人物。如果可以用钱请他去为其他学校法学专业的学生上课,那么阿

---

① 2000年10月,米勒(Miller)很不情愿地放弃了他在康科德的课程。六个月之前,哈佛的一个委员会提出了一项建议,禁止教师在没有得到相关系主任允许之前在哈佛以外通过面对面或者网络的方式进行教学、研究或者提供咨询。美联社的一则报道引用米勒的话说:"现在我必须证明我所做的任何事情是正当的……我现在不得不经历一种35年来从没有经历过的过程,这让我觉得很厌烦。" http://www.jurist.law.pitt.edu/colloq6.htm. 在早先的一次采访中,米勒认为这项政策违背学术自由的原则,"问题在于是合同将我约束在哈佛法学院,还是我有自由的选择。"一家暴发户公司采用了NotHarvard.com这个名称,哈佛提出了诉讼,认为这个名字使人对哈佛产生一种"用户至上的感觉"。于是NotHarvard改掉了名字。Andrea Foster, "Hoping to Avoid a Legal Clash, NotHarverd.com Changes Its Name," Chronicle of Higher Education, September 20, 1000, http://chronicle.com/daily/2000/09200009200lt.htm.

兰·德肖维茨会得到什么呢?①

很快,学院的批评者也参与进来,争论起学术自由、知识产权、教授对大学的义务的本质等问题。米勒问自己:"阿瑟·米勒有多少属于哈佛?"他的故事成为一个判例案件,越过查尔斯河*都能感受到它的影响。

在阿瑟·米勒的故事正在发展的时候,纽约大学刚刚开办的网上学习公司——纽约大学在线——的负责人大卫·范尼(David Finney)用大历史课来描述互联网带来的"革命"。范尼说,"古腾堡500年前发明印刷术的时候,当时的大学犯了一个错误",他们让教授们对自己写的书拥有所有权。"我们不会用互联网再犯同样的错误。"但是在20世纪末——一个"新新事物"的时代,在这个时代里,学者们认为互联网将改变高等教育世界和受市场驱使的组织,同时也对陈腐的学术机构带来致命的威胁——似乎改正"错误"也不足以拯救大学。②

大卫·科利斯提出的关于未来高等教育的思考则是最令人振奋的。③ 由于他在管理界的地位——科利斯任教于哈佛商学院——一向乐于接受商业部门帮助的高等教育机构非常重视他说的话。科利斯认为,互联网强大而"有破坏性的技术"会迫使大学从根本上重新考虑自己的使命,他还在论文《攻击象牙塔》中,运用个人管理领域的类推说明提出了一些不同的选择。④

最本能的反应是筑起屏障保卫自己的堡垒,就像哈佛阻止康科德

---

① 德肖维茨(Dershowitz)说学生们请他建立一个法律咨询网站 Dersh.com,尽管学生们保证这会带来100万美元的收益,但他还是拒绝了。Amy Marcus, "Seeing Crimson: Why Harvard Law Wants to Rein in One of Its Star Professors," *Wall Street Journal*, Novermber 22, 1999, p. A1。

* 位于波士顿。——译者注

② Michael Lewis, *The New New Thing* (New York: Norton, 1999)。

③ 参见 David Collis, "New Business Models for Higher Education," in Steven Brint, ed., *The Future of the City of Intellect* (Stanford: Stanford University Press, 2002), pp. 181—202; "When Industries Change: Scenarios for Higher Education," in Joel Meyerson and Maureen Devlin, eds., *Forum Futures* (New Haven: Forum for the Future of Higher Education, 1999), pp. 4—5; "'When Industries Change' Revisited: New Scenarios for Higher Education," in Maureen Devlin and Joel Meyerson, eds., *Forum Futures: Exploring the Future of Higher Education, 2000* (San Francisco: Jossy-Bass, 2000), pp. 20—28; "Storming the Ivory Tower" (Harvard Business School working paper 2000); and David Collis and Mark Rukstad, "UNext.com: Business Education and eLearning," Harvard Business School Case #701-014, 2001。

④ Collis 相信 Clayton Christensen, *The Innovator's Dilemma* (Cambridge, Mass.: Harvard Business School Press, 1997) 中的"分裂性技术"的概念。

一样。但科利斯认为这种策略的作用不会长久,因为市场的压力太大了。可以采用的方式是大学借鉴产业界的"横向的专业化"的概念。"为什么不让哥伦比亚专攻现代语言、普林斯顿专攻经济、耶鲁专攻历史?"科利斯写道,"为什么不采用英国的模式,将学士学位获得的时间定为三年?"但即使是这种大胆的想法也是一种自我防御的策略,是"退回到以文理学科为中心",这会造成市场越来越狭窄。科利斯认为,对于很多学校来说,最广泛的选择同时也是最大胆的选择。大学与其固守过去,不如"参与远程教育,扩大继续学习,投资互联网教学法"。这项事业必须全心投入。学校的核心部分必须改变。"只有勇敢地从事新的事业,大学才能保持在市场中的领导地位。"①

更加激进的人则设想互联网会取代而不是改进大学。著名的未来学家彼得·德鲁克(Peter Drucker)在《商业周刊》上充满信心地宣布:"作为寄宿制的机构……大学不可能生存。"②EDUCAUSE 是一个教育技术专业人员组成的协会,1996 年,一份由它和 IBM 的圆桌会议赞助的报告也得出了类似的结论:在十年内,"从商业和产业中借鉴的大量定制化模式"将会代替教授们讲授的课堂课程。③

预言家们认为,新的技术会将著名的学者们解放出来,让他们不再被拘泥于一所学校之中。这些学者并不需要演讲堂,现在他们可以成为虚拟讲堂的主讲者。哥伦比亚大学教育学院的院长阿瑟·莱文(Arthur Levine)认为,"教授们可以像摇滚和体育明星一样做交易……甚至聘请私人经纪为他们处理上电视和其他的促销活动来宣传他们的生意",这一天已经并不遥远了。在哈佛,阿瑟·米勒仅仅由于成为一个小明星就受到指责,但在这样的环境下,他会"与杰伊·雷诺面对面坐在一张桌子上"。④

同时,大学将不得不放弃自己学术成就证明者的权威地位。莱文认为,随着学生们可以在网上的著名大学注册入学,文凭将被"教育护

---

① Collis, "Storming the Ivory Tower."
② *Business Week*, March 10, 1997, p. 127.
③ Educause, *The Virtual University*, report from the joint Educasue/IBM roundtable, November 1996, http://www.educause.edu/nlii/VU.html.
④ Arthur Levine 引自 Dan Carnevale and Jeffrey Young, "Who Owns OnLine Courses: Colleges and Professors Start to Sort It Out," *Chronicle of Higher Education*, December 11, 1999, p. A45.

照"所代替,因为"微软大学的学历为什么就不如一所州立大学的学历声望高呢"?① 美国银行的分析家霍华德·布洛克(Howard Block)敦促大学将它们自己视为纯粹的"内容提供者",充当懂得经营的公司的助手。"如果哈佛是咖啡豆种植者"——这还不完全是大学的自我形象——那么营利性的公司"就是星巴克连锁店。他们把咖啡豆拿来,然后将它们变成其他的东西"。②

哥伦比亚商学院的经济学家和财政学教授艾利·诺姆(Eli Noam)认真研究了古代史之后预言道,学校的终止是学习的最高形式。诺姆在一篇备受关注的文章《电子学与大学的暗淡未来》中指出,自2500年前的亚历山大图书馆开始,高等教育基本上没有发生什么变化。"学者们来到储存知识的学校里,在那里共同合作,创造出更多的知识,然后再去指导学生学习。"他写道。但这套体系处在崩溃的边缘,"今天,知识的生产和传播方式正在破坏知识传统的流动方式,同时也在破坏大学的结构……最终提供电子课程的将不是大学(他们只不过是打破了坚冰)而是商业公司……将来,很可能会由'麦格劳-希尔大学'(McGraw-Hill University)*来为学生们授予学位"。③

一些学院在呼吁:"拥抱未来!"20世纪90年代,密歇根大学的校长詹姆斯·杜德斯塔特曾尝试过将大学当作一项商业来经营,宣扬责任中心管理的理念。④ 对于这位工程师出身的管理者来说,互联网是高等教育改革的下一个合理阶段。他宣布,一所气氛活跃的学府应该有几位著名的学者、大批的"内容提供者",还有大量的"学习助手"为"大批的营利性服务公司"设计"学习产品"。杜德斯塔特非常明确地说:"这与现在的企业是一个明显的对比。"⑤

---

① Arthur Levine, "The Future of Colleges: Nine Inevitable Changes," *Chronicle of Higher Education*, October 27, 2000, p. B10.

② Daniel McGinn, "Big Men on Campus," *The Standard*, May 20, 2001, http://www.thestandard.com/article/0,1902,18275-5,00.html

* 麦格劳-希尔是一家国际出版公司。——译者注

③ Eli Noam, "Electronics and the Dim Future of the University," *Bulletin of the American Society for Information Science* (June—July 1996), 6—11.

④ 在第六章中已做讨论。

⑤ James Duderstadt, "Can Colleges and Universities Survive in the Information Age?" in Richard Katz, ed., *Dancing with the Devil: IT and the New Competition in Higher Educaiton* (San Francisco: Jossey-Bass, 1999), pp. 1—26.

九 概念中的市场:哥伦比亚大学和麻省理工学院

当然也有反对者。有些记忆力好的人想起了诸如教育电视这样的技术在初期阶段做出的承诺,怀疑互联网到底有没有广告说的那么好。持公正态度的人担心互联网时代会导致一个新的阶级划分。虽然哥伦比亚的阿瑟·莱文将互联网教育方式的"扩大美国高等教育范围的潜力"比作退伍军人法案,但他也担心,如果优秀的学生接受的是"高度互动的个人教育,其他学生受的则是虚拟的高等教育",那么这两者之间的差距会越来越大。① 历史学家大卫·诺伯的网上信件使他重创了网络教育,他警告说:"过去20年发生在大学中的主要变化是将学校变成了一个重要的资本积累场所,这种社会观念的变化导致了知识资本的系统性变化,从而也导致了知识产权的变化。"②学校的老教师们担心,如果受到优待的教授成为媒体明星和"课件"市场商人,那么如何才能将共同掌权维持下去。③

对于那些预言"数码大学"时代即将到来的人来说,这些怀疑者都是老古板。艾利·诺姆写道,确定"质量教育的重要性、学术的价值、个人成长中的历史角色和人类对自由交换的需要"也许"会让一个人觉得非常好"——学术价值变成了心理呓语——但所有这一切"都是离题的。文化上的重要性是必需的,但却不足以要求得到公共和私人的资源"。④

大学管理者们不仅了解了这些发展,并且还接受了有商业头脑的董事们灌输的思想。"重要的是要尽快选择一项策略——任何策略——并且依此行事,"大卫·科利斯这样宣布,"早期行动者具有一定的优势,其中速度对于那些想夺取新市场的人来说是最基本的。"⑤

---

① 引自 Eyal Press and Jennifer Washburn,"Digital Diplomas," *Mother Jones* (January—February 2001), 36。

② David Noble, *Digital Diploma Mills* (New York: Monthly Review Press, 2001), pp.16—17.

③ Teresa L. Ebert and Mas'ud Zavarzadeh, "E-Education, the Opposite of Equality Internet," *Los Angeles Times*, March 23, 2000, p.9, http://www.latimes.com/news/comment/20000323/t000027413.html; Mark J. Anderson, "Professors Had Better Pay Attention," *Industry Standard*, September 12, 2000, http://www.thestandard.com/article/0,1902,18250,00.html?body_page=4; Sarah Carr, "Faculty Members Are Wary of Distance-Education Venture," *Chronicle of Higher Education*, June 9, 2000, p. A41; Press and Washburn, "Digital Diplomas," p. 34.

④ Noam, "Electronics," p. 9.

⑤ Collis, "Storming the Ivory Tower." 在这个时代开始时,一位观察家预言加利福尼亚大学将会"探索它潜在的角色……既是为了学校的生存,也是为了它在这个国家作为领先的公立研究型大学的名誉"。Martin Trow, "Notes on the Development of Information Technology," *Daedalus*, 126 (Fall 1997), 310。

对于这一现象,肯尼斯·格林是一位头脑敏锐的观察者,1997年,他写道,"就像49人队*急于标出自己的领地一样",他看到越来越多的学校官员"在没有明确的计划或准确的地形图的情况下便贸然前进:他们肯定自己可以从远程教育中淘到金子,认为自己的学校必须'在其中',或者至少与(其他学院、大学和商业投机者以及培训公司)共同参与竞争"。①

纽约大学的大卫·范尼就是狂热的淘金者之一。在解释纽约大学为什么决定投入2000万美元进行冒险的时候,他说这是一个"高等教育中的特殊时期,如不这样做就会落后"。他说,纽约大学在线的目标是通过合作培训、专业法学课程和国际教育获取适度的利润,但要等到公司挂牌上市后才会得到真正的收益。"如果我们出售49%的股份,便可以获得相当于我们投资的50倍的收益!"②

在这样的热情之下,纽约大学成为一个非常出色的公司。1998年到2000年,与网络学习公司合作的大学名单就像是高等教育"名人录"一样。"潘萨尔(Pensare)**与杜克大学合作。'点击学习'(Click2Learn)与纽约大学在线合作……宾夕法尼亚大学沃顿商学院(Wharton School)与加利伯公司(Caliber)合作……康奈尔派生出了e康奈尔……优尼克斯(Unext)建立了卡丁大学并与哥伦比亚大学、伦敦经济学院、斯坦福的卡耐基·梅隆大学(Stanford Carnegie Mellon)和芝加哥大学合作……北卡罗来纳、哈佛和南加州大学加入了'大学通道'(University Access),寻求得到登录网络的帮助。"③对这些学校以及其他很多学校的管理者和董事们来说,这项行动的正确过程是非常简单的——推测起来应该是与17世纪不顾一切寻找郁金香球茎的荷兰人下决心一样简单:要么开展远程教育计划,要么在学院内外受到竞争者的攻击。④

哥伦比亚大学和麻省理工学院都想成为第一批行动者,但选择的

---

* 49ers,旧金山的橄榄球队。——译者注

① Kenneth Green, "Drawn to the Light, Burned by the Flame? Money, Technology, and Distance Education," *ED Journal*, 11 (May 1997), J8.

② Interview, November 1999.

** 这是一家向客户提供企业级培训解决方案的公司。——译者注

③ Jack Wilson, "Elearning, Is It Over?" http://www.jackwilson.com/eLearning/IsItOver.htm

④ 关于荷兰对郁金香球茎的狂热,见 Simon Schama, *The Embarrassment of Riches* (New York: Knopf, 1987)。

却是完全不同的道路:哥伦比亚努力成为网络学习市场上的主要参与者,而麻省理工学院选择了在网上免费提供它的课程内容。① 做出这些不同的选择,部分是因为各人对网络经济的收益有不同的估计,但对于"知识共享"的控制也有同样重要的作用。这两所大学都认识到了用某种网上学习项目来占领数码空间的重要性,都认识到了最初的商业可能性,这两所大学长期以来都在努力通过知识获得经济回报。哥伦比亚大学认为推广自己"品牌"的最好的方法是实施营利性计划,而麻省理工学院则认为只要上了互联网,免费提供课程资料的方法会使自己获得最佳的名声。

"天生权利"的市场化:哥伦比亚大学

一位访问者在一个近世纪之前写道:"如果到哥伦比亚访问的人想给人留下一个好印象,他就应该不失时机地说晨边高地是'美国的雅典卫城'。"②虽然在这所拥挤的城市校园里,对校园建筑的要求并不高,但它还是认为自己有能力与其他的雅典卫城、哈佛和耶鲁竞争。但哥伦比亚筹集到的捐款还不到哈佛的六分之一,因此在竞争上总是处于弱势。

从某种程度上说,这种差异可以追溯到很久之前尼古拉斯·墨

---

① 其他学校在网络学习领域也成功地开发了不同的职位。纽约的雷金斯学院(Regents College)和新泽西的托马斯·爱迪生州立学院(Thomas Edison State College)都在 70 年代开始运行公共学院,将其他大学的网上课程与他们自己的结合在一起,授予学位。北得克萨斯大学采用了特许证书的模式。学院将自己专业的网上课程市场化,使用费取决于大学投资了多少钱将这些课程放到网上。Jeffrey Young,"At One University, Royalties Entice Professors to Design Web Courses," *Chronicle of Higher Education*, March 30, 2001, p. A41. 卡耐基·梅隆大学(Carnegie Mellon University)在它的专业的一些领域开发了高端课程;有些课程是由营利性的公司来销售的;其他如逻辑课这种缺乏赚钱潜力的课程是由惠列特基金会(Hewlett Foundation)赞助的。大学投入了相当大的资源开发它的课程并且研究其功效,特别注意了少数学生的表现。

② Edwin Slosson, *Great American Universities*(New York: Macmillan, 1910), p. 410. 其他时期,其他的理解:后来一位评论家认为"哥伦比亚大学并没有作出任何努力来吸引人们的眼睛;表面看来它的丑陋是很明显的,体现出的是敏锐和商业化"。Lloyd Morris, *A Threshold in the Sun* (New York: Harper and Bros, 1945), p. 30. 亦参见 Horace Coon, *Columbia: Colossus on the Hudson* (New York: Dutton, 1947). 巴纳德的教授罗伯特·麦克科雷(Robert McCaughey)为 2004 年建校 250 周年纪念写了一部新的大学校史。

里·巴特勒(Nicholas Murray Butler)(西奥多·罗斯福称他是尼古拉斯·奇迹)做出的一个重要决定,在20世纪的头40年里,巴特勒是晨边高地的统治者。20世纪20年代,有人催促巴特勒模仿耶鲁和哈佛的做法,聘请专门的资金筹集者来开展资本运动。但他不赞成这样的做法,更倾向于从几位富有的纽约人那里筹集资金。巴特勒的做法曾经取得过相当大的成功,但那是在1929年之前。其他的则都是历史。①

为大学的捐赠筹措资金对于一所学校的未来而言是一项合理的投资。然而,由于每年的花费只占捐款的很小一部分——约为5%,这样的比例对现状几乎没有什么影响,而且有的学校也没有耐心等待。因此,如第四章中所叙述的那样,纽约大学在努力成为世界级大学的过程中,将过去筹集的20多亿美元用于校园建筑和聘请教师,而不是增加它相对不足的基金。②

哥伦比亚大学一向认为没有必要采取这一非常规的做法。但即使是在筹集捐赠的时候,它采用的也是别的可以直接带来收入的方法。20世纪初,大学从它所持有的房地产中获得了巨额收入。20世纪90年代,它非常成功地将教授们的发明变成了专利证书,从而获利。③ 像麻省理工学院和斯坦福这样以理科和工程学科为主的学校在鼓励教师的企业素质方面更加出名,而在利用专利权赚钱方面,哥伦比亚大学则走在所有大学的前面,仅2001年,技术转让就给它带来了1亿4千1百万美元的收入。④ 这意味着每年30亿美元的预算,当时的行政副教务长迈克尔·克罗(Michael Crow)说,这相当于得到了30亿美元的捐赠收入。

哥伦比亚大学深受埃德温·斯罗森(Edwin Slosson)1910年撰写的关于"伟大的美国大学"一书的影响。它有斯罗森在书中提到的

---

① Robert McCaughey 叙述了这一事件(unpublished ms., 2002)。
② 参见 http://www.nyu.edu/transition.team/sextonpr.html。纽约大学2002年的捐赠为11亿美元,这大约是哥伦比亚大学的三倍,是哈佛的1/17。
③ 第11章讨论了伯克利吉规模中心(Berkeley's Gigascale Center)和诺华项目(Novartis projects)的技术转让计划。
④ Goldie Blumenstyk, "Knowledge Is 'a Form of Venture Capital' for a Top Columbia Administrator," *Chronicle of Higher Education*, February 9, 2001, p. A29. 迈克尔·克罗(Michael Crow)认为斯坦福和MIT更加倾向于鼓励教师们开办自己的公司,有时占有平等的地位。

"成功、主动、适应和机会的基本要素"。他还补充说,大学的力量"在于个人的主动精神"。① 晨边高地非常重视这种精神。

20世纪90年代末,哥伦比亚曾面临过一场小小的危机:几项最有效益的专利即将到期。专利证书带来的收入会急剧下降,从2001年的1亿4千1百万美元下降到三年后的6700万美元,而且也没有即将完成的重大发明。接下来产生的虚拟教育市场带来了巨大的潜在财富。好几位董事,包括NBA委员会的大卫·斯特恩(David Stern)和银行业巨头阿尔弗雷德·勒内(Alfred Lerner),都在关注这个市场,他们都在敦促管理者要敢作敢为。斯特恩说:"我不想有一天早上醒来,发现哈佛和微软已经把500万美元放在了桌子上。"哥伦比亚至少应该参与到远程教育之中。

哥伦比亚的高层官员们不需要人劝说,因为他们知道微软已经将自己当成了一个竞争者。"微软将他们自己视为内容认证者"——也就是创造知识的人——"同时也是销售者",迈克尔·克罗说,"在一次会议上,他们说不会再继续购买《哥伦比亚百科全书》用于网络销售。因为他们已经购买了《芬克和瓦格纳》(Funk and Wagnall)的冠名权并聘请了自己的专家,说他们已经不再需要聘请学者了。"

这是哥伦比亚大学接触网络道路上的一个分水岭。教务长乔纳森·科尔(Jonathan Cole)说"这种挑战是在阻止网络公司的逼近",并且速度要快。至于如何进入这片陌生的网络领域,作出决定的应该是管理者而不是教师,科尔认为大部分教师都习惯于"市镇会议的方式",在那里人们"会对一个问题进行反复讨论,直到大家一致同意为止"。

哥伦比亚曾经在远程教育方面占据过领先地位,但那在它的历史上并不是一段愉快的经历。② 20世纪初的几十年曾经是函授学校的黄金时代,而哥伦比亚则是其中的领先者,注册学生的数量名列第二,仅落后于芝加哥大学。函授学校的支持者声称他们的课程优于"任何一所普通美国大学的拥挤的课堂里可以提供的课程",也肯定优于那些营利性学校提供的课程。哥伦比亚的广告中说,这些都是由学校的教授们讲授的一流的课程。

---

① Slosson, *Great American Universities*, p. 72.
② 有关相应学校的讨论摘自 Noble, *Digital Diploma Mills*。

但现实却远非如此。哥伦比亚大学的教授并未参与到函授教学中来，课程也是匆忙拼凑而成。1928年，由于函授学校的课程质量越来越受到怀疑，于是卡耐基基金会请亚伯拉罕·弗莱克斯勒（Abraham Flexner）——他早先的一份报告曾导致医学教育遭受检查——着手进行调查，并由此揭开了大学界的一桩丑闻。

弗莱克斯勒调查的重点是芝加哥大学和哥伦比亚大学，它们"放弃了自己公正评价和创造性探索这些独特和基本的社会功能，完全去迎合那些暂时、虚幻和直接的要求"。这种指责是无情的。这些学校"毫无必要地降低自己的价格，将自己低俗化和机械化"，将自己变成了"销售专利药品的小贩……哥伦比亚作为教育机构不需要纳税，但它却做起了生意：它出售自己的教育，参与的是一场唯利是图的商业游戏"。于是无地自容的校长巴特勒叫停了广告，函授学校于1937年完全关闭。

哥伦比亚大学在对互联网作出判断时很可能会犯同样的错误，因为大学中三头政治之所以能够结合到一起是由于大家都坚持认为学术价值是不能打折扣的。"（校长）乔治·鲁普（George Rupp）意识到这就像是19世纪末的那一时刻，当时学校的领导人创造了新型的高等教育，"历史学家和教师学院院长阿瑟·莱文说，"乔纳森·科尔比任何一位高等教育高级管理者都更好地理解了技术潜力对大学的影响——这对一所常春藤学校来说是非常出人意料的。而且迈克尔·克罗是一位企业家，总是在尝试新东西，寻求学术回报。"

20世纪90年代末，晨边高地上充斥着以互联网为基础的教育课程。哥伦比亚商学院首先与优尼克斯及其学术实体卡丁大学签署了网上MBA课程合作计划，它的加入使得这家公司更加容易与像斯坦福和芝加哥这样的顶级商学院达成合作。哥伦比亚因其行动迅速而获得了回报；优尼克斯有权对学院的课程进行修改，作为回报，公司许诺给学校2000万美元和公司5%的股份。① 文理学院与潘萨尔达成了

---

① 罗·泰勒（Ron Taylor）是营利性大学迪弗莱大学（DeVry University）的首席执行官，他问斯坦福大学商学院的院长为什么这所大学会把自己的名字借给卡丁/优尼克斯（Carden/Unext），这位院长开始先说教师们对尝试网络教育的兴趣。"然后"，泰勒说，"他笑了：'这一切的确都是为了钱。'"见第13章。

类似的协议;接着,师范学院也决定开设自己的网上分院,这所非营利性的学院叫作"创新师范学院"(Teachers College Innovations)。莱文说,这项计划是利用学校的"知识资本"来为学院的核心活动带来收入渠道和加强改革:"我们被当作了高等教育历史上最大的宣传物。"

哥伦比亚大学对任何安排作出的认可必须与学校的原则相一致,这一点是根本的。在"自己拥有公司"的大学里,学校的各个单位通常都要自负盈亏,而哥伦比亚大学则不同,它认为自己首先对大学的核心——文理学院——负有责任。专业学院通常要交纳税金作为"学术质量基金",这是违背它们的意愿的——这是一种罗宾汉式的安排,乔纳森·科尔将它描述为一种"反市场"做法,为的是让大家可以共享资源。① "哥伦比亚大学不想在数据报表上落后,"政治学家、长期在哥伦比亚任教授的埃拉·卡茨尼尔森(Ira Katznelson)说,"但它也自觉地坚持高的学术标准。在乔纳森和克罗召集的每一次教师会议上,在私人谈话中,这始终是讨论的主题。"

甚至是在管理层为互联网上的冒险事业制定规划时,由卡茨尼尔森主持的一个知识产权委员会还专门就阿瑟·米勒的问题进行了讨论。他说:"我们需要一种以学术性价值为基础的强烈的感觉,以求在两个极端之间找到一条出路,这两个极端是:芝加哥大学制定的'除了如书本这样的传统财产之外,其他创造出来的一切都属于学校'的政策,和斯坦福的'教授个人享有所有权'的政策。"卡茨尼尔森的委员会最终选择了哥伦比亚大学在分配专利权的时候采用的方法:将材料在网上发布而得到的收入在大学、系科和教授三者之间进行分配。他说:"这样做最终使得金钱推动了学术研究。"

克罗更加重视的是学术而不是市场价值,这是非常重要的,因为他的投资组合中包括很多新的知识资本项目。技术转让官员们通常来自商界,他们认为自己的工作就是敦促教师们对产业的需要作出反应。② 在这个领域中,克罗这位公共政策博士是一位受欢迎的稀有人

---

① 专业学院也同样对弗吉尼亚大学达顿学院持同样的观点:我们需要我们可以找到的每一分钱来与像哈佛这样更加富有的学校竞争。见第七章。

② 如第11章中讲座的那样,克罗不同意伯克利诺华计划的结构方式,部分是因为这会妨碍研究。

才,作为管理者,他将筹集资金的才能与对公共目标的重视结合起来,而筹集资金正是为了服务于这些公共目标。他非常坚持原则,导致了与商学院院长、负责与优尼克斯公司谈判的梅耶·韦恩伯格(Meyer Weinberg)之间的一场激烈争论。"在很多方面——财政、知识产权、商标——最初的条件都是我们无法接受的,"克罗这样说道,而乔纳森·科尔也表示同意。虽然韦恩伯格愿意让优尼克斯在其宣传活动中使用哥伦比亚的名字,但学校的管理者不同意。在接下来的争论中,管理者赢了,于是与优尼克斯的合同成了克罗投资组合的一个部分。①

哥伦比亚网络教育策略中的关键因素是一家2000年春在一片喧嚣声中建立起来的叫作费森的公司。费森是一个包括了14所美国和英国著名大学、图书馆和博物馆的集团,但在公司创办之初,哥伦比亚大学用它在专利方面的收入投入了2000万美元,占资金的90%。公司的目标是建立一个提供丰富知识的网站,与枯燥的学院形成一种调剂——在科尔所说的"高标准、高质量的远程教育市场"中为哥伦比亚大学建立一个主导地位。由于费森公司是一家与大学分离的营利性实体,因此它可以去寻找投资人注入资金,并且最终可以上市。

费森公司只是哥伦比亚大学利用数码空间潜力的各项措施中的一项,由于它是资金投入最大的、以大学为基础的网上学习项目,因此也备受关注。② 公司的首席执行官安·科斯切勒(Ann Kirschner)非常适合担任哥伦比亚的管理职务。科尔和克罗选择她是因为:作为一名普林斯顿毕业的英语博士,她理解学院的社会习俗;作为一名将国家橄榄球联盟的运动网站制作成继ESPN之后最受欢迎网站的人,她懂

---

① Blumenstyk, "Knowledge." 一场类似的斗争是与文理学院院长之间的,原因是他与另一家公司可知雅(Cognitive Arts)之间达成的协议,克罗的观点又一次获胜了。

② 学校还建立了哥伦比亚数码知识企业(Columbia Digital Knowledge Ventures),这个组织的目的是发展和调整校外教育资源的开发;它也意味着"发展经选择的数码媒体公司",比如说像费森公司本身。这一策略的第三个因素,也是与营利最没有关系的一项,是新媒体教学哥伦比亚中心(Columbia Center for New Media Teaching and Learning),它与教师紧密合作,让他们熟悉新技术的教学潜力并且通过数码媒体的使用来巩固校园的课程。哥伦比亚大学将它的网络计划置于 http://www.columbia.edu/cu/new/special/cdigital。

九 概念中的市场:哥伦比亚大学和麻省理工学院

得商业。①

将学校建成世界最优秀的大学,将知识广泛传播,这种想法让人无法抵御。但在市场中,时机就是一切,而费森公司却没有抓住。几个月之后,网络教育上的生意耗尽了投入的资金,但预期从网络课程中获得的收入却没有实现。② 2001年,财政困难的费森公司又得到了2000万美元的资金注入。③ 同时,迈克尔·克罗正在通过一个叫作晨边企业的实体(当时成为哥伦比亚媒体企业,后又更名为数码知识企业)组织各种以大学为基础的团体,创建新的数码媒体公司。有些教师反对克罗进入过多冒险投入的做法。政治学教授罗伯特·杰维斯(Robert Jervis)说:"最严厉的批评是说他同时向五个方向前进。"

教师评议会受到资金缺乏的困扰,同时也不满管理者以扩大学校为名做出各项重要的决定,因此他们要求学校当局出示账目明细。2002年4月的报告尖锐地指出:"费森是一家完全与大学分离的、以营利为目的的私人公司,同时也是大学网络策略的一个组成部分。虽然它是一家以营利为目的的企业,但它也被称为知识集合体中的'空间占有者'。"这些突出的矛盾"在整个策略制定过程中是普遍存在的,所计划的值得投资的项目之间很少或者完全没有关联"。④

费森"是网络公司狂热的一个部分,"科尔承认,"我们考虑过商业潜力吗?是的。"但他警告说,不要将创办费森的初衷理解为纯粹的经济动机。"那是最重要的部分吗?不。我们从没有想过要一夜暴富。"这家公司能让我们做到的是从"经济上和教育上"占领网络空间。

"我们还有别的选择吗?"安·科斯切勒问道,"我们应该把这个

---

① 科斯切勒最初被请来是开展一项叫作晨边计划(Morningside Ventures)的网络计划,晨边是一家营利性公司,它的目标是向世界出售哥伦比亚"舞台上的圣人"。"这中介在边缘尝试一下网络运行",在实施费森计划之前她说,"是在坚持一种观点,直到精英学校之间有了真正的合作。"

② 费森没有明确的商业模式,"一种如何保持和推进计划的概念",詹姆斯·尼尔(James Neal)说,他是负责信息服务的副校长和大学的图书管理员(一个包括了新旧大学的头衔)。尼尔补充说费森的"广泛、无重点"的任务方针——"在将数码媒介运用到全球学习和知识中的领导能力"——正说明了这个问题。

③ 特别收入的结余分给了发明者和进行研究的单位。

④ Columbia University Senate, Online Learning and Digital Media Initiatives Committee, *Interim Report*, April 23, 2002, www.columbia.edu/cu/senate/annual_reports/01-02/InterimReport41502.htm

空间留给像微软这样的同行吗?"品牌被认为是哥伦比亚的巨大优势——科斯切勒称之为大学的"天生权利"——但这远远不能保证这所著名的学府可以占据数码空间并以此盈利。尽管到2002年秋,费森的一门网上课程有45000名学生注册,但这个项目仍然是科尔所说的"未完成的、烤制了一半的饼干……一个落伍的好主意"。2003年1月,哥伦比亚决定关闭费森。这家公司在它30个月的历史中仅仅赚到了70万美金,其中还包括它的合作伙伴的捐献。[①]

与任何时候一样,在虚拟世界里,谦逊也是一种美德。哥伦比亚真正赚到钱的远程教育课程是开始于1986年、由工程学院主办的视频网络课。它的技术只比函授学校前进了一步,无疑还是落后的:将课程内容录制后在网上用流式视频的方式播放。但是使课程获得成功的并不是技术,而是工程学院了解它的市场——无法居住在纽约市的优秀学生——并为这些学生提供模拟的哥伦比亚大学的课堂教育和硕士学位。[②]

工程学院的企业并不是一个五彩斑斓的互联网新世界,在晨边高地甚至没有多少人知道它。它没有允诺学生们在课程里会接触伟大的思想和产生这些思想的著名学者。也许费森最终不得不关闭的教训在于几乎没有人愿意为伟大的思想支付高额费用,而且顾客们想要的东西是大学不打算提供的,即可以得到哥伦比亚大学学位的课程。

费森所做的事情——让人们可以通过电子的方式看到著名学府的教学内容——具有重要价值,尽管这不能迅速挣钱。[③] 也许这就是大学拒绝那些费森投资者的建议的原因,用迈克尔·克罗的话说,这些的想法过于"商业化"。在观念发展迅速的市场中,最重要的问题是:哪些知识是应该用于销售的,哪些是应该免费提供的?"也许费森公司是我们为更加广泛的学术世界做出的教育和研究贡献,"哥伦比

---

① Scott Carlson, "After Losing Millions, Columbia U. Will Close Online-Learning Venture," *Chronicle of Higher Education*, January 11, 2003, p. A30.

② 斯坦福大学的工程学院进行了一项类似的计划,取得了类似的成功。事实上网上的学生在学术方面比坐在传统课堂里的学生更加出色。

③ 需要会产生期望,即使没有反映在经济学家的负担全部费用的意愿之中。参见 William Bowen, "At a Slight Angle to the Universe" (2000), http://www.mellon.org.romanes%20booklet.pdf。

亚大学的图书管理员詹姆斯·尼尔(James Neal)打趣道,"毕竟麻省理工学院得到了基金会的资助来做同样的事情。"①

"知识共享":麻省理工学院

麻省理工学院决定将自己的课程内容在网上公布,任何人都可以免费使用。当被问起对此有何想法时,哥伦比亚的高级管理者非常愤怒。"哥伦比亚有900门课程已经在网上公布,比麻省理工学院多得多,"乔纳森·科尔说,"2001年麻省理工学院公布他们的决定时,市场上已经没有钱可赚了。"

科尔陈述的事实是正确的,但他忽略了麻省理工学院的决定带来的象征性。麻省理工学院的"公开线上课程"(OpenCourseWare)并不仅仅是他所认为的学校的"道德标签"。它代表了一种对大学在市场上的角色的完全不同的观点,在虚拟世界创造了知识共享的概念。麻省理工学院应该欢迎这种突然到来的概念,因为世界上还没有一所研究型大学如此成功和义无反顾地与企业联系在一起。

麻省理工学院是国内一流的工程学院,它自己也知道这一点。麻省理工学院坐落于马萨诸塞大街上的坎布里奇平地,离哈佛约两英里远,周围是与商店和工厂挤在一起的新办公楼。学校的建筑功能明确,是用于工作而不是学习的,与常春藤盟校中的哈佛的校园建筑形成鲜明的对比。

这种差别不仅是外观上的,在这里,形式的确决定着功能。哈佛明确声称自己是世界上最好的私立大学,而麻省理工学院的愿望则非常有限,虽然得到的60亿美元捐赠在全国大学中位列第五(几乎是哥

---

① "一个营利性的部门有责任清楚一桩坏交易,而非营利性的可能有责任保留它,只要它对自己的任务是正确的。"John Whitehead, 引自 William Bowen, *Inside the Boardroom* (New York: Wiley, 1994), p. 23. 哥伦比亚法学教授埃本·摩根兰(Eben Moglen)认为"华尔街网络的繁荣促使官员们创建了费森。但这种繁荣在他们将自己仿制的小企业推向市场之前就结束了……但他们不能及时应对,于是就说这是一种策略性的投资。我们不是为了挣钱。好。那就不要叫网络了。" Scott Carlson, "For-Profit Web Venture Shifts Gears, Hoping to Find a Way to Make a Profit," *Chronicle of Higher Education*, February 9, 2001, p. A33。

伦比亚大学的一倍）。尽管麻省理工学院表示要聘请杰出的经济学家、城市规划者、管理学学者等等，但在根本上它仍然是一所培养工程师的学校。① 与其他著名的研究型大学一样，哈佛也在努力寻求市场与学术共享之间的平衡，以及它与德怀特·艾森豪威尔所说的"军事—工业联合体"之间的联系的本质，但这些问题很少困扰麻省理工学院，因为与工业和军事的联系是这所学校的根本。

麻省理工学院的确一直如此，1861年建校时的目的并不是建立一所大学，而是建立一个研究所，其宗旨是促进"联邦在工艺美术、科学和实用教育方面的进步"。② 这所学校遵循的学术传统是托马斯·杰斐逊的"科学越来越重要"的思想，努力打破高等教育的"旧的体系、旧的统一性"。③ 麻省理工学院采取的方法将"对应用科学独创性研究与大众知识的传播"相结合，确立了"19世纪后期技术学院发展的模式"。④

由于麻省理工学院从一开始就注重实用性，因此它对市场的态度不是回避而是渴望参与其中。1900年，通用电子学学院建立了第一个涉及广泛的工业研究实验室，并且它还首先将学生送到工厂去实习。1910年，电子工程系的主任杜加德·杰克逊（Dugald Jackson）鼓励教师们"在大型企业或商业公司的赞助或支持下开展一些最有特色的商业调查研究"。⑤ 其实教授们不需要鼓励。"20世纪30年代，当时的院长卡尔·泰勒·康普顿（Karl Taylor Compton）规定，教授们可以将20%的时间用于在学院以外担任顾问，这实际上是在限制他们在学院

---

① 参见 interviews with Paul Samuelson and others in Sylvia Nasaw, *A Beautiful Mind*（New York：Simon and Schuster, 1998），pp. 133—138。

② Henry Etzkowitz, "MIT, Industry, and the Military, 1860—1960," in Everett Mendelsohn, Merrit Roe Smith, and Peter Weingart eds., *Science, Technology, and the Military*（Boston：Kluwer Academic Publishers, 1988），pp. 516—519；Susan Rosegrant and David R. Lampe, *Route 128：Lessons from Boston's HighTech Community*（New York：Basic Books, 1992），pp. 43—47。

③ Frederick Rudolph, *The American College and University：A History*（New York：Vintage, 1962），pp. 128, 245.

④ John Brubacher and Willis Rudy, *Higher Education in Transition*（New York：Harper and Row, 1976），p. 62.

⑤ 引自 AnnaLee Saxenian, *Regional Advantage：Culture and Competition in Silicon Valley and Route 128*（Cambridge, Mass.：Harvard University Press, 199），p. 143。

九　概念中的市场：哥伦比亚大学和麻省理工学院

以外的活动,而不是鼓励。"①

在第二次世界大战之后的几年里,麻省理工学院的研究有很大一部分是军事研究(当时校园里时有军事警察出现,保卫正在进行秘密研究的实验室),由此得到的资金使学院在全国工程和基础科学中保持领先地位。② 战后,在政府、商业和学术界的复杂关系中,麻省理工学院成为高等教育最大的经办者。诸如电子学研究实验室和仪器实验室这些项目尽管服务于军事目的,但仍为学院带来了学术声誉——麻省理工学院至今仍然是研究项目与军事需要联系最紧密的大学。③

它与工业界的合作也非常密切且带来了利益。1948年开始的产学合作计划让那些付了钱的公司可以提前了解麻省理工学院的研究,标准石油公司、固特异轮胎和IBM都参与了这个计划并为学校提供资金。在麻省理工学院进行的受到产业界更多支持的研究——包括一位教授所说的"与微软的'死亡之星联盟'"——超过世界上的任何一所大学。④

这个历史上著名的学术企业化案例使麻省理工学院更应该首先将它的课程在网上免费提供。⑤ 这项于2001年4月宣布的耗资近1亿美元的数码项目计划提供的内容选自麻省理工学院的2000多门课

---

① Rosegrant and Lampe, *Route 128*, pp. 18—19.

② 斯坦福大学的研究历史并没有不同。参见 Stuart M. Leslie, *The Cold War and American Science: The Military-Industrial-Academic Complex at MIT and Standford* (New York: Columbia University Press, 1993)。

③ Ibid.; Rodger Geiger, *Research and Relevant Knowledge* (New York: Oxford University Press, 1993), pp. 62—73; John C. Hoy, "Higher Skills and the New England Economy," in David Lampe, ed., *The Massachusetts Miracle* (Cambridge, Mass.: MIT Press, 1988), pp. 343—371.

④ Hal Abelson and Vijay Kumar, "MIT, the Internet, and the Commons of the Mind," http://ishi.lib.berkeley.edu/cshe/projects/university/ebusiness/Habelson.html; Rosegrant and Lampe, *Route 128*, p. 64. MIT认为联合"是从1999年10月开始的,它是一项MIT与微软之间的一项为期五年的研究合作,目的是通过信息技术加强大学教育。我们的目的是通过主办对MIT和其他地方具有重要的、持续性影响的改革计划来证明高等教育中的领导能力。在最初的两年里……我们为基本的概念性的革新提供了MIT在航空和航空工程方面的计划,这是整个课程设计的一个部分。我们支持了一项重要的计划,就是把MIT的介绍转化成网上课程合并计算机技术,并且还能自动检查家庭作业。通过由电脑实验和网络课程进行的小组活动,我们帮助将MIT的课程内容变成了机械工程学"。

⑤ "公开内容使它在软件公开资源历史获得了名声,而且在很大程度上也成为范例",这是MIT计算机科学家和电子学工程师非常熟悉的东西。参见 Reid Cushman, "Open Content for Digital Public Libraries," report to the William and Flora Hewlett Foundation, September 2002.

程,时间跨越好几年。任何使用互联网的人都可以免费得到课堂笔记、问题设置、课程提纲、随堂测验和考试内容。唯一的限制是教授们设置的,他们会决定哪些材料可以公布在网上。麻省理工学院决定回避就所有权发生阿瑟·米勒式的冲突。参加设计这个项目的工程学教授哈尔·阿贝尔森(Hal Abelson)说,这些迟早会出现的争论会"在其他地方"发生。①

麻省理工学院的高级官员称这项计划代表了反对学术界商业化的原则性立场——一种反费森的立场。"在受市场驱动的世界里,公开线上课程看起来不符合常理,"校长查尔斯·M.维斯特(Charles M. Vest)说,"它与当前看重物质价值的风习是背道而驰的。""将我们的近2000门课程的基本材料在全球互联网上公布"开辟了美国高等教育民主化的新篇章。"美国高等教育的光荣在于它民主化的传播。"② 安德鲁·卡耐基图书馆一个世纪之前的精神——"让人民免费获得"知识——正是公开线上课程在今天所要体现的内容。③

许多报纸都在头版刊登了这条消息,包括《纽约时报》在内,并且所有的评论都是持赞扬态度的。麻省理工学院的新闻大量摘录了从各地涌来的表示支持的电子邮件。"我一辈子都希望进入麻省理工学院学习,"一位尼日利亚学生写道,"非常感谢你们让我的梦想成真,因为如果我不能去麻省理工学院,麻省理工学院就会来到我身边。"一位乌干达教育家预言"教授们……会受到鼓舞和激励,用麻省理工学院的标准来要求自己……我非常感谢你们的慷慨"。另一位表示祝福的人认为这项计划非常重要,甚至将麻省理工学院指定为他的财产受益者:"目前为止我还没有继承人!如果我离开这个世界的时候留下了什么,它将属于你们,因为你们实现了我自初次上网以来就产生的想法。"④

麻省理工学院赢得了这些赞誉。虽然它选择了数码教育的捷径,但这并不是因为它拒绝网上学习的商业化。相反,公开线上课程的出现是对市场诱惑的直接反应。1999年末,当哥伦比亚在筹备创办费森

---

① Abelson and Kumar, "MIT."
② 参见 http://web.mit.edu/ocw/ocwarticles.html; Charles M. Vest, *Reports of the President*, 2000—2001, http://web.mit.edu/president/communications/rpt00-01.html。
③ 参见 http://carnegie-libraries.org。
④ News release, April 4, 2001, http://web.mit.edu/newsoffice/tt/2001/apr11/ocwside.html

公司的时候,安·科斯切勒正在寻找有声望的学术伙伴。麻省理工学院是最好的选择,因为它在科学和工程方面有着极高的声誉,但是在与学院接触后,她否定了这个想法。麻省理工学院的官员对数码教育的潜力持怀疑态度。虽然他们知道在互联网世界中占据先机的好处——在发展128号公路(麻省的硅谷)上的高科技公司期间,麻省理工学院是重要的合作伙伴——但他们还是决定从长计议。

在咨询过布茨·艾伦·汉米尔顿(Booz Allen Hamilton)的顾问之后,麻省理工学院实施了"梦想行动",这项行动包括了未来可能存在的各种选择。被考虑的选择包括:"创业性质的技术学院"(Venture-tech),这是一种费森式的办学路径;"技术学院"(Techtech),重点是为公众提供教育;还有"全球技术学院"(Global Tech),其对象主要是那些具备麻省理工学院学生的素质但又不能亲自来到校园的学生。① 这些项目推动了对"终生学习"的商业潜力的挖掘。由工程学院副院长迪克·约(Dick Yue)领导的一个研究小组对各项选择进行了评估。"成为网络学习领域的领导者对于麻省理工学院来说要付出怎样的代价?"他们这样问道,"它在制度上可行吗?存在商业成功的潜力吗?"工作小组起草了一份长篇报告,描述了十几种存在的可能性,对技术要求、商业方法和组织结构进行了评定,并且为每一种选择制定了可行性计划。

迪克说,公开线上课程的想法是几个月深思熟虑的结果,"在讨论和结果之间并不存在一个茅塞顿开的时刻"。委员会认为,的确存在着一种网络商业的"可行性模式",但找到它之前必须经历大量的冒险。虽然麻省理工学院缺乏"现有能力"来实施这种方法,但迪克坚信,如果学校做出这样的选择,就一定可以应对这样的变化。但他和同事们在想是否存在着"另一种游戏",它可以让麻省理工学院对世界的责任不仅仅限于"它每年可以招收入校的几千名学生"。于是,这个想法产生了:"对,我们将它派送出去!"

在如何最好地抓住虚拟市场的问题上,麻省理工学院和哥伦比亚为什么得出如此不同的结论呢?答案与学术价值没有太大的关系,因

---

① Abelson and Kumar, "MIT."

为在这个问题上,哥伦比亚的乔纳森·科尔和迈克尔·克罗与麻省理工学院的迪克·约并没有什么分歧,重要的是这两所大学是如何做出决定的。

在高等教育龟壳般的世界里,哥伦比亚是一个相对自由的地方。科尔在20世纪90年代撰写的一篇文章中指出了行动迅速的必要性。"我们必须认识到外部世界节奏的变化,而这些变化直接影响到大学内部的生活。机构的快节奏和迅速发展需要快速稳定的反应和计划,需要更加明确地做出决定,使大学可以及时地做出有效的变化和调整。"①作为副教务长,克罗有充分的权力去抓住出现的商业和学术机会,实施许多灵活的、可以及时调整的数码计划。

让人惊讶的是,哥伦比亚在经济上可以如此迅速地建立起费森公司,一夜之间成为这一新市场的参与者。企业化的理念与实施之间没有什么制度上的障碍,其结果便是让投机资本家都记忆深刻的上市时间。商业计划的复杂性、对市场环境的描述、商业与教育努力之间的适合性以及哥伦比亚大学作为高等教育界领军机构的使命——所有这一切都不及占据先机来得重要,也比不上按计划可能会获得的收入重要。一切都可以——也的确在——等待。

麻省理工学院作决定的方式是不具冒险精神的,甚至可以说是平庸的,自安娜李·萨克瑟尼安(Annalee Saxenian)对麻省128号公路和硅谷的技术改革和地区发展进行了备受关注的研究以来,这种方式便成为一种惯例。②萨克瑟尼安认为,当斯坦福积极成为高科技项目的

---

① Jonathan Cole, "Balacing Acts: Dilemmas of Choice Facing Research Universities," in Cole, Barber, and Graubard, eds., *Research University*, p. 7.

② Saxenian, *Regional Advantage*. 高等教育中充满了"伟人理论",它在尝试着解释这两位重要理事之间的性格差异。迈克尔·克罗2002年7月成为亚里桑纳州立大学的校长,他常常会表现出有兴趣采取一些大胆的、有时甚至是冒险的举动。他1991年来到哥伦比亚,得到了雪城大学(Syracuse)的公共管理博士学位,然后便在家乡爱荷华州担任一个兼有学术和管理性质的职位。他受到教务长乔纳森·科尔的眷顾,后者是一位著名的社会学家,并且从本科生时代起就是哥伦比亚大学学术委员会的成员,于是克罗的事业开始起飞了。在两年里他被提升为副教务长,这个职位是大学的第三把交椅。在担任教务长时他开发了一项不断扩大的投资组合,费森公司便是其中突出的一项。相比之下,麻省理工学院的迪克·约(Dick Yue)则适合于传统学术的模式。他的学士和博士学位都是在麻省取得的,然后成为一名30岁的教授,并且依靠自己在洋流动力研究方面的丰硕成果成为终身教授。在职业生涯中,他发表了200多篇科学论文,并且在担任管理职位后,他的研究成果数量也没有明显的下降。在麻省理工学院是否进入高等教育数字市场的系统方法中,他的表现与他作为一名学者和工程师一样出色。

·九 概念中的市场:哥伦比亚大学和麻省理工学院·

合作伙伴时,麻省理工学院则采取了一种保守的、等级制的和官僚作风的方法,这种方法体现出了与之长期保持关联的华尔街公司和联邦机构的文化。这种描述非常符合麻省理工学院对远程教育的赚钱可能性做出的谨慎反应。但是,让麻省理工学院在高科技项目竞赛中输给斯坦福的同样的推理方法很可能让它避免了费森公司式的失败。①

将课程在网上公开的想法让查尔斯·维斯特校长一见钟情。这种做法对惯例的公然违背让他倍感振奋。"所有的人都向左,"维斯特说,"而我们则向右。"但这项计划意味着1亿美元的投资,即使麻省理工学院是所富有的学校,也无法独立承担。基金会显然是寻求帮助的好地方。2000年末,麻省理工学院的高级官员们与梅隆基金会主席、普林斯顿大学前任校长威廉·伯温(William Bowen)交换了意见。几个月前在牛津发表的一次演讲中,伯温谈到了他对高等教育商业化的关注。"大学不是商业,"他说,"而是非同寻常的机构,有着与其他任何一种实体所不同的使命和特征……社会对它们的期望远远不只是以公平的价格出售'产品'……如果这些庄严的机构过于受到市场的驱使,从而导致人们用过于机械的方式来看待它们……那么它们便丧失了它们发挥最佳功能所必需的独特的'宇宙角度'。"②

现在有一个机会,可以帮助一所大学保持这种"角度"。在寻求基金会帮助的过程中,麻省理工学院极力强调其计划中的非商业性,它们的计划听起来有点像在上一章中提到的、已经获得梅隆基金会资助的桑诺基西斯项目。"公开线上课程的概念让学院和大学改变了传播知识过程中他们界定自我角色的方式,改变了他们对于在世界各地招收新学生的概念,同时也让他们的机构和教师将互联网当作一种服务

---

① 约(Yue)和他的同事发现网络教育的黄砖路对利润是一种浪费,但结果也许是不同的。因此即使从纯经济学的来讲,放弃课程也不是一个困难的决定。想象一下,如果麻省理工学院宣布成立一个内部管理委员会来确保教师们的研究不受到工业或者军事优先权的影响,这会对学术价值造成多大的冲击。

② William Bowen, *At a Slight Angle to the Universe: The University in a Digitized Commercialized Age* (Princeton: Princeton University Press, 2001), pp. 7—8, http://www.mellon.org/romanes%20booklet.pdf. Derek Bok 也提出了同样的争论, *Universities in the Marketplace: The Commercialization of Higher Education* (Princeton: Princeton University Press, 2003)。

媒介,而不仅仅为了谋取利润。"①

与梅隆基金会的董事们一样,伯温证明了一种很容易的推销术。董事们"赞赏和支持开放的思想和推动你们计划的包容性",伯温在给维斯特的信中写道,"不加思考地将你们学院和大学的学术内容商业化会引起人们的关注"。② 惠列特基金会(Hewlett Foundation)的保罗·布莱斯特(Paul Brest)和马歇尔·史密斯(Marshall Smith)也有同样的热情。布莱斯特说:"我们的希望是这个计划……可以加强这样的概念:应该将思想理解为我们大家共同的财产,而不是用于谋利的私人产品。"③在几个月的时间里——这对基金会来说是极危险的速度——惠列特和梅隆基金会同意资助一个1100万美元的试点项目。麻省理工学院将如何确保公开线上课程的9000万美元收支平衡仍然不得而知。

即使麻省理工学院选择了不以现金利润的方式去追求资本,维斯特和同事们也认识到这个项目会带来有价值的象征资本。公开线上课程会带来正面的新闻报道;它会使麻省理工学院成为互联网领域的领导者;它会使麻省理工学院成为科学和工程教育中真正的全球性大学。迪克·约和他的同事们在用幻灯片向惠列特基金会进行陈述时,其中一张幻灯列举了"对麻省理工学院和社会的价值"。陈述中并没有谈到"知识共享"所需要的资本,但清楚地展示了它无形的利益:"麻省理工学院将在知识、教育和道德中处于领导地位";"麻省理工学院为全球其他的著名教育机构树立的榜样";"麻省理工学院帮助提高了各级教育的质量和标准";"麻省理工学院帮助弥合了国家和世界之间的'数码界限'";"麻省理工学院重新定义了远程和终生教育的概念,并且成为无可争议的领导者。"④

这并没有违背麻省理工学院的观点,即认为与从市场上逃离相比,公开线上课程更加是从一个市场到另一个市场的转换,从金钱范

---

① Harold Abelson, Robert A. Brown, and Steven R. Lerman, "MIT OpenCourseWare: A Proposal Submitted to the William and Flora Hewlett Foundation," April 27, 2001.
② William Bowen to Charles Vest, December 16, 2000 (on file at Hewlett Foundation).
③ Jeffrey Young, "Grants Help MIT Put Course Materials Online," *Chronicle of Higher Education*, June 29, 2001, p. A33.
④ 幻灯片介绍,惠列特基金会(未注明日期)。

畴到名誉范畴的转换。在此过程中,反抗金钱资本市场伦理被证明是麻省理工学院在象征资本市场获得成功的最佳方式。2002年秋,这个网站终于建立起来并开始运行了。在最初的五个星期里,它的点击率次数为 4650 万次,361 000 名访问者来自七大洲的 177 个国家,其中包括南极洲。

网上大学的教训

2000年5月23日,美林公司发布了一份题为《知识网络》的报告。报告对投资远程教育公司表示乐观,但报告的时机却不恰当。纳斯达克已经开始下滑,高等教育的市场已经变得非常残酷。美林并不是唯一对时机认识产生错误的公司。2000年5月被《金融时报》列为"占优势"的公司在一年之后纷纷倒闭。① 2000年3月,"饥饿思维"(Hungry Minds)公司是《大学商业》杂志的封面故事;同年六月,它几乎是无偿地被出版"傻瓜系列图书"和"克利夫笔记"的公司收购。②

在各所大学中,哥伦比亚大学的状况并不是独一无二的。几乎没有营利性公司在网络经济的破灭中幸存下来;到 2002 年,没有一家是盈利的。杜克大学的伙伴潘萨尔倒闭了。在鼎盛时期曾担心自己会横扫这个领域并会像微软那样面对反托拉斯问题的优尼克斯/卡丁也难以为继。除了一些规模极小的一流课程之外,它几乎没有任何东西;在裁员 50%之后,它向国际出版集团汤姆森寻求资金帮助。优尼克斯不得不低三下四地请求加盟的大学"修改"当初许诺每家 2000 万美元回报的那份合同。纽约大学在线关门了,马里兰大学的网上分部"大学学院"也倒了。③ 康奈尔的远程教育中心还剩下几名学生,预期

---

① Linda Anderson, "Diversity Drives Market Development," *Financial Times*, May 23, 2000, p. 6.
② Ann Grimes, "The Hope... and the Reality," *Wall Street Journal*, March 12, 2001 (e-commerce special report).
③ 杰拉德·希格(Gerald Heeger)在去马里兰大学学院综合大学(University of Maryland-University College)前建立了网上纽约大学;人们都认为他在商业方面是最有能力的,因此 UMUC 的转让对于知情人来说特别残酷。Scott Carlson and Dan Carnevale, "Debating the Demise of NYU Online," *Chronicle of Higher Education*, December 14, 2001, p. A31.

的收入也非常有限。沃顿商学院的合作伙伴加利伯公司宣告破产。与哈佛、北卡罗来纳大学和南加州大学合作的艾克塞斯大学改名换姓,并宣布退出高等教育。① 天普大学(Temple University)建立的营利性远程教育公司还没来得及开课就被校方抛弃了。"我认为这其中根本无利可图,"校长大卫·阿达玛尼(David Adamany)说,"祝(其他大学)好运,赚到钱了记得通知我。"②

任何处于这场泡沫之外的人都会忍不住额手称庆。与高科技领域一样,高等教育中的网络群体非常傲慢——非常相信自己和自己的市场模式,看不起传统机构的优点——它的因果报应似乎也是公平的。③ 但幸灾乐祸并不是恰当的反应。要让这个远程教育的时代变得有意义,需要的不是抛弃而是微妙的处理。

尽管有这么多的网络公司都失败了,但远程教育的广告的确体现了一个基本的事实:互联网正在改变教育。通过网络完成部分教育的学生数量会迅速增长;随着带宽的增加,使用互联网的方式会不断进步,并且具有惊人的速度——摩尔定律将这种惊人的速度归功于半导体工业。④ 这一行业的推动者们犯的错误在于他们忘记了技术只是一种手段,而不是结果——重要的选择在于如何使用这门技术,以及出于什么目的。乔治城大学(Georgetown University)一项远程教育研究"可视知识计划"(Visible Knowledge Project)的负责人、英语教授兰迪·巴思(Randy Bass)认为,必须将技术"当作探索引擎,而不是生产引擎"。⑤

"以技术为中心来设计教育是一种愚蠢的行为,"杰克·威尔逊

---

① Wilson, "Elearning."同样,很多为大学提供服务的网站不得不关闭。Sarah Carr and Goldie Blumenstyk, "The Bubble Bursts for Education Dot-Coms," *Chronicle of Higher Education*, June 30, 2002, p. A39.

② Goldie Blumenstyk, "Temple U. Shuts Down For-Profit Distance-Education Company," *Chronicle of Higher Education*, July 20, 2001, p. A29.

③ 就在几年前,预言道·琼斯指数会升至36000点的分析者还引起了相当多的关注。Glassman and Kevin Hassett, *Dow Thrity-six Thousand* (New York: Times Business, 1999).

④ Bowen, *At a Slight Angle*, p. 22. 英特尔的创办人戈登·摩尔(Gordon Moore)建议每18个月应该将单个芯片上的晶体管数量增加一倍,这是一条被称为"摩尔定律"的基本原理。

⑤ 引自Stephen Brier and Roy Rosenzweig, "The Keyboard Campus," *Nation*, April 22, 2002, p. 30. 亦参见 Randy Bass, "Engines of Inquiry: Teaching, Technology, and Learner-Centered Approaches to Culutre and History," www.georgetown.edu/crossroads/guide/engines/html.

(Jack Wilson)认为,他在马萨诸塞大学(University of Massachusetts)开设的低技术项目"马萨诸塞大学在线"是少数几个真正盈利的公司之一。他还说:"技术变化很快,而人的变化则很慢。"①

热衷于高科技的人相信互联网远程教育可以用更低的价格提供更好的教育,因此会大获全胜,让传统大学变得落伍过时。他们的错误在于,认为网络经济也同样适用于远程教育。生产一门复杂的网络课程耗资巨大(优尼克斯制作一门课程需要 100 万美元;而第十章中讨论的开放大学制作一门课程的费用则是 300 万美元),而课程开发并不是主要的花费。尽管可以预见到未来的机器人教育,但教师仍然是需要的——在传统课程中尤其如此。20 多年前,约翰·奈斯比特(John Naisbitt)在畅销书《大趋势》中提出了同样的观点:"无论社会使用什么样的新技术,都需要有均衡的人类反应,否则这项技术就会被拒绝。技术性越高,局限性就越大。"②

尽管学生们已经越来越习惯于远程学习,但他们中很多人希望得到的不仅仅是网上的华而不实的东西。他们想要的学习方式是计算机所无法复制的;他们想从真正的学校而不是诸如卡丁大学或者 21 世纪大学会这样的新发明中获得学位;他们想与教师和同学交流,而不是在聊天室里聊天。也就是说,他们想加入一个团体。

网络公司抱怨大学作为商业伙伴很难合作,这并非没有道理。③高科技公司如果想生存,必定会行动迅速而且愿意冒险;而大学的运作节奏则是完全不同的。与远程教育领域中的一些公司一样,将大学视为"知识产品"或"课件"的生产者,这在更大程度上将它当作了一家工厂(或者像咖啡种植园——借用美国银行的一位分析家不合时宜的说法)而不是学术机构,它的教师更像诸如药品品尝师或者芯片设计者这类智力工作者,而不是自由的思想家。"如果公司没有精确地完成每季度的盈利预算,那么股票价格就会产生很大的波动,"梅隆基

---

① Wilson, "Elearning."
② John Naisbitt, *Megatrends: Ten New Directions Transforming Our Lives* (New York: Warner, 1982), p.156. 非常成功的营利性的凤凰城大学称自己落后两代技术,因此学生们便有途径去接近它。见第 13 章。
③ 大学希望通过公开提供课程来赚钱,但又想在这个过程中掌握控制权。不清楚为什么投资者(而不是一位有慈善之心的校友)想要参与这样一个计划。

金会的威廉·伯温指出,"新的想法……的产生需要很长时间,并且总是需要更长的时间去对它们进行修正。"①

这些决策上的节奏差别反映出的是更深的价值差距。"大学努力追求的通常是途径、质量、优秀的研究成果、服务和出于教育目的的教学,"马萨诸塞大学在线的杰克·威尔逊写道,"而公司首先考虑的是经济因素,然后是其他与经济成功相一致的价值。"②尽管大家都在谈论要"占据先机",但就像哥伦比亚大学从自己的结局中吸取的教训一样,高等教育并不一定要行动迅速。③

---

① Bowen, *At a Slight Angle*, p. 38.
② Wilson, "Elearning."
③ 师范学院的阿瑟·莱文(Arthur Levine)认为:"费森公司的发展比我们能够应对的要快。我们无法找到一个人来领导这个组织——这个为我们省下了200万美元!"

十　英国人来了——又走了:开放大学

想象一下这样的情景:1971年,一所新的大学成立了。它的使命是为所有年满21岁、想获得中级以上学位的人提供教育。① 在这一教育体系中,教师与学生之间面对面的接触很有限,大部分学习都是通过远程教育完成的;有一包包的阅读材料、课堂内容被录制成磁带,制作成电视节目,直至最后公布在互联网上。30年后,政府的质量评估机构对这所大学的工程学课程进行评估时,它的排名超过了耶鲁和哈佛。

如果这个故事的主角是一所美国大学,那它就太牵强了。如果用牛津和剑桥代替故事中的哈佛和耶鲁,那么这个故事就太离奇了,因为在英国,牛津剑桥的声望几个世纪以来是有目共睹的,而且英国没有大规模高等教育的传统。②

然而这个故事却是真实的,里面提到的那所大学就是开放大学(Open University),它的主校园坐落于战后设计的"黄金城市"之一的米尔顿凯斯(Milton Keynes),从伦敦向北约一小时的车程;自开办之

---

① 本章节参考了尼瑞夫·卡达(Nirave Kamdar)和大卫·科伯对管理人、行政人员、教授、学生以及其他对学校问题有见地的人的面对面、电话和电子邮件的访问。未加引号的引用部分选自于这些内容。阿黛尔·格朗迪斯(Adele Grundies)详细研究了美国的学校认证史的文献。

② "从美国的观点来看,每一所英国大学实际上都包括一所国家性的大学——这种确实存在的性质上的变化可以与加州大学校园性质上的变化相比较。" Jeremy Tunstall, "Introduction," in Jeremy Tunstall, ed., *The Open University Opens* (Amherst: University of Massachusetts Press, 1974), p. 13.

日起,这所大学就确立了远程教育的国际黄金标准。① 正如它的工程学课程在评估中获得的高分所体现的那样,开放大学非常重视自己的教学质量。它还可以给像优尼克斯和费森这样的美国远程教育公司上一两堂关于市场的课,因为它令人惊讶的注册人数可以说明一切。有150万英国人上过开放大学的课程,这个数字占总人口的3%。目前有180 000名学生正在攻读学位,这使它成为世界上规模最大的大学之一;近年来,它还成功地扩大到了欧洲大陆、亚洲和非洲。

然而,当开放大学尝试进入美国的时候,却不幸地失败了。2002年,在经营了不到三年之后,它关闭了在美国的大部分机构,其原因只有一个:经济。在花费了2000万美元之后,大学不愿意再继续承担美国分部的损失。

在互联网时代,人们对远程教育的宣传带有一种传教士般的热情。但正如前一章中所叙述的那样,事实证明这个市场是难以捉摸的,许多公司都亏本或者倒闭了。他们的离去不值得悲伤。他们的注意力都集中于高科技和一夜暴富,却不去考虑如何提供一些有价值的东西。开放大学无疑是个例外,它拥有学术价值很高且结构合理的多媒体课程——包括近200门的全年本科课程,涉及生物学到商业的各个领域,几乎与研究生课程一样丰富。

开放大学的优秀表现正是导致它在美国失败的原因。它的失败也是有教育意义的。一所在英国和欧洲如此成功的大学为什么在美国的遭遇却如此悲惨?寻求这个问题的答案同时也是在探究远程教育国际新市场的运作和高等教育中的坚持"不要在这里"的病症。它立刻成为一个全球化力量和地方主义顽固力量的故事。②

---

① United Kingdom Open University, *Profile 2001*. 工程学课程的排名来自 Quality Assurance Agency, "Subject Overview Report: Engineering," 1998, http://www.qaa.ac.uk/revreps/subjrev/All/qo6-98.pdf。

② 参见 Amartya Sen, "Global Justice: Beyond International Equity," in Inge Kaul, Isabelle Grunber, and Marc Stern, eds., *Global Public Goods: International Cooperation in the Twenty-first Century* (New York: Oxford University Press, 1999), pp. 116—125。

"无产阶级的学院"

30年前,远程教育还不是人们的首选,因为"火柴纸板"式的职业学校在广告中许诺可以让学生"通过在家学习就成为屠户、面包师或者烛台制作师"。这些学校在当时和现在都是不可靠的机构,目的是骗取不明就里的人的钱财,可远程教育却有着令人尊敬的传统。① 远程教育的想法可以追溯到19世纪30年代的英国,当时的教育家们在努力寻求适当的方法将高等教育普及到整个帝国。多年以来,美国著名的研究型大学如哥伦比亚大学和芝加哥大学都开办了大规模的函授学院。② 这段历史还在继续:苏格兰著名的学府哈洛特-瓦特大学(Herriot-Watt University)的一门过时的、只使用教科书的函授课程招收到了来自20个国家的9000名MBA学生,其中包括2000多名美国学生。

开放大学的想法非常大胆:打破根深蒂固的、统治英国高等教育多年的精英传统,让大众得到更多的机会。在小说《旧地重游》*中描述的那个战前时代,大学是特权者的领地。尽管英国在20世纪50年代和60年代开办了几所新大学,但在18—24岁的人群中,进入高等教育的人数比例不到10%,这在西欧各国是最低的。直到1963年,高级专业人员的孩子有一半进入了大学,但技术工人的孩子中上大学的只有4%。③

以所有人机会均等为宗旨的英国工党对这一现象提出了强烈的指责。④ 该党像迈克尔·杨(他于1958年出版的著作《英才教育的兴

---

① John Bear, *Bear's Guide to Earning Degrees by Distance Learning* (Berkeley: Ten Speed Press, 2001),把这些学校中最好和最坏的进行了最有煽动性的总结。
② David Noble, *Digital Diploma Mills* (New York: Monthly Review Press, 2001)。
* 英国作家Evelyn Waugh的小说,原名Brideshead Revisited。——译者注
③ Walter Perry, *The Open University*(San Francisco: Jossey-Bass, 1977), p.8(citing data from the 1961 Robbins Committee report)。
④ Ralph Smith, "Developing Distance Learning Systems—The UKOU Experiment: Some Lessons," in Ram Reddy, ed., *Open Universities: The Ivory Towers Thrown Open* (New Delhi: Sterling Publishers, 1988), p.244. 同样的关注也导致了中等教育中的变化。政府用综合性的学校代替了分为三等的等级制,并且取消了一种在孩子们12岁时就决定他们的将来的考试制度。甚至政府的政策使小学的教育也发生了变化,它结构不再那么严密,而是更加"开放"。

起》对精英统治论进行了讽刺,影响广泛)这样的知识分子都认为应该有更多的学生接受中等以上教育,他们还特别指出,那些直接进入劳动力市场的人们有权利进行第二次选择。① 高等教育没有理由只能以一种形式存在,即英国的三年全日制本科教育。在这一体系中,必须有非全日制学生的空间,让他们"一边挣钱一边学习",在家里完成大部分的教育。②

美国的总统们只有在发表就职演说的时候才会关注高等教育,而在1963年,工党领导人、正在竞选首相的哈罗德·威尔逊(Harold Wilson)却将高等教育作为竞选的主题。他保证说,如果工党获胜,政府将创办一所"空中大学"(University of the Air)。③ 威尔逊承诺"为数百万的人提供均等的机会",在一个于高等教育中仍然保持一对一辅导标准的国家里,这是一个非常激进的概念。就在《泰晤士报》正在讨论是否需要这样做的时候,保守党已经否定了这个观点,说它是"一派胡言"。④ 开放大学的一位前高级领导人记得,这项建议激起了"一些原本隐藏得不深的社会不满",但这项计划得到的冷漠反应却有些滑稽。牛津和剑桥没有对此提出反驳,因为这两所大学"认为这项计划根本不会起作用"。⑤

开放大学对于英国就像一个世纪之前赠地大学对美国一样重要,这两项举措都"为大批过去无缘于高等教育的人提供了正规而稳定的学习机会"。在这两者之中,开放大学从某种意义上说更加不同凡响,因为赠地大学"用了25年时间在美国社会中建立起一个完善的场所,而开放大学则自开办之始就是一项全面的事业"。⑥ 哈罗德·威尔逊的讲话发表了八年之后,开放大学招收了它的第一个班级,这从办学

---

① Michael Young, *The Rise of the Meritocracy* (London: Thames and Hudson, 1958).
② 这段历史摘自 Perry, *Open University*。
③ 事实上从20年代中期 BBC 刚刚创办的时候,"无线大学"的概念就已经传播开了;电视的出现产生了"电视大学"的提议。Michael Young, "Is Your Child in the Unlucky Generation?" *Where*? 10, no.4(1962), 3—5。
④ Sarah Lyall, "Distance Education: The British Are Coming," *New York Times*, April 4, 1999, http://www.cs.brown.edu/people/jes/distance/nyt.04.04.99.british.html
⑤ Goldie Blumenstyk, "Distance Learning at the Open University," *Chronicle of Higher Education*, July 23, 1999, p. A35.
⑥ Perry, *Open University*, p. x.

来看是非常惊人的速度。第一批录取了近24 000名学生,而由于前来申请的人数过多,学校还不得不拒绝了差不多与此数量相同的学生。规模如此巨大的班级意味着很多人受教育的愿望没有得到满足。约翰·丹尼尔爵士(Sir John Daniel)1972年来到开放大学当无偿的实习医师,20年后又回来担任副校长。他说,从那时起,开放大学"从政治上说已经是无法停止的了"。① 哈罗德·威尔逊1976年出任首相时,宣布开放大学是他最可以传给后人的值得骄傲的财产。

然而,开放大学在诞生时几乎是一个死胎,因为在第一批学生开始学习之前,工党在竞选中失败,而保守党对这项计划毫无热情。② 关闭开放大学的命令已经放在了财政大臣的办公桌上,但他还没有来得及签署就得了心脏病。拯救这所大学的是它便宜的价格。在开放大学接受教育需要的费用只是传统大学教育的一半,这样的节俭吸引了一个名叫玛格丽特·撒切尔的教育大臣。③

就像聪明的棒球手布兰奇·瑞奇(Branch Rickey)所说的那样,运气是计划的附带产物。建立一个地方性机构,并大量依靠辅导教育——这是已经做出的决定,并且正在实施之中,但它还必须经得起考验。开放大学创办后几个月,一场旷日持久的邮政罢工使学校无法把课程教材发出去。丹尼尔回忆道:"教师们发挥敦克尔刻精神,自己开车将教材送到他们学生的手里;学校对人们有一种凝聚力。"随着学校规模的扩大,增加了继续教育和研究生课程,它的声望也日益增长。"首先到来的是其他大学的学术人员,他们大部分担任的是教师和助理的职务;之后是学生;最后,当第一批开放大学的毕业生开始工作的时候,商业团体也到来了。"

1981年成立的商学院立刻取得了成功,现在,英国有四分之一的MBA是开放大学的毕业生。在2001年的政府调查中,开放大学拥有教学"最优秀"系科的比例在124所大学中排名第六。这是非常了不起的成绩——它被排在伦敦经济学院的前面——而更加了不起的是,

---

① "An Interview: Sir John Daniel," *National Crosstalk*, 7, no. 3(Summer 1999), 2.
② 关于对开放性大学的最好的比较性叙述,见 Sarah Guri-Rosenblit, *Distance and Campus Universities: Tensions and Interactions* (London: Pergamon, 1999)。
③ Walter Perry, "The Open University," in I. Muggridge, ed., *Founding the Open Universities* (New Delhi: Sterling Publishers, 1997), pp. 5—20.

开放大学在研究方面排名第32位。① 它平均年龄为46岁的队伍在大学挑战赛——英国通俗版本的学院杯比赛——中击败了牛津奥列尔学院的小伙子们,这当然不会有损于开放大学的形象。

保守党反对者们称开放大学是一所"无产阶级的学院",而开放大学则视这一绰号为一种荣誉。开放大学不要求申请者和其他想进入大学的中学毕业生一样参加A级(A level)课程考试。他们甚至都不用参加为15岁学生而设的O级(O level)考试。他们需要做的只有一件事:报名。起初,大学是不接受21岁以下的学生申请的,原因是他们缺乏完成远程教育所需要的成熟,但随着高等教育的需求越来越迫切,对年龄的限制也放宽了。② 2002年,开放大学年龄最小的学生只有12岁,最大的90多岁。

学校创办者们希望"开放大学弥补传统大学的失误,为那些因社会背景而丧失受教育权利的人提供机会"。③ 事实上,开放大学从来就不是一所普通人的学校,它的学生中只有很少一部分(2000年为4%)参加过一门A级考试。这说明了一个可悲的现象:那些在中学里根本就没有考虑过高等教育的人以后也不会考虑这件事。而且,开放大学的学生结构比英国其他任何一所大学都更加接近于全国人口统计概况。不到三分之一的学生参加过普通大学所要求的三门A级考试,要不是有开放大学,这些学生根本不可能有机会接受高等教育。同时,开放大学的学生还在其他方面与传统的英国大学生有所不同。由于受到"第二次教育机会"观念的影响,这里学生的平均年龄为34岁,只有8%的学生年龄在25岁以下。半数的学生是蓝领工人的孩子,普通大学里这个比例是五分之一。另一个与其他英国大学的不同点是,这里大多数学生是女性,她们大都有工作,是利用业余时间来接受教育的。

"我来到开放大学是因为它宣扬社会公平。"2002年接替约翰·丹尼尔担任副校长的布兰达·高利(Brenda Gourley)说。高利开

---

① 参见 http://education.guardian.co.uk/researchratings/table/0,11229,-4319756,00.html。
② 年龄限制也意味着开放大学不会和传统大学竞争学生。
③ Brian MacArthur, "An Interim History of the Open University," in Jeremy Tunstall, ed., *The Open University Opens* (Amherst: University of Massachusetts Press, 1974), p. 4.

办了短期课程,并配以大量的咨询服务,目的是吸引"那些在社会中真正处于劣势的人——那些原本永远也不会想到自己能有机会接受高等教育的人"。

学生中途辍学是开放大学最大的问题,也是远程教育中最常见的问题。远程学习需要自律,由于没有课堂学习的鼓励,学生们很容易丧失兴趣,而且对于非全日制学生而言,忙碌的日常生活也使学习成为一种挑战。开放大学教育中的每一项因素——学位课程的结构、课程的组织方式、辅导的质量——都非常注重学生们的参与。在这里,完成一个学士学位的时间与在普通大学一样,至少需要三年,但由于大部分学生都是非全日制的,因此获得学位通常要多花一倍的时间,这也是造成退学的一个原因。尽管如此,开放大学还是有30%的学生完成了学业。虽然它的辍学率比住宿制的英国大学高,但这种比较是不恰当的。开放大学的学生是完全不同的人群——老人,非全日制学生;他们中很多人只是想学某一门课程而不是打算获得学位。德国、西班牙、荷兰和以色列的开放式大学进行了更加适当的比较,而结果也仅有10%的学生最终获得了学位。①

开放大学最著名的是课程质量,而且也名副其实。虽然有很多仿效者,但没有一家像开放大学这样如此严格地对待课程设计,注重不同媒介的互补与冲突,愿意公开自己的课程材料接受批评,关注自己教材的有效性和实用性。更重要的是,它们没有一家像开放大学那样耗资巨大,由此它的课本制定者翻查了美国许多大学图书馆的资料,而其他学校的教师也常常盗用它的教材。

开放大学的总部米尔顿凯斯校区的院落维护良好,各座建筑风格各异,校园看起来像一所战后的英国大学。但在那里居住的只有教授和管理者,没有学生。每当设计新课程的时候,专家们便聚集在米尔顿凯斯;接下来,这些专家会用一年半的时间设计出课程提纲、方案、修订方案、评估标准、论文题目和试卷。开放大学的教授们领头,从英国其他大学的相同职位上聘请来的教师们既要担任教师,也要成

---

① Guri-Rosenblit, *Distance and Campus Universities*. 很多学生虽然为了取得学位而不得不注册入学,但他们只想上其中的一两门课程,把他们称为"辍学学生"是一种误解。

为学者。① 这个团队中还有包括高级监督(负责对课程的教学进行监督管理)、教材编辑(负责对那些专为课程编写的教材加以改进)、电视节目制作人、软件设计师、考试与测评专家、图书馆顾问、校外评估人(对正在设计的课程提出批评)在内的40人为一个项目工作。还有一个"课程管理小组"定期更新内容,八年后,课程便被彻底改造了。②

生产一门课程的费用与拍摄一部好莱坞低成本电影的制作费用相当。例如,太平洋研究课程的设计耗资250万美元,其中包括四本教材和五个半小时的电视节目(画面取自各个大洲);其他课程的设计的花费也都超过350万美元。③ 产品的价值是很高的。有些为开放大学的学生们拍摄的电视节目被改编后在BBC播放,尽管是在早晨的非黄金时间播放,但每星期都有100万人收听这些节目。课程设计是开放大学最大的开支,约占预算的40%。但由于学生众多,学校可以出版自己的图书、生产制造自己的录音录像带和实验室用具,因此这种方法从经济上说是可行的。④ 一门名为"理解社会变化"的课程在开课的第一年,即2000年,便吸引了13000名学生。⑤

约翰·丹尼尔在为美国的听众编写这门课程时,他强调说这是"低技术"的。当然,这些教材包含的内容比印刷的文字更多。用不同的媒体来传播不同的信息是开放大学的信条。丹尼尔考虑的是这门课程可以有限地利用互联网。

当远程教育被普遍理解为网上学习的同义词的时候,环球信息网被吹捧为教授大批学生的最好的方式,而已经拥有大量学生的开放大学在采用这一技术时是迟缓而谨慎的。⑥ 只有少数课程——其中大部分是计算机科学和远程教育——是完全依赖于互联网的。在开放大

---

① "当牛津和剑桥开始到处搜罗教师的时候,我赢得了这些战役中的一半,当时我想:'知道了——这应该就是未来高等教育的模式。'"约翰·丹尼尔(John Daniel)说。
② Open University, "University Profile," 2001.
③ Blumenstyk, "Distance Learning."
④ Perry, *Open University*, p. 101.
⑤ John Daniel, "Lessons from the Open University: Low-Tech Learning Often Works Best," *Chronicle of Higher Education*, September 7, 2001, p. B24. 亦参见 John Daniel, *Mega-Universities and Knowledge Media* (London: Kogan Page, 1997), p. 129.
⑥ 开放大学在缓慢但持续地发展它的网上课程。参见 Robin Mason, "From Distance Education to Online Education," *Internet and Higher Education*, 3, nos. 1—2 (2000), 63—74.

学,这些都被视为特例。① 长期担任管理工作的多米尼克·纽伯德(Dominic Newbould)对《高等教育周刊》的一名记者说:"如果你想用这种方法来教哲学课,人们对此只会付之一笑。"将课程修订得更加适用于网络是一项花费巨大的工程,对于一所"课程结构紧凑且丰富多样"的学校而言尤其如此。② 但丹尼尔认为互联网没有得到更多的利用是因为学生们不愿意这样做。虽然他们出于各种原因在使用互联网——仅在英国一地,开放大学的聊天室里每天就会产生150 000条信息——但他们"更加愿意阅读书本而不是下载的电脑文件"。③

开放大学目前的学生大都是成年人,他们在成长期间没有学习过使用互联网,这也许就是互联网没有更加普及的原因;当电子一代出现时,他们肯定会对以网络为媒体的教育有更多的需求。开放大学的管理者不会冒险让自己落伍。为了在竞争越来越激烈的远程教育市场上获得成功,他们必须密切关注学生的需要。当然,教学是第一位的。但在对课程进行修订之前,米尔顿凯斯的教师们需要充分的证据表明,这种新的媒介带来的不仅仅是喧嚣。

关于网上教育与课程教育的价值比较、严格系统的学习与辍学之间的对照、学生的满意程度等等诸如此类的问题都引起了没完没了的争论。对于"哪个更好?"这一问题的回答通常是凭经验,但实际上这更是一个意识形态和经济领域的问题。教授们在努力证明他们是不可或缺的,而虚拟学习的支持者——包括从成本出发考虑问题的管理者和学术企业家——都非常关注技术改革的价值。在这场旷日持久的争吵中,支持远程教育的人被视为庸人,反对的人则因为过于幼稚而被淘汰。

开放大学经历了几次技术改革,因此教师和管理者们都理解耐心带来的益处。他们不会本能地去抓住新技术,但知道使用各种不同的

---

① 2001年,网上提供了三门课程,其中两门是计算机科学,另一门是远程硕士课程。见 http://www3.open.ac.uk/media/factsheets/NewTech.pdf.

② Chris Curran, "Universities and the Challenge of E-Learning: What Lessons from the European Open Universities?" 2001, http://ishi.lib.berkeley.edu/cshe/projects/university/ebusiness/Ccurran/html.

③ 研究结果表明,由网络材料掌握的内容要比书本上掌握少30%,这支持了丹尼尔的观点。John Dalton et al., *Online Training Needs a New Course* (Cambridge, Mass.: Forrester Research, 2000),引自 Austan Goolsbee, "Higher Education: Promises for Futrue Delivery," in Robert Litan and Alice Revlin, eds., *The Economic Payoff from the Internet Revolution* (Washington, D.C.: Brookings Institution Press, 2001), p. 275.

媒体可以将知识传播给学生。开放大学知识媒体学院的运营经理杰西·格赛达(Jerzy Grzeda)对《交谈》杂志的一位记者说："（我们）不会先开发出一种新技术，然后去寻找这种技术可以解决的问题。"[1] 为了促进优质教育，开放大学成立了一个研究小组，任务是"重新考虑数码时代的大学教育"，同时投入重金对新媒体进行研究。[2] 约翰·丹尼尔透露说，将自己视为远程教育界的 Amazon.com 的网络公司"饥饿思维"威胁说，如果开放大学不愿意成为它的合作伙伴，就会被它吞并。但几个月后，这家暴发户公司就破产了，于是"关于网络技术对学院和大学之影响的讨论又得以正常进行"。[3]

有的批评家仍然拒绝承认开放大学，认为它是一所改头换面的函授学校，但这种讥笑是错误的。学校令人羡慕的声望不仅来自学生们收到的一包包教材和录音录像带，他们与教师之间的私人关系也同样非常重要。

课程设计是以牛津、剑桥的学生与教师一对一的模式为蓝本的，虽然学校并没有刻意模仿这一模式，但教育的费用仍然占到大学预算的 20%。基础课程（这是学生最容易退学的阶段）的集体辅导与高级课程的个人辅导都是每星期一次，辅导的地点在全国的 13 个地区办公室和 300 个学习中心，这些地方同时也是招生点。虽然并没有规定学生们必须参加这些研讨会，但很多人都反映这是他们最喜欢的内容。7000 名教师中很多人是兼职的，他们代表着大学与学生之间的人际联系。他们每人负责 20 名学生，与他们保持邮件和电话联系；他们还对学生们的论文进行打分、写评论（通常是以传统的书面形式）。为了确保教师们的工作质量，米尔顿凯斯的工作人员会定期抽查学生们的论文。为期一周的夏季课程中，学生们可以参加各种各样的研讨会，理科学生在此期间可以使用实验室。数千个学习小组、有声有色的学生报纸、毕业成绩、同学聚会等等，繁忙的学习生活缩短了这个远程教育世界中的距离。

---

[1] Jon Marcus, "Distance Education: British Open University Sets the Standard Worldwide," *National Crosstalk*, 7 (Summer 1999), 1.

[2] Diana Laurilard, *Rethinking University Teaching: A Conversational Framework for the Effective Use of Learning Technologies* (London: Routledge, 2001).

[3] Curran, "Universities and the Challenge."

开放大学称这种自学与辅导教学之间的平衡是"有帮助的开放学习",也许这就是它成为全球最优秀的远程教育的原因。"秘密武器是辅导教师。"杰西·格赛达说——他的职责是为大学开发新技术。

推广到国外

将开放大学向国外推广是一种政策上的变化。多年来,英国大学几乎一直完全依赖政府的拨款,但自1993年起,一直想削减大学预算的保守党政府终止了拨给大学的固定资金,转而直接资助学生。这对所有的高等教育机构都是一个坏消息,特别是对开放大学。曾经讥笑远程教育的传统大学也开设了自己的课程,由此带来的竞争影响了开放大学的招生。同时,研发符合标准的新课程所需要的费用却在节节攀升。必须用其他方式来挣钱了。①

20世纪80年代,开放大学开设了课堂教师培训课程,有100 000名教师参加过培训。为了增加收入,商学院开始为英国石油公司、英国电讯等大公司的主管人员开办管理研讨班。这些措施带来了巨大的收入,由于公司会为自己的经理接受培训支付费用,因此开放大学可以完全按照市场价格收费。

这些项目对开放大学的核心——学位课程——没有造成丝毫的影响。但随着政府预算的削减,大学也大幅度降低了课程要求,这样做既是为了满足学生们对学术灵活性的要求,同时也是为了改善负债状况。有的课程选择了住校式的夏季课程模式,其他的则完全取消了这一模式。虽然很多人非常喜欢夏季课程,但需要全日制工作的学生却对此表示不满,因为他们不想把假期全部用于上课;在降低课程要求的同时;有五分之一的学生被允许不参加这些课程。但这一决定只是对不可避免的事实做出的反应。很重要的原因是夏季课程是一个赔钱的项目。

从一开始,必修的基础课程就被视为所有学位课程的必经阶段。

---

① 英国环球网络大学(UK e-Universities Worldwide)是一个促进远程教育的公共—私人合作企业。见 www.ukeuniversitiesworldwide.com。

但那些想少修规定课程的学生们就会去其他的学校。于是为了抓住市场,开放大学先将必修的基础课从两门减少到一门,然后完全取消了这项要求。丹尼尔说:"这是一种深刻的思考。在基础课程阶段,人们学会如何进行远程学习,因为在这些课程中他们会得到更多的辅导。"虽然学校辩解说这样的改革措施是出于学生的需要,但批评家们指责说,开放大学正在为了钱而放弃原则,开始追随"快速学位这一普遍趋势,这种快速学位使得对个人的帮助被纯粹的开放入学制度所取代,由此学生们可以购买他们想要的任何级别的任何课程"。①

开放大学的官员们非常善于筹集资金。他们与一家保险公司合作,将家庭和人身保险推广给自己的毕业生,从每一笔保险费中抽取一定百分比的佣金,同时还发行了开放大学的 VISA 卡。但英国之外还有更广阔的世界,到 20 世纪 90 年代初,由于国内可挖掘的资源越来越有限,开放大学开始从其他国家寻找机会。

*　　　　　*　　　　　*

当美国人提到国际教育的时候,他们脑海里出现的通常是在巴黎或者罗马这样的地方度过的大学三年级。对他们而言,大学管理者们的眼睛都盯着外国留学生,这些留学生会给学校带来几年额外的学费收入。但他们通常都不谈论这个话题,认为这是留学生办公室考虑的问题。然而在过去的二十多年里,随着全球对高技术工人需求量的增加,全球教育迅猛发展,于是新技术使传递更加简便,并消除了地域和政治上的界限,也促进了学校和国家间的相互依赖。② 这是一项巨大的、不断增长的产业:2000 年,美国从教育和培训出口中获得了 140 亿美元的收入。③

这一发展并没有引起美国更多的注意,说明参与高等教育贸易的

---

① Marcus, "Distance Education," p. 1.
② 这一讨论的很多内容都引自 Simon Marginson, "Going Global and Governing It: Cross-Border Traffic in Higher Education and Some of the Implications for Governance" (unpublished ms., 2002)。
③ Stephen Adam, *Transnational Education Project: Report and Recommendations* (Confederation of European Union Rectores' Conferences, March 2001), www.crue.org/espaeuro/transnational_education_project.pdf. 参见 Manuel Castells, *The Rise of the Network Society*, vol. 1 of *The Information Age: Economy, Society, and Culture* (Oxford: Blackwell, 2000)。

主要是美国的大学和向国外出售软件的网络学习公司,而不是那些面对国外的竞争对手的机构。"外国向美国的扩展不会成为美国高等教育全球化的主要动力,"西蒙·马金森(Simon Marginson)写道,"那动力毋宁说将是美国的海外活动,以及协调国际和国内项目的必要性。"①对高等教育政策的思考基本上也是按照这种思路进行的。其他国家将美国作为范例,越来越少地依赖自己的政府,更多地利用市场来发展中等以上教育。

政府也在更多地依靠其他国家的公共机构。从历史上说,高等教育是一代精英把文化传给下一代的途径,然而外国的大学完成这一使命的能力不足以让人信任。尽管高等教育在各个地方都更加普及,但文化国家主义的观念仍然根深蒂固,特别是由于人们认为自己国家的文化正在被美国的产品——米老鼠——所淹没,事实上也的确如此。②不过在像计算机技术这种技术重于国家意识形态的领域中,国家的界限已经几乎不存在了。还有商业领域,各地的技术——成本测算、市场营销、产品开发等等——也都是相通的。

学生们为了能接受最优秀的教育,在不同的国家之间进行着比较和选择。接着,各大学也谨慎地采用这一做法。受到自由贸易的推动,他们承认了制定国际标准的必要性,而国际标准并不是完全受市场影响的。在服务贸易总协定谈判中,很少有人理解高等教育是不同于国际市场上的其他任何一种服务的,在高等教育中——比如说,与会计业不同——建造贸易壁垒并不总是明智的举措。全球的各所大学不得不大声地说出这种观点,否则在国际法的作用下,市场会成为质量的唯一仲裁者。③

---

① Marginson, "Going Global."
② "1999 年,法国前教育部长克劳德·阿里格埃(Claude Allegre)警告说,欧洲的高等教育正处于被'美国价值观'主宰的危险之中。"见上揭书。
③ Judith Eaton, "American Accrediting and the International Environment," *International Higher Education*, 23 (2001), 13—15; Philip Altbach, "Higher Education and the WTO: Globalization Runs Amok," *International Higher Education*, 23 (2001), 2—4; Frank Hayward, "Finding a Common Voice for Accreditation Internationally," Council for Higher Educaiton Accreditation, Washington, D. C., 2001; www.chea.org/international/common-voice-html. "2001 年 9 月 28 日,四个组织——高等教育认证委员会(CHEA),美国教育委员会(the American Council on Education),加拿大大学及学校组织(the Association of Universities and Colleges of Canada)和欧洲大学协会(the European University Association)——签署了一项声明,反对将高等教育服务包括在服务贸易总协定(GATS)的谈判内容中。"Marginson, "Going Global."

从本质上说，网络教育不受地域的影响，因此澳大利亚的网络教育机构可以培养印度和中国的计算机程序或企业管理专业的学生，至少部分依赖面对面教学的学校反应相对迟缓，但这种情况也正在改变。来自澳大利亚、西欧和美国的大学在国际出版公司汤姆森的资助下组成了一个叫作 21 世纪大学会的同盟。越来越多的大学开办了海外校区——约翰·霍普金斯大学的迪拜医学院、沃顿商学院新加坡分校、凤凰城大学鹿特丹分校、澳大利亚莫那什大学（Monash University）吉隆坡分校。同时，关于英国开放大学的消息在不断传出，它似乎在全球开办自己的机构。

这不是什么令人惊讶的发展，因为在世界上所有的大学中，开放大学似乎是最适合全球扩展的。它开发了高级教学材料；它的课本和录音带、录像带可以被方便地改编和翻译。开放大学的名声传遍了整个英联邦及欧洲国家，并且欧洲国家还将它作为自己建立开放大学的模式。[1] 虽然与一些竞争对手相比，开放大学的技术不如它们先进，也存在着缺陷，但英国开放大学的名牌优势为自己赢得了一定的市场地位。

开放大学第一次海外扩张行动发生在 1992 年，扩张的地区离它的本土不远——爱尔兰和西欧，那里有成熟和有利的市场。耗资最大的教材已经准备好了，需要额外付出的费用是提供可以让米尔顿凯斯监督的辅导教师。由于大学声名显赫，因此即使比英国本土开放大学的学生多收一倍的费用，仍然可以吸引到大批的学生：2001 年，有 8000 名学生在 34 个学习中心注册。在寻求新市场的过程中，开放大学开发了大量的商业模式。与中欧、东欧、新加坡、中国香港、阿拉伯联合酋长国、印度和南非等各地大学的合作为学校增加了 15000 名学生。它的商业部门——开放大学国际部——负责认证教材，并与那些有兴趣创办远程教育项目的国家和机构进行协商。[2] 开放大学由于在海外的工作成绩，于 1997 年获得了英国女王出口业杰出成就奖。

---

[1] Guri-Rosenblit, *Distance and Campus Universities*; Gerhard Ortner and Friedhelm Nickolmann, eds., *Socio-Economics of Virtual Universities: Experiences from Open and Distance Higher Education in Europe* (Weinheim, Germany: Beltz Deutscher Studien Verlag, 1999).

[2] 数据引自 Marcus, "Distance Education"。

对于"英国主要的知识出口项目之一"而言——《泰晤士报》的记者称之为"打算放眼世界的巨人"——进入美国市场显然是很有意义的。① 开放大学国际部的主任鲍勃·马特森(Bob Masterson)说:"开放大学正处在十字路口上。它有机会进入国际市场。问题在于它是否愿意这样做。我的回答是:是的,它应该这样做,而且我们会继续努力。"②

质量不是一切

如果优秀就是成功的保证,那么开放大学在美国便会非常出色。1999年,开放大学在巴尔的摩开设机构时就是这样想的。米尔顿凯斯派去建立美国机构的副校长约翰·丹尼尔非常大胆地表示了开放大学的设想,这在当时也是一种特权。他说,这个新的机构将为"'远程教育的全球联盟'打下基础……建立一所'真正的跨国大学'"。③

但就在丹尼尔发表这篇讲话的时候,对于一个叫作"国际教育市场"的小组来说,警报信号已经非常明显了。英国开放大学1970年开办时招收了40000名学生。它的美国分校在头三个月里招到的学生不足100名。丹尼尔有着英国式的掩饰才能,他说:"增长缓慢似乎是美国新机构的特征。"

不同之外还体现在其他方面。高等教育已经变得更像一个市场而不是英才教育。除了质量之外,还有其他重要的因素:让自己声名远扬,这需要钱;获得认证机构的证书,这需要时间。但开放大学迫不及待地想要招收学生和与美国的学术机构合作,并打算花很少的钱就办成这些事。它没有成功所必需的经济资助和耐心。

当开放大学的官员放眼美国时,他们看到的是无限的机会。远程

---

① R. Bell and M. Tight, *Open Universities: A British Tradition?* (Buckingham, U.K.: Society of Research into Higher Education and Open University Press, 1993), p. 128; Marcus, "Distance Education," p. 1. (虽然马库斯的文章是在一本美国刊物《交谈》上,但他的日常工作都在《伦敦时报》。)

② Marcus, "Distance Education," p. 1.

③ "The Open University—Open to the World," press release, May 22, 2000.

教育是一个有数十亿美元潜力的市场,或者说华尔街的投资公司是这样认为的。尽管像凤凰城大学这样的学府的确在利用商科挣钱,但没有一所著名学府打算用远程教育的方式来提供完整的文理学科课程。开放大学认为自己可以填补这项空白。美国开放大学的代理校长理查德·刘易斯(Richard Lewis)唐突地对一位美国记者说:"我们可以提供优秀的远程教育,因为你们在这方面做得不够好。"①商业推广是按照两个平行的轨道进行的:开放大学与美国的机构合作,同时也提供它自己的学士和硕士课程。但这两种方式都没有取得成功。

在正式开设机构之前,开放大学与美国好几所办学规模很大的大学进行了磋商,有利的合作似乎就近在眼前。佛罗里达州立大学愿意为本州社区学院的毕业生建立一个合作远程教育项目。加利福尼亚州立大学的 22 所分校愿意签订一份价值 500 万美元的合同,开放大学将为加利福尼亚 14000 名没有获得州颁发证书的课堂教师提供培训。西部州长大学(Western Governors University)是一所网络学校,它宣布"要为全美国的学生开办一种前所未有的新的远程教育"。但这些计划无一实现。佛罗里达州立大学研究生院的院长阿兰·马比(Alan Mabe)对《国家交谈》的一位记者说:"我们觉得从头开始设计出我们自己的课程并非难事。"加州大学的一个教师委员会购买了开放大学的哲学课程,但否定了课程中的细节内容,认为存在着"文化限制"。即使与西部州长大学的谈判还在断断续续进行的时候,这个未来的合作伙伴也在犹豫不决。②

文化的冲突使这些计划注定不可能实现。布兰达·高利说,在诸如新加坡和中国香港这样的地方,"不存在对文化帝国主义的关注";约翰·丹尼尔补充说,东欧国家希望自己的教育"热门、强势、西化"。但佛罗里达州立大学的管理者们认为开放大学的教材过于英国化——"过多地涉及女王和板球"。对此,开放大学在尽量做出调整。

---

① Blumenstyk, "Distance Learning," p. A35.

②. William Tombley, "A New British Invasion? Open University Struggles in the United States," *National Crosstalk*, 7 (Summer 1999), 1. 直到 2003 年 2 月,西部州长大学(Western Governors University)才通过了一个由四个认证机构组成的小组进行的认证,当时它有 750 名在校攻读学位的学生。Dan Carnevale, "Western Governors U. Wins Key Accreditation," *Chronicles of Higher Education*, March 14, 2003, p. A32。

为期一年的课程被分割成以学期为单位,教材中去除了英国化的内容,英镑变成了美元,计算机课程中也开始使用美国的编程语言。① 开放大学将各种媒介混合使用,而不是仅仅依靠互联网,这也招来了反对意见。教材"根本就不能体现高科技",人们抱怨说,表达出远程教育只能通过互联网来完成的想法。

这些问题中隐藏的是人们的不满:一所英国大学——它不是牛津或者剑桥,而是一个名不见经传的暴发户——正在以一种近于恩惠的态度将自己的标准强加于美国的大学。马里兰大学巴尔的摩分校正在与开放大学洽谈一个合作硕士学位课程,教师詹尼弗·普里茨(Jennifer Preece)说:"'非原创性'的问题十分突出。教师们通常都极力保护自己的课程。"②加州大学的一位教授对校长查尔斯·里德(Charles Reed)说:"查利,英国人对美国革命战争的理解与我们完全不同。"③事实上,康科德与莱克星顿的冲突再一次发生在富勒顿(Fullerton)与塔拉哈西*之间。

开放大学的官员们在面对这些失败时态度非常坚决。他们坚持认为,自己的主要使命是创建一所新的大学,一个自给自足的实体。毕竟他们在英国做到了。同样的事情为什么在美国就做不到呢?这里有数百万的非传统学生,他们对设计精良的、可以利用业余时间接受的大学教育非常有兴趣,他们正是需要在家学习的群体。

但英国和美国的大学是不同的。首先,美国的开放大学开始时只提供两年制的本科教育。开放大学希望吸引社区大学的毕业生,于是它与社区大学进行磋商,打算开设"二加二"课程,让那些已经在社区大学获得两年制证书的学生可以到开放大学来继续学习。问题是,社

---

① 这样的修改在美国市场上是不受限制的。在阿拉伯国家开办开放式大学的时候,布兰达·高利(Brenda Gourley)说,"我们找不到人坐下来喝一杯杜松子酒","课程的往复是一种野心"。

② Trombley, "New British Invasion," p. 6.

③ William Trombley, "Teaching Teachers to Teach," *National Crosstalk*, 7(Summer 1999), 6. 里德(Reed)在聘请兼职导师和固定员工的时候也遇到了困难。开放大学没有成为杰出的学院之后,它开发了一个商业武器,即美国环球开放大学(Open University Worldwide USA),以此来与美国的大学合作,将它的课程市场化。2003年1月,开放大学和新学院大学(New School University)宣布了一项管理上的合作计划。Dan Carnevale, "New School and Open U. to Collaborate," *Chronicle of Higher Education*, February 7, 2003, p. A28.

* Tallahassee,佛罗里达州首府。——译者注

区大学的毕业生打算进入更加著名的州立大学。"你们可以问问自己,美国学生是愿意在开放大学还是愿意在佛罗里达州立大学攻读学位?"塔拉哈西的一位管理者问道,他解释了他所在的大学为什么决定开发自己的远程教育课程。①

英国开放大学的特点是虚拟与面授教育相结合。然而在美国,由于地理上的原因,不可能建立这样的体系,而是将建议、咨询和评分都通过网络进行。尽管学校利用诸如与学习小组和教授的实时会议等英国开放大学不使用的网络技术来进行补偿,但这不能完全代替真正的人际互动。这是非做不可的事情,但却无从估计一旦成为"虚拟的开放大学",会对学生的满意程度、表现和退学率产生怎样的影响。

为了吸引美国学生前来入学,开放大学将声望视为自己最大的财产。"什么是我们的特异之处?"其市场推广材料中这样问道。回答是:"全球公认的非全日制教育领导者。"然而在美国高等教育这个与世隔绝的环境中,除了牛津、剑桥之外,任何在国外获得的名声都一钱不值。自宣布登陆美国之日起,开放大学就是一个美国公众闻所未闻的团体。没有人知道它的工程系排名超过牛津。

更重要的是,没有人在意它。在选择大学时,美国的大学生看重的是能得到联邦政府的贷款,他们转到其他学校时自己的课程证书能被承认,在找工作时学校的名声可以成为一种资本,以及《美国新闻与世界报道》对学校的评价。最重要的是,学校必须是经过认证的,否则就有"火柴纸板学校"的嫌疑。"学生们问学校是否得到过认证,"开放大学的前任市场主管约瑟芬·菲尔曼(Josephine Feldman)说,"没有认证,对话询问便到此为止了。"但机构通过认证是需要时间的,而开放大学已经没有时间了。

认证意味着确保质量。"这是守门人的工作。开放大学的门太宽了,于是降低了标准。关上大门,冒险承受压力直至大门被毁坏或者变得破旧,这种方式会使大门变为一堆废墟。"②然而,认证事实上并非

---

① Goldie Blumenstyk, "Banking on Its Reputation, the Open University Starts an Operation in the U. S. ," *Chronicle of Higher Education*, July 23, 1999, p. A36.

② Terrence Reading (CEO, OnLine Training, Inc.), letter, *Chronicle of Higher Education*, November 19, 1999, p. B5.

太多地涉及质量。① 认证部门更加注重的是可以计算的因素,如图书馆的藏书和教师的学位。在英国,只有一个政府部门负责学术审核和"质量保证"报告——正是在这样的报告中,开放大学的工程学院超过了牛津大学——但在美国,认证是一个令人发疯的过程,它涉及地方的、国家的和其他各个专业性的组织,总共 55 个。②

2001 年末,美国开放大学获得了远程教育与培训委员会的认证,这个机构负责对远程教育进行评估。然而真正重要的是地方协会的认可。③ 由于开放大学的总部在巴尔的摩,因此分管的地方协会是中部各州院校协会(Middle States Association of Colleges and Schools),它的工作节奏是非常缓慢的。在对认证提出申请三年之后,开放大学仍然处于"候选状态"。

开放大学的故事说明了认证过程中存在的问题。④ 长期以来,这一制度都因其偏重于传统主义而受到指责;1973 年卡耐基高等教育委员会指责它"压制创造力"。远程教育和网络学习项目的迅速增长产生了一系列的新问题。⑤

地方认证协会的历史可以追溯到 19 世纪,它们工作的前提是大学校园坐落在大地上,可像开放大学这样的学校招收的学生却遍布全球。托洛国际大学(Touro University International)是纽约城市大学的一个分部,可它的办公室在洛杉矶,教育则是通过网络进行的,那么中

---

① 参见 William Selden, *Accreditation* (New York: Harper & Bros. , 1960). 进行认证的机构并不知道这一批评。中北部高等院校协会(the North Central Association of Colleges and Schools)提供了另一种评定方法,它强调策略性的计划而不是统治思想。Ben Gose, "A Radical Approach to Accreditation," *Chronicle of Higher Education*, November 1, 2002, p. A25。

② Quality Assurance Agency for Higher Education(QAAHE), Guidelines for the Quality Assurance of Distance Learning, www. qaa. ac. uk。

③ Harland Bloland, *Creating the Council for Higher Education Accreditation* (*CHEA*), American Council on Education (Phoenix: Oryx Press, 2001); Milton Greenberg, "What Administrators Should Know about Accreditation," *Chronicle of Higher Education*, October 26, 2001 (on-line edition only). 1996 年创办的 CHEA 是对认证过程受到的批评做出的回应。

④ 开放大学是舶来品这一事实引发了怀疑论。这种狭隘不仅仅是一种遗憾,也是一种讽刺。美国的学校是对国际认证的最大的滥用者,同时学历制造工厂转向"国外——几乎都是小国家——取得'认证'"。Marginson, "Going Global."

⑤ Alexander Mood, "The Future of Higher Education: Some Speculations and Suggestions," in Carnegie Commission on Higher Education, *A Classification of Institutions of Higher Education* (New York: McGraw Hill, 1973)。

部各州院校协会为什么应该对它进行认证呢？认证的官员们无法制定出一套模式来对远程教育进行评估。是应该以面对面教育模式为标准呢，还是制定一套全新的模式？① 尽管开放大学不提供任何用传统方式教授的课程，但它毫无疑问应该是可以通过认证的，因为它不但开设了大量的课程，还有 30 年的优秀纪录。

在开放大学彻底失败之后，中部各州院校协会的官员说他们曾非常喜欢这所学校。问题在于他们的行动迟缓，没有帮助开放大学经受住残酷的市场压力。

认证、"女王和板球"、教授们对"非原创"的远程教育课程的反对、缺失的个人因素：所有这一切都解释了开放大学失败的原因。但钱是最重要的因素，而学校的资金却不够雄厚。"如果我们投入了更多的钱，那么开放大学也许最终会成功的，"副校长布兰达·高利说，"美国显然是一个大市场，但如果没有大量的先期投入，你便不可能进入这个市场。大学通常没有'高风险'精神，也没有人在排队等着为这个项目投资。"

开放大学在它的美国分部投入了 2000 万美元。② 这笔钱虽然数目不小，但以现在的标准来看并不是一项大的投资。哥伦比亚大学为它的网络教育公司费森投入 4000 万美元，最终却失败了；由美国几所著名大学投资的营利性商业学校卡丁大学到 2002 年底已经烧掉了 1 亿 2 千 5 百万美元。经营凤凰城大学网上课程的阿波罗集团(Apollo Group)每年仅市场推广一项就投入 2000 万美元。

金钱和"有意义的革命"

网络教育的出现"是一场有意义的革命的开始"，哥伦比亚大学的

---

① Simon Marginson and Marcela Mollis, "'The Door Opens and the Tiger Leaps': Theories and Reflexivities of Comparative Education for a Global Millenium," *Comparative Education Review* 45, (2001), 581—615. 为西部州长大学建立的认证程序是由四个地区性的认证机构组成的，叫作跨地区认证委员会(Inter-Regional Accrediting Committee)，这可以成为一种模式。这个过程需要好几年。Carnevale, "Western Governors."

② Michael Arnone, "United States Open University to Close after Spending ＄20 Million," *Chronicle of Higher Education*, February 25, 2002, p. A44.

教务长乔纳森·科尔说,"其中的挑战在于它的大众化。如果我们可以为世界上的普通人生产知识,那么我们便做了一件非常有益的事情,这不仅仅是出于商业目的"。

关键词是"如果"。重要的是这场"革命"的方向还没有确定。科尔特别提到了费森公司,这家哥伦比亚大学的公司将知识库放在网上,希望用这一方式为大学赚钱,但却没有成功;而开放大学的例子则更说明问题。开放大学创造了"非常有益的东西",即最优秀的远程教育,但他们却悲哀地发现,至少在美国市场,做到最优秀还远远不够。提起互联网的"大众化",人们便会想起创造者曾抱有的很高的期望。但就像互联网迅速成为购物中心和色情商店一样,使网络高等教育失败的也许注定不是学术优势而是盈亏底线。

它没有认清"免费网上课程"与市场课程之间的差别。真正的问题是谁付钱。对开放大学的分析,以及第九章中提到的费森公司、麻省理工学院的开放课程和各类不同的网络学习项目的评估所得出的结论都是相同的:在这个高投入的领域里,最有发言权的是金钱,而不是质量。

在没有持续外部资金注入的情况下,最有可能生存下来的网上大学是像凤凰城大学这样的学校,他们将课程合理打包,推向明确的市场。① 像出版界巨头、资金雄厚的汤姆森公司这样最终也可能获得成功。2002年,汤姆森向卡丁投入大量资金,希望不仅可以开办一个MBA课程,同时也将它建成一所世界级的大学,它的目标与21世纪大学会是相似的。这家公司资金雄厚,并且计划对这些项目进行投资,不过没有理由相信汤姆森可以在鲁珀特·默多克(Rupert Murdoch)和迈克尔·米尔肯(Michael Milken)失败的领域获得成功。

实现开放途径这一伟大理想——乔纳森·科尔所说的"大众化"——是一场冒险的赌博。基金会可以启动这些项目,例如梅隆基金会资助了第八章中讨论的古典学系科联盟桑诺基西斯,还(与惠列特基金会一起先后)资助过麻省理工学院的开放课程库项目。有好几

---

① 2003年月3月10日,三年期快结束的时候,阿波罗集团的股票上涨了368%。宾夕法尼亚州立大学的世界校园成功地提供了一大批课程,有的可以让学生获得学位,其他的是证书,这些课程主要是涉及噪音控制工程和草皮管理(这是一门培养高尔夫球场草地管理人的课程)。

所学校想效仿麻省理工学院的做法,但却没有基金会可以提供必要的资源。大学本身也没有,他们缺乏可靠的商业计划。哥伦比亚大学没有一个人承认费森可以等同于大学的图书馆,也不认为大学有义务因为网络对公众有益便没完没了地支付它造成的赤字。毕竟它是商业网站(Fathom.com)而不是教育网站(Fathom.edu)。

  政府可以为诸如开放大学和开放课程库这样的项目提供津贴。这也许会发生在那些选择主要依靠互联网而不是校园学习来普及高等教育的国家里。在美国,2002年建立的一个名为数码承诺(Digital Promise)的组织与一些重量级的人物——如NBC*前任主席劳伦斯·格罗斯曼(Lawrence Grossman)和美国联邦通信委员会(FCC, Federal Communications Commission)前任主席牛顿·米罗(Newton Minow)——都敦促将FCC拍卖广播波段所得中的180亿美元用于发展网络教育。数码承诺的声明说:"这就相当于历史上对出售公共土地所得资金的利用,当时这种做法在经济上帮助了每一个新成立州的高等教育,并且创造了赠地学院的伟大体系。"[①]这是一种非常出色的观点,但21世纪版本的《赠地法案》(Land Grant Act)没有实际的前景,也不存在网络学习版本的《退伍军人法案》或者普及远程教育最优秀课程的佩尔拨款计划(the Pell grant program)。

  其中的意义与其中的麻烦一样突出。如果没有人愿意为像开放大学这样的企业投资,承诺让几乎所有的人都能受到世界级的教育,那么网上高等教育会由汤姆森和阿波罗集团这样的机构来统治吗?

---

 * 美国全国广播公司。——译者注
 ① 见http://www.digitalpromise.org。在1962年对全国广播员委员会的讲话中,米诺(Minow)斥责电视为"一大块废墟",从而保卫了自己在美国联邦通讯委员会(FCC)委员中的不朽地位。见http://www.janda.org/b20/News%20articles/vastwastland.htm。

第四编 机智地赚钱

十一 广泛协作：伯克利加州大学

加里·鲍德温(Gary Baldwin)非常兴奋,因为他在展示吉规模硅谷研究中心(Gigascale Silicon Research Center)所在地、伯克利大学科利大厅(Cory Hall)走廊里悬挂的五彩灯管。虽然它们看似普通的霓虹灯,但实际上是二极管,跟手表或计算器中使用的一样。令他感到兴奋的是它们与普通的白炽灯一样明亮——但效能却是白炽灯的近十倍。①

这些节能彩灯标志着我们生活的"根本改变",促使鲍德温在25年后离开了惠普(Hewlett Packard),接受相对较低的工资待遇而进入伯克利电力工程和计算机科学系。他说,在伯克利,人们对这种梦幻般的工作有着火一般的热情。

鲍德温管理着吉规模硅谷研究中心,这个中心是联邦政府、高等教育、MARCO*和硅谷之间合作关系中的重要组成部分。与MARCO相关的机构有国防部的研究分部、22所大学、约24家半导体业公司,其中包括英特尔、摩托罗拉和先进微电子器件公司等《财富》杂志500强企业。

---

① 本章节参考了对管理人、行政人员、教授、学生以及其他对这些行业问题有见地的工业领域和政府部门人士的面对面、电话和电子邮件的访问。未加引号的引用部分选自这些内容。
* the Microelectronics Advanced Research Corporation,即"微电子高级研究公司"。——译者注

吉规模中心渴望对支持硅片的科学进行革命。其目标是"吉规模"——在单个硅片上安装十亿个晶体管,这是英特尔奔4处理器的近25倍。这是一个冒进的目标,完成它需要革命性的研究——MARCO2000年的年度报告中称之为"射月"。

自此,冒进一直是半导体领域中的特色。摩尔定律——由英特尔的创始人戈登·摩尔(Gordon Moore)提出的理论——每18个月应该将单个芯片上的晶体管数量增加一倍——已经被恪守了近三分之一个世纪。但由于晶体管的尺寸缩小至50纳米以下,大小仅为针头的20000分之一,因此要校准电子活动变得极其困难。再者,如果工程师们要制作出更小、更便宜、更有效能的新一代半导体,[1]那么吉规模的比例是至关重要的。

大学里的电气工程师能完成这一技艺吗?行业和政府在制定议程时,他们的调查自由会受到限制吗?

大学出租?

近年来,媒体大量报道了大学与工业之间的联系,这些报导大多数是带有敌意的。2000年3月号的《大西洋月刊》的封面故事《受管制的大学》呈现了一幅令人不安的画面:数百万美元的交易使高等教育成为大商家的奴隶。作者认为,目前已经很难坚持"无私调查",因为"大学本身越来越像唯利是图的公司"。[2]

这一话题在伯克利尤为敏感,与其他大量的报导一样(甚至《外交世界》也对此进行了报道)[3],"被管制的大学"关注的是伯克利自然资源学院与瑞士药业巨头诺华公司(Novartis)1998年签订的一份合同,

---

[1] 虽然还没有形成突破,但大量的出版物——仅2001年就有五本书、19篇论文和58次演讲——说明已经做了重要的工作。据说,硅谷的公司相信伯克利的计划是一项值得进行的投资,因此即使是在经济艰难的时期他们仍然在支持这个计划。

[2] Eyal Press and Jennifer Washburn, "The Kept University," *Atlantic Monthly* (March 2000), 39. 亦参见 Kristi Coale, "The Contract and the Code," *University Business* (October 1999), 28—35。

[3] Ibrahim Warde, "For Sale: U. S. Academic Integrity," *Le Monde Diplomatique* (March 2001), http://mondediplo.com/2001/03/11academic.

这份合同为期五年,价值2500万美元,其中部分资金将用于基因工程作物的研究。当院长戈登·罗瑟(Gordon Rausser)宣布这一交易时——首先让诺华公司对植物和微生物系正在进行的研究有了很多的了解——他自豪地声称这一计划将大学与产业的合作上升到了"一个新的台阶"。但《自然》杂志的一篇评论问道:"大学—产业联合体是不是失控了?"问题的焦点在于与诺华的交易。① 对伯克利教师进行的一项非科学性民意调查显示,超过半数的人说他们担心这项交易会破坏大学"出版优秀研究成果"的使命,变为将研究成果出售,还有五分之三的人认为它会影响科学家们自由地交流思想。② 加州大学校长在宣布"加利福尼亚大学意味着经商"的时候,他真的是这样认为的吗?

在"二战"以后,大规模科学研究的资金大都来自华盛顿。杜鲁门总统的科学顾问范尼瓦·布什(Vannevar Bush)采取了一个在当时看来非常大胆的步骤:将大学而不是政府机构或智囊团作为基本调查的主要场所。③ 尽管政府会大体上决定研究的主要项目,但专业人员却会负责具体的工作。公共官员宽容地允许他们将"间接成本"提高40%,而且接受费用的人可以任意使用这笔钱。④ 当然这是夸张的说法,但并不失实,因为正是这样的公共资助在25年里打造了现代化的研究型大学。

但1970年通过的联邦法律宣布更加强调"以使命为导向的"研究——即更加有用的研究,这从某种程度上说也是在惩罚大学对广泛的学生抗议行动的支持。自此,政府在研究费用中所占的份额不断下

---

① 参见社论 in *Nature*, 409, no.6816 (January 4, 2001), 11。伯克利培育变种的农作物也成为一个批评的目标。正如《自然》的社论所说的:"诺华交易可以很容易地被解释为一种对它的动力和可信性的破坏,这种动力和可信性本可以对我们这个时代最具争议的技术提供一种独立而公平的观点。"

② Press and Washburn, "Kept University."

③ Vannevar Bush, *Science—The Endless Frontier: A Report to the President on a Program for Postwar Scientific Research* (Washington, D. C.: National Science Foundation, 1990); Andre Schiffren, ed., *The Cold War and the University: Toward an Intellectual History of the Post-War Years* (New York: New Press, 1997).

④ Rebecca Lowen, *Creating the Cold War University: The Transformation of Stanford* (Berkeley: University of California Press, 1997).

降。① 随着科学的价格迅速上涨，大学开始从商业中寻求帮助。德里克·博克(Derek Bok)在他1982年出版的《超越象牙塔》一书中，借用哈佛校方的言论来称赞这些新的资助人是应对政府不断增加的要求的堡垒。② 由于美国的企业引入了现实的全球问题，同时为陈腐的学术领域提供了最先进的技术，因此与产业界联合不仅为大学提供了除联邦政府慷慨资助之外的其他选择，也复兴了大学中的学术生活。

从此，产业界承担了日益增长的费用——现在，协作关系每年可以解决超过20亿美元——但事实证明这一举措是互惠互利的。③ 在对商业联合产生利益表示称赞后不到十年的时间里，博克又回到了自己的主题。然而这一次他谨慎地认为"国家日益增长的要求"也许比市场的要求更加简单。④

2000年，企业对伯克利投入了2790万美元的研究基金，它的吉规模中心努力在内部营造一种相当于"资源开放"的环境。硅谷半导体公司对中心的研究提供资助，实际上是为加入学术俱乐部交纳了会费，这个俱乐部里没有秘密——是一个大家相互学习的科学社区。

---

① Roger Noll, ed., *Challenges to Research Universities* (Washington, D. C.: Brookings Institution Press, 1998); Jonathan Cole, Elinor Barber, and Stephen Graubard, eds., *The Research University in a Time of Discontent* (Baltimore: Johns Hopkins University Press, 1994).

② Derek Bok, *Beyond the Ivory Tower* (Cambridge, Mass.: Harvard University Press, 1982). 亦参见 Roger Meiners and Ryan Ambacher, *Federal Support of Higher Education: The Growing Challenge to Intellectual Freedom* (New York: Paragon House, 1989)。

③ Sheila Slaughter and Larry Leslie, *Academic Capitalism* (Baltimore: Johns Hopkins University Press, 1997); John Servos, "Engineers, Businessmen, and the Academy: The Beginnings of Sponsored Research at the University of Michigan," *Technology and Culture*, 37, no. 4 (1996), 721—762. 在1991到2000年间，对学术研究和发展的联邦资助增长了43%，州和地方资助增长了25%，产业资助增加了51%。National Science Foundation, Division of Science Resources Statistics, 2003, http://caspar.nsf.gov。

④ Derek Bok, *The University and the Future of America* (Durham: Duke University Press, 1990). 之后博克更加关注商业价值侵蚀高等教育的问题。Derek Bok, *Universities in the Marketplace: The Commercialization of Higher Education* (Princeton: Princeton University Press, 2003). 这样的关注非常真实。公司的钱变得过于有诱惑力，它们投入的钱只用于纯经济的而不是重要的赢利：治疗癌症但不治疗肺病。劳伦斯·索雷(Lawrence Soley)对这一观点的说明虽然有倾向性，但却举了很多实例，见 Lawrence Soley, *Leasing the Ivory Tower: The Corporate Takeover of Academia* (Boston: South End Press, 1995). 据说公司还会篡改研究成果以做出对自己的产品有利的、误导性的报告。参见 Mildred Cho and Lisa Bero, "The Quality of Drug Studies Published in Symposium Proceedings," *Annals of Internal Medicine*, March 1, 1996, pp. 485—489。

吉规模中心每年的预算是 830 万美元,它从产业中得到的资金多于诺华项目,而且企业支持者也更直接地参与日常活动计划的制订。但在少数专家群体之外,它却没有受到关注。这两家相距不到一英里的企业说明了大学从市场中寻求研究费用的做法所带来的好坏参半的结果。

拼 凑

1994 年夏,硅谷的一个工业研究小组半导体研究公司(SRC,Semiconductor Research Corporation)的骨干科学家彼得·范霍斯塔特(Peter Verhofstadt)开展了一个他称之为"研究鸿沟"的项目。范霍斯塔特请他的老友索尼·梅纳德(Sonny Maynard)提供咨询。梅纳德是一位经验丰富的产业界人士,在成为独立顾问之前曾在国防部从事微电子研究管理 30 年,还在麦道公司(McDonnell Douglas)工作过五年。

虽然 SRC 与其成员公司一样善于解决短期问题,但范霍斯塔特相信产业界需要在开发研究方面进行投资。20 多年前,这样的工作是由 AT&T 的贝尔实验室和施乐公司的帕洛阿尔托研究中心这类著名的机构来进行的。尽管这些智囊团在半导体、施乐复印机和激光等方面取得了很大的进展,但这些公司却常常无法收回投资费用。[①] 有成本意识的管理者们大幅度降低了实验室的预算,但实验室的作用却是不可替代的。人们越来越意识到开发下一代——或第三、第四代——半导体所需要的知识并不是招之即来的。

硅谷的公司在产品推广方面都是激烈的竞争者。但长期以来,产业一直在进行对各公司都有益的"竞争前"研究,使公司间能够产生最

---

① 例如,施乐公司帕洛阿尔托研究中心(Xerox PARC)发明了计算机鼠标,但直到几年后苹果公司购买了这一发明后才使它发挥作用。参见 Richard Rosenbloom and William Spencer, "The Transformation of Industrial Research," *Issues in Science and Technology*, 12, no. 3 (1996), 68—74。

佳相互利益。① 20世纪80年代以来,由于受到日本将垄断这一行业的威胁,公司之间、产业与政府之间都开展了合作研究项目。不过这一次范霍斯塔特认为有必要邀请大学参与合作,因为那里汇集着最著名的思想家。②

几乎同时,由国会建立的顾问团——半导体技术委员会——认为产业和政府应该共同对大学的研究进行资助。如果半导体制造商提供所需资金的一半,厂商提供四分之一,那么华盛顿将提供其余的四分之一。

范霍斯塔特对SRC的成员开展说服工作,让他们相信签约对他们是最有利的。硅谷的天才之一、英特尔公司当时的首席营运官、后来的CEO克雷格·巴瑞特(Craig Barrett)是不需要说服的。作为斯坦福大学的前任教授,他长期以来都对这样的合作表示支持。伯克利工程学院院长理查德·牛顿(Richard Newton)轻易不夸奖别人,但他却对巴瑞特表示了高度赞赏。他说,正是巴瑞特的"眼界、坚韧和魄力",还有英特尔公司心甘情愿的超额投资才促使了这项交易的成功。

同时,索尼·梅纳德动用过去与政府的关系以争取更多的支持。梅纳德的老雇主、华盛顿的国防高级研究计划署(Defense Advanced Research Projects Agency)或称为DARPA当然是同盟者。梅纳德巧妙地说,自马镫发明以来,军方就一直在支持技术研究。"二战"后,军方对贝尔实验室的晶体管研究进行资助,空军则负担了集成电路的研究费用——电路一经发明,就进一步将它制作成集成电路电脑,尽管当时没有人知道它是否有用、有什么样的作用。

梅纳德说,军方善于"及时发现新的观念,并从中获得大量的收益"。"开一张大额支票是有治疗作用的。"产业界想解决看似棘手的问题,而军方则是"哪里有问题就出现在哪里",因此可以利用最新的

---

① 1984年的国家合作研究法(the 1984 National Cooperative Research Act)允许像SRC这样的团体从事这样的研究。在80年代,为了应对日本竞争带来的威胁,生产商、供应商和国防部共同建立了半导体制造技术委员会(SEMATECH)。

② Walter Powell and Jason Owen-Smith, "Universities and the Market for Intellectual Porperty in the Life Sciences," *Journal of Policy Analysis and Management*, 17, (1998), 253—277:"很多产业都回避基础研究,因为回报时间太长或者很难得到回报"(p. 254)。亦参见Joseph Badaracco, *The Knowledge Link* (Boston: Harvard Business School Press, 1991)。

事物来建立最先进的武器系统。

MARCO 的观念在好几个营地显著发展。这是在大学实验室工作的科学家形成的全国性网络，专门长期从事由半导体公司和联邦政府资助的研究项目。天才管理者索尼·梅纳德愈发忙碌，抓住一切机会研发新的项目。

进入伯克利

MARCO 会非常依赖伯克利的观念和才能，这是预料之中的事。伯克利的工程学研究生课程在《美国新闻与世界报道》的排名中位列第二，它在半导体研究方面的成就也令同行难以望其项背。工程学院院长理查德·牛顿说，在 MARCO 的筹划阶段，伯克利的科学家们是计划的主要制订者。①

尽管牛顿仍然带有澳大利亚口音，但其实他在 1975 年就来到伯克利了。他是伯克利第一位毕业论文全部由计算机产业（他对个人电脑的前身——小型计算机的电脑辅助设计工具——进行的调查是由惠普赞助的）资助的博士生，这段经历让他产生了大学与产业合作的想法。他提到自己的一位协作资助者时说："我从他们那里学到的东西远远超过他们从我这里拿走的。"

获得学位之后，牛顿成为伯克利的一名教师。他从产业中筹集了近 800 万美元，用这笔钱为工程学院的科利大厅加盖了第五层楼，也就是现在吉规模中心的所在地，他的这一做法体现了伯克利与硅谷合作中的"左手洗右手"的特征。数字设备公司（DEC, Digital Equipment Corporation）是当时最大的计算机制造商，当他们请牛顿重写一些源代码时，后者表示愿意提供无偿服务，条件只是请公司向学校赠送几台新的小型电脑。后来在为科利的扩大而筹募资金时，牛顿才向 DEC 提出了钱的要求。"这其中的含义在于，我觉得你们欠我们的。"他说，

---

① 虽然对这些建议的实际要求被放在"真空室"里，不会受到伯克利的影响，但事实上伯克利为吉规模中心设计并且对说明也做出回答。那不是一个不同寻常的安排，虽然有理由认为它破坏了相关的研究。

"这丝毫没有问题。他们非常感谢伯克利为他们做过的一切,非常乐意捐款。"

与科学协会的许多成员一样,牛顿既主张与产业界合作,也支持学术的开放性——一个没有学术界限的世界,但他并不认为学术是圣洁的。在他看来,大学因其对社会的贡献而确立了自己的特殊地位。他不反对赚钱——他参与了好几个企业的初期建设,由此而获得了数百万美元的财富。而他的开放观念和合作的思想都来源于他在伯克利的经历。牛顿说,由于实质性领域的贡献,因此免费赠送源头产品效果更佳,"全体人员一直在共同努力不断改进这些产品"。①

牛顿认为大学科学的目的在于最大限度地影响世界,对于电气工程系来说,这就意味着时常进行免费赠送。最著名的例子是伯克利的 Unix 系统,这是一个优化后的 AT&T 的 Unix 平台。使用者为此要付给 AT&T 公司数千美元,而伯克利实际上是在免费赠送。不过最重要的在于这是一个开放的资源——所有人都可以得到它的代码。20 世纪 70 年代中期,DARPA 选择伯克利的 Unix 作为其电脑的网络平台正是因为实质性领域的贡献使资源开放的产品更加优秀。于是,在 20 世纪 80 至 90 年代,当 DARPA 的电脑网络发展成互联网的时候,伯克利的 Unix 操作系统成为非常重要的因素。②

在这些领域中牛顿最喜欢谈论的是一个叫作 SPICE 的项目。20 世纪 70 年代初,伯克利的计算机科学家们正在进行电路模拟的研究,这是吉规模中心研究的前身,目的在于发明一种符合物理芯片一切规律的虚拟芯片。测试新芯片的设计会大大提高生产原产品的可能性,而所需的花费只是制造新芯片的几分之一。一群研究生设计出了符合预算费用的程序。但由于他们不想让国防部参与放射分析方面的研究——事实上,在那个时期,他们不想进行任何与国防部有关的秘密研究——他们用词首字母给它取了一个恰当的反文化名称,叫作 CANCER,意思是:非线性电路的电脑分析,不包括放射性(Computer

---

① Jeffrey Benner, "Public Money, Private Code," Salon.com, January 4, 2002, http://www.salon.com/tech/feature/2002/01/04/university_open_source/?x

② Reid Cushman, "Open Content for Digital Public Libraries,"给威廉和弗洛拉·惠列特基金会(William and Flora Hewlett Foundation)的报告, September 2002(惠列特基金会档案)。

Analysis of Nonlinear Circuits, Excluding Radiation)。

飞兆半导体公司(Fairchild Semiconductor)为 CANCER 获得了专利证书,但之后不久,开发此项目的教授们决定研究另一个类似的、任何人都可以免费使用的程序。这个程序的字首缩写比较好听,叫 SPICE,即重点集成电路模拟程序(Simulation Program with Integrated Circuits Emphasis)。虽然公司可以加入专利材料,但基本代码必须是公开的,并且以 SPICE 为基础的项目应该承认其原材料的出处。这其中的巧妙之处在于,虽然 CANCER 终结于飞兆,但时至今日,SPICE 仍然是很多模拟电路的基础。

牛顿说,SPICE 的故事是一项合理的实验,说明了将发明公开所带来的价值。不仅伯克利的学者主张开放,这种态度在硅谷也处处可见。"(硅谷的)竞争者们频繁地在技术上相互请教,这种现象在国内的其他领域是闻所未闻的。"安娜·李·萨克瑟尼安(Anna Lee Saxenian)写道,"西部电子制造商协会(WEMA,Western Electronics Manufacturers Association)主席将硅谷的开放性与东部相比较时说:'东部人告诉我,他们从不和竞争对手交谈。而在硅谷,竞争对手会和你一起坐下来,共同探讨遇到的问题和自己的经验。'"[①]

MARCO 的研究中心处处体现出这种开放的观念。作为计划制订者,理查德·牛顿这样的伯克利学者们考虑的是如何才能最好地组织进行著名的"射月"研究。[②] 他们知道,这意味着将全国各地最优秀的研究者组合到一起。吉规模中心的知识群体的涉及面是令人惊讶的:37 位教师、15 位博士后,还有 90 名来自 14 所全国顶级研究型大学的研究生,这些大学包括卡耐基·梅隆大学、麻省理工学院、密歇根大学和斯坦福大学。硅谷公司的工程师们也在这个中心协同工作。

牛顿给著名的科学家打电话时,大家都表示愿意加入。MARCO 的索尼·梅纳德指出,这个中心的体系是"像摘樱桃般挑选最优秀的人才",并且"给他们充分的自由——但同时又让他们保持交流,以避

---

① Anna Lee Saxenian, *Regional Advantage: Culture and Competition in Silicon Valley and Route 128* (Cambridge, Mass.: Harvard University Press, 1994), p. 33. 亦参见 Susan Rosegrant and David Lampe, *Route 128: Lessons from Boston's High-Tech Community* (New York: Basic Books, 1992)。

② 亦参见 Eric Von Hippel, *Sources of Innovation* (New York: Oxford University Press, 1988)。

免发生'这是我的地盘'之类的问题"。这种方法很奏效。梅纳德说："在中心的任何一个地方，你都不会发现有人独自在角落里，无视他人、埋头做自己的事。中心一直在推行教授们进行团队合作的理念。"

如预料的那样，许多计算机科学家在虚拟的空间进行交流，网站——www.gigascale.org——是一个活跃的工作空间。但大量的交流则是实时的。研究者们每年会进行四次聚会，交换自己的记录和观点。这种互动的密集程度在学术界是很罕见的，它在形成研究想象力方面的重要程度被认为超过了任何一个工程师的想象。

与真正成功的交易一样，吉规模中心让各方都获益，包括大学、政府和半导体产业。伯克利得到资金，让它的科学家可以从事他们希望从事的研究，同时也得到机会引进研究者同他们共同进行大胆项目的开发。半导体产业得到国内一些最优秀的工程师的指导。国防部断定，虽然现在的研究成果并没有明确的目的意向，但肯定会对下一代战争设备的设计产生价值。

伯克利工程学院的荣誉院长、协助建立吉规模中心的大卫·霍奇斯（David Hodges）说，大学与产业合作中最大的挑战是鼓励双方操同一种语言。因此霍奇斯支持加里·鲍德温创办了这个中心，这是鲍德温从研究生院毕业后得到的第一份工作。霍奇斯说："他可以站在双方的立场看问题。"而对于鲍德温来说，他已经厌倦了在背后对惠普的实验室进行恶意中伤。管理一群世界级的工程师这一诱惑是不可抗拒的。

鲍德温产业界的经历体现了他组织这项工作的方法。谈起这件事时，他引用了一个包括三栏的组织表。左栏列出的是赞助公司的管理者名单，即"那些支持或反对 MARCO 的人"。中栏列出的是技术人员，即"那些向决策者建议某一计划是否可行"的研究人员。右栏中列出的是"客户经理"。商业界的客户经理是与顾客之间的纽带，他的主要任务是建立客户的忠诚。鲍德温认为这基本上就是吉规模中心与产业赞助者之间关系的本质，他为每一家半导体公司指派了一名科学家担任客户经理。

在小说家大卫·洛奇（David Lodge）讽刺学术生活的小说《美好的工作》中，罗比恩·潘罗斯（Robyn Penrose）是一所资金匮乏的英国大学的维多利亚时期文学教授,被派去实施行政部门所说的"影子计划"。她的使命是跟随一家工程公司的总经理维克·威尔科斯(Vic Wilcox)进行日常工作,同时向他灌输接受高等教育的乐趣,于是便发生了很多由于文化冲突而造成的笑话。威尔科斯问道:"这个世界真的需要另一本19世纪的小说吗?"潘罗斯针锋相对地回答说:"我不知道,但肯定会有的。"① 在伯克利,教授的自主性令人嫉妒地被当作特权来保护,在这样的地方,大多数教授都会支持潘罗斯,如果要求他们为产业提供帮助,他们会非常恼火。而有着硅谷工作经历的工程师看问题的态度则比较实际。工程师的工作是解决问题,而解决问题需要钱。这需要与那些有钱的人保持密切的联系。

保 持 开 放

对于开放与否,私营企业与大学历来被认为代表着对立的价值观。公司通过保守秘密才能赚到钱,而大学中产生的科学成果历来是任何人都可以获取——建立更加广泛的知识基础、公开发表成果以促进共同的利益。学术科学家属于"天才文化……在这里,名声和自负的感觉是与贡献相连的:你的价值在于你贡献了什么,而不是储藏了什么"。②

在1942年撰写的一篇著名的文章中,社会学家罗伯特·莫顿(Robert Merton)认为科学文化有着"共产主义者"的特征:"大量的科学发现都是社会合作的产物,也是分配给这个领域的。"③ 社会科学家沃尔特·鲍威尔(Walter Powell)和杰森·欧文—史密斯(Jason Owen-Smith)指出,对于科学家而言,"目标就是领先和发现","科学知识的公共性鼓励别人对它的使用,并由此提高研究者的声望。相比之下,对技术人员来说,专利就是财富。回报是以金钱方式实现的,而迅速

---

① David Lodge, *Nice Work* (New York: Penguin, 1990), p. 85.
② Cushman, "Open Content."
③ Robert Merton, "Science and Technology in a Democratic Order," *Journal of Legal and Political Sociology*, 1 (1942), 120. 亦参见 Robert Merton, "The Matthew Effect in Science, II: Cumulative Advantage and the Symbolism of Intellectual Property," *Isis*, 79 (1988), 606—623.

泄露新信息已不再生效"。①

然而,当大学减少与商界的交易时,公共与私人、利益与声望之间的界限已经变得模糊了。联邦政策的巨变对重新划定这些界限起到了重要的作用。②

20多年前,大学通常都不允许为由政府出资进行的发明创造申请专利。③原因是既然用的是公共资助,那么高等教育就不应该从这些研究成果中获得经济利益。这些成果是公开的,任何人都可以使用。但造成的结果是,大学实验室里产生的伟大成就常常得不到产业界的重视和利用。

1980年的贝耶-多尔法案(Bayh-Dole Act)采用市场推动的方式,将专利权授给了大学。也就是说,大学可以为自己的发明申请专利并且获利,由此来鼓励它们将产品推向市场。④大学利用了这些潜在的巨大经济利润——20多年中,专利申请的数量增加了20倍,即每年约5000项——但令人不安的是,它们研究的特征也产生了变化。在最能产生专利利润的生物科技领域中,学术研究群体"拥有了'准公司'特征,因为科学家们都热衷于从事以商业申请为目标的贝耶-多尔项目"。⑤有好几所学校一年就从重要药品的专利权中赚取了1亿多美元——相当于20亿捐赠基金的收入。

生物科技与高科技领域产生价值的不同方式说明了在大学与产业的合作中没有固定的模式。生物科技的利润来自对某一产品的垄断,这就是诺华交易引起骚动的原因。⑥对于伯克利的植物生物学家来说,这项计划最吸引他们的是诺华拥有一个巨大的植物基因数据

---

① Powell and Owen-Smith,"Universities and the Market," p. 254.
② Nathan Rosenberg and Richard Nelson,"American Universities and Technical Advance in Industry," *Research Policy*, 23 (1994), 325—348.
③ 当然,个人资助的研究是受到特许的,即使是在这项法律改变之前,一些联邦机构也可以给予大学一些有限的专利证书权。
④ 这一向市场转化的理念于20世纪70年代末从国家卫生研究院(National Institutes of Health)开始,它允许大学和公司为由政府资助的研究申请专利。1980年,贝耶-多尔(Bayh-Dole)法案将这一开放专利原则延伸到了所有的联邦机构。国家航空航天局(NASA)和能源部先前就将所有的专利权都给予政府,可以自由使用,而国防部则保留了对专利的控制权。
⑤ Powell and Owen-Smith,"Universities and the Market," p. 272.
⑥ Ibid., p.273. 在诺华案例中,有些批评将对保密的反对意见与对基本因作物研究的反对意见结合在一起。

库。能够获得这些资料是非常难得的,原本要花几年时间才能收集到的信息现在只需几秒钟就可以调出来了。自然资源学院院长戈登·罗瑟说:"没有现代化的实验设备和为了商业利益而开发的不公开的数据库,我们便无法提供一流的研究生教育,也不可能完成作为大学使命之一的基础研究。"①

诺华愿意与伯克利的科学家而不是与世界分享这些信息资源,因为它期望能够通过为他们的研究成果申请专利而赚钱。然而农业企业的动作却不是这样的,在这一行业中,没有人知道什么是开放——在那里,所有权就是一切。② 为了保护自己的利益,诺华要求使用其数据库的教师与其签订保密协议。

从合作的角度看这一措施是合理的,但在学术界,任何保密协议都会造成更激烈的争论。③ 因此,负责哥伦比亚大学技术转让事务达十年之久的迈克尔·克罗说,他永远也不会签署类似伯克利与诺华的协议。克罗十分清楚自己在说什么。2001年,也就是他在哥伦比亚大学的最后一年(2002年起他开始担任亚利桑那州立大学的校长),大学从专利权中获得了1亿4千1百万美元,在全国名列第二。然而,他还是认为,每项交易都应该一项项地进行谈判:"你不是在出售整个商店。"

"某公司说,如果我们提供一个系列(专利产品),便可以获得4亿美元的收入,但我们拒绝了。没有一家公司可以固定地从大学获得任何东西,"克罗认为,"让某家公司有这样的控制权会制约大学的研究——重要的是在某一具体问题上决定一项技术是应该用于私有目的还是公共利益。"

而在半导体产业中,灵活性比所有权更加重要。虽然有些发明的确获得了专利,但并不能真正带来很多收益。一块新的芯片可能要用几百项专利,如果芯片制造商为每一项都申请证书的话,他们便什么

---

① Gordon Rausser, "Novartis Revisited: Pro," *California Monthly* (February 2002), 18.
② Vittorio Santaniello et al., eds., *Agriculture and Intellectual Property Rights* (New York: CABI, 2000).
③ 大学管理层的间谍行为加剧了诺华争论。在延长谈判中,伯克利的行政管理部门对交易进行保密,没有经过教师管理的传统渠道。即使是在宣布之后,也很难让人找到交易的具体细节。在一个要求透明度的环境中,这样保守秘密自然会引起怀疑。

事也做不成了。况且,技术的更新非常快,没有一项专利可以长期有效。于是很多公司之间都有交换使用专利的协定:你让我用你的专利,我也让你用我的。①

与魔鬼共舞

在20世纪90年代末的经济繁荣时期,关于大学在与大公司签订价值达八位数的协议时是否要进行"浮士德式的交易"的争论变得越来越激烈。当时,公司无疑有大量的备用现金。令人担忧的是他们会用这些钱来控制研究计划。

2000年开始的经济衰退又带来了新的问题。公司的资产负债表超过了高等教育的优先研究项目,这意味着依赖市场规律生存的大学会因同样的规律而面临倒闭的危险。正如哥伦比亚大学教务长乔纳森·科尔所写道的:"商业更加受到盈亏结算而不是大学的驱动,因此如果他们觉得无利可图,便会迅速决定削减对大学研究的资助。"②

在担任执行副校长和教务长之前,保罗·格雷(Paul Gray)是伯克利负责进行这类谈判的工程学院院长,他认为,从多种渠道获得财富是有利的,因为一旦某个资金来源中断,还有会其他的可以顶替。严酷的经济环境充分证明了格雷的理论。

半导体产业受到了特别严重的冲击,同时受影响的还是MARCO、与半导体产业的合作、政府和为吉规模中心提供资金的大学。原计划是以同样的模式开办六所研究中心,但在2001年,这个数字减少为四所。资助半导体制造商的公司原计划支付的款项占中心预算的四分之一,但由于没有现金来实现未来的梦想,很多公司和一些大制造商

---

① 加利福尼亚大学的技术转让办公室(OTT)理解这一点,至少在原则上是理解的。OTT2000-02年的备忘录(August 1, 2000)这样解释道:"竞争性的成功是以法律对知识产权的保护为基础的,就像要求与工业标准保持一致降低了个人技术的价值一样。迅速的产品开发和革新产品进入市场是占领市场和产品成功的关键。"

② Jonathan Cole, "Balancing Acts: Dilemmas of Choice Facing Public Universities," in Cole, Barber, and Graubard, *The Research University*, p. 29.

都退出了。于是,尽管这些公司仍然在无偿使用伯克利实验室的研究成果,但却不再参加研究者沙龙,这引起了一些人的不满。

同时拥有几个资助者的确缓解了伯克利受到的冲击。有的公司增加了资助金额,五角大楼也采取了同样的行动。这些支持使中心可以正常运作,旧的支持者进行了重组,同时也增加了新的支持者。如果没有政府对研究的一贯支持的话,吉规模中心的主任格雷·鲍德温可能不得不去另谋职位。

虽然生物科技产业遇到的障碍与高科技领域的一样严重,但植物生物学家们感觉到的痛苦却更加直接,因为只有一家公司,即诺华,与伯克利的自然资源学院签订了协议。2001年,不断受到批评的大学从外面聘请了一位学者来评估这宗交易是否会破坏科学公开咨询的理念。也许与批评家的怀疑相比,缺乏的倒是关注,因为据说公司对研究人员已经不再过问。《高等教育月刊》上的一项评估得出的结论是:"这宗交易为自愿的、非常规性的研究带来巨大的财富,这是政府、公司甚至基金会的拨款都不可能做到的。"①

然而,自从这项协议签署后,诺华公司的农业产业便分离出去了,成为国际生物科技公司先正达(Syngenta)的一个部分。该公司没有看到它所希望的重头产品,便收购了伯克利轰动一时的 PR。在签约后的四年中,它没有签发一份证书来将任何一项专利市场化。并且,由于世界上对转基因食品的关切(特别是欧洲),农业生物科技一直在走下坡路。2003年,先正达公司宣布停止它在美国的主要研究项目,显然也不会再与伯克利续约。② 一位生物学家在《柳叶刀》杂志上写道,也许这正说明了"日益增长的压力迫使大学与产业同床共枕,但这并不一定会给双方都带来美好的梦境"。③

---

① Goldie Blumenstyk, "A Vilified Corporate Partnership Produces Little Change(Except Better Facilities): Critics of the Berkeley-Novartis Pact Can't Point ot Business Intrusions, but Fears Persist," *Chronicle of Higher Education*, June 22, 2001, p. A24. 一个校园内部的评论也得出了相似的结论。Robert Saunders, "Closing the Book on the Novartis Deal?" *Berkeleyan*, January 30, 2003, p. 1。

② Goldie Blumenstyk, "Berkeley's Collaboration with Swiss Company Is on the Verge of Ending," *Chronicle of Higher Education*, January 10, 2003, p. A25.

③ David Weatherall, "Academia and Industry: Increasingly Uneasy Bedfellows," *Lancet*, May 6, 2000, p. 1574. 然而,2002年的伯克利报告记录说,参与的教师"用受到先正达公司资助的工作来吸引其他额外的资助"。Blumenstyk, "Berkeley's Collaboration," p. A25。

吉规模Ⅱ,吉规模Ⅲ

科学中什么才是最重要的？作为一个对社会有用的方法,理查德·牛顿的衡量标准是大学的一个重要目标,但不是唯一的目标。假如事实相反,假如许多州的立法者所说的是事实,即高等教育对公共资助的要求完全取决于它对经济的贡献,那么与赚钱没有紧密关系的领域(或不像商业和经济这种以钱为研究对象的领域)便会面临被淘汰的危险。①

文学教授常常发表这样的观点,他们深知,在很多学校里自己都是受到控制的角色,但他们也知道如何从中世纪故事和社会风格小说中找回自己应得的东西。② 不太突出但却更加令人烦恼的是现代版本的贝尔实验室,这里从事的是在好奇心驱使下进行的研究,这对学术企业来说是至关重要的,但在生产量决定一切的环境中却是没有意义的。

这个故事涉及的是伯克利,而不是其他类似的著名公立大学,因此便不胫而走,因为在普通大众和编辑们的心目中,伯克利永远代表着与被称为真实世界的激烈对抗。1964 年秋,自由言论运动(Free Speech Movement)的领导人马里奥·萨维奥(Mario Savio)在伯克利的史鲍尔广场(Sproul Plaza)公开指责大学"服务于美国工业的需要",并且它的运作方式"就像是一家生产工业产品的工厂,而不是服务于社会的良知和批评"。③ 在商学院院长成为"美国银行院长"的校园里,萨维奥只是超前了吗?④

曾担任过伯克利校长和加州大学校长的克拉克·克尔(Clerk

---

① James Engell and Anthony Dangerfield, "Higher Education in the Age of Money" (unpublished ms. ,2002).
② 参见,例如, Richard Russo, *Straight Man* (New York: Random House, 1997); James Hynes, *The Lecturer's Tale* (New York: Picador, 2001). 参见 David Kirp, "Poison Ivy," *American Prospect* (September 2000), 68。
③ 引自 Press and Washburn, "The Kept University," p. 47。
④ 为了让每个人都知道钱是重要的,负责预算和财政的副校长在校园里散发一本名为 "Navigating UC Berkeley's Business Envrionment" (May 2002)的小册子。

Kerr)对《高等教育周刊》的一位记者说:"在伯克利这样的地方,局面很可能比其他小地方要好得多,那里的教师往往都缺乏自信。我更加关注诺华Ⅱ和诺华Ⅲ。"①极度需要钱而声望又不够高的学校愿意积极主动地满足公司的要求——也就是说,不仅拥有发明成果,而且干预研究的进程。② 在那些工业园式的校园里,大学与商业间不恰当的合作随处可见,教室、图书馆和实验室等都是公司赞助商出资建造的建筑。③

尽管在这些交易中经济方面的问题得到了大量关注,但吉规模中心最有趣的地方不在于谁付账单,而在于它所带来的学术界的高度热情,这也是21世纪的学术共性。保罗·格雷说,中心聚集了来自各所大学的世界级研究人员,他们"从地窖中走出来",在一起共同工作。计划的设计者们确定,这种不同寻常的合作有利于知识的活跃性,这是学术生活的最优秀的特征——这也是完成他们所期盼的"射月"计划的最佳途径。

---

① Blumenstyk, "Vilified Corporate Partnerships," p. A24.
② Seth Shulman, *Owning the Future* (Boston: Houghton Mifflin, 1999).
③ Diane Rahm, John Kirkland, and Barry Bozeman, *University-Industry Collaboration in the United States, United Kingdom, and Japan* (Boston: Kluwer, 2000).

十二　技术信息淘金热：硅谷的 IT 证书课程

　　这个有 12 名学生的班级不像是在进行大学课程，而更像是在进行律师评估课程或者是宣传中的新兵训练营。课程是在硅谷进行的，通常需要几个月才能修完的课程被密集地安排进一个与硅谷节奏相符的时间框架。连续两个星期，每天早晨八点准时上课，下午六点下课，接着是实践训练，直到八点，之后还有两小时自习。课程负责人詹姆斯·阿波达卡(James Appodaca)说："食物是送上门的，除了去卫生间或抽烟之外，学生都不会离开教室。"

　　这个课程是由优尼泰克(Unitek)公司定期举办的，这个营利性公司在全国都设有分部，是一家处于高等教育雷达探测区域之外的咨询和培训公司。这两个星期的课程费用是 8800 美元，比麻省理工学院每星期课程的费用贵四倍多。① 但它得到了思科系统的特许，课程内容也是由思科设置的，并且会得到连麻省理工学院都不能提供的承诺——完成培训中心课程的人将通过考试成为思科认证的网络工程师，这是一种非常有价值的高科技资格证书。②

　　学生们也可以在诸如附近基尔洛(Gilroy)的加维兰(Gavilan)社

---

① 2002—2003 学年，MIT 的学费是 28030 美元，或者说每星期将近 1000 美元。本章节参考了对管理人、行政人员、教授、学生以及其他对学校问题有见地的人的面对面、电话和电子邮件的访问。未加引号的引用部分选自于这些内容。布莱恩·布瑟(Brian Pusser)向我们介绍了硅谷的 IT 市场，杰夫里·格林(Jeffrey Green)(Berkeley, B. A., 2000)就这个话题写了第一份备忘录。

② 思科路由器和开关是用于互联网的硬件的实际标准。局域网(LAN)、广域网(WAN)和其他网络模式需要这种技术。于是，所有需要这种服务的公司必须有人可以使用和维护这种技术，从而为思科的工程师提供一种稳定的——如果有变化，视经济环境而定——需要。

区学院里注册同样的思科网络工程师证书课程,只需要132美元,但事实上与前一种是不同的。这里的节奏慢得多:社区学院的课程长达三学期,而不是14天。加维兰的辍学率比硅谷的更高;即使在那些坚持到最后参加考试的人中,考试的通过率也相对较低——60%,而优尼泰克学生的通过率是80%—90%。

与优尼泰克相比,加维兰也的确存在着优势:修满它的思科课程可以得到准学士学位。但加维兰计算机技术系的系主任琼·米汉(Jean Meehan)说"没有多少'思科学生'会以获得准学士学位为终点,他们的目标是通过考试、取得证书"。

人人都可以参加

在中级以上教育中,信息技术或者叫IT证书培训就像是西部蛮荒地区,这个领域竞争激烈,更注重的是能力而不是学历,决定一切的是校外考官的评估,而不是考勤。像思科和微软这样的著名硬件和软件制造商颁发的证书上都有公司的标志:例如,某人通过考试,成为"微软认证软件工程师"。这些公司自己编写教材并组织考试;他们有一系列的证书,每通过一次考试就会得到一个新的、更高级别的头衔(例如,基础阶段是"思科认证网络管理员",接着是"思科认证网络专业人员",最后是"思科认证互联网工程师")。

考试是对能力的衡量。比如说,通过思科工程师考试的人都应该可以操纵和维护路由器和开关,这是互联网硬件的工业实际标准。[1]因此这类证书与大学学位一样具备了经济价值,并在IT职业简历或"克雷格列表"(Craig's List)工作广告中有突出的优势。[2]但与大学不

---

[1] 虽然学生们没有同时上这两个公司的证书课程,但公司提供的课程并不一定是有竞争性的。事实上,思科鼓励学生们来的时候就已经有了微软证书,这样他们就有了更加广泛的技能。穆罕默德·齐阿伊(Mohammad Ziaee)是一位持有多种证书的工程师,他指出:"在操作真正的网络部件时,重要的领域有三类:电脑、网络基础部分如路由器,还有媒体,如过滤器。因此我的知识(拥有微软高级证书)还不够完善。"扎伊还需要思科的培训。采访,April 2002。

[2] 参见,例如,Thomas Kane, *Price of Admission: Rethinking How Americans Pay for College* (Washington, D. C. :Brookings Institution Press, 1999)。由于证书非常有价值,因此下级产业也发展进来开始管理考试和报告成绩。

同的是,这里的学生不需要申请某一个专业、达到规定的要求,甚至不需要修完一门课程。这里没有卡耐基学分。① 高中生可以准备参加职业教育课程复习考试。重要的不是你如何学习,而是最终能通过考试。

公司专门的信息技术证书是一种相对较新的概念——诺维尔(Novell)于1989年首先开设了这类课程——也是非常聪明的商业举措。厄湾加州大学(University of California at Irvine)分管继续教育的加里·麦特金(Gary Matkin)指出,当其他人在进行实地培训时,"这种课程是迅速渗透市场、快速销售和多招收学生的一种方式"。让教材内容不断更新和与教学人员共同工作需要不断地进行相当规模的投资,这就是为什么只有像思科和微软这样的产业巨头才能在认证领域坚持下来的原因。

在这些公司,IT证书的认证是建立和控制市场的关键策略。它获得的成功是惊人的:2002年,即思科开设这项课程的第五年,来自全国50个州和全球145个国家的260 000名学生在近10 000个"思科学院"注册,其中主要是在中学和社区学院。公司将这一套用四学期完成的课程称为慈善事业,目的在于拉近数字距离,而这只是这个项目的一个部分。但这是一个"行善"的例子。专科学院级数式的增长让思科建立了麦当劳式的领地,占领了市场份额的80%,而且还在不断增长。②

重点大学的计算机科学系正在培养下一代程序创造者和技术娴熟的软件工程师。但加州理工学院的教授们对于培养非常专业的网络技术人员这一缺乏学术性的任务没有兴趣。麦特金说:"大学对软件培训课程不屑一顾。"这使得各类学校都进入了这一领域,同时也改变了高等教育的面貌。

30年前,卡耐基高等教育委员会可以以近乎笛卡儿的精确度来划

---

① "这一单位1906年形成的时候是用来计算学生在学习一门课程中所花的时间。例如,一门课120小时——每周见面四到五次,每次40至60分钟,每学年36至40个星期——可以让学生获得一个'单位'的高等学校学分。预备性学习至少要有14个单位的学分,这可以被理解为是'四年学院或者中学预备课程'。""The Carnegie Unit: What Is it?" http://www.carnegiefoundation.org/aboutus/carnegie-unit.htm。

② 关于思科人口统计学,见http://cisco.netacad.net/public/academy/About.html。微软将它的证书课程的名称由微软授权高校提供者(Authorized Academic Trainer Providers)改成了微软教育训练(Microsoft Academies)。和其他地方一样,在商业领域中,模仿是最诚挚的赞美。

分高等教育的等级。① 处在卡耐基阶梯最高端的是国际知名的研究型大学——这些学校在招生时都会进行严格筛选,就像高等教育学者马丁·特洛(Martin Trow)所写的那样,这些大学向学生们"传授'高端文化'","将他们培养成社会精英",并提供"'纯'学问,让他们创造新的知识"。处在阶梯最底层的是那些不要求进行研究或筛选的学院,他们的职责是传播"大众教育","为一切有需求的群体提供有用的知识和服务"。② 营利性大学在这个阶梯中没有一席之地,因为当时它们因学术名声不好而被排除在外。这些排名是高等教育中的"楼上"和"楼下",无论排名高低,各所学校都知道自己所处的位置。

当然,大众学校和精英学校之间的界限从来都不是一成不变的。③ 像伯克利和密歇根这样的著名公立大学在建立之初就肩负着人们的期望,希望这样的学校能够成为公众有用的源泉和知识的港湾,这就是验光配镜学院和语言学系在这两所大学和谐共存的原因。除此之外,有声望的公立和私立大学都长期开设"大众"教育。七月中旬,如果你漫步在哈佛校园或者史鲍尔广场,你会见到数千名永远也不会被哈佛或者伯克利正式录取的暑期学生。20世纪初,有70多所大学都在开办函授课程,向一切可以支付学费的人开放,这些大学中也包括伯克利大学、威斯康星大学、芝加哥大学和哥伦比亚大学。④ 今天,哈佛的"付款参加'非传统课程'的学生人数比当时增加了两倍,从函授、夜校和夏季班到令人眼花缭乱的短期行政管理培训课程",很多学生都是为攻读学位做准备的。⑤

这些课程就像是印钞机,远离了大学的首要使命,向普及化靠近。

---

① Lewis Mayhew et al., *The Carnegie Commission on Higher Education*(San Francisco: Jossey-Bass, 1973).
② Martin Trow, "Elite and Popular Functions in Higher Education," in W. R. Niblett, ed., *Higher Education: Demand and Response* (London: Tavistock, 1969), pp. 182, 184. 特洛接着又在他的分类法中增加了"世界高等教育"。Martin Trow, "Reflections on the Transition from Mass to Universal Higher Education," *Daedalus*, 90, no. 1 (1970), 1—42. 参见 Akira Arimoto, ed., *Academic Reforms in the World: Situation and Perspective in the Massification Stage of Higher Education* (Hiroshima: RIHE, 1997).
③ 马丁·特洛(Martin Trow)关于精英和大众学校的文章说明了这个观点。
④ David Noble, *Digital Diploma Mills* (New York: Monthly Review Press, 2001).
⑤ Morton Keller and Phyllis Keller, *Making Harvard Modern* (New York: Oxford University Press, 2001), p. 492.

但由于越来越多的领域受到市场的驱使,人们熟悉的中心与边缘的界限也变得模糊了,即使在重点研究型大学也是如此。① 无论在什么问题上——教师与学生的组合、课程的设置与安排、资金的来源和使用方式、诸如教学这样的基本活动的"外购"——高等教育曾经"和谐和自我包容"的世界被频频打乱。②

同时,高科技行业培训课程已经扩展成为几乎"与中等教育同等的规模"。③ 这些培训课程能否被称为高等教育还在争论之中,因为这些课程不强调知识的广泛性,而是集中精力培养学生,让他们获得符合某家公司特殊要求的证书。无可争议的是,IT证书课程可能对处在第二和第三阶梯的学院和大学的招生产生潜在的威胁。到2003年,这些课程招收了200多万名美国学生(其中一些原本可能会去读大学)和大量来自国外的学生。④ 对于有预算头脑的官员来说,IT证书课程也是能产钱的金牛——大学只要能解决如何挤奶的问题。⑤

过去,重点大学从不考虑开设某些课程,如秘书职业,因为这不符合它们的身份。但是现在,无论在排行榜上地位高低的学校都不知道

---

① Roger Geiger, "Research Universities in a New Era: From the 1980s to the 1990s," in Arthur Levine, ed., *Higher Learning in America: 1980—2000* (Baltimore: Johns Hopkins University Press, 1993), pp. 67—85; Robert Zemsky and William Massy, "Towards an Understanding of Our Current Predicament," *Change*, 97 (1995), 40—49. 在商业领域,人们注意到了一个类似的变化。参见 C. K. Prahalad and Gary Hamel, "The Core Competence of the Corporation," *Harvard Business Review*, 68 (May—June 1990), 79—91。

② David Collis, "The Paradox of Scope: A Challenge to the Governance of Higher Education" (Harvard Business School working pager, 2002). 人口统计学是这种变化的一个原因。从1970年起,在高等教育中注册入学的人发生了一个主要的变化。现在,大学全日制学生中,只有四分之一是中学毕业后直接进校并且全部或者部分由父母资助上学的。学生的兴趣从文理学科转向所谓的应用型文理学科,这一变化也是同样明显的。从1970年起,虽然文理学科专业的注册人数下降了35%,但商业、通讯、健康、休闲与减肥和保护服务的学位授予翻了一番,也达到了35%。

③ Clifford Adelman, *A Parallel Postsecondary Universe: The Certification System in Information Technology* (Washington, D. C.: U. S. Department of Education, Office fo Educational Research and Improvement, 2000). 相关的"相同领域"、合作式培训课程的费用估计至少只相当于普通高等教育市场的四分之一。Merrill Lynch, *The Knowledge Web*(2000)。

④ Adelman, *Parallel Postsecondary Universe*.

⑤ Burton Clark, "The Problem of Complexity in Modern Higher Education," in Sheldon Rothblatt and Bjorn Wittrock, eds., *The European and American University since 1800* (Cambridge: Cambridge University Press, 1993), pp. 263—279.

如何应对这种混乱的局面。① 除了声望最高的私立学院和大学之外，各等级的中等以上学校——培训班、私立技术学校、社区学院和公立大学的进修课程——都参加到了这场争斗之中。在思科和微软"学院"，中学给予学生的教育是他们原本要通过合作培训课程或是在学院才能得到的。② 所有这些学校都必须与"不上学"的选择开展竞争，因为任何人都可以通过自学来为证书考试做准备。例如，一家叫作"智慧证书"（Smart Certify）的公司，收取535美元的学费，提供由思科授权的针对思科系统工程师证书考试的实质性指导。

虽然世界各地都开设有证书培训班，但硅谷却是高科技产业的中心。那里公司云集，它们的计算机水平令他人望尘莫及。由于那些公司一直不断地需求网络管理者和其他的IT专业人员，因此那里的证书课程的竞争也是最激烈的。优尼泰克的阿波达卡说："知识从这里源源不断地产生，因此如果你（向可能来入学的学生）宣传或销售其他东西，他们也会抓住不放。"即使是在网络经济衰退之后，硅谷所发生的一切也生动地说明了这一市场调控的高等教育领域的稳定性。

希尔德学院与优尼泰克：了解顾客

像优尼泰克和希尔德学院（Heald College）这类学校，其生存靠的是其销售产品的能力。它们是像优尼泰克这样的营利性培训公司还是像希尔德学院这样的非营利性学院，这并不重要，重要的是它们需

---

① Clayton Christensen, *The Innovator's Dilemma* (Boston: Harvard Business School Press, 1997).

② 中学的思科教育学会（Cisco Adademies）没有与其他学校竞争参加证书考试的预备课程学生，因为他们的服务对象是不同的年龄群体。然而，值得注意的是，思科通过这些教育学会在复兴职业教育计划中扮演了一个重要的角色。公司使中学可以方便地设定课程：它收取最低的批准费用，提供所有的教材，以很低的折扣提供二手设备。虽然课程最初的对象是来自地区职业课程的学生，那些至少有可能上大学的学生，但也吸引了跨学术领域的学生，从而消除了这些课程的职业"缺点"。由于很多学生都在地方上的社区大学参加这些课程，因此这个计划将他们引入到高等教育的世界。这个计划中精确的评估方法吸引了其他学者教师的注意，他们在考虑其他的课程也许可以采用这样的结构。简而言之，重要的一点是，如果不加注意，思科教育委员会在改革中学教育。在这个例子中，受市场驱使的变化是不断完善的行为。

要不断地吸引学生。与私立大学不同,这些学校没有捐赠基金可以依赖;也不像与其竞争的社区学院和公立大学的进修课程那样,这些学校没有州的直接资助。① 它们依靠的只是学费的收入。

这是市场无情的一面:众多的竞争者在争夺精明的顾客们的青睐。网络泡沫破灭之后,很多学校也随之破产,其中包括优尼泰克主要竞争对手之一的马斯特学院(Master's Institute)。高科技经济的衰退说明了越来越多的人不再将信息技术事业当作致富的最佳手段。为了说服会支付大笔学费的学生前来入学,这些学校必须以高等教育主流中前所未有的胆略去推销自己的产品。他们还必须提供一些不同的、也许是更好的东西。

希尔德学院始建于1863年,当时是一所培养淘金热后的企业家的商学院。现在它在北加利福尼亚州有11个校区,招收约11000名学生,其中1000名就读于硅谷校区,这里原来是福特汽车公司在圣荷西的地区总部。学校最热门的课程是一个计算机专业的准学士学位,有半数的在校生都在攻读这个专业。思科和微软证书课程在2002年招收了约100名学生,它既可以作为对攻读A. A.*学位的补充,也可以单科修读。

希尔德学院学生成功部(student success)行政主任琼·哈斯蒂(Jean Hastie)说,进入IT证书市场是一个"自然的过程",因为这是学生的要求,"由于网络在工作中变得越来越重要,因此学生们都表示有必要学习专门的网络技术"。这些课程特别吸引与传统的希尔德学生有所不同的潜在市场——那些三十四五岁的已就业者,他们将这些证书视为在就业市场中获得晋升和使自己更具竞争力的渠道。学术性学院的院长很欣赏这一观念,学校的对外合作部门也不例外,在学术课程安排上,后者比传统的学院更有发言权。开设哪些证书课程也是由市场来决定的。由于市场需求的变化,学校取消了一个诺维尔证书班,同时增加了一门思科课程。

IT证书是一项昂贵的投资。最大的花费在设备上。希尔德学院

---

① 像优尼泰克(Unitek)这样通过了认证的培训学校能够将给被解雇工人的公共基金资本化从而得到间接的公共津贴。

* 文理学科准学士。——译者注

花了 70000 美元购买思科的路由器。微软和思科的网上辅导课程和课程教材的收费各不相同,因不同的教学形式而异。中学和社区学院是按最低标准收费的,因为它们都是有权授学位的学校,像希尔德这样的非营利性的、有权授学位的私立学校也是如此;像优尼泰克这样的商业性培训机构通常被课以最苛刻的税收。希尔德学院给这些教师支付的薪水也高于普通教师,因为他们必须同时具备学校要求的学术证书和微软或思科要求的教师证书。

这些花费使证书培训班的利润要少于准学位课程,但开设这样的培训班使学校更具竞争优势。电视和收音机广告都在宣传:"希尔德学院的这一与众不同之处——拿双证书(A.A.学位和证书),因为你两个都需要。"思科证书的备考培训班的长度为 20 周,学费是 6200 美元,而微软班则需要 30 个星期。希尔德学院的技术项目经理凯文·卡彭特(Kevin Carpenter)说:"这是一门深奥难懂的学科——比获得英语硕士学位更加困难。"虽然学校并不对证书考试的通过率做精确的记录,但卡彭特估计有 70% 至 80% 的学生通过了考试。

学校看到了来自像优尼泰克这样的 IT 培训机构和像加维兰这样的社区学院的竞争。卡彭特说:"我们在价格上进行竞争,但不限于此。"在基础证书科目上,希尔德增加了"一门认证课程",它由实践测试和实验室工作两部分组成。与希尔德学院的教师认证一样,这也是对学校进行认证的机构所要求的,这个机构就是同样对伯克利和斯坦福进行认证的西部院校协会(WASC:Western Association of Schools and Colleges)。卡彭特说,许多合作培训课程都不具备这些特色。"有的只是像幻灯片一样一带而过。有的学生来到希尔德时说:'我参加了一个三个月的培训课程,但什么也没学到。'"他提到了学校的另一个卖点:规范职业严肃性,希尔德对校服和出勤都有要求,这是任何一所公立学校都不可能做到的。但形象至关重要。

希尔德学院对刚刚中学毕业的潜在生源宣称"本校会帮助你实现你梦想的职业生涯",对在职的人则声称自己是"帮助你晋升的学校"。这些并非只是口号。2001 年,虽然经济不景气,希尔德学院仍然安置了 92% 的毕业生就业;学校提供只有极个别重点公立学校才提供的服务:帮助毕业生安排终身职业。这是它一直能与附近公司的人力资源部保持良好关系的原因(在高科技的巅峰时期,它的硅谷未来工作人员数量达到 2000 多人)。哈斯蒂说,这就是为什么说口头宣传是最重要的市场工具的原因。

与硅谷所有的学校一样,希尔德学院也感受到了高科技产业衰退的冲击。教师戴文·刘易斯(Devon Lewis)说:"两三年前,我们的 IT(专业人员)市场要广泛得多。现在则必须通过多种面试,他们会请你解释如何解决某个实际问题。"证书课程的就业率略有下降,申请的人数也是如此。"双证书"的学位变得更有价值。刘易斯说:"事实上,它从来就没有过时。"IT 证书课程随处可见,从最公司化的到最学术性的都有。获得学位的人被认为可以更好地解决和分析问题。对于硅谷的录用单位来说,这种学术资本是非常重要的。

毫无疑问,优尼泰克是一个提供高等教育的机构。如果说希尔德是一家准公司的话,那么优尼泰克就是资本主义的化身。这家公司于 1992 年在公司 CEO 保罗·阿夫沙(Paul Afshar)的家中成立,主要服务于高科技公司的培训需求。虽然这是一个家庭式公司(阿夫沙的妻子任 CFO),但优尼泰克本身就是一个高科技的成功故事。有着诸如 AT&T 和富士通这样的客户,它成为一流的 IT 咨询公司,也是硅谷几百家迅速发展的公司之一。它之所以如此成功是因为它比对手更负责任——如果竞争对手为潜在顾客提供五天的培训课程,优尼泰克便承诺只需一半时间就可以完成同样的学业。培训主任詹姆斯·阿波达卡说,虽然近年来咨询业务在衰败,但培训部分都一直保持上升的趋势。优尼泰克在硅谷的两个办公室每年都招收 2500 名学生。

营销和人员对优尼泰克的成功至关重要。阿波达卡说:"最困难的是把他们弄进学校。让他们通过考试是很容易的事。"公司不像希尔德学院那样利用电视或收音机,而是依靠电子邮件和互联网传递信息。另外,"营销人员得到更好的培训,训练他们使用管理联络软件,更好地了解产品"。在公司的 100 名全职雇员中,只有七位是全职教师。阿波达卡很强调他们的素质。"营销人员将学生们带来,教师将他们送出去。这些教师不仅有证书,也有实践经验,不像其他到处迅速搜罗教师的培训中心。"教师们必须严格按照微软或思科的课程进行教学,不过他们也知道如何补充"实际材料"。硬件也是这个领域的重要内容。"与其他社区学院不同,优尼泰克的学生有他们自己的路由器和开关。"这种学生与路由器的 1:1 的比例也是希尔德学院所坚持的,是 IT 培训业中的"黄金水平",较之其他大家熟知的名声衡量标准,它更能体现教学质量。

优尼泰克的初级市场是网络或帮助桌面管理人员,与希尔德学院的目标市场的重叠之处非常有限。公司并未将社区学院和大学进修课程的视为自己的竞争对手,虽然这些学校的收费便宜很多,但这些课程需要的时间更长,而且在阿波达卡看来,教学质量也较差。① 公司真正的竞争对手是其他培训机构:伦尼特(Learnit)(其培训设施"如新轿车般豪华")和在全球设有 270 个中心的新视野(New Horizons)。阿波达卡不满地说,新视野"简直什么都卖",一时听起来像是一位学术纯粹主义者。优尼泰克于 2002 年通过认证,但认证的机构不是负责评估大专院校的 WASB,而是负责对培训课程进行评估的私立高等教育及职业教育局(Bureau of Private Postsecondary Vocational Education),为此而支付的公共资金也物超所值。认证使优尼泰克在培训合同中平均受益 150 000 美元,占到公司收入的四分之一;而且由于通过了认证,它的学生有资格获得联邦贷款,这是课程的一个主要卖点。

阿波达卡相信优尼泰克能在竞争中脱颖而出。他声称:"五年内,其他所有公司的培训者都会向硅谷提出辞职。"这种吹嘘文化在培训公司中颇为典型,但在公立培训机构却不多见,这里的人们通常都倾向于低调处理竞争。圣克鲁兹加州大学(University of California-Santa Cruz)主管进修课程的主任凯茜·桑丁(Cathy Sandeen)在被问及 IT 市场的时候承认这个领域有很多参与者,"但需求也很大"。

精明的消费者

迈哈迈德·齐阿依(Mohammad Ziaee)参加过优尼泰克的多个培

---

① 州培训基金——150 000 美元——缩小了培训学校和州开设的课程之间的价格差异。2002 年,这些基金占到公司总收入的四分之一。认证也意味着优尼泰克的学生符合联邦财政资助的条件。

训课程，可以根据自己的第一手经验说出在硅谷可以进行的多种选择。在报名进入优尼泰克之前，他在学校的竞争对手机构那里选修过几门课。他最初就读于一家社区学院，然后去了希尔德学院，还上过自己控制进度的辅导课程。齐阿依的故事值得一提之处是他获得的显著成功。在全职工作的情况下，他在不到三年的时间里获得了思科和微软高级工程学证书。

齐阿依是一位极为精明的消费者。他不但知道如何评估教学质量，更知道如何在学费方面讨价还价——他使优尼泰克将他的学费减免了三分之一。他在考虑培训者的声望之后选择了微软证书课程。为了寻求优秀的思科证书培训班，他首先去了优尼泰克最大的竞争对手新视野，但这里没有打动他："它有许多连锁店，质量控制并不尽如人意。"他在一家名为"你好电脑"的机构上过一天的尝试性课程，"但那位老师只是照本宣科"。希尔德"看上去不错，但却非常昂贵"。齐阿依继续他的漫漫择校征途，他进入了当地的一所社区学院。虽然那里的教师们"知识丰富"，但进度太慢，于是"你便逐渐失去了兴趣"。当时他决定从"智慧证书"的辅导光盘开始进行思科证书的培训。虽然"有辅导软件，你几乎肯定可以通过考试"，但齐阿依不想重复这个过程。"你所学习的一切都是考试内容，并非解决问题的应急技能。"

与其他领域的询问系统一样，信息技术中重要的是要将以证书为目的的培训和广义上的学习区别开来，广义的学习包括研究、分析、解决问题，这些通常都是与高等教育相关的内容。齐阿依在优尼泰克选修了几门课程后，感到它们既有用又令人失望。他说："他们师资优良，但当你在修'适合'的科目时，这些教师只是告诉你答案。他们非常善于压缩时间——想着向你出售下一门科目。"

很多未来的电脑工程师将证书视为进入这一行业的捷径，但齐阿依认为从长远来看，攻读学位是更加明智的选择。"IT证书就如同一张诱人的名片。它可以带你进入这个行业，但如果你没有产品的话，它也不会让你成功开业。在这一方面，产品是你的知识。如果有人真想进入IT业的话，取得证书是一个好办法，但我从不认为证书比学位更加重要。IT业主要依赖的是研究，这是速成课程所不能教给你的。"

加维兰社区学院:普及 IT 培训

1960 年开始采用的加利福尼亚州高等教育的总体计划(Master Plan)至今仍然是许多州仿效的模式,它建立了金字塔式的学术阶梯。① 塔的顶端是培养博士生的九所研究型大学,如伯克利、洛杉矶加州大学、戴维斯*等等,几乎全都是在全国名列前茅的著名学府。金字塔的中部是像圣荷西和加州州立富尔顿(Cal State-Fullerton)这样的"州立大学",它们主要招收中学毕业班中排名在前三分之一的学生。最底层的是社区学院,这些学校来者不拒,开设从英语实习到语言学、从园艺到执法等各种课程。

加州社区学院的前任校长杰拉德·黑沃德(Gerald Hayward)曾经说过,加州社区学院构成了"自由世界里最庞大的高等教育体系"。他说这一"体系"将概念延伸到了极限,因为这些学校之间的差异——资金、专业才能和教学重点——与他们学生之间的差异一样大。使这些学校联合在一起的是满足委托人需求的必要性,这些委托人支付了学校大部分的账单,并且通过当地选举出来的董事会制定政策。培训公司和像希尔德学院这类以就业为中心的学校所开设的科目通常都受到经济市场的调控,虽说社区学院也同样如此,但它们也需要密切关注政治市场。信息技术证书课程的质量——事实上是生存——依赖的是这些因素如何充分发挥作用。

自称是"世界大蒜之都"的宁静的基尔洛小镇坐落在硅谷的边缘。遍地的水仙花一直蔓延至公路边,而花地中插着的"待售"招牌意味着它们最初是要被建成公园的,也标志着这座小镇想靠近繁荣中心的雄心壮志。即使是在硅谷的经济闹市中,高科技仍然是走向繁荣的途径。

---

① 关于 California Master Plan,参见 Clark Kerr, *The Gold and the Blue*: *A Personal Memoir of the University of California*, *1949—1967*, vol. 1, *Academic Triumphs* (Berkeley: University of California Press, 2001)。

* 指戴维斯加州大学。——译者注

加维兰社区学院的思科证书课程开始于1999年，目标就是希望真正成为硅谷的一部分。①　学院的一位董事提出意向后，立刻得到了各位董事和教师们的赞同。虽然思科网络技术学院毫不费力地启动并搭建了培训结构——学校向附近的一所社区学院支付了2000美元请他们帮助设置课程，并以较低的价格从思科买进了教材——但高层管理人员最初规定的设备限价却是60000美元。教师维克多·罗宾逊(Victor Robinson)说："他们几乎不懂电脑，对网络懂得就更少了——也许他们根本就不想弄懂。"学校没有增加微软证书课程的主要原因也是出于钱。教师艾伦·韦纳伯(Ellen Venable)说："只有两名教师担负基础课的教学，很难说服学校支付所需的费用。"

　　并非只是行政管理人员才对高科技一无所知。当初一时热情的原因是思科计划在附近建造一所校园(公司借用了高等教育中的词汇来称呼它们的办公室)。中学刚刚毕业的学生们误认为，自己一旦完成了课程，就会有工作在等着他们，很多人到现在仍然天真地抱有这样的想法。加维兰计算机技术系的系主任琼·米汉说："当思科公司的股票下跌时，他们仍然认为思科证书不会因此而受到影响。他们不了解实情。"

　　对很多人来说，社区学院有着深远的意义，思科证书培训课程就反映出这一事实。白天班里坐满了刚刚从中学毕业的学生，他们在修读相关的课程；也有基尔洛中学职业教育部的青少年，他们注册进入硅谷许多思科学校中的一所，有的课程则是在加维兰上的。罗宾逊说："当地许多高中生都想上思科的课程。"夜校则吸引了不同的群体——主要是像齐阿依这类年纪较大的学生，他们中很多人都已经有了大学学位，并已有了工作；他们来这里是为了提高工作技能，为自己的简历锦上添花。还有的是科技作家，他们来的目的是了解IT证书是什么，并不需要每天运用这些技能。

　　这些课程的教学质量很高，虽然学生间知识和能力的差异有时会让教师感到头疼。虽然学校无法像希尔德或优尼泰克那样让学生与

---

　　①　和州里的其他社区大学一样，加维兰(Gavilan)也选择了拒绝提供微软证书。首先是因为没有足够的教师可以让学校同时提供思科和微软课程；其次，微软对他们要求的帮助置之不理。

路由器达到 1:1 的比例——他们的比例约为 3:1——但足够学生使用。考试通过率则更高——2002 年第一批毕业生中有 60% 都通过了考试。费用仍然是每单元 11 美元,每门学科 132 美元,并且有获得学位的机会,证书课程真是非常便宜。①

社区学院没有销售计划,这是它们习惯的运作方式;它们的在校学生数量过多,并不像优尼泰克和希尔德那样依赖于学费收入。由于社区学院使命的内在矛盾,因此想创造品牌是非常困难的。罗宾逊说:"我们的使命应该是为大学输送学生,但是在上 IT 证书课程的学生中没有多少是想进入大学的。"如罗宾逊所指出的那样,这种情况非常令人遗憾,因为"随着 IT 市场的萎缩,证书只相当于一种最低标准。它对获得传统的学位是有帮助的"。高科技产业的下滑吓退了很多年轻学生,证书培训班的入学人数也随之下降。

琼·米汉认为自己知道如何赢回这些学生:把我们真正的卖点伪装起来,即事实上它是思科课程。"在广告中我们甚至不再使用'思科'这个词,只是称之为网络专科学院。"

圣荷西州立大学:竞争赢利

如加州大学总体计划金字塔中其余 21 所大学一样,圣荷西州立大学视自己为学术界的罗德尼·丹泽菲尔德(Rodney Dangerfield)*,学校并不受到尊重。它的雄心是通过授予博士学位来提高自己在排名榜上的地位——即使不能是伯克利,至少也像伯克利一样——但总体计划却阻止它这样做。

几年前,学校的进修课程决定向相反的方向改变,从学术转向以就业为中心的 IT 证书领域。与其他很多进修课程计划一样,圣荷西州立大学在开设操作和信息技术课程的同时也开设文科班,但花钱去学艺术欣赏或当代电影的顾客总是不多。当课程出现赤字时,就需要

---

① 负责思科教育学会的费德尔·梅加(Fidel Mejia)认为,哈伯中学(Harbor High School)的通过率是比较高的,在 80% 左右。

* 好莱坞喜剧明星。——译者注

进行大的调整了。进修学院不但改变了自己的使命,还把名称改为了圣荷西专业发展学院(San Jose Professional Development)。现在它的主要工作是帮助专业人员提高技术和管理技能。学院的经营者卡罗琳·桑德斯(Carolyn Shadles)说它是"理论上的赚钱者"。但由于微软证书培训班的开设,它将自己置于了这一地区其他培训机构的对立面。

圣荷西专业发展学院不授学位。它开设十多门课程,让学生获得某一专门工作技能的学校证书,如:Java 程序设计、科技写作、电子商务管理等。这些课程中有一半与 IT 证书考试的内容是一致的。教师理查德·贝尔(Richard Bell)说,"雇主想聘请能做基础工作的员工",他听起来像营利机构的一名指导。虽然与诸如优尼泰克之类的机构相比,市场行为是基本的——没有销售者使用接触管理系统软件——但学校在努力争取学生。寄到硅谷成千上万家庭的学院目录几乎使内曼—马库斯(Neiman Marcus)*也增色不少。

学院希望兼有两种特色——有点像以 IT 证书为核心,又有点像一所大学——这也许最终会使它倒闭。董事桑德斯在将学院与其他重商的竞争对手相比的时候,强调了学院的大学根源:"它更加学术化和更加以民众中为心。"除了帮助学生准备微软证书考试之外,学院还开设了一门课程,向学生们介绍包括思科和微软在内的好几种体系的基本特征。这正是以学术为基础的课程应该提供的东西,即在培训材料的基础上增加了教育的价值。按计划,课程的对象是那些想获得管理位置又想理解计算机工程的人们,但不幸的是,计划中的学生群体没有接触到这门课程。虽然学生必须报名参加某一证书课程,这是学院以学术目的的折扣从卖主那里获得教学软件的理由,但吸引学生的仍然是标准微软 IT 证书课程——在优尼泰克或希尔德(或者在当地的许多中学)也有同样的课程。这些只想获得证书的学生占注册学生的 40%,并且在进入考试准备班后,就几乎全都退学了。

随着高科技的衰退,对 IT 证书的需要也减少了,硅谷需要另一个微软提供者吗?从 2001 年起,入学人数大幅下降,学院被迫缩小规

---

* 美国高级百货公司集团。——译者注

模,关闭了一个校园。为了适应"9·11"之后新生的需求,学院开设了网络安全证书课程。但这一举措使学院陷入了与更加著名、更有声望的圣克鲁兹加州大学进修课程的激烈竞争之中。

圣克鲁兹加州大学:优越感的矛盾心理

在高等教育精英学校之间的竞争中起重要作用的声望应该是与IT证书培训不相关的。学生们在决定去哪里报名注册时,理性上的决定因素应该是学校证书考试的通过率(虽然这些信息极少公开)、课程的长度与费用、教学质量等等。这些都是像迈哈迈德·齐阿依这样的学生要考虑的因素。如果声望也进入这个领域,那便是通过秘密途径进来的,是因为雇主相信并非所有的证书都完全相同,相信基尔洛不是圣克鲁兹加州大学(或者圣荷西州立大学、希尔德学院,或者其他任何一个"卖主"),这或是因为学生的经历,或是因为学校的名称(在哪里学习依然非常重要)。

但在高等教育的这一潜在问题上,对于声望的关注会对一所大学带来反常的影响。像优尼泰克这样的培训机构最关注的是盈亏底线,而像圣克鲁兹加州大学这样的大学需要的则是充分利用和保护其品牌。这会使它不愿意用优尼泰克式的销售手段来与其他学校争夺学生;即使当其进修学院、而不是其本部在开设IT证书课程时,学校对是否介入IT证书培训仍然犹豫不决。

圣克鲁兹加州大学于20世纪60年代建校时,目的是建造一所与伯克利式的"巨型大学"不同的学校。校园坐落在高耸的红杉树中。它实际上是一所位于山上的学校,与那片后来成为硅谷的平地只有几英里之遥,但却有着天壤之别。圣克鲁兹将重点放在小型、独立的本科学院上,而不是在大规模的研究生课程,它的本意是模仿牛津或剑桥,而不是洛杉矶加州大学或者密歇根大学。它不使用成绩单,而由教师们对学生的学习状况进行详细的评估,以体现当时先进的教育责任。

但田园式的圣克鲁兹很快向重体力劳动者开放,成立了一所进修学院，这所学院分为四处，其中三处位于硅谷的中心地区。负责管理厄湾加州大学课程的加里·麦特金说："进修教育是在加州大学的精英趋势和州内大众要求之间极好的缓冲。"虽然圣克鲁兹也开设烹饪、品酒等班级，但它自认为比其他地方的类似课程要更加注重学术性。其80%的课程为学分课。这并不意味着可以得到学位，只是这些课程需要相应系科的批准。

与加州大学的各个部分一样，进修学院与主校园有着所谓的紧密亲切关系。它得不到州政府的资助，必须自己支付教材的费用——包括支付给中心行政部门60万美元，以得到表面上的服务，这意味着要用最受欢迎课程中得到的收入来补偿在资助较少的课程中受到的损失。

这一财政压力必然使课程设置变成账目清理，考虑的是"收支平衡"，而不是由学术价值来决定应开设怎样的课程。① 在信息技术领域，公司历来都乐于支付雇员的教育费用和培训失业者的政府基金，但要做到收支平衡是很困难的。负责处理合作培训的桑德拉·克拉克(Sandra Clark)在计算学费开支时，将它提高了40%—70%以积累资金。

对IT证书的需求增加时，进修学院的思科和微软证书课程应运而生。附近社区学院的管理者们担心圣克鲁兹加州大学会主宰这个领域——用一位系主任的话说就是"进修学校拿走了我们的午餐"。他们有许多担心的理由。正如凯茜·桑丁所指出的那样，在公立大学中，这所学院是一个"城里的大家伙"，每年招生数量达到五万多名，其中有近一半是信息技术专业的学生，而且该院在革新方面还有着良好的声誉。这是一所形象出众的学院。长期在计算机与信息技术系工作的海伦·希尔(Helen Hill)说："许多公司向学生推荐我们学校，因为他们的总经理就是在这里接受培训的。"圣荷西分校的学习班不仅开设在它的卫星校园里，而且还开设在雇主的工作场所，这使它比圣荷西州立大学的课程更具市场竞争性。

---

① 加里·麦特金(Gary Matkin)是厄湾加州大学(UC Irvine)附设课程部的主任，他说扩展课程的计划有时采用了罗宾汉原则，用诸如IT课程这样私人老板愿意付给额外补助的课程的收入对那些赔钱但在学术上很重要的人文学科或者教师培训之类满足公共需要的课程进行补助。

圣克鲁兹加州大学的进修学院在教学上也同样占有优势。学校40%的学生有研究生学历;2000年的一项调查表明,由于课程是大学的一部分,因此被调查者对它的期望很高。学校便用相关的形象来做生意。它的网站上宣称:"声望就是一切。考虑一下圣克鲁兹加州大学进修学院的名声。我们是世界闻名的加州大学的进修学院。我们的水准很高,我们的声望如星光般闪耀。我们因教育质量和反映时代的能力而受到尊重。"[①]

正如加里·麦特金所说的那样,"毕业于加州大学当然会使个人简历增色不少",但在整个加州大学体系中,继续教育课程受到限制,而这在私立培训学校或社区学院是不存在的。这些课程主要是授予"证书",而不是学位。虽然在当地的雇主那里很有价值,但学院规定进修课程不能获得学分。[②]

作为母校的延伸部分,进修课程必须向教师评议会和行政部门做汇报,而这些部门对他们的态度即使不是轻视,也是怀疑。像思科和微软证书这类具有公司特点的课程是进修学院最受质疑的活动——的确如此。凯茜·桑丁说,信息技术证书课程是"研究生的继续教育,而不是以授学位为目的的教育"。但事实并非如此——除非加维兰社区学院和基尔洛也提供研究生教育。

这些课程将加州大学变成了某一家公司产品的培训和推广单位。如果像圣克鲁兹加州大学所说的那样"声望就是一切"的话,那么对于大学而言,将制造商的产品原封不动地送出去是非常危险的。但某些IT学生仍然需要培训,而且对当地需求的关注已经成为进修课程的特点,况且还有可观的钱可赚,这种机会是令人难以抗拒的。1997年开始的证书培训课程,任课教师都经过了微软和思科的审核。他们周末和夜晚都在马不停蹄地上课——与优尼泰克一样,这也是"新兵训练营"。

然而即使是在IT证书最热门的1999—2000年,也就是网络经济泡沫破灭的前一年,学院也只招收到了263名学生,这还不到圣克鲁

[①] 参见 http://www.ucsc-extension.edu/main/info/welcome.html。
[②] 从1997年起,圣克鲁兹加州大学(UCSC)的附设部分获得"计算机工程,网络工程专业"硕士学位授予权。

兹加州大学进修学院信息技术课程招收的所有学生的 2%。相比之下，在圣荷西州立大学的进修课程中，对证书班的需求在 IT 课程中占主要地位。桑丁认为差别是由人口统计造成的。在圣克鲁兹上课的人大都是专业人员。桑丁说，他们不需要入门水平的证书，而那些想获得证书的人没有来报名参加培训班，因为他们可以自己准备考试。也许是这样——但经历过各校学习且教育程度又高的迈哈迈德·齐阿依则另有一番解释。

真正的问题也许在于市场经济——无论出于什么原因，总之学院在大力推广它的产品。繁荣期一旦结束，需求也会戛然而止。为了应对新的经济局势，优尼泰克先获得了私立高等教育及职业教育局的认证，从而有资格开设大量的联邦政府再教育课程，而圣克鲁兹的进修学院则没有积极地争取这块市场。它于 2001 年停止了微软证书培训班，一年之后又停办了思科课程，仅保留了路由器结构和管理这类无特定卖主的课程。

在圣克鲁兹结束证书培训课程这一问题上，计算机与信息技术系的副主任丹尼尔·克拉克(Daniel Clarke)非常明白其中的原因——入学人数下降，并对因这个决定而受到影响的人致歉。他对他们说："我们认识到并且极其尊重你们对专业和事业的责任心。"[1]之后，克拉克和进修学院的其他员工从学术的角度考虑，做出了自己的决定。克拉克说，以卖主为特征的课程"太成问题，我们将自己视为'更高端'课程的提供者，这些课程在理论方面远远超过服务于卖主的证书课程"。

学院一直在开设自己的网络管理和互联网安全证书课程，讲授的是技术运用的理论基础。负责进修学院与联邦培训课程关系的戴尔·斯坦斯伯利(Dale Stansbury)对服务于卖主的证书课程的价值提出了质疑。"他们对学生的经济需求反应迟缓。在高科技领域中，产品技术的寿命仅为一年，而广泛、传统的技术却是终身受益的。"

凯茜·桑丁从另一角度得出相同的观点，她说："我们认为证书课程不是我们应该做的事，我们是教育者，却在开设(服务于卖主的)证书课程。但我们做得还更多。我们将所教授的一切都提高到理论

---

[1] 参见 http://www.ucsc-extension.edu/to/cit/micro.html。

水平。"

与同事们一样,桑丁使用了"高端"和"无特定卖主"等词汇来从理论上解释学校退出思科和微软证书培训这一现象。"高端"意味着与高等教育相一致的思维水平,而"无特定卖主"抹去了与产品之间的联系。这些都是大学课程的真正价值所在,但是在网络经济的繁荣时间,圣克鲁兹加州大学进修学院却无人提及过这些问题。自那以后,一切讨论都是围绕着如何赚钱来进行的。①

学术价值有市场吗?

与其他地方一样,硅谷的学校——从中学到著名的大学——都在提供同样的教学产品:微软或思科证书考试培训课程。然而,它将IT证书的学生描述为一个被所有学校争夺的顾客群体,这样做显然是过于简单化了。虽然像迈哈迈德·齐阿依这样特别勤奋的学生会尝试多所学校的课程,但没有几个加维兰的学生(更不要说思科学院的中学生了)能支付得起优尼泰克"新兵训练营"的费用。况且这些学校还在相互竞争,这种竞争超越了常规的界限。当圣克鲁兹加州大学开设"新兵训练营"时,它是在与优尼泰克展开竞争;一所社区学院在为它的计算机设备升级的同时却保持低收费,它这样做是在将私立学校和大学的学生吸引过来。

IT证书课程是合作培训,不是高等教育。对于像优尼泰克这样的公司或者像希尔德这样的商业学院来说,这不是什么问题,因为盈亏底线就是它们的底线。社区学院和中学的使命是服务于当地的民众,长期以来,这些学校的教育一直与当地的商业需要直接挂钩。思科和微软学院只是最新的例子罢了。

---

① 麦特金(Matkin)勇敢地坚持在UCSC附设部开设桑丁(Sandeen)本人没有开设的IT课程。附设部的运作与学校其他部门相比必须更加受市场的驱动,麦特金说,"他们必须不断地关注、寻求并且提供目标群体所需要的东西。事实上,不这样做是降低了附设部和本部的声望。因此,附设部抓住机会,既服务于它的目标群体又通过像IT证书这样的项目来'挣钱'是很自然的……UCSC附设部的反应是与市场倾向性一致的,同时困难也对它造成一点影响,这一点到后来财政前景不乐观的时候才体现出来"。E-mail, July 29, 2002。

然而,当诸如圣荷西州立大学和圣克鲁兹加州大学通过自己的进修学院加入到服务于卖主的证书课程培训之中后,情况便发生了变化。虽然这些课程都有各种托词,但学院的行为说明他们是与优尼泰克一样受市场驱使的(如果这个市场的定义不是那么严密的话)。

就像安然公司(Enron)创造的幻影一样,进修课程使大学放弃了类似奥林匹克的事务。但就像安然公司令人怀疑的产物一样,这一假象经不起严格的审查。圣克鲁兹加州大学两者都具备了——利用自己的名声来吸引学生,另一方面却对冠以学校名称的课程内容不负任何责任。随着这些课程的取消,课程主任对其教育价值和开设哪些课程表示了关注——若不是有可能带来新的收入,这些本是从一开始就应该关注的问题。① 像优尼泰克这样的培训学院与圣克鲁兹加州大学或圣荷西州立大学有着完全不同的使命。如果无视这些差异,就是把大学当作了经济领域的一个方面。

具有讽刺性的是,市场可能会得出相同的结论。服务于卖主的证书课程旨在将高科技热潮资本化。在信息技术无疑会带来事业成功的时期,教学软件和考试系统赋予了全国最大的两家公司——微软和思科——额外的优势。同时,它们还为高中和社区学院提供了价格便宜、设计精良、内容先进的教材,使这些学校获得了进入IT界的机会,并且使各级学校通过为有志成为电脑工程师的人提供培训而赚取学费。

微软和思科与普通的高科技产业一样,都目睹了近年来自己股票的暴跌,但对证书的要求仍然是不变的。下一代培训课程也许会有所不同,也许会像圣荷西职业发展学院和圣克鲁兹加州大学那样开设跨平台模式和卖主中立的证书。这些课程强调的是解决问题的能力,这不仅是微软和思科的工程师需要的技能,也是英特尔、惠普和康柏的工程师所必备的;这是一种不会像Windows 2000工程师的专业知识那样很快过时的技能。在信息技术的实际领域中,学术的价值也许正是市场的价值。

---

① 桑丁(Sandeen)做出决定开设IT证书课程之后担任了系主任的职位。

十三　他们都在经商:迪弗莱大学

1997 年 10 月,《纽约客》上刊登了一篇关于凤凰城大学的文章。①文章的题目看起来很不和谐——"开车穿过大学",而且在文章中,所有人们熟悉的大学标志物——图书馆、书店、校园——都打上了引号,表示它们并非实物。② 作者詹姆斯·特劳伯(James Traub)感叹它的校园是一座办公大楼或者工业园:学校的官员称之为"商行"。书店仅出售教材。"任何有电脑的地方"都是图书馆。大学是营利性公司"阿波罗集团"的附属机构。凤凰城大学自豪地称自己是"美国第二大私立大学",但杂志的大多数读者都认为与高等教育联系在一起的应该是田园和常春藤,而不是贸易公司,因此这是一家危险的无照经营者。

事实上,在《纽约客》对它进行报道时,凤凰城大学已经运营了一段时间,利润也在不断增长。华尔街知道并喜欢这家以阿波罗集团的名义来进行交易的公司。从 1994 年上市到 1997 年《纽约客》对它进行报道,阿波罗集团的股票从每股两美元上升到每股 35 美元,自那以后,价格一直不断上升。2002 年,全国各分校和网上总共招收了 150 000 名学生;股票的价格一直在与熊市对抗,不断攀升。从 2000 年 3 月到 2003 年 3 月,阿波罗的股票上涨了 368%。

其他对盈利关注较少的学校也在迅速扩大。有一半的心理学博

---

① 本章节参考了罗伯特·尼斯(Robert Ness)、帕布罗·桑多维尔(Pablo Sandoval)和大卫·科伯对管理人、行政人员、教授、学生以及其他对学校问题有见地的人的面对面、电话和电子邮件的访问。未加引号的引用部分选自于这些内容。

② James Traub, "Drive-Thru U: Higher Education for People Who Mean Business," *New Yorker*, October 20, 1997, pp. 114—123.

士学位都是由奥格赛(Arogsy)公司经营的美国职业心理学学校(the American Schools of professional Psychology)授予的。创建于1892年的斯特尔大学(Strayer University)是这些学校中历史最悠久的,它的培养对象是成年人。《福布斯》和《商业周刊》两家杂志都特别提到了它,认为它是美国最好的200家小型公司之一。① 卡普兰是《华盛顿邮报》的一个营利性分部,它最著名的是其学院和研究生院的考试辅导课程。这家公司还购买学院,并于1998年开办了第一家完全通过网络运行的法学院——康科德法学院。尽管美国律师协会拒绝对网上学校进行认证,但康科德仍然是全国招生最多的法学院。②

17世纪,新阿姆斯特丹的成年文盲在学习如何读书、写字和计算,自那以后,私人团体创办的学校一直是美国特有的产物。③ 但到最近,它们几乎都成了夫妻店。其中最好的学校传授的是诸如美容或自动机械之类的技能。最糟糕的是那些学历工厂——60分钟*和联邦"针刺行动"(sting operation)讽刺说它们的学位还不如复印学位证书的纸值钱。④

《纽约客》杂志上的文章说明了一种已经存在于高等教育中的转变。这些旧学校中又产生了一种新的、营利型的学校,它们不像它们的前身那样受到排斥。与传统的私人团体创办的学校不同,这些由多个校区组成的机构既提供课堂教育,也提供网络课程。一些学校开设不授学位的培训班,它们主要招收的是正在攻读学位的学生,从准学士学位到博士学位都有。这些学校都获得了认证,这使它们具备了必要的合法性,入学的学生也可以申请联邦贷款。它们已经成为不可忽

---

① 关于对这些学校的描述见 Richard Ruch, *Higher Ed Inc.* (Baltimore: Johns Hopkins University Press, 2001)。

② 第五章讨论了律师协会在对另一所非传统性学校——纽约法学院——的认证中的作用。

③ Ruch, *Higher Ed Inc.*, p.52.

* 60 Minutes,哥伦比亚广播公司的电视节目。——译者注

④ John Bear and Mariah Bear, *Bear's Guide to Earning Degrees* (Berkeley: Ten Speed Press, 1999)中提供了一些可怕的例子。

视的力量。①

人们对此的反应各不相同。有市场意识的人常常嘲笑大学是一个懒散的地方,里面满是懒鬼和空想家,这些人用"一个热吻"来祝福营利型学校的诞生;甚至头脑传统的反对者也挤出文章说这"就像是在阅读狂热的《李伯大梦》的臆想一样,当他醒来的时候发现神圣的思想场所已经变成了真正的市场"。②当比尔·德顿被任命为迪金森学院的院长时,他过去在高等教育营利性机构的工作经历——一些教授称之为"暗面"——向沉浸在传统中的大学敲响了警钟。凤凰城大学的一位院长理查德·拉克(Richard Ruch)在他的文章《高等教育有限公司》中对营利性大学赞不绝口,他在文章的开头写道:"我承认,几年前我还认为所有的私人团体创办的学校都是学术界的垃圾。"③

像斯坦福和威廉姆斯这样的学校得到的捐赠足够它们给学生慷慨的资助,因此像凤凰城大学这种需要依靠收取学费来维持的学校并不会引起它们的担忧。但它们并不是营利性学校想与之竞争的群体。与其他经营良好的学校一样,它们已经找到了一个小市场。这块小市场通常是为成人学生开设学位课程——在晚上、周末或者通过网络授课的MBA班是凤凰城大学常年开设的课程。然而,就算这不是世界学术战争,但也不能做到和平共处。容易受到损害的是招生中选择性较低的公立和私立学校。当凤凰城大学校长约翰·斯伯林(John

---

① 关于结算平衡,见 Gordon Winston, "For-Profit Higher Education: Godzilla or Chicken Little?" *Change* (January—February 1999), 13—19; Brian Pusser, "Higher Education, the Emerging Market, and the Public Good," in Patricia Graham and Nevzer Stacey, eds., *The Knowledge Economy and Postsecondary Education* (Washington, D. C.: National Academy Press, 2002), pp. 105—126; Brian Pusser and William N. Harlow, "For-Profit Higher Education," in James J. Forest and Kevin Kinser, eds., *Higher Education in the United States: An Encyclopedia* (Santa Barbara, Calif.: ABC-CLIO, 2002), pp. 66—268; Brian Pusser and Dudley J. Doane, "Public Purposes and Private Enterprise: The Contemporary Organization of Postsecondary Education," *Change* (September—October 2001), 18—24; Brian Pusser, "The Role of the State in the Provision of Higher Education in the United States," *Australian Universities Review*, 12, no. 2 (2000), 24—37。长期以来,经济学家都指出,高等教育与传统的市场是不同的。参见,例如, Larry Leslie and Gary Johnson, "The Market Model in Higher Education," *Higher Education*, 45 (1977), 1—20。相关的发展是企业大学的扩大,如汉堡包大学(在序言中做了介绍)、丰田大学和摩托罗拉大学。参见 Stan Davis and Jim Botkin, *The Monster under the Bed* (New York: Simon and Schuster, 1994),书中称1992年一年中,雇员教育接触时间的增加超过了所有大学在1960到1990年间的入学增长率。

② John Palatella, "Ivory Towers in the Marketplace," *Dissent*, 48 (Summer 2001), 70.

③ Ruch, *Higher Ed Inc.*, p. 1.

Sperling)考虑在文理学科中开设学士学位课程时,这些都是他想要开拓的领域。

这些大学也代表着与迪弗莱大学的竞争(DeVry University)。在营利性学校中,迪弗莱在招生方面仅次于凤凰城大学,位列第二。它在美国和加拿大的25个校区共招收了50000多名学生,并于1991年在同类学校中首先上市。在获得认证后,迪弗莱大学开设了电子工程、无线电通讯和商业管理学士课程。它的主要竞争对手是当地的公立大学,如北伊利诺伊大学和圣荷西州立大学。由于迪弗莱大学要昂贵得多(理科学士学位的费用为35000到40000美元),因此为了生存它必须做到更加优秀——或者,通过广告和招生,它必须让它所说的"顾客"相信它比其他学校更加出色。

"迪弗莱大学:直上云霄"

"迪弗莱大学,直上云霄",电视广告不断重复着这句口号。加利福尼亚弗里蒙(Fremont)的迪弗莱大学硅谷校区的学生抱怨说:这是一条廉价的信息,而且这条广告是在深夜播出的,因此对他们没有什么帮助,那是轿车商("没有信用?没问题!")和破产律师做业务的时间。那群招生人员也操着同样的腔调,他们每年要访问上万所中学,坐在大厅里对那些可能申请入学的学生们有口无心地重复道:"到迪弗莱追求一项事业,而不是一份工作。"

日益增长的入学人数是任何一所营利性学校最关注的问题,尤其是公开发售股票的大学。迪弗莱将10%的预算开支用于招生,它派去的现场代表必须很有说服力,因为学校期待他们能够完成招生指标。这些销售人员因为急于完成任务,所以在劝说那些从学术上看根本不可能成功的申请者时,常常会过分地吹嘘,绕开一些误传。有几位学生说:"他们把一切都说得那么容易。"这几位弗里蒙学生是被学校当局挑选出来展示学校形象的,但显然事与愿违了。

当然,广告中也有相当的真实性。与大多数社区学院和地方性大学相比,迪弗莱的教学程度更强——全年开班,全日制学生三年可获

·十三 他们都在经商:迪弗莱大学·

得学位——教学质量也更高。学校目录上列出的课程都有开设,不像许多资金或教师不足的公立学校那样会随时取消某一门课程。院长康迪·西蒙斯(Kandy Simmons)所说的"薄弱环节"——教师——总是以某种方式"固定"在"全面质量管理"的环境之中。实验室的设备都是最先进的,且24小时开放。毕业生总是能找到工作:最让迪弗莱引以为荣的是,在毕业后的六个月内,95%的学生都已经开始工作,并且他们从事的工作不是在麦当劳站柜台,而是有前途的职业。更值得注意的是,迪弗莱完成了其他本科大学从未成就的事业:在25个校区中都坚持这一同样的质量和连续性,但又不是一刀切,而是针对不同社区的具体工作要求来修订教学模式。

招生的巨大压力、实际而又精心设计的课程表以技术为核心却又浸润着文理学科课程的气息、近乎完美的就业纪录:所有这些因素都是学校设计不可或缺的部分。如首席运营官和学校的创办者之一罗纳德·泰勒(Ronald Taylor)所说的那样:"主宰迪弗莱大学事务的最简单的理念就是,如果你问雇主需要什么,然后给他们想要的东西,那么他们就会雇用你提供的人员。"

1999年开办的迪弗莱大学校区位于加利福尼亚弗里蒙880高速公路边,看起来像是当地一家高新科技公司。校园的结构并不紧凑却很实用,建造时考虑的更多的是实际而不是审美。教室和实验室的长廊通常可以容纳50至60名学生,虽然它没有体育馆和学生中心,但也可以是一所社区学院。由于周围地区的房价很高,因此学校为学生提供出租房:刚从高中毕业的学生可以住学生宿舍[校长兼地区副会长詹姆斯·柯(James Kho)说:"他们还不能单独居住。"],已经工作的成年人可以选择有两间卧室的公寓。这里非常繁忙,每天12小时有人上课,周末也不例外。迪弗莱开设白天和晚上的课程:白天班主要是刚毕业的高中生,晚间班的学员通常是已经就业的成年人(教授们说,他们认真得多)。凯勒管理学院(the Keller School of Management)是迪弗莱大学的一部分,它在晚上开设MBA班。

虽然迪弗莱的大多数学生离开中学仅仅几年,但那似乎是另一种生活。不再有派对时间,完成这种过渡需要自律。学生们从不缺席——由于教学节奏很快,不上实验课就会掉队——而且值得注意的

·263·

是,加州的本科生都准时来上课。男生大都学习无线电通讯和电子工程,女生主要学习商业科目。

形体语言无精打采,棒球帽低低地压在紧锁的双眉上,由此可以看出在爱德华·汉普顿(Edward Hampton)的"文化与社会"课上的 38 名学生中很多人都觉得乏味。教科书是毫无想象力的《社会学》,它也引不起学生们的兴趣。这是一本大部头的书,表述方式陈旧、内容空洞(这本书在加州的社区学院中被广泛使用)。教师汉普顿是一位美籍非洲裔青年,正在戴维斯加州大学攻读教育学博士,他努力想把教学搞得生动一些。在讲授关于农业社会向工业社会过渡的那节课上,他指出,这些社会必须面对的是一个常见的基本问题:对于过去,一个社会应该保留什么、抛弃什么?然而没有人注意他的话。虽然学生们对汉普顿讲的笑话有所反应——"'技术'是拐杖和锄头"——他提问的前提是认为学生已经阅读了布置的家庭作业,但从他们的反应来看,很多人显然没有。在一个差不多是滑稽的时刻,汉普顿鼓起勇气开玩笑说,狩猎—采集社会(hunter-gatherer societies)经济的基础是……狩猎(hunting)和采集(gathering)。

汉普顿承认:"学生们来这里是为了学习技术内容,但他们之中很多人还没有接触到社会问题。"汉普顿认为自己的职责是将这两者联系起来——当他取得成功的时候,这段经历便是"妙不可言的"。他知道教材不够吸引人,也想布置附加的阅读材料,但他没有这样做,因为"学生们手头不宽裕"。

汉普顿说:"我来自下层阶级,在廉价房中长大,我必须了解这些学生的文化才能激发他们的积极性。"确切地说是各种不同的文化。弗里蒙的管理者在对学生进行调查时,发现他们代表着 64 个不同的语言群。这种多样性并不是学校政策的结果。加利福尼亚这个移民最多的州是学生们的诺亚方舟,在这里,许多人都是移民或者移民的后代,大家都希望开始就有一份高薪的工作。汉普顿还教授一门伦理课程。他说:"我们教给他们两种主要的观点,即后果论和道义论,让他们判断如何作出伦理学的结论。"那是哲学教材第一册的内容,是这些学生在传统大学要学习的东西,但汉普顿知道"这最终是涉及(学生们)如何找到工作,而不是懂得如何学习"。

在穆斯塔法·穆特扎依(Mostafa Mortezaie)的电子工程课上的40名学生就要专心多了。这并不是因为穆特扎依是一位比汉普顿更加优秀的教师,而是因为学生们如果想找到工作,就必须要学他所教授的内容,这一点他们很清楚。当他提出一个电路问题时,学生们纷纷拿出笔记本开始计算。

穆特扎依来自伊朗,在圣塔芭芭拉加州大学(Santa Barbara)取得了博士学位。他曾在霍尼韦尔(Honeywell)从事与国防有关的工作,但后来那家公司由于失去了这方面的合同,便关闭了那个部门,于是他便决定从事教学。

穆特扎依说,虽然迪弗莱不具备学生们做高级研究项目需要的设备,但它的实验室比社区学院的好得多。有时还可以从硅谷35家公司中的某一家求得需要的设备,这些公司的代表会参加学校的工业顾问委员会,目的是让学校在高科技方面保持领先地位。"很多学生来迪弗莱的目的是因为可以很快找到好工作。他们知道自己可以用三年的时间获得一个电子工程学位。"穆特扎依指出学生的背景差别很大。"最差的不懂得公式求导所必需的数学。而我最好的学生"——这个学生在高中时成绩很差,从迪弗莱的波蒙那(Pomona)校区退学,然后来到了弗里蒙——"想去斯坦福攻读计算机硕士学位。"

两位教师对迪弗莱学生的质量抱有相同的观点。最优秀的10%的学生在任何地方都能成功,但最差的那10%的学生根本不该上大学。然而在2001年,在高科技不景气的时候,弗里蒙的第一批电子工程专业的毕业生全都能找到工作。

在迪弗莱,工作安排与招生同样重要,两个部分相辅相成。没有优良的就业安排记录,就不会有新生前来入学。

社区学院很少有像尼尔·约翰逊这样的人,并且那里的学生都是失败者。约翰逊曾担任过中学的篮球教练,他给迪弗莱大学带来了活力,虽然还没有他的偶像教练鲍比·耐特(Bobby Knight)那样出色。他说"这项工作犹如精神辅导",从向进校新生介绍情况到帮助他们准备进入工作市场,他一直都在敦促学生。他耐心地对他们说:"穿上西装,来一次模拟面试。"模拟过程中他会问学生一些"致命问题……找出你在工作方面最不令人满意的方面;对经理的作风提出批评"。约翰逊带学生们去公司参观，同时也找出可以申请的工作。当谋求半导体制造业的工作变得困难时，他开始给那些"无人听说过的公司"的人力资源部打电话。"这就像当篮球教练一样。当大个子弯腰的时候，你就低头。我驾车在280公路（那里有许多硅谷公司的总部）上来回奔波，一路记下公司的名称，看哪家的停车场是满满的。"

迪弗莱的行政管理部门选择了六名喜欢这种方式的学生来谈他们的经历。"安排工作是最好的事情——一切都以职业为中心。"他们称赞学校比他们想去的社区学校和州立大学"更快""更有中心"。他们还称赞在这所学校里，教授们如同良师益友，他们"希望你成功"，而不像"一般的学院"那样教师们都拒人千里之外。这所学校"教授的是工具，而不是理论概念"，这种讲求实际的态度代替了对知识的好奇。

这些学生都很重视通识教育课程，主要是因为他们认识到写作在工作中是很重要的，而交流课则"让你可以用一种专业化的姿态来展示自己"。当然，也有人希望得到更加具体和实际的培训。他们说文理学科课鼓励的是"横向思维"和"帮助你再次学习生活是什么"。这些课程是对日常课程的一种缓冲——"阅读剧本是一种休息"——虽然迪弗莱的学生大都是边工作边学习，但他们还是会挤时间创办文学杂志、组织诗社，有张有弛、劳逸结合。

迪弗莱的学生善于运用作为消费者的权力，特别是在教学质量方面，他们对此了如指掌。"如果一些学生有意见，那么学校就会采取措施。"他们说。"如果某位教师的确很差，他就会被解雇，学校会为我们请来新老师"——这一点是得到院长康迪·西蒙斯的肯定的。然而让他们最为苦恼的是学校的名气不响。"人们认为我们只是一所商业学校"，一位学生说，而且他们无一例外地都对那个"直上云霄"的广告不屑一顾。

弗里蒙的招生主任杰德·默兰纳卡（Jade Muranaka）自豪地说："没有人能有和我们一样的生产线。"但她也不喜欢商业广告。"这些广告并没有专门针对我们想要的学生质量目标。它们把学校与其他的私人团体办学混同，而不强调我们通过了认证，还授予理科学士学位。"她又说，网站要更好一些。默兰纳卡承认实地招生学生的代表也许是过于热情。"他们离校园太远,不了解这里的环境。他们是在整个系统内招生。"

"压力是要产生高质量的产品,而不是存钱。"康迪·西蒙斯说,但盈亏是标准。迪弗莱每学期召开一次的迪弗莱教师会议被称为"学院日",在这个会议上,有关学生质量的问题都会被提出来。电子工程教授穆斯塔法·穆特扎依说:"有人提出应该提高录取标准。"但是,与开设什么课程一样,这些事务都不是由教师决定的。在这一关键问题上,学术自由没有得到传统的保护。同样,招生主任杰德·默兰纳卡也没有权力决定广告中学校的形象,甚至无权招聘人员。

迪弗莱的合作总部在伊利诺伊州芝加哥郊区的奥克布鲁克街(Oakbrook Terrace),一切重要的决策都是由这里做出的。在这里,即使是最好的营利性大学也会显现出其固有的冲突:僵化的录取标准与扩大招生之间的冲突;文理学科与特殊培训之间的冲突;还有最重要的是,学术标准与利润之间的冲突。

公司总部的绰号叫"塔"。它不仅与大楼的外表很贴切(那是一座高耸于伊利诺伊州平地上的12层高楼),而且也是在比喻这里对各个校园的控制。

"如果要尖刻地描述迪弗莱大学,最简单的方法是说它金钱至上,"首席运营官罗纳德·泰勒说,"但我们其实不是这样的。"[①]在商业和高等教育的记录中,罗纳德·泰勒和首席执行官丹尼斯·凯勒(Dennis Keller)成了绝无仅有的一对。他们自1972年起开始合作,当时他们离开了MBA主流,辞去了在贝灵巧(Bell & Howell)公司正处于上升期的工作,在芝加哥市中心开办了一所商业管理夜校——凯勒称之为替成年人开办的"迷你MBA"。从他在芝加哥大学攻读MBA、起草商业计划开始,他就一直梦想着能有这样一所学校。但学校缺乏资金(它被称为"教育与商业的研究生CBA学校"),开办之初只有七名学生,濒临破产。凯勒追加了资金,学校的名称也改为凯勒商业研

---

① 2000年,迪弗莱(DeVry)在《商业伦理》(Business Ethics)评出的"100位最佳企业公民"中名列第11,这项评选的目的是评出在对待员工、顾客、股东和社区方面的最佳公司。康特(Argosy)的CEO迈克尔·马科维茨(Michael Markovitz)也表达了同样的观点:"我们是教育业中的教育者,而不是在出售教育的商人。"

究院(Keller Graduate School of Business)。它生存了下来,并且越来越兴旺,仅 MBA 课程就招收了近 10000 名学生。

1986 年,凯勒和泰勒从他们的老雇主贝灵巧公司那里买下了有 11 个校园的迪弗莱大学。迪弗莱当时是个宝贝,在营利性领域中是一个受尊敬的新手。这所大学建立于 1931 年,当时贝灵巧公司的发明家和教师赫尔曼·迪弗莱(Herman DeVry)开办了一所电影和广播维修学校。这一购买行动是一项大投入,新校园需要大笔的资金。凯勒和泰勒于 1991 年将公司上市。这一举措带来了 1000 万美元——同时将生意的好坏与股票的涨落联系在一起。

主管学术事务的副校长帕特里克·梅耶斯(Patrick Meyers)是芝加哥大学的博士(大多数高级管理人员都有著名大学的学位),他说,在学校的商务和学术之间存在着一种"动态的紧张"。最典型的例子是,商业部门主张进行大力的推销,不断推出新产品,扩大市场份额,而学术部门则赞成迪弗莱所坚持的学术尊严。

这两者之间的斗争会相当激烈。公司的官员决定缩短电子工程专业的学生使用实验室的时间,许多教师都对此感到愤怒,在他们看来这是在降低标准以吸引更多的学生,而这种标准的降低是致命性的。他们对梅耶斯说:"你在使迪弗莱死亡,是我们所主张的一切事物的死亡。"——芝加哥大学的卫士们竭力反对核心课程的变化时也发生过同样的争论。① 教授们最终失败了,首席运营官泰勒削减了课时。在将自然科学课程引入商业专业时,也发生了类似的斗争。商科教授们坚持"什么都不能减少",但他们最终也失败了。

"决策是由管理部门、中心办公室做出的,而不是由教师们评议的,"梅耶斯说,"期望是(教师们)无论喜欢与否,都按照它去做。"中北部各州协会(North Central States Association)对此也并不十分满意。1992 年在对迪弗莱进行认证时,这个机构要求学校更好地"将学术观点结合到组织结构中去"。

由于既无私人捐赠,又没有直接的公共资助,迪弗莱必须比传统大学花费更少的资金。开支的节约主要在于公司认为的不必要花费

---

① 芝加哥大学的冲突在第二章中有叙述。

上。所有的校园都是很实用的,学校的管理人员与他们的上司一样,都密切关注财政状况。

不过正如对弗里蒙校园的描述中所说的那样,这并不意味着在教学方面节约开支。罗纳德·泰勒说,"我们希望将资源集中在关系到我们成功与否的关键问题上",其中列在首位的便是教学质量。迪弗莱的班级人数很少超过 40 名学生。在不断变化的高科技领域中,教材也在不断更新。全职教师占到教师总数的一半,比例与公立大学相当,但远远超过大多数营利性学校。这些教师的平均薪水为三学期(每学期 15 周)60000 美元,教授超过四门课程还有超工作量工资,从某种程度上说薪水比他们的同行高;为了反映出市场经济,工程学教师的工资比文理学科教师高。兼职教师每小时 55 美元,每学期每门可以得到 3000 美元的收入。教学情况会定期进行评估。与公司"全面品质管理"的原则相一致,这样做的目的是帮助而不是惩罚那些达不到标准的教师。

迪弗莱毫不犹豫地将自己办成一所技术学校,那些想成为社会学家和哲学家的人被奉劝到其他地方去求学。但必修课中有三分之一是"通识教育"课——有诸如埃德·汉普顿在弗里蒙开设的社会学课,其他还有经济、政治学、英语和交流等课程。在最后一年里,学生们要上由两个专业的教师共同担任的"社会问题与技术"课。学术计划与技术主任查理·库珀(Charlie Koop)说,学校一直在坚持努力让学生们相信这是一门值得学习的课程。很多学生在中学时期就忍受过类似的课程,他们觉得这不会给他们带来实用的技能,但这是一个消费者无法做主的特例。

总体上说,迪弗莱大学管理有方,运作良好。他们时时更新的技术课程内容按需求而定。"产业界的代表让我们了解他们需要学生掌握什么,"梅耶斯说,"我们就根据要求开设科目。"各校区之间的课程表是相似的,但迪弗莱不是麦当劳的高等教育(那种描述比较适合诸如凤凰城大学和凯勒管理学校的 MBA 课程)。它的课程会根据当地的就业机会而做出相应调整。由于斯普林特(Sprint)的总部在堪萨斯城,因此那个校区开设了查理·库珀所说的"过时的声音通讯课程",而在弗里蒙,一切都是与高科技相关的。迪弗莱给予教师的尊重——

相对较高的薪水、工作五年就能享受长达一学期的带薪假期——是为了得到他们的忠诚。这样的忠诚是合作中宝贵的财富,因为让工程师们自愿放弃私有部门的经济报酬与让教室里坐满学生同样是巨大的挑战。"文理学科得到重视,"库珀说,因为"雇主需要会思考的人"。

这还不是开展通识教育的唯一原因——这也是认证机构的规定。认证之所以宝贵,原因并不在于它可以带来地位。与传统大学不同,迪弗莱并不特别重视《美国新闻与世界报道》的排行榜,来入学的学生也很少考虑这一点。认证的重要性在于它使学生可以参加联邦贷款项目。有超过80%的学生获得了贷款,一部分学生还向学校借钱。

这些学生主要来自工人阶层,是家里第一个上大学的人,其中近半数是非白种人。从这里毕业的黑人和拉美电子工程师的数量超过了国内的任何一所大学,迪弗莱完全有理由因此而骄傲。"我们招收那些看起来不会成功的人,"罗纳德·泰勒承认,"但我不想剥夺他们的机会。"对一些学生来说,这是一个宝贵的机会,但由于销售人员的过度热情,因此高退学率也是意料之中的事。很多学生在学习了一两个学期之后就被淘汰。六年里只有不到40%的学生最终毕业,而在电子工程专业,这个比例只有1/4。

丹尼斯·凯勒指出:"这是产业界的典型特征。"但对他而言这代表着人的潜能的浪费。"'敞开大门,自然就有淘汰'并不是我们的哲学。我们在保留学生方面应该做得与安排他们就业一样出色。"凯勒的目标是50%的毕业率,"从学生人数的角度看,这会是一项了不起的成绩"。

尽管社区大学的学习常常可以毫不费力地得到文凭,但它们也达不到这样的水准。迪弗莱大学的高退学率并没有影响它所取得的成就,它向大批的人传授了有用的技能,否则这些学生很可能就只能在沃尔玛工作。

迪弗莱于1991年上市,2002年成为投资界的宠儿。全国几十家报纸的商业记者对这所学校大加赞赏。招生人数每学期都在增长。利润每年都在上升。虽然迪弗莱的成绩不像经营凤凰城大学的阿波罗集团那样显著,但它在股票市场上的业绩也是非常好的。

凯勒和泰勒曾希望在经济繁荣期成长起来的迪弗莱在经济衰退

时期也能有良好的成绩。但迪弗莱的股票在 2002 年下跌了一半。招生人数下降了 15%，这是过去十多年来从未发生过的事情；由于学生对高科技职业的信心产生动摇，毕业生就业率也下降至 85%。

罗纳德·泰勒说："我们在进行调整，安排技术人才去非技术性的公司就业。"在堪萨斯城，斯普林特解雇了 30000 名员工，那里没有多少调整的余地。但位于全国高科技中心的弗里蒙校区，仍然可以安排全部的电子工程和 94% 的无线电通讯专业学生就业。

尽管处在低迷时期，学校仍然坚持每年增加两座校园。"如果我们受到短期内股票价格的影响，那么我们就抹杀了之前的成绩，因为我们每次增设校园都会蒙受损失，"泰勒说，"但我们知道，工程学教育存在着周期。以后几年内就会产生需求，我们的目标是满足这样的需要。"

但这是高等教育吗？

1999 年，中北部各州协会认证琼斯国际大学（Jones International University）时，给它盖上了与威斯康星大学和芝加哥大学得到的同样的印章，学术界的监督人员为此感到愤怒。美国大学教授协会（American Association of University Professors）的发言人指出，尽管冠以"大学"的名称，但这所网上的营利性学校只有几名全职的学术人员，根本谈不上享受学术自由，"教师"是服从于学校的业主。况且，琼斯大学只开设了一门课程——商业管理，这极大地嘲弄了大学作为知识场所的概念。教授协会认为，琼斯是一所商贸学校，而不是一所高等教育院校。①

教授协会是正确的，不管用什么样的标准来衡量，琼斯国际都不是一所大学。迪弗莱大学和凤凰城大学是更具实力的机构，但它们在请求教育部门的批准时，的确遭到了强烈的反对。

反对意见的核心是认为这些学校的运作方式是在经商。"你们从学生身上获取了多少利润？"一所非营利性学校的校长这样质问凤凰

---

① 第十章中以美国开放大学为背景讨论了认证的问题。

城大学的校长,凤凰城大学计划在新泽西州的纽沃克(Newark)开办一所分校,当时正在申请批准。① 新泽西的认证机构起初拒绝了凤凰城大学的申请——学校没有图书馆,这是一个麻烦的问题——但凤凰城大学根据认证人员的批评修改了它的计划,并最终获得了认证。

在当前关于高等教育特征的深入讨论中,凤凰城大学没有图书馆这个事实是很具代表性的。对很多学者来说,图书馆是一个神圣的地方,但是在新泽西,凤凰城大学的管理者们认为,使用附近的图书馆就足够了,因为学生们需要的一切要么在教科书和网络上,要么就存在于经验之中,而不是在成堆的书本之中。

对营利性学校的很多批评中都带有一种观点,即认为真正的大学应该传播思想,而不是传授实际知识。"这所大学的理念是实际经验重于理论知识,"詹姆斯·特劳伯在《纽约客》上的文章中对凤凰城大学进行了详细的描述,"而这一观点似乎是自我否定的。"②

这所实际的学校真的进入高等教育了吗? 特劳伯问道。但对大多数学校(包括公立、私立营利性学校)进行的参观说明这也许是一种亡羊补牢的做法。自20世纪70年代起,诸如娱乐管理和计算机程序设计这样的"应用型文理学科"就开始盛行起来;除精英学校之外,各地的文理学科都在萎缩。③ 迪弗莱的学生接受的文理学科教育至少与大型公立大学的本科生一样多。迪弗莱的校园坐落在费城、旧金山还是底特律并不重要,就像汉堡王、假日酒店或其他成功的连锁经营一样,迪弗莱在它所有的机构内都维持了统一的质量标准。④ 重点大学甚至都没有复制这一概念,面对不断增长的学生需求,他们的做法不

---

① Ruch, *Higher Ed Inc.*. 迪弗莱大学杜佩奇(DeVry's DuPage)校区学术事务主任苏珊·弗里德伯格(Susan Friedberg)描述了在纽约(在那里"教育部的人对每个人的态度都很恶劣")获得认证的一些策略:"我们是第一个进行公开发言的学校。纽约城市大学(CUNY)抨击我们,那些社区大学也是如此。我们指出,有1000名纽约居民在迪弗莱的新泽西校区注册——包括一位CUNY教授的女儿,她不想上CUNY。"

② Traub, "Drive-Thru U," p. 121.

③ Steven Brint, ed., *The Future of the City of Intellect* (Stanford: Stanford University Press, 2002).

④ 这是迪弗莱使用的质量控制机制之一:来自不同系统的学生的论文由其他校区和公司总部的教师收来封闭批改。

是扩大规模,而是提高录取标准。①

有的公立学校没有将这些营利性学校当作竞争对手,而是选择了与他们联合。美国最先出现的公司大学之一,摩托罗拉大学,坐落在亚里桑纳州立大学的"研究园"里。大学提供"技术管理"硕士学位,凤凰城大学的几门课程也是在这里进行的。与这些学校合作,而不是让公立大学死亡,这似乎是最恰当的做法。②

尽管商业分析家将新学校描述成"破坏性技术",但它们近期内还不会统治高等教育。③ 每年都有学校破产,它们或被像卡普兰这样的公司购买,或关门大吉,而公立大学则为了未来还在坚持着。州立法机关中有大批的校友,他们对校足球队和联谊会怀有深厚的感情,因此这些大学不会消失。像迪弗莱和凤凰城这样的学校无疑比公立大学价格更便宜、更简单也更便利,但它们就像是大型电脑主机市场中的一台台式电脑,或者像是在哈利-戴维森(Harley-Davidson)自行车世界中的一辆远离公路的摩托车,总是显得那么不和谐。④

难道公立大学充其量能做到的只是生存吗?除非它们对社会有所贡献,否则并不能明确地显示出它们应该得到公共资助。如果高等教育仅仅服务于"顾客",那么应该付钱的是这些顾客,而不是纳税人。如果公立大学果真要像加利福尼亚大学校长所断定的那样"做生意",那么政府为什么不可以依靠像迪弗莱这样的学校(它就是在做生意)来进行教学呢?毕竟,正如丹尼斯·凯勒所说的那样:"公立大学不是以顾客为中心的。"⑤

---

① 即使财力和人力资源完全有保障,也很难想象哈佛大学在海湾地区开办一所西哈佛大学。

② 关于 Arizona State University-Motorola linkage, 参见 http://www.centerpointinstitute.org/bridges/SWHCategory/Project.asp?ProjectId=1002。关于 Motorola 和其他公司大学,参见 Jean Meister, "The Brave New World of Corporate Education," Chronicle of Higher Education, February 9, 2001, p. B10; Mark Yudof, "Is the Public Research University Dead?" Chronicle of Higher Education, January 11, 2002, p. B24。

③ 州在高等教育中的作用见第七章。

④ 参见 Clayton Christensen, The Innovator's Dilemma (Boston: Harvard Business School Press, 1997)。克里斯蒂森将他对制造的认识用于高等教育,见"Improving Higher Education throught Disruption," Futures Forum 2002, "Exploring the Future of Higher Education," Cambridge, Mass., 2002, pp. 5—6。

⑤ 凯勒的梦想是"让每个学生在整个受教育的过程中都享受奖学金,从幼儿园到研究生院"。

在美国对市场的长期爱好中,商业领导者是英雄,企业家成为最有价值的人。那是迪弗莱-凤凰城那一代学校最顺利的时期,就像一位观察家所称赞的那样,遵循"高等教育的传统模式……又服从于现代运营管理、金融管理和成本计算的原则"。①

当然,这并不是我们历史上唯一有市场头脑的时刻。在20世纪转折期的"镀金时代",以及在20世纪20年代和50年代,市场都曾经产生过意义。②然而,在每一个时期,对商业的拥抱都被证明过于强烈,市场主导的社会成本变得突出,而公共价值维护了它们自己。

能否在高等教育中再现那段历史是一个至关重要但又尚未解决的问题。可以肯定的是营利性学校不会承担起这一责任。他们没有公共服务的观念,也没有与国民利益相关联的使命感。他们如何能拥有并且仍然维持着有营利头脑的股东的忠诚?

上世纪初,密歇根大学的校长詹姆斯·安格尔在书中写到了另一种股东。"我尽力引导每一位公民将自己视为大学的股东,他帮助将大学变为自己和邻居的孩子最优秀的服务机构,并从中获得真正的利益。"③然而,安格尔这一大学是"服务机构"的理念在现代领域中没有一席之地。凤凰城大学的创办者约翰·斯伯林坦率地对詹姆斯·特劳伯说:"我不卷入社会改革。"④

---

① Ruch, *Higher Ed Inc.* , p. 148.

② 参见,例如,Eric Homberger, *Mrs. Astor's New York: Money and Power in a Gilded Age* (New Haven: Yale University Press, 2002); Mark Wahlgren Summers, *The Gilded Age* (Englewood Cliffs, N. J. : Prentice Hall, 1996).

③ James Angell, *Reminiscences* (New York: McKay, 1912), p. 141. Robert Knoll, *Prairie University: A History of the University of Nebraska* (Lincoln: University of Nebraska Press, 1995),描述了一所由政府赠地的大学不断地挣扎,力求在公民职责和盈亏现实之间的平衡。

④ Traub, "Drive-Thru U," p. 123.

结语:学习公司

> 这个国家的商业精神和摆在企业面前的各种赚钱途径造成了一种对教学非常有害的厌学情绪。
>
> 亨利·菲利浦·塔潘,《大学教育》(1851)

麦当劳请来评估其培训计划的管理顾问们,对于把商店的经理们从世界各地聚集到汉堡包大学(公司为期三周培训课程的法人学院)的小树林里这一做法是否明智表示怀疑。如果像凤凰城大学这样的营利性学校可以克隆自己,那么,像麦当劳这样善于开连锁店的企业当然也可以。① 顾问们得出的结论是,地域性的场所花少得多的钱便可以教授同样的内容。他们建议将主体校园留给高级管理课程,如领导能力、群体互动等,相当于公司的研究生院。

汉堡包大学的教师和学生强烈反对这个提议。一位教师说,那些负责削减成本的人并没有认识到聚集在旗舰校园可以在企业中建立一种成员感,因为他们不会从精确的成本收益计算中得到这种价值。正如一位教师所说的那样:"他们忽略了校园经历在凝聚性方面的重要性。"萨尔·贝罗在对芝加哥大学缩小核心课程规模的计划进行抨击时,就把这一点说得非常明确。

"汉堡包大学"仅仅从名称上说是一所大学,尽管在一些社区学院你也可以因为经历而获得课程学分,但这所大学的"汉堡包学"证书并

---

① 关于麦当劳公司的经营,见 Eric Schlosser, *Fast Food Nation*: *The Dark Side of the All-American Meal* (Boston: Houghton Mifflin, 2001)。

不是一种高等教育文凭。而且，关于它的命运的争论是标志性的，似乎处处可见。那种把重点放在市场对效率和产量的承诺的观点，不同意学者们认为应该发现、共享和传播知识的观点。这使两个群体争论起来，一方支持亚当·斯密的"看不见的手"的想法，即认为公共的利益是在个人追求私人利益中体现出来的，另一方则认为能够最好地服务于为公共目的的是公立和非营利性的机构。①

回到未来

与高等教育中的其他问题一样，这些争论都由来已久。早在1828年，耶鲁大学就任命过一个委员会彻查"改变常规课程教学的私利……这甚至使上述课程变成了对死语言的学习"。② 委员会的报告远远超过了它的使命，包括了整个高等教育的"特征和目的"，当时这是关于这个问题的最有影响的美国论文。权威的历史学家认为它是反动的，是守旧者在做最后的挣扎，但从本质上说，它可以是一篇写在今天的文章。③

有很多呼声都在要求耶鲁和其他的大学采取更加平民化的方法，给当时也是现在所说的"应用型文理学科"提供更多的途径和更多的关注。这一争论的重要程度吸引了康涅狄格州的州长以及当地著名人士和"学界人士"的注意。批评家们在催促，要么就更加商业化，要么就变得陈腐，而后一种则是在冒险。"各个方面都在建议我们的大学必须更新模式，说它们不能适应这个时代的精神和需要，还说如果

---

① Brian Pusser, "Higher Education, the Emerging Market, and the Public Good," in Patricia Graham and Nevzer Stacey, eds., *The Knowledge Economy and Postsecondary Education* (Washington, D. C.: National Academy Press, 2002). 这样的争论通常发生在两个党派之间，不过个人有时也会发现不同的人支持不同的方面。一切都由这个特殊的问题决定，因为很多教授既是学者企业的成员，也是积极的学院企业家。

② 引自 *Reports on the Course of Insturction in Yale College; by a Committee of the Corporation, and the Academical Faculty* (New Haven: Hezekiah Howe, 1828), www.higher-ed.org/resources/Yale/1828_curriculum.pdf。

③ 参见，例如，Frederick Rudolph, *The American College and University: A History* (New York: Vintage, 1962), pp. 131—135。

它们不能更好地容纳这个国家的商业气氛,很快便会被人们所抛弃。"虽然那是杰克逊思想的时代,但那可能也是一个互联网的时代;巨大的差别在于耶鲁如何对"建议"做出反应。现在的教师和理事们更加容易紧张不安。1828年的报告毫不犹豫地否定了"容纳"的想法。

报告总结说,大学教育的基本目的在于"形成品味和训练头脑"。这就是为什么有必要进行传统的学习的原因:它不是一件"死亡"的事情,而是"为正确的品味打下基础"和"对大脑能力进行最有效的训练"。芝加哥大学的保守派也进行了类似的争论来抨击他们所认为的对大学神圣的核心课程的削弱。①

1828年的委员会并不反对进行改变。相反,"有益的改革"即改变僵化的"高层原则"是受到欢迎的。课程应该反映出知识的进化,就像报告中所指出的那样,1828年时耶鲁的化学、地质学和政治经济学等课程比1714年时要优化了很多,1714年时只是在教"毫无价值的体系中的陈腐的东西,现在这些东西只能用来喂虫子"。纽约法学院也同样声称对它的标准法学教育做出了修改。

在教学和研究之间达到一种平衡也需要按照像纽约大学这样的大学所欣赏的方式进行重新调整。报告敦促应该将高级教授们——当时的超级明星——在很大程度上从教学任务中解脱出来,从而可以专心从事研究。辅导教师,也就是19世纪时的助手(报告认为也许在教室里他们比教授们更加出色)应该从事基础课程的教学。

像迪金森学院这样的学校会如何描述"校园经历"对本科教育也是非常重要的。耶鲁需要被认为是一个"建立在共有的爱和信任基础上的家庭",它的使命之一是发展学生的"性格"。

尽管耶鲁不是一所公立大学,不会像弗吉尼亚大学那样受到州政客的"骚扰",但公共意见对它还是重要的。推测起来补充世俗的知识应该是州长(他的工作使他可以洞察综合的观点)的使命。委员会对平民化的方向表示赞同。报告指出,"公众要求应该有适当的、让所有的年轻人都能获得的教育课程,毫无疑问这是正确的",但耶鲁大学没

---

① 历史学家弗雷德里克·鲁道夫(Frederick Rudolph)认为芝加哥的罗伯特·梅纳德·赫钦斯(Robert Maynard Hutchins)是"对1828年耶鲁报告的一股奇妙的阻力"。Frederick Rudolph, *The American College and University: A History* (New York: Vintage, 1962), p. 479。

有配备这样的课程。虽然专业学院和商业学院也值得让人为之努力（事实上，法律、医药和神学学院已经是大学的一部分），但这些更加狭窄和专业化的课程不属于本科文理学科教育。这是 USC 的教务长在把通识教育的责任归还到文理学院时所持的观点。

钱是大学的生命。如果"钱库充盈，如果我们有多余的资金"，报告承认说，那么"建立一个系来教授短期速成的文理学科课程也许是无害的"。"高层原则"仍然在统治，大学的使命——"头脑的训练和内容"——是一定不能折中的。这样的冒险需要"像医学院或者法学院一样清楚明白"。事实上，委员会提出了一项进修课程的计划（虽然它没有认识到像圣克鲁兹加州大学、芝加哥大学和哥伦比亚大学这样的学校在他们之前就充分认识到进修学院和函授学院可以把钱箱装得满满的）。把短期学生和大学生放在附设学院进行共同授课的想法遭到了拒绝，因为这是在拿耶鲁学位的价值去冒险。"这是一项冒险的实验，先得到数量，再考虑品质。"出于相同的原因，南加州大学90年代初缩小了大学一年级的班级；麻省理工学院把它的课程资料——而不是学位——放在了网上；哥伦比亚大学拒绝给在费森公司（它的失败的虚拟进修课程）上课的学生授予学位。

虽然在1828年时大学的学历没有现在那么重要，但报告指出文理学科教育通过给予学生们作为成功医生、商人和律师所需要的工具和学历，从而滋长利己主义，即私人利益。但这样的教育也通过将学生塑造成共和国的公民而促进了国家的利益，即公共利益："从根本上使我们的公民丧失行使权力和自治特权的资格，就会降低学院教育的价值，阻止它的人群中的散播，降低学术价值和道德价值的大众标准，并使我们的国民和宗教自由也处在危险之中。"

在很多大学里，古典文学已经从必修课程里消失很久了，但这并没有降低耶鲁报告的重要性。如委员会所尽心指出的那样，自大学建立以来，本科生的课程一直处在变化和波动之中，之后耶鲁或者其他大学里停止古典文学必修课所代表的只是持续性变化中的一个环节。真正的差别在于美国的大学最终失去了对本科课程设计的控制。由于大多数学校（芝加哥大学是一个值得注意的例外）都不能确定哪些内容必须是大家共有的"头脑内容"的组成部分——哪些应该是准则中的内容,因此为了不将高等教育变成购物中心的"配送需求",共有的核心课程就被取消了。

就像瑞士的钟表制造者一样,今天的文理学科教授们在把一种普遍被认为是奢侈的东西提供给越来越缩小的客户群。由于这些学者认为他们学科的价值是不言自明的,不需要做任何新的解释,近年来他们失去了很多听众,因为一心想着谋生的大学生们把兴趣转向了"应用型文理学科"。重新建立学术的共同性——重新振兴学院的文化,找到有说服力的方式来向新的一代人解释自由教育中永恒的价值,这种可能性存在吗?[①]

哪些知识是重要的？对于这一问题的认识的无条理性不仅存在于课程设置之中,而且渗透在高等教育之中。这个主题是否符合学问的本质、选拔和资助学生的标准、方法和教学模式或者是大学及其产业赞助者的关系,在这些方面很少能听到权威性的明确意见。耶鲁的报告之所以那样守旧,是因为它清楚地知道学校的使命,这一点是令人振奋的。那个委员会了解耶鲁是什么——以及它不是什么。

1963年,伯克利的前任校长、当时的加利福尼亚大学校长克拉克·克尔在哈佛做戈德金讲座时便"知道(大学)发展的方向"。这些讲座被结集成《大学之用》一书,描述了被克尔称为"巨型大学"的忙乱纷扰的学术大都市。19世纪的大学"是一座有牧师的村庄",20世纪初的大学是"一座有知识型寡头政治的镇子——有一种产业的镇子"。新的巨型大学是"一座有着无穷多样性的城市……有着体系完整的社区和以共同的名义进行的……有相关目的的活动……既不完全是属于这个世界,也不完全远离它"。这是"一个情绪高涨的时期",克尔写道,是一个进入大学的途径普遍化的时代,是战后以大学和新发现的资源为基础进行科学研究的时代。[②] 这些讲座的语调体现了这种乐观的态度。克拉克·克尔展望了未来,并且总的来说,他对

---

① Steven Brint, "The Rise of the 'Practical Arts,'" in Steven Brint, ed., *The Future of the City of Intellect: The Changing American University* (Stanford: Stanford University Press, 2002), pp. 231—259. 关于自由教育的价值,见 Martha Nussbaum, *Cultivating Humanity: A Classical Defense of Reform in Liberal Education* (Cambridge, Mass.: Harvard University Press, 1998).

② Clark Kerr, *The Uses of the University* (Cambridge, Mass.: Harvard University Press, 2002), pp. vii, ix, 31, 1.

眼前看到的东西是满意的。

38年后,2001年,90多岁的克尔坐下来为那部已经成为经典的书写出最新的也是最后一个章节。这一次对于未来,他的信心降低了很多,远不是那样积极。20世纪的下半叶"对于才智之都来说是一个非常重要的世纪",他写道,但那个时代"已经过去了,再不会重现"。金钱短缺,思想也一样。大学的管理人"不再有吸引他们的伟大思想,有的只是自己和他们的大学的生存需要"。①

随着公立大学越来越少地依赖于州基金,以及像迪弗莱和凤凰城这种营利性大学的兴起,"高等院校不应该仅仅关注其成员的个人利益"这一观点不再被认为是理所当然的。像哥伦比亚这样著名的大学都把互联网变成一种工具,使自己成为"高端、高质远程教育市场"的一股力量,那么学者们在这样的世界里如何生存呢?在弗吉尼亚大学商学院,教授们在正规课程中不能使用自己为经理人员培训课程准备的材料,那么在这样的地方他们有多少学术自由呢?如果一家公司可以取得整个系的研究成果的专利权,就像诺华对伯克利那样,那么学者群体意味着什么呢?大学与培训公司竞争,与为某种公司工作提供指导的中学竞争,就像在IT证书市场上一样(在这里课程是"高端"版本的"汉堡包学"),这时高等教育本身又意味着什么呢?

有点令人惊讶的是,很多关注集中在了这样的观点上:高等教育应该展开更加激烈的竞争——更加偏激的人则认为政府应该把一切都留给市场。很多自称学院和大学的学校已经放弃了使高等教育有权要求社会公共资源的最佳机会,忘记了自己的目标是坚持真理。于是大学便是在冒险,它可能会"看不见自己与众不同的特色和成绩",事实上,是"失去对形成自己特色的途径的控制"。②

适用于学术生活的东西同样适用于很多领域。为什么高等教育要和医学——就此而言,还有艺术或者宗教——有所不同呢?它们都迫于竞争的压力而改变了自己。在对于公共利益的含义缺乏共识的

---

① Clark Kerr, *The Uses of the University* (Cambridge, Mass.: Harvard University Press, 2002), p. 209.
② Simon Marginson and Mark Considine, *The Enterprise University* (Cambridge: Cambridge University Press, 2000), p. 6.

时候,甚至在这个观点本身显得有些过时的时候,高等教育为什么要得到特殊的对待呢?从20世纪70年代开始,大学迫于公众的压力而对更多不同类型的学生和教师敞开了大门。① 但这些后来者所得到的成员资格是一种怎样的地位和怎样的价值呢?

个人财产和公共利益

在市场和公众价值之间的竞争中,很多东西都处于危险之中:承诺去检验而非仅仅是复制当时的主流观点;在决定谁将受教育时,占重要地位的是需要和价值,而不是付钱的能力;关于"大学应该是发现、共享和传播知识的地方,而不是储藏和出售知识的公司"的争论;还有这种观点——人们可以谈及大学的精神(套用一个19世纪的比喻)。

维持学者团体并不是市场所关注的问题。企业为了生存必须进行账目结算,这一点是不言自明的,因此营利性的大学只支持可以巩固其机构的研究,这样做是明智的。但是,如果不是单纯的股票市场,要是连来视察大学预算的政客们也坚持"给我看钱"这一原则,谁可以在不要求迅速收回投资的条件下来资助大学里那些为了寻求知识而进行的研究呢?如果真正占支配地位的是市场,那么整个领域及其所代表的知识资本会逐渐衰落吗?社会学、比较文学和纯数学会成为新千年的"死语言"吗?

那么高等教育在激发流动性方面的途径或期望又怎样呢?虽然那些排名靠前的学院和大学有能力不问家境就招收学生,给那些有需要的学生以资助,但这类学校能承担的只是大学生中很小的一部分。在其他学校,来自贫穷和劳动家庭的学生在很大程度上都处于劣势。

在营利性大学上学的学生必须有支付能力,于是价格使很多本可以从这种教育中获益的学生望而却步。直到最近,非营利性的大学仍然把学生的需要作为经济资助的依据,但是现在,很多学校都把招生

---

① John Skrentny, *The Minority Rights Revolution* (Cambridge, Mass.: Harvard University Press, 2002), pp. 65—79; Peter Schuck, *Diversity in America* (Cambridge, Mass.: Harvard University Press, 2003), pp. 154—202.

办公室视为"利润中心",它们更加看重的是在《美国新闻与世界报道》上的排名而不是怎样做到公平合理。同时,越来越多的州把奖学金颁给高中时成绩最优秀的学生,这样也造成奖学金的受益人并不是那些最需要经济帮助的学生。①

很明显是谁输掉了这场新规则游戏。迪金森学院的比尔·德顿认为,所有的孩子——不仅是那些富有的,还有一些幸运的——都有权利在他的学院里受教育,但目前在他的学校和其他任何一所学校里情况都不是这样的。② 这一代大学生的收入差距与前一代之间并没有什么改变:2002 年与 1980 年时是一样的,来自美国五分之一最富有家庭的学生比来自五分之一最贫穷家庭的学生在数量上多 30%,而且在大多数学校,最贫穷的学生都集中在两年制的学院里。让更多的学生可以得到联邦贷款是缩小这种差距的方法,但政策制定者们在计算上出了错误。由于这种贷款仍然供不应求,而且来自中产阶级家庭的学生也符合申请的条件,因此现在的情况比改革前更不公平。

像麻省理工学院的公开线上课程这样的免费网上课程用另一种方式扩大了途径,让世界各地的学生都有机会进入著名学府的知识生活。但如果认为麻省理工学院的线上课程是完全免费的就太天真了。因为那所学校里的杰出的经济学家们清楚地知道,没有免费的午餐——也没有免费的线上课程。必须有人付钱。"除非我们有'多余的基金'",学院的领导人像 1828 年耶鲁报告一样在哀叹,但显然大学不可能支付这些项目的全部费用。是基金会做出了明智的社会投资,比如说支付麻省理工学院的部分启动资金以及南方的著名团体桑诺基西斯的费用,可即使是最富有的基金会也不能无限期地支持这些有风险的项目。只有政府有这样的财力。但随着高等教育越来越容易受到削减预算的影响,"数字鸿沟"也成为一句过时的口号,对于一个 21 世纪版本的退伍军人法案,人们已经没有了明显的热情来支付哪怕

---

① Donald Heller and Patricia Marin, eds., *Who Should We Help? The Negative Social Consequences of Merit Aid Scholarships* (Cambridge, Mass.: Civil Rights Project, Harvard University, 2002), http://www.civilrightsproject.harvard.edu/research/meritaid/fullreport.php

② William Durden, "Liberal Arts for All, Not Just the Rich," *Chronicle of Higher Education*, October 19, 2001, p. B20.

是最好的虚拟教育。①

技术只是一种手段。一切都变成习惯。20世纪90年代初,当互联网还是新生婴儿的时候,人们对于即将诞生的无穷丰富的观点存在着梦想。然而,市场规则和网络却变成了一条商业街。网上学习可能也会有类似的命运。即使是有着世界上最好的远程教育课程的英国的开放大学也由于缺乏资金而在美国失败了,出版帝国托马森也已在U21联合国际在线大学(一个高等教育国际合作企业)和优尼克斯(一家希望成为正规大学的网上商学院)这样的项目中做了巨大的投入。这里没有利他主义。公司希望把这些企业变成真正的国际机构,其产品的定位是那些有支付能力的人。

像伯克利和密歇根这样的著名公立大学在吸引公共基金的同时,还提出了一个维持才智之都的市场化的建议:教学和研究的"捆绑"可以产生增强效应,为企业带来更多的价值。然而这种凭直觉的似是而非的主张(特别是对那些以此为家的人们来说)从纯经济的角度来说是很难证明的。

大学可以以大学地位之战中的不利因素为理由而要求停火,从而巩固自己获得优惠待遇的形势。就连为伯克利吉规模中心付款的半导体公司都在支持进行它们可以使用其成果的"竞争前"研究,大学也可以采取类似的做法——如,不将较轻的教学任务作为吸引教授的策略,或者将需求作为颁发奖学金的基本标准。这样的措施可以使每个人的经济保持良好。但由于赢者获得的奖励和输者付出的代价都非常巨大,很少有学校愿意带头这样做。②

同时,正如威利·洛曼(Willie Loman)在《推销员之死》中所写的那样,"森林在燃烧"。根本的问题是:可不可以说服公众,让他们相信大学既代表不可言喻的利益,也代表公共的利益——明确地说,高等教育可以培养有知识和有责任心的公民,鼓励社会凝聚性,宏扬和传

---

① 还不清楚这是否会成为一门明智的课程。最好的非营利性大学——如开放大学——的失败,以及像加利福尼亚虚拟大学这样的公立大学的令人遗憾的经历,都是暂停的原因。

② 在允许早期决定录取的学生再申请其他学校时,耶鲁和斯坦福都采取了这样的措施。Jeffrey Young, "Yale and Stanford End Early-Decision Options and Defy National Group," *Chronicle of Higher Education*, November 22, 2002, p. A58。

播知识,增加社会灵活性并且刺激经济?① 辩论可不可以令人信服地说明大学提供的东西有着巨大的价值,即使不顾盈亏的压力也值得为它投资——就像纽约大学的约翰·萨克斯顿所说的那样,在某些领域"钱不是国家货币"?

由于大学的校长们没完没了地忙于筹集资金和安抚各种赞助人,因此不知道谁会来承担这个任务。② 然而,如果缺乏这种原则性的保护,大学可能会退化得远远不如那些"更加符合国家的商业特征"的学习场所受欢迎的东西,而"符合国家的商业特征"是19世纪耶鲁的批评家提出来的——事实上也是从20世纪70年代以来就在发生的改变。它可能会发展成为另一种商业,将高等教育比喻成"产业"的说法为被称为大学有限公司的控股公司带来了新的生命。③ 如果有一个反乌托邦的未来,一个使这种旧机构的精神复活的未来,那么谁会来推进它呢——如果不是现在,那么是什么时候呢?

---

① 参见,例如, Simon Marginson, *Markets in Education* (Melbourne: Allen and Unwin, 1997); Larry Cuban and Dorothy Shipps, eds., *Reconstructing the Common Good in Education* (Stanford: Stanford Unversity Press, 2000); B. L. Wolfe, "External Benefits of Education," in Martin Carnoy, ed., *International Encyclopedia of Economics of Education* (New York: Elsevier, 1995), pp. 159—164; Pusser, "Higher Education"; Howard Bowen, *The State of the Nation and the Agenda for Higher Education* (San Francisco: Jossey-Bass, 1982)。关于共同利益的不可言传性,见 Jane Mansbridge, "On the Contested Nature of the Public Good," and Craig Calhoun, "The Public Good as a Social and Cultural Project," in Walter Powell and Elisabeth Clements, eds., *Private Action and the Public Good* (New Haven: Yale University Press, 1998), pp. 3—19 and 20—35。

② 萨克斯顿(Sexton)本人很可能成为 NYU 一位杰出的学校领导人,而且在公立学校中这样的领导人也很少。有的管理者甚至愿意把煽动性的议论形诸笔端。参见,例如, Durden, "Liberal Arts," and Mark Yudof, "Is the Public Research University Dead?" *Chronicle of Higher Education*, January 11, 2002, p. B24。郁多夫在担任校长期间在明尼苏达非常出名,他与州长耶西·范图拉(Jesse Ventura)进行过争论。但他是一个罕见的人,这些领导者中没有一位拥有学术专业之外的全国性声誉。他在主持建立一所伟大的州立大学期间,还对美国的高等教育进行了最具洞察力的分析。现在,是那些前任的校长们在撰写最有意思的著作。参见,例如, William Bowen and Derek Bok, *The Shape of the River* (Princeton: Princeton University Press, 1999); James Freedman, *Liberal Education and the Public Interest* (Ames: University of Iowa Press, 2003); Frank Rhodes, *The Creation of the Future: The Role of the American University* (Ithaca, N. Y.: Cornell University Press, 2001)。

③ 这样的大学可能会考虑哈佛的教育学教授理查德·切特(Richard Chait)半开玩笑式的建议:成为一家在纽约股票市场上市的公众持股的公司,它的市场价值随着它开发的"知识产品"和它雇用的"知识工人"的才能而上下波动。税法禁止公司"拥有"非营利性的大学,当然,这条建议只是斯威夫特(Swiftian)意义上的,而不是字面意义上的。

致　　谢

　　涉足一个著名的行业时,我总是依赖于朋友和陌生人的热心。读到这里,你也许会想知道,这本书是怎么写出来的,我在写作的过程中得到了哪些人的帮助。

　　和许多教授一样,我的大部分时间都用于教书和写作,心安理得地让行政人员去处理大学里的事务,但伯克利大学的古德曼公共政策学院代理院长的定额任务让我大开眼界。在一次院长委员会的会议上(整整45分钟都被恰当或不恰当地花在了"大学海豹"的用处上),当时的陈述让我困惑不解,因为当时我确信伯克利的吉祥物是一头熊,而不是海豹。这件事让我觉得自己应该更多地学习,本书便是我学习的成绩。

　　和我一生中做过的许多事情一样,在开始时我总是完全不知道给自己设定的任务有多么艰巨;如果我知道,一定不会有勇气去计划。福特基金会的约治·巴兰(Jorge Balan)比我自己更加清楚我的知识是多么有限,但他还是愿意做一次冒险。1999年,基金会开始资助这个项目时,他是现代化基金会官员的典范:既是学术上的指导,也是财政上的天使,他不断地尝试和努力,总是在忙于自己的事业。

　　有了研究基金,于是我直到写完后才确定出版商。然后我遇到了伊丽莎白·克诺尔(Elizabeth Knoll),她聪明美丽,同时也很有说服力。几年来我一直有幸与很多有才能的编辑合作,她则是其中最出色的。和约治一样,她既是一位友善的批评家,也是一位诤友,我们的几次长谈帮助我写出了草稿。

和过去一样,我在伯克利的学生中聘请研究助手,通常是学习社会学和政策学的本科生和研究生。这个小组被称作"大卫的袭击者",他们几乎什么都做,从整理原始资料、进行采访到对大量的文章进行挑选。他们之中没有人学过大学是如何运行的,大多数人还去上了方法论速成课程。作为教师,我希望他们从这段经历中有所收获。作为作者,我知道他们做出了非常大的贡献。

杰伊·泰特(Jay Tate)是政治学博士和伯克利加州大学华盛顿中心的临时指导,他参与了这个项目的早期步骤,共同负责了项目的起草。帕布罗·桑多维尔(Pablo Sandoval)起草了关于教师超级明星现象的见解深刻的背景文章,2000年夏天,他协助我进行了在芝加哥大学、迪弗莱大学和汉堡包大学的采访。马克·沃尔夫(Marc Wolf)关于布朗大学重新设计本科课程的研究、阿黛尔·格朗迪斯(Adele Grundies)对《美国新闻和世界报道》的排名产生的影响和高等教育认证史的研究、布莱恩·陈(Bryan Chan)对南亚和东亚国家高等教育中的市场力量的研究、尼瑞夫·卡达(Nirav Kamdar)对英国和美国开放大学的研究都为本书提供了信息。布莱恩还努力寻找了一些相对冷僻的参考书资料。这些学生在和我一起工作时还是本科生,这使得他们的协助能力显得更加引人注目。伯克利社会学博士安东尼·陈(Anthony Chen)是密歇根大学的社会学和公共政策助理教授,他收集原始资料,进行采访,甚至在他忙于自己的论文、教授新课程和找工作的时候,还为"概念中的市场"一章写了第一稿。

我特别感谢我的合著者,其中有一位是伯克利的学生。伊丽莎白·波普·伯曼(Elizabeth Popp Berman)申请了社会学的博士,在对伯克利的两项产业——大学合作进行研究时,她很快就学会了敏锐地感受大学的习俗。杰夫里·霍尔曼(Jeffrey Holman)最初的爱好是做一名统计学家,申请了经济学博士,从本科生时期就开始与我合作。渐渐地,我们开始理解学生和大学是如何构筑了一个精妙的市场来向对方销售自己。我还通过无数的电子邮件和电话横跨大陆与远在弗吉尼亚的帕特里克·罗伯茨(Patrick Roberts)共同工作,他是一位政治学博士的申请者。在对弗吉尼亚大学商学院做出变成私立学校这一决定进行解释时,他对民主党历史的热衷以及他在档案管理和采访方面的能力都是不可或缺的。黛布拉·所罗门(Debra Solomon)是古德曼学院的公共政策硕士,罗伯特·尼斯(Robert Ness)是伯克利大学的学士(他的专业主要有三个方面:经济、数学和各学科间领域的研究),他们仔细观察了六所不同的学校,以了解像微软和思科这样的公司给学生颁发证书的新的学术市场。这个任务要求他们对学院文化进行分析,这是与公立中学和精英大学的进修课程完全不同的。

我还要特别感谢社会学博士的申请者乔纳森·范·安特沃彭(Jonathan VanAntwerpen)。他是硕士生中一位不可多得的学生,充满智慧和思想。他和我共同合作了两个章节——关于在南方的文理学院的古典学系里建立虚拟社团,和NYU在建立自己的学院精英地位方面采取的策略。由于他的概念性的贡献和勤奋的实地工作,他成为这两章的第一作者。

本书部分内容的初稿刊登在《国家》《美国展望》《公共利益》《变化》《高等教育月刊》《共同语》《L》《加利福尼亚月刊》和《大学事务》上,这些期刊的多位有才能的编辑进一步完善了我的工作。

三十多年来我一直称古德曼公共政策学院是我的学术家园,这是一个了不起的地方:这是一个真正的多学科学者和教师的团体、一个人们通力合作的地方,有大学式的尊重和有用的批评。在无数次吃午餐和喝咖啡时,我和我的同事以及参加高等教育政策讨论会的研究生们探讨了这个计划。

近年来我在很多地方做了多次演讲,包括:高等教育前景论坛、美国大学理事会、美国大学教授协会、EduCause*、美国大学及学校组织、特文特大学(荷兰)高等教育政策中心、伯克利大学高等教育研究中心。这让我有机会在这些熟悉这一领域的人前面说出我的想法。

在著书的各个阶段,我的观点在与人们的交流中不断改进,他们是:理查德·切特(Richard Chait)、斯蒂文·布林特(Steven Brint)、理查德·赫什(Richard Hersh)、布莱恩·布瑟(Brian Pusser)、大卫·布里勒曼(David Brenneman)、苏珊娜·霍曼(Susanne Lohmann)、乔·梅尔森(Joel Meyerson)、威廉·蒂尔尼(William Tierney)、西蒙·马金森

---

* 美国一家非营利性教育组织。——译者注

(Simon Marginson)、帕特里克·克林顿(Patrick Clinton)、德里克·博克(Derek Bok)、弗兰克·纽曼(Frank Newman)、阿瑟·莱文(Arthur Levine)、沃尔特·鲍威尔(Walter Powell)、克雷格·卡尔霍(Craig Calhoun)、大卫·科利斯(David Collis)、乔金·安德斯(Jürgen Enders)、盖·尼夫(Guy Neave)、雷·巴切蒂(Ray Bacchetti)和帕特里西亚·加波特(Patricia Gumport)。研究过程中我采访的几百个人提供了非常宝贵的信息和观点。我的朋友和同事在很多方面开拓了我的思路,他们中有:艾拉·赫曼(Ira Heyman)、帕特里西亚·克洛斯(Patricia Cross)、迈克尔·纳切特(Michael Nacht)、尤金·巴达克(Eugene Bardach)、罗伯特·弗兰克(Robert Frank)、阿荣·罗金格(Aron Rodrigue)、尤金·斯莫伦斯基(Eugene Smolensky)、雷切尔·莫伦(Rachel Moran)、马克·郁多夫(Mark Yudof)、杰夫里·凯泰(Jeffrey Kittay)、马文·拉泽森(Marvin Lazerson)、雷·巴切蒂(Ray Bacchetti)、黛安·哈雷(Diane Harley)、马歇尔·史密斯(Marshall Smith)、克里斯丁·卢克尔(Kristin Luker)、亚历山大·凯尔索(Alexander Kelso)、雷德·卡什曼(Reid Cushman)、玛丽·安·梅森(Mary Ann Mason)、诺顿·格拉伯(Norton Grubb)和斯坦利·凯茨(Stanley Katz)。

莉亚·威尔逊(Rhea Wilson)20年来一直是我的好朋友和一位理想中的编辑。她仔细阅读了整部书稿对于我和一本更好的书来说都是非常重要的。

本书献给布莱恩·维赛(Brian Veazey),他目睹了我把堆积如山的草稿、修订稿渐渐地整理成书。他自始至终都陪伴着我,他是我所钟爱的、最好的朋友。

中英译名对照表

A

Abbott, Andrew 安德鲁·阿伯特
Abelson, Hal 哈尔·阿贝尔森
Academic Revolution, The（Jencks and Riesman）《学院的革命》（詹克斯和里斯曼）
Adamany, David 大卫·阿达玛尼
Afshar, Paul 保罗·阿夫沙
ALIANCO（Allied Languages in a Networked Collaboration Online）网上合作语言同盟
Allan, George 乔治·阿兰
Allen, George 乔治·艾伦
American Association of University Professors 美国大学教授协会
American Bar Association 美国律师协会
American Philosophical Association 美国哲学协会
American Schools of Professional Psychology 美国职业心理学学校
Anderson, Wayne 韦恩·安德森
Angell, James 詹姆斯·安格尔
Antony, Louise 路易斯·安东尼
Apollo Group. 阿波罗集团
Appiah, Anthony 安东尼·阿佩亚
Appodaca, James 詹姆斯·阿波达卡

Arcadia University 桃源大学
Arizona State University 亚里桑纳州立大学
Armstrong, Lloyd 劳埃德·阿姆斯特朗
Associated Colleges of the South（ACS）南方大学联盟
Association of American Law Schools（AALS）美国法学院协会
Association of American Universities 美国大学联合会
AT&T(美国)电报电话公司
Auslander, Leora 李奥拉·奥斯兰德

B

Babson College 巴博逊学院
Baldwin, Gary 加里·鲍德温
Barendse, Jennifer 詹妮弗·巴伦德斯
Barnes and Noble 巴恩斯和诺伯
Barrett, Chris 克里丝·巴瑞特
Barrett, Craig 克雷格·巴瑞特
Barro, Robert 罗伯特·巴诺
Batten, Frank, Sr. 弗兰克·巴顿
Bayh-Dole Act 贝耶-多尔法案
Beaver College 海狸学院
Becker, Gray 加里·贝克
Behnke, Michael 迈克尔·班克
Bell & Howell 贝灵巧
Bell Labs 贝尔实验室

Bender, Thomas 托马斯·班德
Benhabib, Jess 吉恩·本哈比伯
Beyond the Ivory Tower（Bok）《超越象牙塔》
Bice, Scott 斯科特·拜斯
Birnbaum, Robert 罗伯特·伯恩鲍姆
Block, Ned 耐德·布洛克
Boghossian, Paul 保罗·博格西安
Bok, Derek 德里克·博克
Bollinger, Lee 李·鲍林格
Booz Allen Hamilton 布茨·艾伦·汉米尔顿
Boston University 波士顿大学
Botein, Michael 迈克尔·波坦
Bowdoin, College 鲍登学院
Bowen, William 威廉·伯温
Boyer, John 约翰·伯耶尔
Brademas, John 约翰·布拉德梅斯
Breimer, Bruce 布鲁斯·布雷默
Brint, Steven 斯蒂文·布尔特
Brown, Joanne 乔安妮·布朗
Brown University 布朗大学
Brubacher, John 约翰·布鲁巴切
Bucknell University 巴克内尔大学
Bureau of Private Postsecondary and Vocational Education 私立高等教育及职业教育局
Bush, Vannevar 范尼瓦·布什
Business Week《商业周刊》
Butler, Nicholas Murray 尼古拉斯·墨里·巴特勒

C

Cahn, Steven 史蒂文·卡恩
Calhoun, Craig 克雷格·卡尔霍
Caliber 加利伯
California State University 加利福尼亚州立大学
Cambridge University 剑桥大学
Cantor, Nancy 南希·坎特
Capaldi, Betty 贝蒂·卡帕尔蒂
Cardean University 卡丁大学
Carl, Glenda 格伦达·卡尔
Carnegie Commission on Higher Education 卡耐基高等教育委员会
Carnegie Foundation 卡耐基基金会
Carnegie Mellon University 卡耐基·梅隆大学
Carpenter, Kevin 凯文·卡彭特
Case-Western Reserve Law School 凯斯西储法学院
Casteen, John III 约翰·卡斯汀三世
Catholic University 天主教大学
Center for the Study of Outsourcing and Privatization in Higher Education 高等教育外包和私有化研究中心
Chait, Richard 理查德·切特
Chambers Al 阿尔·钱伯斯
Chauncy, George 乔治·乔恩赛
Chen, Anthony S. 安东尼·S. 陈
Chicago-Kent Law School 芝加哥-肯特法学院
Chronicle of Higher Education《高等教育周刊》
Cisco Systems 思科系统
Claremont Graduate University 克莱蒙特大学
Clark, Robert 罗伯特·克拉克
Clark, Sandra 桑德拉·克拉克
Clark, Daniel 丹尼尔·克拉克
Clark Center 克拉克中心
Clark University 克拉克大学
Clinton, Bill 比尔·克林顿
Cohen, Katherine 凯瑟琳·科恩
Colby College 科比学院
Cole, Jonathan 乔纳森·科尔
College of William and Mary 威廉玛丽学院
Collens, Lew 卢·科林斯
Collis, David 大卫·科利斯
Columbia University 哥伦比亚大学
Commonwealth College 联邦学院
Compton, Karl Taylor 卡尔·泰勒·康普顿
Concord Law School 康科德法学院
Cooke, Morris 莫利斯·库克

Cornell University 康奈尔大学
Cornford, F. M. F. M. 康福德
Courant, Paul 保罗·科伦特
Crane, Gregory 格列高利·克雷恩
Cross, John 约翰·克罗斯
Crow, Michael 迈克尔·克罗
Cummins, David 大卫·康明斯
Curley, John 约翰·科莱
Curry, John 约翰·克里

D

Daniel, John 约翰·丹尼尔
Darden Graduate School of Business Administration 达顿商学院
DARPA (Defense Advanced Research Projects Agency) 国防高级研究计划署
Dartmouth College 达特茅斯学院
Davidson, Sylvie 西尔维·戴维森
Davies, Gordon 戈登·戴维斯
Dawson, George 乔治·道森
DePauw University 德堡大学
Derrida Month 德里达月
Dershowitz, Alan 阿兰·德肖维茨
Deutsch, Stuart 斯图亚特·达奇
DeVry, Herman 赫尔曼·迪弗莱
DeVry University 迪弗莱大学
D. H. Dagley Associates D. H. 达格利联合公司
Dickinson, John 约翰·迪金森
Dickinson College 迪金森学院
Digital Diploma Mills (Noble)《数码文凭工厂》
Digital Equipment Corporation (DEC) 数字设备公司
Digital Knowledge Ventures 数码知识企业
Donaldson, Mara 马拉·唐纳森
Drucker, Peter 彼得·德鲁克
Duderstadt, James 詹姆斯·杜德斯塔特
Duke University 杜克大学
Durden, William 威廉·德顿
Durham University 德汉姆大学
Dworkin, Ronald 罗纳德·德沃金

E

eCornelle e 康奈尔
Ehrenberg, Ronald 罗纳德·艾仁伯格
Elliott, William 威廉·艾略特
Emory University 艾摩利大学
Estrich, Susan 苏珊·爱斯瑞克

F

Fairchild Semiconductor 飞兆半导体公司
Fathom 费森公司
Field, Hartry 哈德瑞·菲尔德
Fine, Kit 基特·法恩
Finley, Don 唐·芬利
Finney, David 大卫·范尼
Fish, Stanley 斯坦利·菲什
Fiske, Edward 爱德华·费斯克
Flexner, Abraham 亚伯拉罕·弗莱克斯勒
Florida State University 佛罗里达州立大学
Foundation for a College Education 学院教育基金会
Frank, Robert 罗伯特·弗兰克
Friedland, Elise 伊莉斯·弗德兰
Fritschler, Lee 李·弗里茨勒
Frusciano, Thomas 托马斯·弗拉西亚诺

G

Garber, Daniel 丹尼尔·加伯
Gates, Henry Louis, Jr. 小亨利·路易斯·盖茨
Gator Team Child 鳄鱼儿童小组
Gavilan Community College 加维兰社区学院
Gee, Gordon 戈登·吉
General Agreement on Trade and Services (GATS) 服务贸易总协定
General Electric 通用电气
George Mason University 乔治·梅森大学
Georgia Tech 佐治亚理工学院
GI Bill 退伍军人法案
Gifford, Don 唐·吉福德

Gigascale Silicon Research Center 吉规模硅谷研究中心
Gilroy High School 基尔洛中学
Gitlin, Todd 托德·吉特林
Goldenberg, Edie 伊迪·古登伯格
Goodwin, William 威廉·古德温
Goodyear 固特异公司
Gourley, Brenda 布兰达·高利
Gray, Hannah 哈南·格雷
Gray, Paul 保罗·格雷
Green, Jeffrey 杰夫里·格林
Green, Kenneth 肯尼斯·格林
Gregorian, Vartan 瓦坦·格里高利
Grossman, Lawrence 劳伦斯·克罗斯曼
Grundies, Adele 阿黛尔·格朗迪斯
Grzeda, Jerzy 杰西·格赛达
Gurland, Robert 罗伯特·加兰德

H

Hacker, Carol 卡罗尔·哈克
Hamburger University 汉堡包大学
Hampton, Edward 爱德华·汉普顿
Hardin, Russell 拉塞尔·哈汀
Harper, William Rainey 威廉·雷尼·哈伯
Harris, Seth 塞思·哈里斯
Harrison, Jeff 杰夫·哈里森
Harvard University 哈佛大学
Haskell, Hal 哈尔·哈斯克尔
Hastie, Jean 琼·哈斯蒂
Hayward, Gerald 杰拉德·黑沃德
Heald College 希尔德学院
Heck, Richard 理查德·赫克
Hendrix College 亨德里克斯学院
Herriot-Watt University 哈洛特-瓦特大学
Hester, James 詹姆斯·赫斯特
Hill, Helen 海伦·希尔
Hines, William 威廉·海恩斯
Hodges, David 大卫·霍奇斯
Holmes, Stephen 斯蒂芬·福尔摩斯
honors colleges 精英学院
Hook, Sidney 西德尼·胡克
Huff, A. V., Jr. 小 A. V. 哈夫

Hughes, Charles Evans 查尔斯·艾文思·休斯
Hungry Minds 饥饿思维
Hutchins, Robert Maynard 罗伯特·梅纳德·赫钦斯
Hutchinson, Dennis 丹尼斯·哈金森

I

Idea of a University, The (Newman) 大学的理念(纽曼)
Illinois Institute of Technology (IIT) 伊利诺伊理工学院
Illinois State University 伊利诺伊州立大学
Indiana University of Pennsylvania 宾夕法尼亚印第安纳大学
Ivy League 常春藤盟校
Ivywise 艾维怀斯

J

Jackson, Dugald 杜加德·杰克逊
James, Ben 本·詹姆斯
James Madison University 詹姆斯·麦迪逊大学
Jaspers, Karl 卡尔·杰斯帕斯
Jefferson, Thomas 托马斯·杰斐逊
Jencks, Christopher 克里斯多佛·詹克斯
Jervis, Robert 罗伯特·杰维斯
Johns Hopkins University 约翰·霍普金斯大学
Johnson, Neil 尼尔·约翰逊
Jonakait, Randy 兰迪·乔纳凯特
Jones International University 琼斯国际大学
Journal of Higher Education《高等教育杂志》
Journal of Philosophy《哲学杂志》
Judt, Tony 托尼·朱特, 281n63

K

Kamdar, Nirav 尼瑞夫·卡达
Kaplan 卡普兰

Katznelson, Ira 埃拉·卡茨尼尔森
Keller, Dennis 丹尼斯·凯勒
Keller School of Management 凯勒管理学院
Kent law School 肯特法学院
Kerr, Clark 克拉克·克尔
Kho, James 詹姆斯·柯
Kirschner, Ann 安·科斯切勒
Koop, Charlie 查理·库珀
Korngold, Gerald 杰拉德·科恩古德
Kotler, Philip 菲力浦·科特勒
Krachenberg, Richard 理查德·克拉切伯格
Krane, Howard 霍华德·克雷恩
Krentz, Peter 彼得·克伦茨
Krenz, Gary D. 加里·D. 克伦茨
Kruger, Kevin 凯文·克鲁格
Kurke, Leslie 莱斯利·科克

L

Lackey, Douglas 道格拉斯·拉凯
Land Grant Act《赠地法案》
Landman, Bette 贝特·兰德曼
Langdell, Christopher 克里斯多佛·兰德尔
LaPiana, William 威廉·拉皮亚纳
Learnit 伦尼特
Leffler, Melvin 马尔文·雷福勒
Legal Technology Institute 法律技术学院
Leonard, Arthur 亚瑟·雷纳德
Leonard, Mary 玛丽·雷纳德
Levi, Edward 爱德华·李维
Levin, Frederic 弗雷德里克·列文
Levine, Arthur 阿瑟·莱文
Levine, Donald 唐纳德·莱文
Lewis, Richard 理查德·刘易斯
liberal arts 文理学科
Lilly Endowment 利来基金会
Lingua Franca（journal）《共同语》（杂志）
Lipton, Martin 马丁·立普
Lodge, David 大卫·洛奇
Lombardi, John 约翰·罗姆巴

London School of Economics 伦敦政治经济学院
Los Angeles Law School 洛杉矶法学院
Low, Peter 彼得·劳
Loyola College 罗约拉学院

M

Mabe, Alan 阿兰·马比
Macalester College 马卡莱斯特学院
Machen, Bernard 伯纳德·马切
Maguire, Jack 杰克·马加尔
Management Fads in Higher Education（Birnbaum）《高等教育的管理风尚》（伯恩鲍姆）
MARCO（Microelectronics Advanced Research Corp.）微电子高级研究公司
Markus, Gregory 格列高利·马库斯
Marriott 万豪
Massa, Robert 罗伯特·马萨
Massachusetts Institute of Technology（MIT）麻省理工学院
Masterson, Bob 鲍勃·马特森
Matasar, Rick 里克·马塔萨
Matkin, Gary 加里·麦特金
Maynard, Sonny 索尼·梅纳德
McCabe, Luke 卢克·麦克凯伯
McDonald's corporation 麦当劳公司
McIntire School of Commerce 麦克英塔尔商学院
McKinsey & Company 麦肯锡公司
McPherson, Michael 迈克尔·麦克弗森
Mead, Lawrence 劳伦斯·米德
Meehan, Jean 琼·米汉
Megatrends（Naisbitt）《大趋势》（奈斯比特）
Mellon Foundation 梅隆基金会
Merrill Lynch 美林公司
Merton, Robert 罗伯特·莫顿
Meyers, Patrick 帕特里克·梅耶斯
Microcosmograph Academica, Being a Guide for the Young Academic Politician（Cornford）《小宇宙学院：年轻学院政客的指南》（康福特）

Microsoft 微软
Milken, Michael 麦克尔·米尔肯
Miller, Arthur 阿瑟·米勒
Miller's Court（TV show）《米勒的法庭》（电视节目）
Minow, Newton 牛顿·米罗
Miskel, Cecil 塞西尔·密斯克尔
Monash University 莫那什大学
Monks, James 詹姆斯·默克斯
Moore, Gordon 戈登·摩尔
Morgan, James 詹姆斯·摩根
Morrell, Kenny 肯尼·墨里尔
Mortezaie, Mostafa 穆斯塔法·穆特扎依
Mueller Macaroni Company 穆勒·马卡罗尼公司
Muhlenberg College 美仑堡学院
Muller, Steven 史蒂文·马勒
Munitz, Barry 巴里·穆尼兹
Muranaka, Jade 杰德·默兰纳卡
Murphy, Liam 雷门·墨菲

N

Nagel, Thomas 托马斯·奈格尔
Naisbitt, John 约翰·奈斯比特
National Association of Student Personnel Administrators 全国学生管理者协会
National Labor Relations Board 全国劳动关系委员会
Neustadt, Mark 马克·诺伊施塔特
Newbould, Dominic 多米尼克·纽伯德
Newman, John Henry 约翰·亨利·纽曼
Newton, Richard 理查德·牛顿
New York Law School 纽约法学院
New York University 纽约大学
Nisbet, Charles 查尔斯·尼斯比特
Noam, Eli 艾利·诺姆
Noble, David 大卫·诺伯
North Central States Association 中北部各州协会
Northwestern University 西北大学
Nostrand, Dennis 丹尼斯·诺斯特兰德
Novartis 诺华公司
Nussbaum, Martha 玛撒·纳斯鲍姆

NYU Online 纽约大学在线

O

Okun, Arthur 阿瑟·奥肯
Oliva, L. Jay 杰伊·奥立弗
Olsen, Edgar 埃德加·奥尔森
OpenCourseWare 公开线上课程
Open University 开放大学
Ostertag, Gary 格雷·奥斯塔格
Owen-Smith, Jason 杰森·欧文-史密斯
Oxford University 牛津大学

P

Packard, David Jr. 小大卫·帕卡德
Pauser, Brian 布莱恩·布瑟
Peacocke, Christopher 克里斯多佛·皮科克
Peat Marwick 毕马威国际会计公司
Pell grants 佩尔奖助金
Pennsylvania State University 宾夕法尼亚州立大学
Pensare 潘萨尔
Perseus Project 珀尔修斯计划
Pettit, Lawrence 劳伦斯·佩蒂特
Pings, Cornelius J. 科尼利厄斯·J. 平斯
Poovey, Mary 玛丽·普维
Posner, Richard 理查德·波斯纳
Powell, Walter 沃尔特·鲍威尔
PPBS（planning, programming, budgeting systems）计划预算制度
Preece, Jennifer 詹尼弗·普里茨
Princeton Review 普林斯顿评论
Princeton University 普林斯顿大学
Przeworski, Adam 亚当·普莱泽沃斯基

R

Rachels, James 詹姆斯·雷切尔斯
Randel, Don Michael 唐·迈克尔·兰德尔
Rausser, Gordon 戈登·罗瑟
Reed, Charles 查尔斯·里德
Regents College 雷金斯学院
Reisler, Mark 马克·雷斯勒

Resinski, Rebecca 丽贝卡·瑞内斯基
Resnick, Jed 杰德·瑞兹尼克
Responsibility Center Budgeting（Whalen）《责任中心预算》（沃伦）
Rhode, Deborah 黛博拉·罗德
Rhodes College 罗兹学院
Rice, C. Duncan C. 邓肯·赖斯
Rice University 莱斯大学
Richardson, David 大卫·理查森
Richter, Frank 弗兰克·雷切
Riesman, David 大卫·里斯曼
Rise of the Meritocracy, The（Young）《英才教育的兴起》（杨）
Robinson, Victor 维克多·罗宾逊
Rochester Institute of Technology 罗切斯特理工学院
Rockefeller, John D. 约翰·D. 洛克菲勒
Rolling College 罗林学院
Rorty, Richard 理查德·罗蒂
Ross, Andrew 安德鲁·罗斯
Ross, Clark 克拉克·罗斯
Rouss Hall 卢斯大楼
Ruch, Richard 理查德·拉奇
Rudolph, Frederick 弗雷德里克·鲁道夫
Rudy, Willis 威利斯·鲁迪
Rush, Benjamin 本杰明·拉什

S

Sahlins, Marshall 马歇尔·萨林斯
Saint Xavier University 圣萨维尔大学
Saller, Richard 理查德·塞勒
Sample, Steven 斯蒂芬·桑普尔
Sandeen, Cathy 凯茜·桑丁
Sandoval, Pablo 帕布罗·桑多维尔
Sandridge, Leonard 雷纳德·桑德里奇
San Jose State University 圣荷西州立大学
Sanoff, Alvin P. 阿尔文·P. 桑诺夫
Saunders, Thomas A., III 托马斯·A. 桑德斯
Savio, Mario 马里奥·萨维奥
Saxenian, Annalee 安娜李·萨克瑟尼安
Schapiro, Morton 莫顿·夏皮罗
Schiffer, Stephen 斯蒂芬·斯基弗
Schoenbrod, David 大卫·舒恩布洛德
Schutz, Michael 迈克尔·舒茨
Semiconductor Research Corporation（SRC）半导体研究公司
Sexton, John 约翰·萨克斯顿
Shadles, Carolyn 卡罗琳·桑德斯
Simmons, Kandy 康迪·西蒙斯
Simmons, Ruth 露丝·西蒙斯
Slosson, Edwin 埃德温·斯罗森
Smart Certify 智能证书
Smith, Chesterfield 切斯特菲尔德·史密斯
Smith, Ray 雷·史密斯
Snyder, Ted 泰德·辛德
Social Text（journal）《社会文本》（杂志）
Sokal, Alan 阿兰·索卡尔
Sonnenschein, Hugo 雨果·索南夏因
Southern Methodist University 南方卫理公会大学
Southwestern University 西南大学
Spencer, Aaron 阿龙·斯宾塞
Sperling, John 约翰·斯伯林
SPICE (Simulation Program with Integrated Circuits Emphasis) 重点集成电路模拟程序
Spivak, Gayatri 盖亚特里·斯皮瓦克
Sponsors' Hall 主办者大楼
Standard and Poor's 标准与普尔公司
Standard Oil 标准石油公司
Stanford University 斯坦福大学
Stansbury, Dale 戴尔·斯坦斯伯利
State University of New York 纽约州立大学
Stewart, Donald 唐纳德·斯图尔特
Stone, Geoffrey 杰弗里·斯通
Strategic Marketing for Educational Institutions（Kotler）《教育机构的策略性市场化》（科特勒）
Strauss, Jon 约翰·斯特劳斯
Strossen, Nadine 纳丁·斯托森
Sunoikisis 桑诺基西斯
Sylvan Learning Center 西尔文学习中心
Syngenta 正达

Syracuse University 雪城大学

T

Tappan, Henry 亨利·塔班
Tarlock, Dan 丹·塔洛克
Taylor, Ronald 罗纳德·泰勒
Texas Christian University 得克萨斯基督教会大学
Thomas Edison State College 托马斯·爱迪生州立学院
Thomson Learning 汤姆森学习公司
Topping, Norman 诺曼·托平
TQM(total quality management) 全面品质管理
Traub, James 詹姆斯·特劳伯
Trow Martin 马丁·特罗

U

Uhlfelder, Steven 史蒂文·乌菲德勒
Ulmer, Jeffrey 杰夫里·乌尔默
Unext 优尼克斯
United States: Justice Department 美国: 司法部
Unitek 优尼泰克
University Access 艾克塞斯大学
University College 大学学院
University of Arkansas 阿肯色大学
University of California 加利福尼亚大学
University of California, Berkeley 伯克利加州大学
University of California, Santa Cruz 圣克鲁兹加州大学
University of Chicago 芝加哥大学
University of Connecticut 康涅狄格大学
University of Florida 佛罗里达大学
University of Illinois 伊利诺伊大学
University of Massachusetts 马萨诸塞大学
University of Michigan 密歇根大学
University of Missouri 密苏里大学
University of Northern Illinois 北伊利诺伊大学
University of Pennsylvania 宾夕法尼亚大学
University of Phoenix 凤凰城大学
University of Pittsburgh 匹兹堡大学
University of Southern California 南加州大学
University of Tennessee 田纳西大学
University of Texas 得克萨斯大学
University of Toronto 多伦多大学
University of Virginia 弗吉尼亚大学
U. S. News & World Report 《美国新闻与世界报道》

V

Vanderbilt University 范德比尔特大学
Veblen, Thorstein 索尔斯坦·凡布伦
Verhofstadt, Peter 彼得·范霍斯塔特
Vest, Charles M. 查尔斯·M.维斯特
Video Network 视频网
Virtual Department of Classics 虚拟古典学系
Virtual Department of Modern Languages 虚拟现代语言系
Virtual University, The (report) 《虚拟大学》(报告)

W

Wabash College 华百士学院
Walden, Scott 斯科特·沃顿
Walton family 沃尔顿家族
Weinberg, Meyer 梅耶·韦恩伯格
Weiss, Janet 珍妮特·怀斯
Weissman, Neil 尼尔·韦斯曼
Wellington, Harry 哈里·威灵顿
West, Cornel 康奈尔·韦斯特
Western Association of Schools and Colleges (WASC) 西部院校协会
Whalen, Edward 爱德华·沃伦
Whitaker, Gilbert 吉尔伯特·惠特克
Whitehead, Alfred North 阿尔弗雷德·诺斯·怀特赫德
Williams College 威廉姆斯学院
Wilson, Jack 杰克·威尔逊
Wilson, Woodrow 伍德罗·威尔逊
Winston, Gordon 戈登·温斯顿

Wittenborg, Karin 卡伦·威登伯格
World Education Market 世界教育市场

X

Xerox PARC 施乐公司帕洛阿尔托研究中心
Xhelo, Gerta 杰塔·埃克塞罗

Y

Yale University 耶鲁大学
Young, Michael 迈克尔·杨
Yudof, Mark 马克·郁多夫
Yue, Dick 迪克·约

Z

ZBB (zero-based budgeting) 零基预算制度
Ziaee, Mohammad 迈哈迈德·齐阿依
Zimmerman, David 大卫·齐默曼

北京大学出版社教育出版中心

部分重点图书

一、北大高等教育文库·大学之道丛书

高等教育的天职	[美] 爱德华·希尔斯 著
学术中心的转移	[美] 本·大维 著
欧洲大学史	[美] 威利斯·鲁迪 著
大学的理念	[英] 亨利·纽曼 著
大学理念重审：与纽曼对话	[美] 雅罗斯拉夫·帕利坎 著
什么是博雅教育	[美] 布鲁斯·金博尔 著
德国古典大学观及其对中国的影响（第三版）	陈洪捷 著
哈佛，谁说了算	[美] 理查德·布瑞德利 著
美国大学之魂（第二版）	[美] 乔治·M. 马斯登 著
美国文理学院的兴衰——凯尼恩学院纪实	[美] P. E. 克鲁格
营利性大学的崛起	[美] 理查德·鲁克 著
学术部落及其领地：当代学术界生态揭秘（第二版）	[英] 托尼·比彻等 著
大学如何应对市场化压力	[美] 埃里克·古尔德 著
美国现代大学的崛起（第二版）	[美] 劳伦斯·维赛 著
大学的逻辑（第三版）	张维迎 著
我的科大十年（续集）	孔宪铎 著
教育的终结——大学何以放弃了对人生意义的追求	[美] 安东尼·克龙曼 著
欧洲大学的历史	[美] 威利斯·鲁迪 著
美国高等教育史	[美] 约翰·赛林 著
哈佛通识教育红皮书	[美] 哈佛委员会 著
知识社会中的大学	[美] 杰勒德·德兰迪 著
高等教育理念	[美] 罗纳德·巴尼特 著
美国大学时代的学术自由	[美] 罗杰·盖格 著
批判性思维是如何养成的	[英] 大卫·帕尔菲曼 主编
美国高等教育通史	[美] 亚瑟·科恩 著
现代大学及其图新	[英] 谢尔顿·罗斯布莱特 著
印度理工学院的精英们	[印度] 桑迪潘·德布 著
麻省理工学院如何追求卓越	[美] 查尔斯·韦斯特 著
后现代大学来临？	[英] 安东尼·史密斯 弗兰克·韦伯斯特 主编
高等教育的未来	[美] 弗兰克·纽曼 著
学术资本主义	[美] 希拉·斯劳特等 著

美国公立大学的未来	[美] 詹姆斯·杜德斯达等 著
21世纪的大学	[美] 詹姆斯·杜德斯达 著
理性捍卫大学	眭依凡 著
美国高等教育质量认证与评估	[美] 美国中部州高等教育委员会 编
大学之用（第五版）	[美] 克拉克·克尔 著
废墟中的大学	[加拿大] 比尔·雷丁斯 著
高等教育市场化的底线	[美] 大卫·L. 科伯 著
世界一流大学的管理之道——大学管理决策与高等教育研究	程星 著
美国的大学治理	[美] 罗纳德·G. 艾伦伯格 编

二、21世纪高校教师职业发展读本

美国大学如何培养研究生	[美] 唐纳德·吴尔夫 著
给大学新教员的建议（第二版）	[美] 罗伯特·博伊斯 著
学术界的生存智慧	[美] 约翰·达利等 著
如何成为卓越的大学教师	[美] 肯·贝恩 著
给研究生导师的建议	[英] 萨拉·德兰蒙特等 著
如何提高学生学习质量	[英] 迈克尔·普洛瑟等 著

三、北大高等教育文库·学术规范与研究方法丛书

如何成为优秀的研究生（英文影印版）	[美] 戴尔·F. 布鲁姆等 著
如何撰写与发表社会科学论文：国际刊物指南（第二版）	蔡今中 著
科技论文写作快速入门	[瑞典] 比约·古斯塔维 著
给研究生的学术建议	[英] 戈登·鲁格 玛丽安·彼得 著
如何为学术刊物撰稿：写作技能与规范（英文影印版）	[英] 罗薇娜·莫瑞 著
如何撰写和发表科技论文（英文影印版）	[美] 罗伯特·戴 巴巴拉·盖斯特尔 著
社会科学研究的基本规则	[英] 朱迪思·贝尔 著
如何查找文献	[英] 莎莉·拉姆奇 著
如何写好科研项目申请书	[美] 安德鲁·弗里德兰德 卡罗尔·弗尔特 著
高等教育研究：进展与方法	[美] 马尔科姆·泰特 著
教育研究方法（第六版）	[美] 乔伊斯·P. 高尔等 著
社会研究：问题、方法与过程	[英] 迪姆·梅 著
跨学科研究：理论与实践	[美] 艾伦·瑞普克 著
社会科学研究方法100问	[美] 尼尔·萨尔金德 著
如何利用互联网做研究	[爱尔兰] 尼奥·欧·杜恰泰 著
如何成为学术论文写作高手 ——针对华人作者的18周技能强化训练	[美] 史蒂夫·华莱士 著
参加国际学术会议必须要做的那些事 ——给华人作者的特别忠告	[美] 史蒂夫·华莱士 著

四、北大开放教育文丛

西方的四种文化	[美]约翰·W.奥马利 著
人文主义教育经典文选	[美]C.W.凯林道夫 编
教育究竟是什么？——100位思想家论教育	[英]乔伊·帕尔默 主编
教育：让人成为人——西方大思想家论人文和科学教育	杨自伍 编译
我们教育制度的未来	[德]尼采 著

五、高等教育与全球化丛书

激流中的高等教育：国际化变革与发展	[加拿大]简·奈特 著
全球化与大学的回应	[美]简·柯里 著
高等教育变革的国际趋势	[美]菲利普·阿特巴赫 著
高等教育全球化：理论与政策	[英]皮特·斯科特 著
发展中国家的高等教育：环境变迁与大学的回应	[美]戴维·查普曼 安·奥斯汀 主编

六、北京大学研究生学术规范与创新能力建设丛书

法律实证研究方法（第二版）	白建军
学位论文撰写与参考文献著录规范	段明莲
传播学定性研究方法	李琨
生命科学论文写作指南	白青云
学位论文写作与学术规范	肖东发、李武
学术训练与学术规范——中国古代史研究入门	荣新江

七、其他好书

苏格拉底之道：向史上最伟大的导师学习	[美]罗纳德·格罗斯 著
大学章程（精装本五卷七册）	张国有 主编
教育技术：定义与评析	[美]艾伦·贾纳斯泽乌斯基等 著
未来的学校：变革的目标与路径	[英]路易斯·斯托尔等 著
美国大学的通识教育：美国心灵的攀登	黄坤锦 著
中国博士质量报告	中国博士质量分析课题组 著
博士质量：概念、评价与趋势	陈洪捷等 著
中国博士发展状况	蔡学军 范巍等 著
美国博士教育的规模扩张	赵世奎等 著
教学的魅力：北大名师谈教学（第一辑）	郭九苓 编著
科研道德：倡导负责行为	美国医学科学院、美国科学三院国家科研委员会 撰
国立西南联合大学校史（修订版）	西南联合大学北京校友会 编
我读天下无字书	丁学良 著
大学与学术	韩水法 著
大学何为	陈平原 著
科学的旅程	[美]雷·斯潘根贝格 [美]黛安娜·莫泽 著